百年中国考古

黄建秋 著

DEVELOPMENT
OF MODERN
CHINESE ARCHAEOLOGY
FOR A CENTURY

江苏人民出版社

图书在版编目(CIP)数据

百年中国考古 / 黄建秋著. —— 南京：江苏人民出版社，2023.6

ISBN 978-7-214-26919-5

Ⅰ. ①百… Ⅱ. ①黄… Ⅲ. ①考古学史－中国 Ⅳ. ①K87-09

中国版本图书馆 CIP 数据核字(2021)第 278955 号

书　　　名	百年中国考古
著　　　者	黄建秋
责 任 编 辑	金书羽
装 帧 设 计	今亮后声·王秋萍
责 任 监 制	王　娟
出 版 发 行	江苏人民出版社
地　　　址	南京市湖南路 1 号 A 楼,邮编:210009
照　　　排	江苏凤凰制版有限公司
印　　　刷	江苏凤凰通达印刷有限公司
开　　　本	652 毫米×960 毫米　1/16
印　　　张	34　插页 4
字　　　数	426 千字
版　　　次	2023 年 6 月第 1 版
印　　　次	2023 年 6 月第 1 次印刷
标 准 书 号	ISBN 978-7-214-26919-5
定　　　价	128.00 元

（江苏人民出版社图书凡印装错误可向承印厂调换）

前　言

　　百年来，中国考古的一次次新发现，震惊了世界，展示了中华文明的辉煌成就，展示了中华文明对世界文明的贡献，它们成为人们津津乐道的话题。考古学因此得到重视和支持，走进了属于它的黄金时代。值此之际，考古人乐于把众多考古成果推向社会，让大家更好地认识源远流长、博大精深的中华文明，建立起强大的文化自信。

　　说到考古，很多人把它等同于历史学，其实不然。历史学的研究材料不仅有流传至今的浩如烟海的文献，还有书画等图像资料，以及口碑调查资料。历史研究，只要你沉得下心来钻进故纸堆中，一番苦读思索后必有收获。考古学则不同，它的研究材料是埋藏在地下的无字地书，这部书是由遗迹、遗物及其相互关系构成的，除了极少数保存完好的大墓中随葬的金银财宝外，绝大部分是陶片、石器、锈迹斑斑的铜钱、肉眼看不见的孢子花粉等。它们没有很高的经济价值，也没有很高的艺术价值，却有深厚的历史价值和科学价值。为此，考古人走出大厦、奔向田野向地下找资料，用傅斯年的话说就是"上穷碧落下黄泉，动手动脚找东西"。于是，考古人开始走进田野考古。

　　田野考古是从调查勘探开始的。为了发现遗址，考古人常常风餐露宿，头顶烈日"漫步"在田间地头、山头水边，幸运时三两天就能够发现遗址，艰难时徒步十天半月也找不到文献上说的遗址，甚至有的人耗费了一辈子也没有什么发现。找到遗址后就要揭开这部无字地书，这个过程是漫长的，考古人要由上至下一层一层地向下挖，边挖边仔细地观察记录隐身于遗迹和文化层内的东西。很多考古人把青春献给了考古工地，在一个工地待几个月算是短的，待三两年是正常的，待一辈子也不罕见。发掘结束了，他们就要把出土实物和现场记录带回去，在室内分类整理这些出土资料。出土资料种类繁多，需要由包括考古学家在内的很多领域的专家各司其职地进行研究，通过观察分析、检测、实验，回答出土实物是什么、为什么会这样等问题。这个过程也很漫长。

上述阶段的工作完成后，考古人就要撰写研究报告，报告要包括从调查发现到发掘再到资料分析的全过程，以及所取得的成果。撰写研究报告快的要一两年，慢的要四五年才能完成。它是考古人和其他领域专家的集体智慧结晶，它是堪比正史的"地方史"，是可资历史学和其他学科专家进一步研究历史问题的史料。比如，新石器时代遗址出土的木制品，木材专家可以据此绘制当时的树种分布图，还可以通过把它们与当代同类树种进行比较找出古今树木的异同，而生态学家则可以据此重建当时的微观生态环境。考古出土的发掘资料还可用于检验历史文献或口述史是否可信。比如，在洛阳烧沟发现的 38 号墓中 A 和 B 木棺内各出半枚铜镜，它们合起来正好组成一枚完整的铜镜，①这个发现证明古代确有"破镜重圆"一说。当然，由于考古资料数量庞大而无法一一报道，所以考古人采用分类归纳的方式把大量资料浓缩成一部篇幅不大的报告，报告中有大量专业术语和符号，非专业人士阅读利用就很吃力。这本"小书"就是为大家看懂考古报告和研究成果而做的铺垫，希望有助于大家走近考古学，透过热闹看门道。

---

① 洛阳区考古发掘队：《洛阳烧沟汉墓》，科学出版社，1959，第 160 页。

　　本书共有六章。第一章介绍考古学的基本概念和发展简史,为方便读者理解有关考古新闻报道,对考古学基本概念和考古研究所用的基本方法做了简单介绍,最后回答了考古学对当代社会而言具有什么作用的问题。第二章介绍近代考古学的形成与1949年前的考古学教育。首先,为了说明金石学与考古学的关系,本章简要梳理了金石学的前世今生。举例阐述了1949年以前外国人在中国的盗掘和考古活动及其造成的影响,结合社会背景说明了中国近代考古学的形成过程。同时,第二章介绍了中国最早的考古管理、研究机构,以及对当今文物考古管理和保护有一定影响的法规和考古学教育情况。书中把这个阶段的考古发掘活动分成四种形式并做了说明,一分为二地指出这个时期考古工作的得与失:"得"即基本上确立了考古地层学与考古类型学方法,"失"即误解了仰韶文化与龙山文化之间的关系以及其他遗留问题。本章还简单介绍了专题研究成果。第三章介绍了"文化大革命"(以下简称"文革")前考古发掘与研究的基本情况,简述了考古管理与研究机构和国家层面制定的考古法规,以及中央考古管理部门指导各地考古工作的情况。然后论述了史前考古新发现及其意义和历史考古新发现及其意义,简述了当时探讨考古学理论与方法的情况,以及创办的学术刊物,特别介绍了几位著名考古学者进行学术争论的情况。本章还介绍了1949年考古学教育的起步与发展,叙述了北京大学历史系考古专业和台湾大学考古人类学系培养考古人才的情况,以及其他高校开设考古课程的情况。同时,本章介绍了中央和部分省市培养速成考古人才的情况,概述了高校教师考古研究成果以及苏联专家来华讲学和日本学者来访等情况。第四章介绍了"文革"期间的考古发掘与研究,虽然这个特殊时期考古管理与研究机构不健全,但是出人意料的是,这个阶段收获了很多项人们耳熟能详的震惊世界的重大考古发现。区系类型学的提出是当时考古学理论建设的成果,故宫文物展览及出国展览是考古学服务于社会的典型事例。第五章介绍了改革开放初期中国考古学的复苏与发展情况，简述了新设的考古管理和研究机构，简介了国家和有关省市颁布的有关考古工作法规的情况，概述了史前考古和历史考古的新发现和主要研究成果，介绍了新创办的重要期刊。本章还介绍了改革开放初期中国考古学教育迅速得到恢复并快速发展的情况，概述了南京大学等知名高校受命创办考古专业、有关省市积极举办考古培训班等情况。第六章介绍了 20 世纪末至今中国考古学的成就，考古管理和研究机构调整及新设促进了学科发展，专题研究收获了前所未有的重要成果。根据形势发展而颁布的多部重要考古法规文件促进了中外考古交流，本章以"全国十大考古新发现"为例，概述了史前考古和历史考古的收获，介绍了科技考古和考古学理论方法建设的收获，简单介绍了中外合作办学和联合发掘、出国考古、新设李济考古学奖学金，以及创办上海世界考古论坛的情况。结语从田野考古、课题设计和理论建设三个方面展望中国考古的发展愿景，对高校如何培养考古人才，以及围绕"如何使考古工作成为人民的事业"开展公共考古做了展望。

限于时间、篇幅等主客观条件，本书内容难免出现错漏，祈请学界前辈师友及读者批评指正。

目　录

第一章 总论

近代考古学是19世纪中叶形成的人文科学，经过多年的发展，它成为一门跨文理学科的交叉学科。

考古遗存分布在广大农村、乡镇和城市。它们的发现和保护离不开人民群众的支持和参与。考古学理应是最贴近人民群众生活和最接地气的学问。可是，以往疏于宣传和普及考古知识，导致考古学被广大人民群众看作少数学究埋首于陈旧古物堆中自得其乐的学问。这种状况不利于古文化遗存的保护、发掘与研究。

令人欣慰的是，随着我国现代化进程步伐不断加大，人民群众的物质文化生活水平日益提高，他们对精神文化的需求日益增长，尤其在新闻媒体加大考古发现报道的力度之后，以往被视为曲高和寡的考古新闻及相关发掘研究进展逐渐受到人们关注。一些考古新发现和研究新成果成为人们茶余饭后的热门话题，极大地丰富了人们的精神文化生活，对世人理解中华五千年文明具有积极的引导作用，增强了人们的民族自豪感和文化自信心。不过，由于考古学基础知识尚未普及，影响到广大人民群众对先民创造的璀璨历史文化的认识。为此，本书将通过简单介绍考古学基本知识、中国考古学发展历程、不同时期所取得的重要成果，以及考古学教育的概况，力图使大家在热议考古热门话题时不只是看热闹，还会看门道，让大家走近考古学,使大家更好地了解中国考古学的基本情况,把考古学建设成为真正的人民的事业。

第一节　考古学概说

一、何谓考古学

1. 考古学词源

(1) 外来语

中文"考古学"这个学名,是从欧洲文字翻译过来的。其英文名称是 archaeology,法文名称是 archeologie,德文名称是 archaeologie,它们都源于希腊文。希腊文的 Αρχαιολογία 由 άρχαίος 和 λόγος 组成,前者意为"古代"或"古代的事物",后者意为"科学"。在古希腊,Αρχαιολογία 一词泛指古代史的研究,公元前 4 世纪柏拉图就使用"考古学"一词指称古代史研究。据说 archaeologist(考古学家)一词最早出现于公元前 1 世纪,当时它是指在舞台上通过哑剧形式再现古代传说的演员。[①] 到了 17 世纪考古学被重新使用时,其含义稍有变化,被用来专指古物和古迹的研究。在 17 世纪和 18 世纪,"考古"一词多指对具有美术价值的古物和古迹进行的研究,到 19 世纪以后才泛指对一切古物和古迹的研究。

(2) 古文献

在中国,"考古"一词最早见于宋吕大临的《考古图》。在此之前,东汉已经出现"古学"一词,它指古文经学,内容包括古文字学。北宋年间,社会上兴起了研究古代青铜器和石刻热潮,"金石学"由此诞生。元明两代,金石学研究低迷,但是清代金石学研究有了长

---

① 保罗·G.巴恩主编《剑桥插图考古史》,郭小凌、王晓秦译,北京画报出版社,2000,第 2 页。

足的进步，研究门类不断扩大，玉器、竹木骨角漆器等古物的研究也有了很大的发展，因此当时有人把金石学称为"古器物学"。古器物学因为出土物的增加而变得非常发达，有一些考据方法被近代考古学继承，一度有人把 archaeology 一词译为"古物学"。① 中文的"考古学"一词据说是中国留日学生 1902 年向国内读者介绍日本考古学时引进的新名词。②

2. 考古学词义

"考古学"一词有三种用法。

（1）历史知识

它可以引申为记述这种知识的书籍，例如《汉代考古学概说》是系统地介绍通过考古研究所得到的关于汉代历史知识的专著。③

（2）方法

借以获得这种知识的考古方法和技术，包括搜集和保存材料、审定和考证资料、编排和整理资料的方法和技术，例如田野考古学是指利用考古发掘的方法获得出土资料并做初步研究的方法。

（3）理论性研究成果

理论性的研究和解释，用以阐明包含在各种考古资料中的因果关系，论证存在于古代社会历史发展过程中的规律，例如《解释考古学》从"解释的哲学意义""意识的起源""解释、文书和展现过去""考古学和历史""物质文化"五个方面对考古学理论进行了分析和研究。④

那么，什么是考古学？下面从学科定位入手回答这个问题。

---

① 夏鼐、王仲殊：《考古学》，《中国大百科全书　考古学》，中国大百科全书出版社，1986。

② 陈星灿：《中国史前考古学史研究（1895—1949）》，生活·读书·新知三联书店，1997，第 7 页。

③ 王仲殊：《汉代考古学概说》，文物出版社，1984。

④ Ian Hodder et al. , *Interpreting Archaeology*, Routledge, London and New York, 1995.

二、考古学学科定位

考古学被认为是跨文理学科的边缘科学,但是在一般学科分类中,考古学仍被划归人文学科。关于考古学科的地位有三种不同意见。

1. 历史学的考古学

中国学术界把考古学作为历史学的重要组成部分,即历史学的考古学。持这种意见的学者认为,考古学是根据古代人类通过各种活动遗留下来的实物,研究人类古代社会历史的一门科学。他们提出,考古学不仅要研究遗物和遗迹,也要研究古代社会的自然环境,要通过实物研究古代社会组织、经济状态和文化面貌,以求人类社会发展规律。[①] 他们认为,考古学不仅要研究物质文化,还要通过对各类物质遗存的分析研究精神文化,如生产规模、技术水平、宗教信仰等,强调通过实物资料研究文化史,把考古学作为重建古代文献没有记录的早期人类社会历史面貌的主要手段。

2. 人类学的考古学

有些学者把考古学作为人类学的组成部分,即人类学的考古学。持这种意见的学者认为,人类学由体质人类学和文化人类学组成,考古学是文化人类学的一个分支(另外还有民族学和语言学),其主要目标是研究文化史、复原古代的生产和生活方式、文化的形成及其变迁。这种做法可以追溯到美国知名人类学家法兰兹·博厄斯,他在北极考察因纽特人及其地理环境时,受到民族学家、体质人类学家、考古学家和语言学家的影响,建立了包含考古学、民族学、语言学和体质人类学的人类学体系。[②] 他们认为,考古学是通过研究以往人类遗留下来的

---

① 夏鼐:《五四运动和中国近代考古学的兴起》,《考古》1979 年第 3 期。
② 黄淑娉、龚佩华:《文化人类学理论与方法研究》,广东高等教育出版社,1998,第 167 页。

物质,如生活用具、生产工具、武器、居住建筑等,解释和描述以往人类的行为,希望找到关于文化发生、变化、相互作用方式的证据。[1]因此,他们很自然地把考古资料当作"人"的活动遗迹来看,而不仅仅将其当作历史上幸存下来的一件物品,致力于把考古遗物拼合起来从而复原古代文化社会。[2] 美洲一些国家和韩国某些高校把考古学放在人类学系。我国中山大学1983年设立的人类学系就包含考古专业。

3. 考古学的考古学

少数学者把考古学从历史学或人类学中独立出来,认为考古学既不从属于历史学,也不从属于人类学,是考古学的考古学。随着考古学研究方法的发展和研究领域的不断开拓,有一些学者提出,考古学发展的趋势是从历史学中分离出来成为一门独立的学科。[3] 他们认为,考古学与广义的历史学一样,都是研究过去人类社会的历史,但是考古学有其特殊性,它赖以研究的材料是埋藏在地下的遗物、遗迹和少量残存在地面上的遗迹,因而其研究方法与历史学和文化人类学的方法有很大的不同。考古遗存种类繁多,有陶瓷器、房址、金属器、动植物遗骸等,为了尽可能多地从考古资料获得过去社会的信息,不仅要用考古层位学发掘遗址,用类型学研究各类遗存,还需要从建筑学的角度研究古代建筑遗存,从陶瓷工艺学的角度研究出土陶瓷器,从金相学的角度研究青铜铸造,从生态学的角度研究人类居住环境。其中,除了考古层位学和类型学是考古学家擅长的,其他方面多是考古学家几乎无能为力的。这就需要古代建筑专家、硅酸盐学家、金相学家和地理学家、生物学家协助,考古人才能够从考古遗址这部无字大

---

[1] 周大鸣、乔晓勤:《现代人类学》,重庆出版社,1990,第8页。

[2] 张光直:《考古学与"如何建设具有中国特色的人类学"》,载《中国考古学论文集》,生活·读书·新知三联书店,1999。

[3] 何驽:《迈向21世纪的中国考古学》,《华夏考古》1999年第1期;曹兵武:《考古学就是考古学》,《中国文物报》2002年3月8日。

百科全书中提取更多的信息。从这个意义上说,重新思索考古学科的定位问题是考古学科发展的必然。张光直曾指出:

> 因为在考古学中我们面对的是文化和社会中的人,所以,指导和左右考古学的方法和技巧的理论与历史学及人类学就有一些不同。考古学的研究对象既不是文字的记载,也不是可观察的人类的行为,因此,考古学的理论必须适应于考古学家用手铲挖出的古代的物质遗存。考古学实际上是一整套的技术和方法,有自己独特的理论,尽管这种理论或许只是历史学和人类学理论的考古学翻版。[①]

考古学与历史学、人类学有着不可分割的关系,与社会学等社会科学密不可分,与自然科学的联系非常紧密。现在,考古学已经升为一级学科,它将建设成为真正的跨文理的综合性学科,将会与更多的自然科学家合作,从古代遗址中提取各类信息,同时借鉴民族学、社会学等相邻学科的理论方法解读考古资料,把考古研究推向更高的境界。

第二节　考古学产生与发展

考古学与其他人文科学不一样,它的产生和发展经历了不少曲折和困难,直到 19 世纪中叶才成为一门独立的人文科学。英国学者格林·丹尼尔概述了考古学的发展历程。[②] 下面将摘录丹尼尔著作的部分内容,来简要说明世界考古学的产生与发展过程。

[①] 张光直:《考古学——关于其若干基本概念和理论的再思考》,辽宁教育出版社,2002,第 1 页。

[②] 格林·丹尼尔:《考古学一百五十年》,黄其煦译,安志敏校,文物出版社,1987。

一、考古学产生的背景

1. 古代先贤的思想

古希腊人很早就对人类的起源和发展问题发生兴趣，把它作为整个哲学思想的一个部分。希罗多德曾准确描述过他所遇到的斯基泰人与生活在马其顿斯特鲁马河和瓦尔达尔河之间的湖上村落的人。赫希奥德注意到，历史上铜器早于铁器，他根据源于青铜时代和米诺斯文明毁灭的传说，设想人类历史可以分为五个阶段：黄金与众神时代、白银时代、青铜时代、史诗的英雄时代与铁器和可怕的痛苦时代。5 世纪，色雷斯人公主墓中埋藏了一批新石器时代石斧。

不过，希腊人和罗马人并没有搜集、发掘、分类、记述和分析过去人类遗留下来的物质遗存。正如丹尼尔所说，古代世界生产了历史学家、地理学家和民族学家，但是没有造就出考古学家，史前考古学是一门不能追溯到希腊人的学科。[①] 后来出现了极少数收藏古物的人，比如巴比伦国王纳波尼德曾挖开一座神庙，把挖到的各种古物放在他女儿家里。纳波尼德根据他的宗教改革路线致力于正确复原这些神庙，[②]但是他并没有认真研究出土古物。

2. 古物收藏与研究

古代世界衰亡后，古希腊先贤们留下的闪烁着智慧之光的片言只语和见解也随之湮没无闻。直到意大利文艺复兴，人们才重新认识史前史，对自身历史的认识不断深入。这时，关于西北欧和北欧学者们的祖先是蛮族的凯尔特人、日耳曼人和哥特人的说法引发了一系列问题：北欧和西欧发现的一些奇特文物是否属于这个时期？它们究竟是不是凯尔特巫师的遗物？为了回答这些问题，社会上掀起了一股研究热。

---

① 格林·丹尼尔：《考古学一百五十年》，黄其煦译，安志敏校，文物出版社，1987，第 4 页。

② 罗·G.巴恩主编《剑桥插图考古史》，郭小凌、王晓秦译，北京画报出版社，2000，第 9 页。

　　15世纪后期开始,意大利教皇、红衣主教以及其他显贵中兴起了收藏古物和用古物装点别墅之风,出现了私人发掘古代墓葬的现象,造就了一批艺术爱好者。几乎同时代的英国则不同,其开启了研究古物之先河,不少人对地面重要遗迹进行了描述。约翰·奥布里曾在英国国王查理二世的鼓动下详细报道过巨石柱群和艾夫伯里石柱群,认为它们是举行宗教礼仪活动的场所,或许是凯尔特巫师的神庙,奥布里因此被认为是英国第一位重要的田野考古学家。当时,英国唯一获得"王室古物学家"称号的约翰·利兰周游了英格兰和威尔士,对具有文物价值的器物做了登记和说明。1572年,英国成立了保护国家古物协会,不过该学会昙花一现,无所作为。1707年,古物学家协会在伦敦成立;1718年,伦敦古物学家协会正式组成,并在1754年从王室接受了特许状。英国人到希腊其他地区和中东等地游历,增进了他们对古代地中海地区的文明及其东部古物的了解和认识。

　　拿破仑组织了包括著名矿物学家多洛米厄和美术家德农在内的科学家,以及技术精湛的绘图员等组成的远征队开赴埃及,在那里建立了埃及研究院,收罗了包括罗塞达碑在内的很多古物。拿破仑对埃及的远征又使人们增添了对埃及古物的认识。希腊的很多雕像被英法等国运回自己的国家。1829年,摆脱了土耳其人统治的希腊人才开始自己的研究。

　　那些无法亲自游历地中海的人,对不列颠人和凯尔特巫师以及英国本土上属于自己的古物做了浪漫的描述,出于爱国热情,对本地本民族的古物充满兴趣。与此同时,由于林奈的学说极富感召力,乡绅、牧师和新兴的企业家们开始了对自然的研究,古物研究因此得到很大发展。1770年,《考古学》杂志第1期发行,公开宣称其宗旨是戳穿臆造和传播幻想的虚妄之言。纵观18世纪,浪漫主义运动培育了古物学发展,不过在地质学出现之前,在均变说被广泛接受之前,古物学并未发展成为真正的考古学。

二、考古学萌芽

1. 挖掘古物研究历史

从18世纪中期开始,世界各地陆续有人挖掘古墓葬和遗址,为考古学的发展奠定了基础。

（1）英国的发掘

19世纪初,英国人对史前遗物的兴趣急剧上升。他们中的一些人开始了最早的挖掘活动。威廉·坎宁顿、理查德·科尔特·霍尔爵士宣称,他们不是按理论发言而是依靠事实讲话,不在浪漫文学的幻想中寻找土冢的起源。他们在索尔兹伯里先后发掘了339座土冢,区分出不同类型的土冢和埋葬方式,以及一次葬和二次葬的差异,他们堪称英国考古学之父。

英国人克劳迪亚斯·詹姆斯·里奇1808年担任英国驻巴格达宫廷代表,开始了在美索不达米亚的田野考古勘察。奥斯汀·亨利·莱亚德在亚述的另一个都城尼姆鲁德的发掘收获甚丰,后来他在大英博物馆的鼓动和资助下又发掘了几处遗址,发现了收藏大量泥版文书的书库。

（2）法国的发掘

法国人占领埃及期间有很多重要考古发现。1799年,拿破仑手下的军官布萨尔在亚历山大附近的拉希德建造要塞时,发现了罗塞达碑等重要文物,德·萨西、阿克巴尔德、托马斯·扬和让·弗朗索瓦·商博良等先后成功地释读了这些文字。法国人马里埃特在1850年受卢浮宫指派到埃及寻找科普特即土著人的文字手稿,此后就留在埃及从事考古发掘活动。

（3）其他地区的发掘

与此同时,美洲地区也开始了田野考古。哥伦布发现美洲大陆后,随后在此殖民的欧洲人发现,印第安人并非起源于本土,因此对印第安人的来源进行了各种推测。1648 年,托马斯·盖奇提出美洲印第安人和亚洲蒙古人在人种上十分相似。由于没有文献记载,人们希望通过民族调查验证这个假说,他们除调查印第安人部落外,还调查土丘等古迹。1765 年,有人在秘鲁海岸发掘了一座土墩墓,在墓葬中发现祭祀器物。① 1784 年,后来任美国第三任总统的托马斯·杰斐逊采用探沟法发掘弗吉尼亚的土丘,发现该土丘是由高达 12 英尺②的人骨架层层相叠而构成的,他们希望证明死者的来源问题。由此可见,美洲考古学从一开始就与民族学、人类学有着密切的联系,与欧洲人那种希望通过历史研究增强爱国主义和民族主义不同,他们采取的是比较客观的态度,希望证实或者解释假说等问题,形成了与欧洲考古学不同的传统。③

2. 史前社会三期说

世界各地的考古发现以及一些古文字如古波斯楔形文字、巴比伦文的成功释读,激起一般公众对近东等地考古的热情,为考古学的诞生营造了很好的氛围。

(1)三期说诞生

1807 年,丹麦政府设立了"保护与收藏国家古物皇家委员会",该委员会受命组建国家博物馆,负责管理远古及历史时期的古迹,向公众宣传古物的价值与重要性。韦代尔-西蒙森在 1813 年明确提出:"斯堪的那维亚最早的居民……的文明史可以分成石器、铜器和铁器三个时代,但它们之间不可能丝毫不重叠地截然开。"他的学说被丹麦国家博物馆首席馆长克里斯琴·朱尔金森·汤姆森接受。汤姆森

---

① 科林·伦福儒、保罗·巴恩:《考古学:理论、方法与实践》,中国社会科学院考古研究所译,文物出版社,2004,第 21 页。

② 1 英尺≈0.3 米。

③ 杨建华:《外国考古学史》,吉林大学出版社,1999,第 12—13 页。

在 1816 年按照武器和工具的原料划分出石器、青铜器和铁器三个时代,并在 1836 年出版的丹麦国家博物馆参观指南《北欧古物导论》中明确讲述了三期说的概念,标志着影响史前考古学时代划分的三期说正式诞生。

(2) 三期说传播

三期说首先在瑞典得到赞同,隆德大学的动物学教授在探讨斯堪的那维亚半岛的渔猎起源时,提出历史上在铁器时代之前有一个石器时代和一个铜器时代。曾担任汤姆森助手的沃尔赛在研究了现代太平洋岛屿上的人至今还使用的石器,以及在了解到哥特人没有这样利用石器之后,认定古代曾经存在石器时代,从而接受了三期说。沃尔赛还利用在丹麦沼泽地区所做的地层研究证明了三期说的正确性。三期说逐渐在欧洲传播开来,为考古学的诞生创造了条件。

3. 进化论与旧石器研究

(1) 发现旧石器遗物

17 世纪末,欧洲有人发现燧石手斧与猛犸象共存,有些学者认为燧石手斧是超出现今这个世界的人制作使用的武器。18 世纪末,有人在欧洲发现燧石工具与绝灭动物的骨骼共存,认为它们是尚未使用金属的人所制作和使用的。还有人在比利时的烈日省恩基洞穴发现了人类头盖骨和人工制品,其中有的与绝灭动物的骨骼共存。虽然这些发现当时没有被正确认识,但为人们接受进化论思想提供了实物依据。

地质学家赖尔第一个把进化论的哲学思想运用于解释岩层证据所反映的生物进化,他把这些证据称为"古生物证据"。达尔文在 1859 年出版的《物种起源》中向人们展示了通过自然选择而形成的进化,从而赢得了人们对进化论全部理论的承认。由于地质学证明了远古人类的存在和人工制品的真实性,确定早在文字历史之前便已存在朦胧的人类历史,科学界渐渐地接受了均变说和进化论学说,直接推动了旧石器研究，为日后考古学的诞生奠定了研究基础。

（2）确立旧石器年代

19世纪下半叶，赖尔的均变说和达尔文的进化论构成的新科学思想在科学界逐渐起到主导作用。彭杰利等人于1858年在布里克萨姆港附近洞穴发掘中发现燧石工具与绝灭动物共存的事实被很多人接受，彼尔特在索姆河畔的砾石层中收集的打制石器与绝灭动物共存的事实也得到承认，不少学者开始承认远古人类的存在。

随着类似考古发现不断增加，英国人约翰·伊文思发现了索姆河畔出土的石器与一般石器时代的石器不同，他隐约地感到石器时代有必要分成两个阶段。在此基础上，法国学者将石器时代一分为二：一个是旧石器时代，特征是当时人类与猛犸象、洞熊、披毛犀，以及其他现已绝灭的动物共同在欧洲生活；另一个是新石器时代，其特征是用燧石和其他石料制作精美的武器和工具。他的这个建议很快得到广泛采纳。英国人卢伯克将打制石器称为旧石器时代，将磨制石器称为新石器时代。

4. 确立考古学

19世纪欧洲兴起工业革命，为修建运河和建造铁路的大规模基本建设，给考古学研究提供了地层，极大地促进了田野考古学研究。汤姆森和他的学生以及同时代的人，创立了相对年代的思想和理论基础，使史前考古学跳出了古物学的窠臼。

至此，史前考古发掘和研究已经走上科学研究的道路。1866年在瑞士召开第一次"人类学和史前考古学国际会议"，这个会议使得考古学成为一门得到国际学术界承认的科学，成为近代考古学形成的重要标志。

考古学特别是史前考古被人们广泛承认，1870年，英国的一位博物馆管理员在建筑和历史协会进行演讲时说，考古学将成为任何一个受过教育的人都会以不懂得考古学为耻。建筑学或是考古学现在成为青年女子教育课程中的一部分。我在社会上曾多次观察到,衡量一个女子是否受到高等教育的一个标志就是看她懂不懂考古学。

三、考古学的形成

地质学的层序原理被引进到考古发掘当中,逐渐形成了考古地层学,使得考古发掘科学化。生物学中的分类原理被引进到研究出土遗物当中,逐渐形成了考古类型学,使得出土遗物的整理研究有章可循。史前考古研究中大量运用自然科学的方法。考古学研究从欧洲、北非、西亚扩展到东亚和美洲,标志着考古学走向成熟。

1. 考古方法确立

（1）确立类型学

汤姆森和沃尔赛很早就强调准确描述和区分古物的必要性。他们把林奈的分类学运用到人工制品的分类上,并按照形制对器物分类,调查和仔细地对比器物的形式和花纹装饰,找出各个类型器物的组合关系,断定它们连续变化过程的顺序,并且仅仅依靠纹样的比较来确定它们之间的关系,这是类型学的萌芽。

蒙德柳斯对这个方法做了探讨,使之有了很大发展,在《东方与欧洲的古代文化诸时期》的第一卷《方法论》中,论述了如何给没有地层关系的遗物确定彼此之间的相对年代和早晚关系。这种方法遂成为确定没有纪年出土遗物相对年代的通行方法,这个方法也被应用到不同遗址出土遗物甚至不同文化的比较研究之中,它就是至今仍在使用的考古类型学。

（2）确立地层学

19世纪后期,一些有良知的考古学家以科学研究为目的,在发掘中不断摸索并总结出科学发掘方法。德国考古学家海因里希·谢里曼不仅历尽艰辛地将埋藏在地下的《荷马史诗》中的特洛伊城揭露出来,而且在近东发掘土墩时,运用地层学原理把剖开的土墩分为七个人类活动层面,保存所发现的每一件器物,仔细记录它们的出土层位,为每一件重要的器物进行绘图和拍照。

英国考古学家弗林德斯·皮特里是第一位用严格的科学方法在埃及进行考古发掘的考古学家。1889年,他根据以下四个原则设计发掘方法:第一,照顾到被发掘的古迹,尊重将来的考察者和发掘者,为他们提供方便;第二,谨慎小心地进行发掘,收集所有发现的东西,并做出说明;第三,一切遗址古迹和发掘经过都要绘制出准确的线图;第四,尽快地完整发表发掘报告。此外,皮特里还对史前考古的发展做出了三项特殊的贡献:首先,通过对埃及、希腊考古遗物的交叉断代,他推广了比较考古学的方法。其次,通过对史前时代和原始时代人类所使用的器物进行科学研究,他提出考古学家必须研究考古遗物的一切细节、工具的颜色、结构和力学问题,奠定了考古学中人工制品分析的基础。最后,他创立了序列断代的思想。他一改以往的挖宝思想,确立了以将地下古迹和古物揭露出来,了解它们原来的位置、布局和后来的变化为目的,在建立科学的考古发掘方法方面做出了重要贡献。

意大利考古学家朱赛佩·奥雷利在1860年接手发掘庞贝城发掘时,揭开了整个建筑群的结构布局,逐层细致地发掘,保持建筑原有的细部特征,是地层分析的开创者之一。大英博物馆的查尔斯·托马斯·牛顿在发掘希腊古城遗址时,首次对一座古城的布局进行细致而准确的复原,并广泛采用摄影方法。奥地利人亚历山大·孔泽在1875年发掘的希腊古城报告中首次附上了照片。

他们和其他一些考古学家在田野考古实践中逐步建立了一套科学的发掘方法,把挖宝和满足好奇心的发掘发展为从社会学的角度来看待问题的科学的田野考古学。

2. 开始发掘

19世纪后期,世界各地纷纷开始了考古发掘。除了上面介绍的在欧洲和西亚的发掘外，德国人 1899—1914 年在巴比伦古城、1903—1904 年在亚述故都阿苏尔城址的发掘中成功地清理出土坯墙，利用探井法搞清楚地层，了解到这两座都城的部分面貌。德国在秘鲁的帕查卡马克进行发掘，美国哈佛大学还在洪都拉斯的玛雅文明遗址做了大规模发掘。

美国古生物学家 E. S. 摩斯 1877 年发掘东京郊区的大森贝丘遗址，揭开了日本考古学的序幕。[①] 明治十七年（1884 年）在东京弥生町发现有别于此前发现的绳纹时代的弥生式陶器，它是弥生时代的标志性器物，也是日本进入农耕文化的标志。日本考古学由此诞生。

四、考古学的发展

在第一次世界大战结束后，各国的考古研究工作很快得到恢复。除有很多新发现外，在考古学理论方面有了发展和提高，发掘工作更加科学化，在研究中更多地使用自然科学和技术科学方法。

1. 马克思主义考古学诞生

在理论上，苏联考古学家运用历史唯物主义观点和方法指导考古研究。他们接受路易斯·亨利·摩尔根和恩格斯提出的按照社会发展阶段划分的三期法，即蒙昧时代、野蛮时代、文明时代的观点，采用进化论来解释考古资料。英国考古学家柴尔德也用类似方法进行考古学研究。

2. 发掘技术发展

田野调查发掘水平提高，科学性进一步增强。考古学家们已经意识到，在考古工作中的各个方面都有必要制订计划，并采取适当方法，无论是调查、发掘、记录，还是保护处理古物和进行研究都是如此。蒙德柳斯甚至说过，与其发掘而使考古现象无法挽回地损失掉，不如根

---

① 赵力华：《摩斯博士与大森贝冢》，《文物天地》1998 年第 1 期。

本不要发掘。德国柏林民族学博物馆的赫伯特·施密特在安诺遗址的发掘报告中说,大多数的土都过了筛,以免漏掉小件器物,……即便是表面看来微不足道的东西都要看作包含着史料价值的凭证,都要记录它们在文化层中的纵横位置,这个工作的重要性在分析考古成果的每一个阶段都会显示出来。英国的 M. 惠勒主张,考古学家要发掘出古代的"人民",而不仅仅是古代的文物。

3. 提出文化概念

这个时期最重要的发展是提出了考古学文化的概念,用"文化"代替了以往的"时期",例如分别用"阿舍利文化""莫斯特文化"取代"阿舍利时期""莫斯特时期"。

4. 科技考古

这个时期开始大量利用自然科学技术和手段开展考古学研究。采用钻探法、电阻率测量法和回声探测法等进行田野调查。1906 年,英国皇家陆军的 P. H. 夏普中尉利用军用气球对石柱群拍照,开创了航空考古的先河,它表明航空照片具有能够反映古代遗存的整体面貌,以及从地面不可能获得的新角度来揭示古代遗存的特点。

考古学家还依赖自然科学家对土壤、花粉、金属、石器和动植物群的详细分析进行深入研究。英国人克劳福德是地理学家出身,非常注意地理环境对古代人类生活的影响,运用地理学方法对古物按分布特点进行了研究。还有学者利用地质学、物理学和化学的方法鉴定岩石、矿物和金属制品的质地和成分,运用体质人类学方法鉴别人骨,运用动物学知识鉴定动物骨骼,运用植物学知识鉴定保存在地下的孢粉[1]。这些研究充分显示了自然科学渗透到考古学领域,为深化考古学研究提供了技术保证。

---

[1] 孢子和花粉的合称。孢子是孢子植物的繁殖细胞;种子植物包括裸子植物和被子植物,而花粉是种子植物的繁殖器官。

5. 世界各地的考古发掘

这个时期考古学已经扩大到全世界。中国的考古发掘和研究是从这个时期开始的。作为英国殖民地的印度考古还掌握在英国人手中，J. H. 马歇尔在哈拉帕城址和摩亨佐达罗城址的发掘，证明它们是印度河文明的两个中心，其年代可以上溯到公元前两千纪的前半期，除了出现冶铸青铜技术之外，还有文字，从而纠正了吠陀时代以前的印度完全处在史前时代的不正确看法。

法国人在突尼斯发现了迦太基和罗马时代的遗迹和遗物，还在非洲发现了旧石器时代和新石器时代的文化遗址。美国人利基在东非发现了南方古猿化石和打制砾石工具。秘鲁的特略发现了查文遗址，发掘证明以该遗址命名的查文文化是秘鲁最早的文明，年代约从公元前 900 年到公元 300 年。墨西哥的卡索发现了蒙特阿尔万遗址，发掘证明了它是萨波特克文化的中心，年代约为公元前 600 年到公元 600 年。美国学者把民族学调查和考古发掘结合起来研究印第安人文化，福尔瑟姆发现公元前 9000 年至公元前 8000 年的石器，估计他们可能是在末次冰期结束后通过白令海峡迁徙到美洲的。苏联在从东欧到中西伯利亚的地区内发现旧石器时代遗址，同时还发现乌克兰新石器时代到铜石并用时代农业部落的社会结构。

截至第二次世界大战结束之际，近代考古学已经在世界很多地区生根发芽，以田野发掘为主的考古活动蓬勃发展，为重建各地区文化史提供了实物资料。这个时期，思想界发生的巨大变化，对考古学也产生了较大的影响。碳-14 测年技术在考古研究中的运用，使得考古界能够比较可靠地提出古文化的年代。与此同时，美国考古界年轻一代开始对以重建过去的文化史为考古学目标的做法表示不满，提出了应该更加关注过去社会的结构，促使大家思考如何解读和利用庞大的田野考古资料，为日后考古理论、方法建设做了很好的铺垫。

第三节　考古学基本概念

一、考古资料

用于考古研究的资料是考古遗存，它包括遗迹、遗物及其相互关系。大家对遗迹和遗物的重要性有着深刻的认识，而对遗物与遗物、遗迹与遗迹、遗物与遗迹之间的关系重视不够，不研究遗迹与遗物的关系，难以判断遗迹的功能、用途和年代；不研究遗迹的性质就难以判断遗物的性质，也很难给遗物断代。遗迹单位、遗物在遗址内的位置常常是我们判断它们的功能和用途的重要线索和依据，是分析遗址内部功能区域布局的重要依据。因此，在研究考古资料时，必须强化遗迹、遗物及其相关关系的研究。

1. 遗物

遗物，分为文化遗物和自然遗物。其中的文化遗物是指古代人类遗留下来的人工制品。随着考古学日益重视人类生活环境的研究，遗址出土的未经人类加工的动植物遗骸也逐渐成为研究的对象，这类遗物可以称为自然遗物。自然遗物包括大到自然死亡而只剩骨头的动物化石、残枝败叶，小到肉眼看不见的花粉、植物硅酸体等。它们反映了人类生活环境的具体状况，可供人类利用的食物等自然资源的种类等情况。按照用途，遗物可以分为日常器具如陶釜、陶豆、瓷碗等，服饰如衣帽、首饰等，生产用具如石斧、木耒、骨耜、度量衡器等，武器如铜剑、铁镞等，宗教祭祀活动用具如铜鼓、铜鼎、随葬品、画像石、封泥、买地券、简牍、经幢、石经、纺织品、钱币、度量衡器等物品。按照材质，它可以分为石器、木器、铜器、铁器、陶器、瓷器、漆器、玻璃器、骨角器、竹器、玉器、丝织品、料器等。下面简单地介绍几种常见的文化遗物。

还可以根据遗留状态，把考古资料分为地上文物和地下文物两种。地下文物指埋藏在地下的遗物和遗迹,地上文物指地上的各类建筑物、洞穴和石窟寺等。

还有一种分类法是根据考古资料能否随意移动其空间位置,把文物分为不可移动文物和可移动文物。① 不可移动文物,指通常情况下不可以移动其空间位置的文物。不可以移动具有两方面的含义:一是文物本身不可以移动其地理位置,二是文物与其周围环境共同形成的历史风貌不得分离破坏。可移动文物指可以随意移动摆放位置的文物,诸如石器、陶器和铜器等。

(1) 石器

它是指用采集或开采得到的砾石、石块等岩石为原料制作的工具,它是人类最早使用的主要生产工具之一。根据制作方法的不同,石器分为打制石器和磨制石器两种。用石锤、鹿角和木槌等打击石料,剥下具有锋利边缘的碎片即石片,它可以不做任何加工就使用,一般把它们称为使用石片,把石片做第二步加工,使之成为某种类型的石器,这种石器被称为打制石器。把打制成型的石坯放在平坦的砾石上,加砂加水进行研磨,使石器表面变得平滑,这种石器被称为磨制石器。有的还利用竹木、动物皮革等反复摩擦磨制石器,使石器表面平滑光亮,这类石器被称为磨光石器。

(2) 陶器

它是指用河谷沉积土、普通泥土等无机物质做原料,采用手工或者轮制的方法做成的器物,经过600℃～900℃的温度焙烧而硬化。陶器不透明、有小孔、吸水。陶器多作日用器皿、炊器、建筑构件和明器。中国的陶器始见于距今1万年前后。根据表面的颜色,陶器可以分为红陶、灰陶、黑陶和白陶。红陶是在氧化焰中烧成的,灰陶是在还原焰

---

① 《第三部分　文物保护法、文物保护法实施条例条文释义》,《文物保护法律指南》,中国城市出版社,2003,第116—117页。

中烧成的,黑陶是通过渗碳得到的,①白陶是用含氧化铁很低的黏土为原料烧制而成的。在陶坯上绘彩然后焙烧而成的陶器被称为彩陶,在焙烧后的器表绘制彩纹的陶器被称为彩绘陶。

(3)瓷器

它是指用瓷土或者瓷石为原料,经过配料、粉碎、练泥、陈腐、成型、干燥、焙烧等工艺流程制作的器物。瓷胎烧结后,质地非常致密,不吸水或者吸水率极低。器物表面的釉透明,玻璃质感,不吸水,敲击有清脆的金属声。商代出现原始瓷器,东汉始见现代意义的瓷器,隋唐时期瓷器质量有了提高,形成了南方以青瓷为主、北方以白瓷为主的格局。宋代时期是中国瓷器生产的繁荣时期,形成了包括官、哥、汝、定、钧五大名窑在内的不同窑系。明清时期的瓷业以景德镇窑场最为繁盛,釉色和品种都比较丰富。②

(4)铜器

它是指用铜或者铜的合金制作的工具、武器、器皿以及乐器和装饰品等。人类最早用天然铜制作小型工具或者装饰品,后来发明了冶铜技术。天然铜和没有添加其他金属的铜被称为红铜。在天然铜中添加适量锡以便降低熔点并提高硬度,这种铜被称为青铜。中国新石器时代中期已经发现红铜、黄铜和青铜制作的小型工具和装饰品。商代中期,青铜铸造技术有了很大发展,青铜器上有很多精美的纹样,有的还铸、刻铭文。西周晚期铜器有衰落趋势,到了春秋中期又开始走向辉煌,战国晚期铜器转向风格化和朴素。秦汉时期青铜器多素面,只有铜镜造型和纹样不断发展。此后,铜器虽然一直制作和使用,但是数量不多,制作不精,逐渐被漆器、玉器等器物所取代。③

———————————

① "陶器"条,《中国古陶瓷图典》,义物出版社,1998。
② "中国古代陶器"条,《中国大百科全书　考古学》,中国大百科全书出版社,1986。
③ "铜器"条,《中国大百科全书　考古学》,中国大百科全书出版社,1986。

（5）漆器

它是指表面涂刷有漆的各种质地的日用器物和工艺品、美术品。漆器所使用的漆具有耐潮、耐高温、耐腐蚀等特性，根据需要配置各种颜色，漆器一般有较好的光泽。在中国，新石器时代开始就制作漆器，战国时期漆器工业有了重要发展，唐代漆器工业达到非常高的水平，明清时期漆器工艺的发展达到空前的水平。在历代漆器制作过程中，发明了很多装饰工艺，比如在漆器表面描绘各色花纹、镶嵌贝壳和金属花叶。[①]

（6）钱币

它是指中国古代的金属铸币，造型多样，以外圆内方最为常见。表面铸有币名、币值等文字。中国的铸币出现于春秋末期，先秦时期的钱币以青铜制作的刀币、布币为主，还有圆钱和铜贝，以及金饼、金板等，从秦开始到清，主要流行铜质方孔圆钱，从宋代开始还流行纸币和银锭。除实用的钱币外，还有专供随葬用的冥钱和辟邪用的压胜钱。铸钱以手工为主，先秦到隋唐，采用陶或石或铜范。从唐代逐渐用翻砂法取代过去的范铸法。清代末年开始采用外国的机械铸钱法铸造方孔圆钱和铜圆。[②]

（7）简牍

它是指中国古代用竹木制作的书写材料。它流行于东周到魏晋时期，最早的是战国早期墓葬出土的。它可以分为五种类型。一是简，是指用竹或木制成的，是简牍最基本的形式，多数长约汉尺一尺，宽度有两种，一种宽0.5～1厘米，书写一行字；另一种宽约2厘米，书写两行字。二是牍，是指比简更宽的简，宽至6厘米，多为木质。三是觚，是指一种多棱形木棍，有的直接用树枝刮削而成。断面一般多为

---

① "中国古代漆器"条，《中国大百科全书　考古学》，中国大百科全书出版社，1986。

② "中国古代钱币"条，《中国大百科全书　考古学》，中国大百科全书出版社，1986。

三角形或方形,最多的有七个面。四是检,是指传递文书信札和财务时所用的封检。五是楬,是指一种短而宽的木牌。古代简牍的内容十分广泛,包括官方的各种文书档案、私人信件、各种书籍抄件、历谱,以及专为随葬用的谴册。①

(8) 封泥

它也称泥封或者泥艺,是指中国古代封缄简牍并加盖印章的泥块。春秋末出现玺印之后封泥也随之产生,它盛行于秦至唐,以后即消失。它是在封缄写在简牍上的公文和书信时,用被称为检的刻有横向凹槽的木片放在简外,然后用绳子将木片和简捆起来,在凹槽内打绳结,绳结外面用湿泥封盖住,上面盖上印章。封泥多为官印,也有少量私印的印文,内容涉及官制和行政区划。②

(9) 墓志

它是指埋入墓中的记载死者姓名家世和生平事迹的文字。由于志文之后附有用韵语所作的铭文,所以又称为墓志铭。它一般刻在石板上,也有的写在或刻在砖上,还有用铁铸造或者瓷土烧制而成的。中国墓志大约起源于东汉时期,魏晋以后盛行。③

(10) 买地券

又称"墓别""地券",是指中国古代以地契形式埋在墓中的一种物品。它是由买地契约演变而来的,似乎起于东汉,以后历代皆有。东汉时期的买地券多刻于长条形铅板上,三国两晋多刻于砖上。此后直到明清时期,多刻于砖或石上,曾发现纸质、铁和木质买地券。买地券的形态和大小与墓志相仿,有的还有盖。④

① "简牍"条,《中国大百科全书　考古学》,中国大百科全书出版社,1986;陈梦家:《由实物所见汉代简册制度》,载《汉简缀述》,中华书局,1980。

② "封泥"条,《中国大百科全书　考古学》,中国大百科全书出版社,1986。

③ "墓志"条,《中国大百科全书　考古学》,中国大百科全书出版社,1986。

④ "买地券"条,《中国大百科全书　考古学》,中国大百科全书出版社,1986。

（11）明器

又称冥器，是中国古代专为随葬而制作的各类器物。它们多是模仿各种礼器或日用器皿、工具、兵器的形状，以及人、家畜、鸟兽等，还有车船、家具、建筑物等。所使用的材料有陶瓷、木、石、金属等。从新石器时代开始，历代墓葬中都有发现，宋代以后开始流行纸制明器。①

（12）纺织品

它是指采用麻、丝、毛和棉等纤维作为原料，纺绩加工成纱线后，经过编织和机织成为布帛，统称为纺织品。新石器时代已经出现丝织品，在距今 3200 年前已经出现毛织品和丝麻织品。中国的丝织品通过陆上和海上丝绸之路远销亚欧各国。②

（13）经幢

它是指中国古代宗教的一种石刻。创建于初唐，盛行于唐宋时期，元开始走向衰落，幢是梵名"驮缚若"的译名，原来是丝帛制成的，呈伞盖形，顶部装有如意宝珠，下面有长杆，置于佛前。据说佛告诉天帝，如果将经书写在幢上，幢影映在人身上就可以不被罪诟污染，所以佛教徒多建幢以作功德。初唐开始出现用石刻模拟丝帛的幢。幢一般分幢座、幢身、幢顶三部分，均分别雕刻后叠置成为整体。座多呈覆莲状，下设须弥座。幢身多作八面体，上雕经文或佛像等。盖上一般刻模拟丝帛的垂幔、飘带、花绳等图案。顶上多刻仿木结构的攒尖顶，顶端托有宝珠。③

（14）玻璃器

它又称为琉璃器或者料器，是指单独用熔融、冷却、固化的非结晶

---

① "明器"条，《中国大百科全书　考古学》，中国大百科全书出版社，1986。

② "中国古代纺织品"条，《中国大百科全书　考古学》，中国大百科全书出版社，1986。

③ "经幢"条，《中国大百科全书　考古学》，中国大百科全书出版社，1986。

无机物玻璃制成的器物。中国是世界最早的玻璃产地之一,中国玻璃以铅玻璃为主。中国最迟在战国时期已经能够制造玻璃器,战国的玻璃器多为璧、印、剑饰等,汉代开始制造玻璃器皿,魏晋南北朝时期制作了钵、葫芦瓶吹制玻璃器,隋唐、宋代直至清代也发现一些玻璃器皿,清代设立了宫廷玻璃厂,延聘欧洲玻璃匠做指导,制作了不少缠丝玻璃、套色雕刻玻璃等高级艺术玻璃。[①]

(15)瓦当

它是指中国古代建筑檐头筒瓦前端保护椽子的陶制构件。最早的瓦当见于西周,当时的瓦当为半圆形,入汉以后出现圆形瓦当。从西周到明清历代瓦当造型和纹样都有所不同,瓦当具有较强的时代特征。[②]

(16)度量衡器

它是指测量长度、容积、重量的器具,它是社会经济发展到一定阶段的产物。中国历代度量衡标准器上都刻有监制器物的官名、制器工匠的姓名、国别、住址,作为保证器具的权威和信誉。商代已经出现骨尺、牙尺,战国时期出现铜方升和权。[③]

2. 遗址

遗址是指古代人类活动和生活的地方,其中有过去人类活动在此留下的遗迹和遗物,它被比喻为无字地书、百科全书,是由文化遗迹和遗物及其关系构成的。

与遗址相关的概念是遗物点,指只发现人类化石、若干件石器的非居住地点,[④]它常常见于旧石器时代研究当中。

---

① 安家瑶:《中国早期的玻璃器皿》,《考古学报》1984年第4期。

② "瓦当"条,《中国大百科全书 考古学》,中国大白科全书出版社,1986。

③ "中国古代度量衡"条,《中国大百科全书 考古学》,中国大白科全书出版社,1986。

④ 尤玉柱:《史前考古埋藏学概论》,文物出版社,1989。

遗物和遗迹不是彼此孤立地存在的，它们共存于遗址当中。遗物存在于一定的遗迹当中，遗迹是遗物的载体。没有遗物的遗迹也是重要的研究对象，但是由于没有共存遗物，对判断其性质还是有很大的影响。比如带有柱洞的白灰面一般被认为是居住遗迹，其形式、大小和建造方式、用材等在不同程度上反映了当时社会的相关面貌，如果室内空空如也，就无法判断这个房子是仅供睡觉的卧室，还是白天活动的堂屋，抑或是议事房。同样，脱离遗迹的遗物，能够提供的信息就很有限，要判断其社会意义就很难。例如，要准确地判断在地层发现的制作精美而完整的石斧是实用的砍伐工具，还是准备陪葬的明器，就比较困难。只有重视遗迹与遗物的关系，才能够准确地判断遗迹与遗物的功能与用途。

3. 遗迹

它是指古代人类通过各种活动遗留下来的痕迹，主要有诸如居住址、窖藏、水井等从事各类生产、日常生活以及其他一切活动场所的遗址，安葬死者的坟墓，倾倒垃圾的灰坑，在各类岩石上绘制的反映人类生活、经济、信仰、狩猎、战斗等内容的岩画，制造石器、骨器、陶器和玉器等的作坊，从事各类宗教活动的寺庙、道观等。人类活动形成的遗迹称为文化遗迹。下面择要介绍部分遗迹。

（1）干栏建筑

它又称干栏式建筑，是指在竹木柱子做的支架上搭建的房屋，它包括在陆地上建造的房屋，也包括在水上建造的房屋。它主要是为了防止潮湿而将居住面抬高，同时也是为了适应多雨天气。考古资料表明，它主要分布在长江流域以南地区以及东南亚地区等地。我国新石器时代河姆渡文化就发现了这类建筑的遗迹。①

---

① "干栏式建筑"条，《中国大百科全书　考古学》，中国大百科全书出版社，1986。

（2）岩画

它是指刻画在岩穴、石崖壁面和独立岩石上的彩画、线刻、浮雕等。岩画始见于旧石器时代，一直延续到历史时期。一般采用金属及其他工具凿刻或赭石等矿物颜料描绘而成。绘画颜色有黄、黑、红、白等。具体的表现手法有两种，一种是只刻画各种形象的外形轮廓，另一种是对描绘对象进行通体凿刻或者用颜料涂画。中国的岩画大致分为南北两个系统。南方的岩画内容除动物、狩猎场面外，还有采集、房屋、农业、宗教仪式等；北方的岩画主要内容是动物、狩猎和人物及各种符号。由于缺少判断年代的可靠依据，中国境内的岩画的具体创作年代尚不清楚。[①]

（3）贝丘

它是指以包含大量与人类活动有关的贝壳堆积为特征的遗址。这类遗址通常位于江河湖海沿岸。贝壳堆积除夹杂大量河相或者海相贝壳和鱼类等动物骨骼外，还有石器、陶器、骨角器等遗物，还常常发现人类活动的遗迹如窖藏、墓葬和居住面等。通过对贝壳种类及其组合进行分析，可以复原当时的气候环境。对贝壳生长线的分析，可以了解贝壳的死亡时间，便于推测人们捕食它们的季节，从而为推测人们捕食贝壳是为渡过食物短缺难关，抑或是为增加蛋白质。我国山东、福建、两广、台湾、江苏等古海岸，以及江苏等部分内陆地区的河湖畔分布有贝丘遗址。贝丘遗址的时代多为新石器时代，也有的延续到青铜时代甚至更晚。[②]

（4）墓葬

它是指人类将死者的尸体或尸体的残余按一定的方式放置在特定的场所，称为葬。用以放置尸体或其残余的固定设施，称为墓。中

① "岩画"条，《中国大百科全书　考古学》，中国大百科全书出版社，1986。
② "贝丘"条，《中国大百科全书　考古学》，中国大百科全书出版社，1986。

国考古学常将它们合称墓葬。墓葬中还包括各种随葬器物。墓葬所提供的资料远远超过研究墓葬制度本身的范围。墓葬制度随着社会生产力、生产关系和上层建筑的发展而不断变化,显示出一定的规律性。① 墓葬有很多类型,常见的有土坑墓、土洞墓、石棺墓、瓮棺葬、砖室墓等。

（5）石棚

它又称石桌或者支石墓,是指用巨大石块构筑的墓葬形式。它有多种类型,我国常见的是在地面上竖立三四块石板,上面盖一块大石板作为顶棚;还有一种常见的是在地上放若干小石块,上面放置巨大石块或石板。石棚在我国主要分布在辽东半岛,浙江东部沿海也发现少量石棚。石棚中常发现陶罐、石镞、石纺轮和仿铜陶器等,它们的时代为青铜时代。②

（6）船棺葬

它是指古代以独木舟式的棺木为葬具的墓葬形式。其制作方法将数米长的树干的一侧削取一小部分,使之横断面成为半圆形的船面,将底部修整为略平的船底,再将其两端加工成船头、船尾状,树干中部掏空作为船舱,将死者和随葬品安放在其中。中国的船棺葬主要分布在四川境内,时代多为战国到西汉前期,主要流行于古代巴蜀民族中。随葬品有剑、戈、矛、钺等铜器,罐、釜等陶器。③

（7）悬棺葬

它是指将死者的棺木安放在人迹罕至的悬崖绝壁上的葬俗。棺木安放的具体位置因时因地有所不同,有的棺木被放在岩壁的裂隙中,有的被放在天然洞穴中,还有的被放在崖壁上凿孔插入的木桩上。

---

① 王仲殊:《中国古代墓葬概说》,《考古》1981 年第 5 期。

② "石棚"条,《中国大百科全书　考古学》,中国大百科全书出版社,1986。

③ "船棺葬"条,《中国大百科全书　考古学》,中国大百科全书出版社,1986。

我国的悬棺葬主要分布在南方的两广、福建、江西、两湖、云南和贵州等地。时代从距今 3800 年开始出现，一直延续到明清。[1]

（8）人殉人牲

人殉是指主人的近亲、近臣和近侍为死去的主人殉葬，人牲是指用战争中的俘虏或俘虏变成的奴隶祭祀祖先、神灵或自然界的万物。在中国，人殉和人牲大约都出现于新石器时代末期，在齐家文化中可以见到人殉，在龙山文化中可以见到人牲。商代广泛流行人殉和人牲，商代早中期人殉和人牲所用的人数较多，后期则人数减少，周代虽然也流行人殉和人牲，但是已经衰落。在周边地区的一些后进民族地区则延续了比较长的时间。[2]

（9）黄肠题凑

它是指西汉帝王陵寝椁室四周用柏木垒砌的框形结构。其构筑方式为，在椁室四周将枋木头向椁室，层层平铺，即所谓题凑；因为所用枋木都是去皮柏木，木色呈淡黄色，即所谓黄肠。黄肠题凑只见于竖穴木椁墓，最豪华的黄肠题凑用了 15000 根柏木，它设有回廊和前后室。[3]

随着自然科学介入考古研究，发掘遗址过程中揭露出来的天然河道和湖泊等自然遗迹也是考古学家了解过去人类生活环境面貌的途径之一，对与古文化遗址有关的河道、湖泊等微地貌的分析和研究有助于复原当时人们生活的环境。把对自然环境的分析研究与文化遗迹的分析研究结合起来，考古学家就能够更好地认识和理解过去人类的行为方式。

---

① "悬棺葬"条，《中国大百科全书　考古学》，中国大百科全书出版社，1986。

② 黄展岳：《中国古代的人牲人殉》，文物出版社，1990。

③ "黄肠题凑"条，《中国大百科全书　考古学》，中国大百科全书出版社，1986。

二、考古研究的时间范围

考古研究的时代一般限定在包括史前时期在内的古代。其上限是人类起源，根据目前研究成果看，人类可能出现于中新世后期，大约距今600万年前。[①] 而考古研究的时代下限，各国情况不同。

1. 考古研究的时代下限

(1) 英国

英国考古学的时间下限起先定为诺曼人的入侵（1066年）；20世纪50年代提出建立"中世纪考古"后，将考古学研究的时间下限延伸到工业革命，60年代又提出"工业考古学"，更将考古学研究时间下限延伸至19世纪初期。法国考古学研究的时间下限定为加洛林王朝灭亡（987年）。

(2) 美洲各国

美洲各国考古学研究的时间下限一般定为哥伦布发现新大陆（1492年），20世纪60年代提出"历史考古学"或者称为"殖民地时代考古学"的概念，指从哥伦布发现美洲，至18世纪、19世纪各国在政治上获得独立这个时期的考古学，因此该地区考古学研究的下限为19世纪。

(3) 中国

中国以前有"古不考'三代'以下"[②]的说法，以为自秦汉开始的历史时期有不少文字记载而无须考古，不重视历史时期的考古学研究。实际上，浩如烟海的历史文献中关于生产、生活、风俗习惯等记载甚少或者没有，而这些方面的情况必须通过考古研究才能知晓的，必须用

---

① 关于最早的人类何时出现，学术界的意见不一致，参见吴新智主编：《人类进化足迹》，北京少年儿童出版社，北京教育出版社，2002。

② "三代"是指夏商周三个朝代。

考古研究成果弥补文献资料的不足。我国一般将考古学研究的时间下限定在明代的灭亡(1644年)。① 尽管如此,清代墓葬的发掘等仍然属于考古学研究范畴。

2. 时代划分

一般而言,世界各国都是依据文献资料的有无,将考古学分为史前考古学和历史考古学。史前考古学是研究从人类起源到人类发明并使用文字这段历史时期的考古学。历史考古学是研究从人类发明并使用文字开始的历史时期的考古学。有些学者主张,在史前时期和历史时期之间增加一个原史阶段,即文字已经产生但是尚未普遍利用或者没有能够保存下来的阶段。不过这个阶段的文字资料严重匮乏,研究资料主要是考古发掘出土的实物资料。

(1) 欧洲各国

关于考古学研究对象的时代划分,不同地区有不同划分方法。欧洲史前史分为旧石器时代、新石器时代、青铜器时代和铁器时代,有的在旧石器时代和新石器时代之间加上一个中石器时代,还有的在新石器时代和青铜时代之间增加一个铜石并用时代。

(2) 日本

日本考古学的时代划分很有特色,旧石器时代之后不是中石器时代也不是新石器时代,而是以出现陶器但是以狩猎采集和捕捞为生计手段的绳纹时代,绳纹时代前后延续一万多年。随后是以从大陆引进稻作农业、青铜器和铁器等为特征的弥生时代,接下来是以出现大量不同形式和规模的墓葬为特征的古坟时代,再以后就是历史时期考古。

(3) 中国

中国考古学的时代划分基本上与欧洲的相同,史前时期一般分为旧石器时代、新石器时代,有的学者提出中国也存在中石器时代,也有

---

① 夏鼐、王仲殊:《考古学》,载《中国大百科全书　考古学》,中国大百科全书出版社,1986。

的学者提出中国存在铜石并用时代。① 历史时期考古学一般分夏商周考古学、秦汉考古、魏晋南北朝考古、隋唐考古、宋辽金元明清考古学等。

三、考古学的分支学科

考古发掘出土的资料多种多样,毫不夸张地说,考古遗址是一部有关古代社会的百科全书,从中可以获得有关过去社会方方面面的信息。按具体研究对象和领域,可以把考古学研究划分为若干个分支,如动物考古学、石窟寺考古学等。

1. 动物考古

它又称考古动物学,是指由考古学和古动物学相结合而形成的新兴边缘学科,通过对人类各历史时期遗址出土动物骨骼的鉴定和解释,获得先民们居住址附近的自然条件和生态环境,以及他们狩猎的对象、对肉食资源的选择利用与家畜起源、发展状况等方面的信息。对旧石器时代遗址出土动物骨骼的研究,有助于判断遗址的相对年代、划分地层,狩猎季节;对中石器时代和新石器时代遗址出土动物骨骼的研究,有助于判断家畜饲养业何时开始,以及当时的经济形态。②

2. 植物考古

它又称考古植物学,是指一门分析和研究考古遗址出土植物遗存的学科。它是由考古学和古植物学相结合而发展起来的边缘科学。它通过分析与人类活动有关的植物遗存,揭示过去人类对植物的选择和利用,栽培植物的起源,早期农业的出现等经济生活和文化生活的情况,以及居住区周围的自然条件和生态环境。具体的研究方法有孢子花粉分析、浮选法、灰像法和碳-13测定等。通过这方面的分析研

---

① "史前考古学"条,《中国大百科全书　考古学》,中国大百科全书出版社,1986。

② 祁国琴、袁靖:《动物考古学:形成、发展与问题研究》,(台北)《田野考古》1996年第五卷第一期。

究,可以了解当地古气候、古地理的变化,对史前考古学文化的断代具有重要意义,可以复原过去人类的生活环境及其与文化的关系。①

3. 石窟寺考古学

它是指运用考古学方法来研究石窟寺遗迹的学科,属于历史考古学的范畴。石窟寺考古的调查和研究中亦广泛使用地层,即在石窟调查中注意各种遗迹现象,如洞窟间或窟内各造像宝之间的打破关系,壁画的叠压关系以及窟前遗址的地层叠压打破关系等,以便确定年代次序。按照使用功能对洞窟进行分类,按形制差异把每类洞窟分出型、式,排出洞窟形制发展变化的序列,对洞窟组合、造像特点和题材内容的分类排比,从而排比出整个石窟寺发展变化的序列。《藏传佛教寺院考古》②就是其中杰出的成果。③

4. 陶瓷考古

它是指以各个时期陶瓷窑址和出土陶瓷器为研究对象,研究它们的制作技术、工艺流程、时代特征、原料产地、胎和釉的成分、烧成温度、产品销售,以及产地与消费地的关系等问题,还可以据此研究贸易体制等地区性微观经济问题。

5. 农业考古

它是指通过对考古发掘的遗址、遗迹及其生态环境和出土的有关农业实物资料(如农作物遗存、家畜家禽遗骸、农业工具、文化层中的孢粉和植硅石、农耕图像和模型等)的研究,探讨农业的起源和发展,并着重从生产力的角度研究农业历史,探索其发展规律,总结经验教训,为农业的现代化提供历史借鉴。④

---

① "考古植物学"条,《中国大百科全书　考古学》,中国大百科全书出版社,1986。

② 宿白:《藏传佛教寺院考古》,文物出版社,1996。

③ 李裕群:《中国石窟寺考古五十年》,《考古》1999年第9期。

④ 陈文华:《农业考古》,文物出版社,2002,前言。

6. 音乐考古学

它是根据与古代音乐艺术有关的实物史料,研究音乐历史的科学。音乐考古学和其他门类的考古学相比较有其特殊性,音乐艺术是音像的艺术,以声波为传播媒介,表演停止,声波就停止,音乐不复存在;音乐是时间的艺术,真正的音乐只存在于表演的瞬间,能够保存下来的只有乐器和活动场所。所以,音乐考古学是以古代人类音乐活动的遗物和遗迹为研究对象,并以此为据了解古人的音乐生活,从而阐明人类音乐艺术发展的历史和规律的一门科学。[①]

7. 遥感考古

随着自然科学技术不断渗透到考古学领域中,逐渐产生了研究考古遗址等的新手段,例如遥感考古等。

它是运用遥感技术获取遗迹或现象的电磁波或超声波信息,并运用光学或计算机图形图像处理技术,对这些信息进行滤波、分类、边缘增强、反差变换、特征提取或假彩色合成等处理,再根据影像的色调、纹理、图案及其时空分布规律进行分类、识别和解译,确定遗迹或现象的位置、分布、构成与形状诸方面特征,并能进行文化资源追踪、考古测量、古地形地貌与古城址复原等工作。遗迹或现象以各自的方式存在于自然环境中,形成独特的遗迹土壤标志、遗迹阴影标志与遗迹植物标志,构成考古遗迹最基本的影像特征。通过卫星、宇宙飞船、航天飞机等在太空进行遥感,通过遥感汽车、铁塔等地面遥感从而获得遥感图像。为了解译各类航片上的影像,从事遥感考古的专家通常首先在室内收集有关该地区的文史资料和考古调查发掘报告,掌握以往工作所了解到的遗址埋藏深度、遗迹类型、地面植被等情况,然后到航片所拍摄的地点进行实地观察比较,有时还要借助常用的洛阳铲钻探,以建立遗迹与遥感

[①] 王子初:《中国音乐考古学》,福建教育出版社,2003。

影像特征之间的关系,便于解译其他地点的航片信息。①

8. 物理考古

它是以物理学原理、方法和仪器设备为手段,采用非破坏性方法,对各类出土遗物、遗迹进行测定、鉴别、分析,解决遗址年代、陶器制作工艺、青铜铸造工艺、金属防腐技术等问题。

除了上述各类专题考古之外,有学者提出考古地理学的概念,认为以考古学现象(通过考古学资料)为研究对象,考察人类史上的地理现象,利用地理学的概念和方法考察过去人类的生活环境。② 还有学者提出钱币考古,它以各类钱币为研究对象,研究它们发行的年代、流通地区,还从书法角度研究钱文,③从经济史角度研究古钱币在古代中国与日本之间的关系。④ 有学者提出美术考古学,它以考古出土的美术遗迹和遗物为资料,利用考古学方法并借鉴其他学科的方法,进行艺术分析,阐明物质文化艺术的产生和发展的过程的科学。⑤

近些年,一些学者模拟仿制出土遗物并进行使用实验,以此检验考古学研究中所做的一些推论,这种研究方法被称为实验考古。目前开展的实验考古有:透光青铜器镜的铸造实验⑥、骨器制作实验⑦、玉器切割实验等⑧。

---

① 刘建国:《遥感考古的原理与方法》,《考古》1995 年第 4 期。

② 王妙发:《考古地理学研究之回顾与前瞻》,载《中国考古学跨世纪的回顾与前瞻(1999 年西陵国际学术研讨会文集)》,科学出版社,2000。

③ 李博:《古钱币上的书法》,《金属世界》1998 年第 2 期。

④ 傅彤、尚咏黎:《浅述古钱币在中日经济文化交流中的作用》,《北方文物》1999 年第 2 期。

⑤ 刘凤君:《美术考古学导论》,山东大学出版社,1995。

⑥ 上海交通大学西汉古铜镜研究组:《西汉"透光"古铜镜研究》,《金属学报》1976 年;严燕来、孔令达、梁华翰:《西汉古铜镜"透光"奥秘解析》,《大学物理》2001 年第 20 卷第 10 期。

⑦ 吕遵谔:《海城小孤山仙人洞鱼镖头的复制和使用研究》,《考古学报》1995 年第 1 期。

⑧ 黄建秋、陈杰等:《良渚文化治玉技法的实验考古研究》《史前琢玉工艺技术》,台湾博物馆,2003。

第四节　理论方法

考古学经过100多年的发展,已经建立起了一套研究方法,它包括获取考古资料的田野考古方法和分析出土资料的室内研究方法。[①]考古调查发掘所获得的实物资料是历史上人类活动遗留的物证,是研究物质文化的依据。考古学是根据物质文化的研究成果来推理、推测和阐述的古代人类的精神文化。

考古研究可以分为三个阶段。第一个阶段是发现和寻找实物的阶段,可以称为物的研究;第二个阶段是研究实物的制作、使用方法和功能等,尽量做到"见物见人",可以称为事的研究;第三个阶段是综合上述研究成果,探讨过去社会人与人之间的关系,也就是社会结构,尽量做到"透物见人",可以称为人的研究。

一、考古学理论

与考古发掘研究相比,考古学理论建设相对滞后。由于种种原因,绝大多数中国考古学家一生致力于田野考古调查发掘与研究,很少顾及理论研究。当中有轻视理论的因素,更多的是忙于考古发掘与资料整理,无暇从事理论研究。而欧美考古学界比较重视考古学理论的探讨,这与他们中的一些人具有人类学背景密切相关。例如,把史前时期分为旧石器时代和新石器时代的卢伯克就是著名的进化论学派的人类学家,20世纪60年代在美国主张新考古学的宾福德也是出身于人类学系。他们习惯于用人类学理论解释考古现象。当前普遍运用的考古学理论主要有以下几种。

---

① 石兴邦:《田野考古方法——调查、发掘与整理》,载《考古工作手册》,文物出版社,
　1982。

1. 考古学文化

(1) 概念

"考古学文化"是柴尔德首先提出的基本概念①,中国考古学家接受了他的观点,提出:

> 我们在考古工作中,发现某几种特定类型的陶器和某类型的石斧和石刀以及某类型的骨器和装饰品,经常地在某一类型的墓葬(或某一类型的住宅遗址)中共同出土。这样一群特定类型的东西在一起,我们叫它为一种"文化"。因为这一群东西是共同存在于同一文化或者墓葬中,这表示它们是属于同一时代遗留下来的。因为它们的一起出现是经常的现象,并不是个别孤立的事实,这表示它们是属于同一社会的产品。这个社会因为有共同的传统,所以留下这些考古学遗址的共同体。②

例如,在太湖东部和南部发现了很多马家浜文化遗址,其时代为公元前 5500 至公元前 4000 年,陶器多素面或者施红陶衣,器形以腰沿釜、喇叭形圈足豆、牛鼻耳罐、圆锥足鼎为主;盛行俯身葬,随葬品少,少数墓随葬玉璜、玉玦;木铲等木器比较多;石器很少;水稻以及猪、鹿等动植物遗骸数量较多。这些物质文化是考古学家研究这个时期历史文化的依据。

(2) 命名方法

考古学文化的命名有一些约定成俗的方法,一般以首次发现的典型遗址所在的小地名作为考古学文化的名称,如马家浜文化就是因首次发现于浙江嘉兴马家浜而得名。也有以在地名加前缀命名的,如湖

---

① V. Gordon Childe. *Piecing Together the Past* , Routledge & Kegan Paul, London, 1956.
② 夏鼐:《关于考古学上文化的定名问题》,《考古》1959 年第 4 期。

北龙山文化,这是因为在湖北发现与龙山文化时代大致相同而文化内涵又不完全一致的文化时的暂时性命名,现在已经将它改称为石家河文化。在一个遗址中发现不止一个文化,可对地名加后缀,以示区别,如庙底沟二期文化,即在庙底沟遗址发现不同时期的文化,其中第二期文化独具特色,故被命名为庙底沟二期文化。也有以特征遗物来命名的,如彩陶文化,不过这类名称容易以片面的特征代替整个文化面貌,或者容易使人误解,现在一般不使用这类命名。也有使用族属来命名的,如越文化,有些学者不赞成直接用历史上的族名作为考古学文化的名称,认为那只适用于年代较晚的一些文化,并且必须是考据无疑的,否则最好仍以小地名命名而另行交代可能属历史上的某个民族,以免因此造成混乱。① 考古学文化名称多见于史前考古和夏商周考古,从秦汉开始很少用考古学文化来表示某个地区某个阶段的文化面貌。历史时期的文化的含义与考古学文化有所不同,前者指一个民族在特定时期中各方面的总成就,包括物质文化、精神文化等人类社会生活的各个方面。

2. 文化传播论

它是继古典进化论之后出现的人类学理论。这个理论认为,世界上所有同类文化只有一个起源地,全部文化开始于某个区域或者多个特殊区域,然后传播到世界各地,这是因为人类的发明创造能力只有一次。传播是文化发展的主要因素,文化采借多于发明,不同文化之间的相同性是许多文化圈相交的结果,相同的因素见诸不同文化表明历史上有过联系。文化传播论针对古典进化论忽视文化传播和民族迁徙而主张从传播的角度来构建人类文化历史。② 文化传播指一种文化因素或文化丛从一个社会向另一个社会或多个社会转移。文化

① 王仲殊、王世民:《夏鼐先生的治学之路》,《考古》2000 年第 3 期。
② 黄淑娉、龚佩华:《文化人类学理论方法研究》,广东高等教育出版社,1998,第 59—78 页。

传播分为自然传播和有意识传播两种：前者指人类在相互接触、交往过程中，随物质文化与精神文化的交流，不知不觉地输出或从其他社会吸取了许多新异的文化因素，造成某些方面的相似；后者指一个民族或国家有目的、有计划、有组织、有步骤地输出或吸收其他文化的文化因素或文化丛的现象。① 文化传播论被广泛运用到考古学文化研究当中，是解释不同地区发现同类遗物的重要理论。

二、田野考古方法

田野考古包括田野调查和田野发掘两个部分，调查和发掘关系密切，发掘是正式发掘前必须进行的步骤，而调查的目的之一就是为发掘做准备。

1. 田野调查

考古调查既是为考古发掘做准备，又是直接解决诸如遗址分布规律和分布范围等学术问题的手段。根据调查的目的不同，考古调查可以分为普查和专题调查两种。

（1）普查

普查是指为了解古代遗留下来的各类遗迹和遗物而在所辖地区开展的全面调查。遗迹和遗物包括上述遗址、寺庙、古墓葬、古建筑遗物，以及各类陶瓷器和金属器等。

（2）专题调查

专题调查是指为了解决某个学术问题而开展的调查，这种调查针对性强。

虽然上述两种调查的目的不同，但是调查的方法基本相同。首先，查阅包括地方志在内的有关历史文献和近现代人的有关记录；还要重视民间传说和民谣等，其中的信息不一定可靠但是能够为调查提

---

① "文化传播"条，《简明文化人类学词典》，浙江人民出版社，1990。

供线索。其次,实地勘察,除根据有关线索,对有关现象进行调查和核实外,还要根据不同类型遗址的分布特点,比如河边台地、湖边高地、现代耕地中的高地有可能是古代人类生活居住的地方,利用沟渠边、窖藏边等观察地层寻找古遗址线索。在勘察中要尽量做到眼勤,不轻易放过一条有价值的线索;手勤,对可疑的陶瓷瓦片要拿上手观察,有助于判断遗迹和建筑等的大致时代;口勤,要经常向当地群众请教,以往许多遗址的发现来自当地老百姓提供的线索。另外,要随时采集有关标本,做好各类文字、绘图、照相、摄像等记录,并及时填写遗址调查表。

有时,为了进一步确认有关遗址的堆积情况,还可以进行试掘。试掘一般选择遗址边缘,以发掘小面积的探沟为主。

2. 田野发掘

田野发掘是按照考古地层学的原理进行的发掘。考古学引进了地质学的地层线概念,并在此基础上发展出考古地层学。

(1) 考古地层学

考古地层学是根据土色、土质和包含物等,判断遗址中各种堆积形成的先后和形成过程,并确定不同堆积之间相对年代早晚的究方法。在大多数情况下,不同时期的地层由于堆积物质不同、人类活动方式不同导致地层的土色、土质和包含物也不同。很多考古遗址包含人类社会不同时期不同阶段的遗存,田野发掘必须按照考古地层学来具体操作,依靠土色、土质和包含物的不同可以把不同的堆积划分为不同时期,早期的在下面,晚期的在上面。探讨这些堆积的时间与空间,或纵与横的关系,就是地层学或层位学。[①] 发掘时,由上向下,先挖上面的地层、后挖下面的地层,当上面的地层清理干净后才可以继续向下发掘。发掘每一个阶段都要做文字、图表和照相记录,这些记

———————————

[①] 张忠培:《地层学与类型学的若干问题》,《文物》1983 年第 5 期。

录一般称为原始记录。出土遗物应该按照出土单位分别存放。考古遗址也因此被人比喻为"无字地书"。由于主客观原因，我们无法按照年月日为单位揭开这部无字地书，只能按照土色、土质和包含物显示的地层为单位，解读这部地书。经过考古学领域的努力，总结出了不少能够有效地提取过去社会信息的发掘方法，国家文物局汇总了各地的做法和经验，颁布了《田野考古工作规程（修订版）》《考古勘探工作规程（试行）》《田野考古钻探记录规范》《田野考古制图》，比较详细地规定了具体的田野调查勘探和发掘方法。

（2）考古发掘分类

考古发掘分为主动发掘和抢救性发掘。主动发掘，又称学术性发掘，是指为了解决某个学术问题而主动进行的考古发掘。抢救性发掘，是指配合基本建设等活动而进行的考古发掘。

一般采用探方或者探沟法进行发掘，探方一般要求正南正北向，面积以 5 米×5 米为宜，有时可以根据地貌和具体的情况，探方面积大小可以稍大或者稍小。发掘工具除考古专用的手铲外，还有遗址所在地所习惯使用的小型铲土和运土工具。

三、室内整理

田野调查发掘工作结束后，需要立即转入室内整理发掘资料。它包括对将田野调查和发掘过程中所做的文字、图表和照相等记录，以及出土遗物的整理和分析研究。

1. 资料整理

发掘资料包括考古调查和发掘过程中所有文字、图表和照片等文献资料，以及出土实物资料。文献资料整理就是按照发掘单位把相关的文献资料收纳到一起，撰写发掘单位的发掘过程。

然后转入实物资料整理和研究。为了便于保存和研究，要把与实物资料相关的信息标注在实物上，要在不损害文物的前提下清洗文物表面。这时要注意,有些文物不能水洗,比如彩绘文物器不能水洗,否则纹样会被洗掉。在不影响美观和研究的前提下,用墨或者白色颜料在遗物不显眼的位置处写上遗址和遗物编号。把原来属于同一个体的碎片拼合粘结起来。然后根据考古类型学原理,给出土遗物、遗物分类,按一定原则把看似没有联系的资料组合、串联起来,为下一步考古研究做好准备。

2. 资料分类

出土实物资料丰富,必须按照研究目的对实物资料进行分类。实物资料的分类方法就是考古类型学。

考古类型学是通过对遗存形态的排比,确定遗存时间与空间关系的基本理论、方法。类是指同一时期的不同种类的遗存如陶器,型是指同类不同种的遗存如鱼鳍形足鼎、T字形足鼎,式是指同型而具体形态有所区别的、生产年代不同的遗物。然后结合考古地层学,把属于同一个时期的遗物和遗迹归纳起来,从中找出比较稳定的组合,把它们作为反映某个时期先民们创造的物质文化遗存。这样一群在一定时空框架内经常共存的遗物通常被称为考古学文化。根据考古地层学可以确定物质文化遗存的年代。接着就要进入下一个阶段,解读考古资料,探讨考古资料所反映的生产技术、社会制度及组织、社会生活、习俗信仰、文化传统及关系诸方面的变异与发展。[①] 最后撰写考古发掘报告,采用图文并茂的方式尽可能全面地公布发掘中所发现的考古遗存,为其他学者进行各方面的深入研究提供资料。

四、考古资料研究

考古学研究最基本的要求之一是解决研究对象的时代、研究对象的制作、使用和被废弃的年代,解决出土遗物的制作、功能和使用方

---

① 张忠培:《地层学与类型学的若干问题》,《文物》1983 年第 5 期。

法,以及社会意义。

1. 分期断代

考古学上说的年代有两种:一种是绝对年代,它是指考古发掘出土的遗物、遗迹的制作或者废弃距离现在的年代;另一种是相对年代,它是考古发掘出土的遗物、遗迹的制作或者废弃在时间上所处的先后关系即相对的早晚关系。

(1) 文字资料

采用文字资料断代的方法可以分为内证和外证两种。内证是指利用发掘出土的遗物或者遗迹上的文字,拿墓葬来说,可以根据墓志铭、买地券、随葬的简牍等来确定墓葬的年代,还可以根据墓葬中随葬品上的记年资料,如铜器上的铭文等,进行确定墓葬的年代。在运用简牍和铜器铭文判断墓葬的下葬年代时,要注意这类器物的制作年代和墓主人下葬的年代有时并非完全一致的情况。外证是指利用文献记载或者传说等判断墓葬等遗迹出现的年代。运用这个方法断代时,要注意对所依据的文献记载进行考证,防止因使用记载不确切的资料而影响断代的准确性。①

(2) 理化测定

随着自然科学的发展,发展出不少利用少量标本检测物体制作的绝对年代的新技术。现在运用到考古研究中的测定年代的技术主要有以下两种。

A. 碳-14 断代法

1949 年,碳-14 断代法宣告成功,随后开始运用到史前考古年代学方面。其方法的原理是,含碳-14 的物质一旦死亡或者沉积后,碳-14 不再补充,而且碳-14 按 5730±40 年半衰期衰变减少。学者们根据这个原理运用特定的实验设备可以测定出发掘出土时所采集标本的准

①夏鼐、王仲殊:《考古学》,载《中国大百科全书　考古学》,中国大百科全书出版社,1986。

确年代。可供碳-14年代测定的材料很多,例如动物骨骼、木炭、植物残骸等。不过在采样时要注意尽量避免待测年代标本受到现代炭的污染。在使用这个方法断代时,要注意标本在地层中的具体位置,因为一个较厚的地层需要比较长的时间才能够堆积起来,地层上部和下部的年代不同,无论是上部标本年代,还是下部标本的年代,都不能够完全反映地层堆积的时间宽度。20世纪70年代开始,现代核技术分析技术加速器质谱应用到碳-14的分析之中,这种方法的优势在于所需样品的量少而测量工作效率高,精度可以达到3‰～5‰。20世纪80年代后期,国际上还出现用树轮年代校正曲线高精度校正碳-14年代数据,把碳-14年代转化为日历年代,进一步提高了测定年代的精度。[①]

B. 陶器热释光测定年代法

陶器焙烧时,高温已经将过去积累的能量全部释放完,以后积累的能量的多少与陶器烧制以后经历的时间长短成正比,所以利用这个原理可以测定陶器的制作年代。

除上述方法外,还有古地磁断代法、钾-氩法、黑曜岩水合断代法、裂变径迹断代法和树木年轮断代法等方法,也被用于考古学的年代测定。[②]

(3) 相对年代

利用上述考古类型学,确定有关遗物或者遗迹在某种遗物或者遗迹变化序列中的位置,从而确定同型不同式遗物、遗迹的相对早晚关系。根据考古地层学原理,在具有两个或者两个以上文化层的遗址中,只要是未被扰乱的地层,时代早的地层在下面,时代晚的地层在上面。在存在打破关系的遗迹中,被打破的遗迹时代早于打破它的遗迹。可根据地层中包含的动物化石和地质结构,断定文化层的年代。

---

① 仇士华、蔡莲珍:《碳-14断代技术的新进展与"夏商周断代工程"》,《考古》1997年第7期。
② "热释光断代"条,《中国大百科全书　考古学》,中国大百科全书出版社,1986。

2. 遗物研究

遗物研究就是研究发掘中揭露出来的文物遗存的制作方法、使用方法和废弃过程，以及该遗址信息所蕴含的历史价值和社会意义。遗物研究主要有以下几种方法。

（1）文献比对

从古代文献中检索有关遗物和遗迹的使用、制作方法。比如商周时代的青铜觚的用途，《说文·角部》中就有记载，"觚，乡饮酒之爵"，据此，我们知道爵和觚一样，也是饮酒的酒器。

（2）自铭

遗物上铸造、镌刻或者书写其制作和使用方法的文字可用于断代，比如春秋晚期义楚祭崇有"义楚之祭崇"铭，指明该崇（即觯）是用于祭祀的酒器。

（3）民俗资料比对

即根据考古资料与民俗资料的对比结果来解释考古学文化现象。早在 1937 年，石璋如为了解灰坑（窖穴）的用途，他先后在包头、固阳县和五阳县调查，发现有不同结构的储藏粮食的窖穴，并了解到这些粮窖的使用方法。[1] 这类民俗资料为解读考古发掘中发现的各类灰坑遗迹的用途提供了思路。

（4）民族志类比

即根据考古资料与民族志的类比结果来解读考古资料。不少原始民族中曾经有将死者屈肢捆绑后埋葬的习俗，它为考古学家解释史前考古中常见的"屈肢葬"提供了很好的思路。[2]

（5）实验检验

在详细观察遗存的基础上，设想其制作和使用方法，然后进行实

---

① 星灿:《灰坑的民族考古学考察》,《中国文物报》2002 年 3 月 1 日。

② 容观琼:《我国古代屈肢葬俗研究》,载《文化人类学与南方少数民族》,广西人民出版社, 1990,第 100—118 页。

验,根据实验结果推测遗物和遗迹的使用、制作方法。对黄河中游地区始见于庙底沟二期文化、盛行于龙山文化的模制法制陶工艺的研究就是很好的一例。[①] 模拟实验与其说是直接提供答案,不如说是从实验中获得解读遗迹、遗物的线索更为准确。

上述几种解读方法是把地下出土的静止的、沉默的实物与先民的活动联系起来,在过去与现代之间存在的难以逾越的鸿沟上架起一座理解的"桥梁"。西方考古学家借用社会学中型理论的概念,称之为中距理论。[②] 从事这类研究时需要注意,任何事物不会静止不变而是一直处在运动之中,研究遗物或者遗迹的使用方法时必须考虑到这一点。一种制作或者使用器具的方法出现后,有时会因为某种原因发生变化,因此在类比研究时要用变化的观点进行动态的研究。

考古资料是研究过去的社会、历史、文化等的实物资料。如何解读这些资料因人而异,但是无论提出什么新观点,都必须考虑到相关历史背景和时空范围等要素。脱离了上述要求而任意地解释,无论是其做法还是其观点都无法得到学术界的认同。比如,《殷墟妇好墓》出版后,有人对妇好墓的年代、墓主和出土青铜器的功能提出了异议,认为妇好墓出土的青铜礼器是"夏禹婚时用以宴饮的命氏礼器,……它使公元前二千三百〇九年前的早于华夏的唐虞前期的灿烂文化再现于世",还质疑妇好墓墓室"究竟是夏禹尸骨埋处,还是真的死于会稽(绍兴),在这里葬的不过是衣冠,或者反之,……二者必居其一"。[③] 对这一怪诞看法,考古学者无须辩驳,因为妇好墓是经过科学发掘的,

① 李文杰:《黄河流域新石器时代制陶工艺的成就》,载《中国古代制陶工艺研究》,科学出版社,1996,第1—24页。

② 社会学中的"中型理论"是R. K. 莫顿提出的,指建立与经验世界密切相关、具有明确操作化概念,这种理论包括角色冲突、参照群体、社会调适性、规范的形成、异常行为与社会控制等。郑杭生、李迎生:《二十世纪中国的社会学》,党建读物出版社,1999,第30页。

③ 骆宾基:《关于夏禹婚宴礼器出土于殷墟的报告》,《湘潭大学社会科学学报》1981年2期。

是有地层依据的,抛开考古地层学来推断墓葬的年代,其推论当然是难以成立的。①

3. 遗址研究

具体地讲就是,通过分析遗物和遗迹的制作工艺和方法,探讨遗迹、遗物的内涵及其相互关系,解释不同时期遗存的社会意义。

在对所发掘遗址做了认真研究后,需要把它放到一个地区、一个考古学文化时间段内考察其历史意义,运用考古学理论,复原遗迹、遗物的功能,考察人类的社会活动,进而阐释古代社会面貌。

为了实现这个目标,必须有更高层次的考古学研究理论指导具体的研究实践。现在,应用比较多的是进化论思想和马克思主义历史唯物主义。阐释古代社会面貌仅仅依靠考古学自身的理论与方法是不够的,需要引进诸如文化人类学等的理论方法。

文化人类学是研究人类文化的起源、发展和变迁的过程,通过比较世界上各民族、各地区的文化,探索人类文化的性质及演变规律。考古学家参考文化人类学家总结出来的原理、概念和理论,就能更为详细、合理地解释考古文化现象。

第五节　考古学的作用

考古学从其诞生之日起就服务于社会。为打破"上帝造人"学说,考古学提供了坚不可摧的化石证据;为满足人们希望知道远古祖先的生活和社会面貌的好奇心,提供了多种多样的物证。考古学对社会的作用是多方面的,有时是直接的,有时是间接的。

---

① 陈志达:《妇好墓及其相关的问题》,《考古与文物》1985 年第 4 期。

一、科学研究

我国是世界上唯一历史没有中断的国家,先民们给我们留下包括甲骨文、青铜铭文、竹简木牍以及浩如烟海的纸质文献,它们是我们了解古代社会的重要依据。不过古代文献中关于史前时期的记载少之又少,又语焉不详,要了解普通人的生活、生产活动、劳动生产技术等,只能依靠考古学资料。它不仅补充了历史文献记载的不足,纠正历史文献中的谬误,而且还为重建史前史提供了资料。

1. 证经补史与重建史前史

（1）验证文献记载

唐代韦述《两京新记》及孟棨《本事诗·情感》皆记录了南朝陈后主妹乐昌公主与其婿、太子舍人徐德言破镜重圆的故事,后代常用"破镜重圆"比喻夫妇失散或决裂后重又团圆。那么这类记载是否属实？考古发现了答案,在长沙砚瓦池发掘的唐墓中出土了半个铜镜,而后在丝茅冲又发现了半个铜镜,二者拼对完整,证实了古代社会确有其事。[①]

（2）补充文献不足

湖北省扶沟古城村发现了一处楚国金银币窖藏。其中银币18件,形如长方铲状,均为形制较大的布币;金饼197块、金版195块。金版上印有"部爰""陈爰""鄙爰"等文字,均为楚国货贝。银布币在全国是首次发现,也是现存最早的银币。考古发现的这些货币不见于古代文献记载,考古发现为研究中国古代货币史和楚国货贝制度提供了新资料。[②]

（3）释读文献

中国古代文献资料虽然丰富,但是有些内容在今人看来难以理解,

---

① 商承祚:《长沙发掘小记》,《文物天地》1991年第6期。

② 郝本性、郝万章:《河南扶沟古城村出土的楚金银币》,《文物》1980年第10期。

而考古发掘出土的文物能够帮助我们正确理解这些内容。左思在《蜀都赋》中有"金罍中坐，肴槅四陈"句，唐人李善注："'槅'与核义同"。今人在注左思《娇女诗》的"并心注肴馔，端左理盘槅"时，因袭李善的说法，以为"'槅'同核，……"，按此说法，该诗句的内容令人费解。1974 年江西南昌清理的晋墓中，出土一件长方形漆盒，器底有朱漆书"吴氏槅"，"吴"是墓主的姓，那么"吴氏槅"意即吴氏所有的槅，可知"槅"为漆器名。按此解释，我们就可以发现，"肴馔"与"盘槅"即食物与器皿，前后对照，句子对偶工整。①

（4）重建史前史

中国历史文献资料丰富，但是有关史前社会的记载一鳞半爪，而且多数语焉不详，因此中国史前史的重建必须依靠考古资料，通过考古资料的收集和解读，来勾勒长达百万年的原始社会历史。

2. 自然科学研究

（1）地震研究

考古研究还为地震研究人员研究现代地壳构造运动与地震的关系提供了参考。研究现代地壳构造可以根据地质、地貌、大地测量及地球物理等方法展开，但是地质、地貌、方法的时间尺度太大，而大地测量时间尺度较短，由于测量资料积累时间过短，这些资料在涉及估计地震危险性的时间因素上常常难以应用。而考古能够为探索一个地区的地震危险性提供比较准确的年代。我国地震工作者在 20 世纪 70 年代为研究临汾盆地地震的危险性，调查了位于 1556 年关中 8 级地震震中区的陕西华阴县，考察了魏惠王十二年（公元前 358 年）所筑的魏长城等，以此估计这里的地壳下降速度，根据在这个地区所做的类似调查研究，估计出了今后这个地区未来 100 年内的最大地震强度等。② 我

---

① 重光：《文物纠正了古典文学注释中的错误》，《文物天地》1984 年第 4 期。

② 刘正荣、孟繁兴等：《以临汾盆地为例论用考古学方法研究现代构造运动与地震的关系》，《地球物理学报》1975 年第 18 卷第 2 期。

国地震学者一直采用类似的方法从事地震研究。[①]

(2)现代科技

铜镜是我国古代墓葬出土数量比较多的文物,其中有一种表面银白色的铜镜极少生锈,古人称之为"水银沁"。20世纪初陆续有欧美学者试图揭示其奥秘,20世纪80年代以后,上海博物馆、复旦大学文博学院和上海材料研究所合作,在对古代文献深入研究的基础上,发现"磨镜药"具有反腐作用。所谓磨镜药,是古代工匠们发明的主要由锡、水银和明矾等粉末混合的反腐材料。用毡类沾磨镜药在铜镜表面研磨,使铜镜表面变成银白色,清晰地映出人脸。这种铜镜被埋在地下后一直完好地保存到现在。科研人员由此开发了一项可替代传统"磨镜药"表面处理工艺,用于现代金属防腐和装饰的新的表面处理技术。[②]

(3)人地关系研究

考古文化研究结果表明,多元环境是多元文化共存的一个重要基础。内蒙古农牧交错地带处在我国北方自然环境的过渡地带:半湿润向干旱过渡的半干旱气候,森林向荒漠过渡的草原植被,风沙高原向黄土高原过渡的风、水两相气候地貌,外流区向内流区过渡的内、外流域转换地带。该地区的考古学研究结果表明,当时这里呈现出农牧共存、农林牧交错的面貌。研究者们据此提出,可以预见到这个多元文化地带将变得更加负载,草原文化、农业文化与工业文化共存,互相促进,多民族共同发展,共同繁荣。[③]

① 杜兴信:《应用古文化层埋深确定汾渭盆地沉积速率的研究》,《西北地震学报》1999年第21卷第1期。

② 谭德睿、吴来明、唐静娟、苏立民:《古铜镜"水银沁"表面形成机理的研究》,《文物保护与考古科学》1997年第1期。

③ 史培军、王静爱、郭素新、索秀芬:《内蒙古农牧交错地带环境考古研究》,《内蒙古文化考古》1993年第1、2合期。

（4）人类学研究

考古学家研究遗迹的手段被社会学家用于社区垃圾研究。美国亚利桑那大学曾实施过"垃圾研究计划"，用于检验"访问调查法"的有效性。调查亚利桑那州图森市居民的酒精消费量的问卷结果提出，只有15％的家庭承认饮用啤酒，而且没有一个家庭在一周内消费8罐啤酒的。但是对该社区的现代家庭丢弃物即垃圾的分析结果表明，80％的家庭都饮用啤酒，而且其中60％的家庭在一周内丢弃8个以上的空啤酒罐。这项研究表明，人们想的和说的与实际所做的之间存在一定的差距，表明基于常规的访问调查方法得到的人类行为的概念，往往存在明显的偏差。[①]

二、社会服务

1. 重大建设工程

举世瞩目的葛洲坝工程在设计洪水和选址时就得到了考古学家的帮助。

（1）葛洲坝设计

建造水坝必须以设计洪水为依据，设计洪水指进行一项水利工程设计时，要考虑工程本身以及下游的防护要求，以确定能够承受的一定标准的洪水量。如果选用的设计洪水小了，一旦出现特大洪水，就可能发生垮坝等灾难性后果；相反，选用的设计洪水过大，会徒增人力财力的负担。因此，在设计洪水时，设计者必须知道长江历史上洪水最大年和坝址的洪峰流量。这样的资料，文献里很难查到，也很难确认。根据调查，四川民间有"洪武元年洪水滔天""洪化年发大洪水"以及同治九年发生过大洪水的说法。[②] 结合嘉陵江上的合川县发现"洪

---

① 周大鸣、乔晓勤：《现代人类学》，重庆人民出版社，1990，第8—9页。

② 洪武元年指1368年；洪化，吴三桂之子吴世璠的年号，洪化元年即1679年；同治九年指1870年。

(化)年长大水"的题刻,以及嘉陵江边南宋塔未遭遇受洪水的情况分析,可知洪武和洪化年间长江上游的某些支流发生过洪水,但是洪水汇集到长江后,就失去势头。考古调查还发现,在长江上游两岸发现的记录洪水的180多处题刻中,最早的是南宋绍兴二十三年(1152年)的刻石,同治年间(1862—1875年)的洪水题刻92处。根据这些刻记,可以画出一条同治九年的洪水线,它高于历史上所有年份刻记的洪水水位。由此可以判断,同治九年的洪水是800多年来最大的长江洪水,宜昌河段这一年的洪峰流量是11万立方米每秒。这些数据为葛洲坝工程的水坝设计和长江中下游的防洪工作,提供了起决定性作用的重要科学数据。

(2)葛洲坝选址

在葛洲坝选址方面,考古研究也做出了重要贡献。葛洲坝候选坝址的中轴线上有葛洲坝和西坝两个小岛。一开始,有人怀疑这里的江心洲是近百年才冲击形成的,不能作为坝址。但是在江心洲之间的现代河床下5米的卵石层下面发现了碳-14测定年代为7185年前的最长达20米的树干堆积,这个堆积之上再没有发现类似的堆积,这表明长江上游在7000年前没有发生过特大洪水。另外,在长江东岸和葛洲坝上发现数十座战国晚期墓和两汉墓葬,说明葛洲坝至少在2000年前就已经形成,而墓葬能够保存下来,说明这里的地层长期稳定性。再加上钻探发现砂石堆积下面的岩石层比较可靠这个因素,专家们最终确定可以在这里修筑大坝。[①]

2. 文物外交

考古出土文物作为向世界人民介绍中国历史文化的手段,在打开外交僵局方面起过非常重要的作用。20世纪70年代,中国与外界基本隔绝。为了打开与西方世界接触的大门,中国遴选了一批"文革"期

---

① 陈淮:《葛洲坝工程的几个重要历史依据》,《文物天地》1984年第5期。

间出土的精美文物出国展览，先后到法国、日本、美国巡回展出等，展览受到当地人的热烈欢迎，在当时极为艰难的国际环境中为推动我国与西方国家在文化和经济上的交流，起了重要作用，考古出土文物展览被誉为"文物外交"。[①]

3. 世界文化遗产

中国现有世界文化遗产中有些是以古遗址为核心的文化遗产，比如秦始皇陵及兵马俑坑因为展现了秦始皇陵的结构布局、设计思想及秦代科技文化的成就，被誉为"世界八大奇迹之一"，并于1987年被联合国教科文组织批准列入《世界文化遗产名录》。周口店北京猿人遗址因为见证了亚洲大陆从中更新世到旧石器时代的人类群落，说明了演化过程。研究人员发现了人科，并在20世纪20年代和30年代进行了后续的研究，激发了普遍的兴趣，推翻了当时被普遍接受的人类历史的年代。周口店遗址的发掘和科学工作在世界考古学史上具有重要价值，在世界科学史上发挥了重要作用，1987年被联合国教科文组织批准列入《世界文化遗产目录》。

4. 文化自信

百年中国考古新发现一次次地震惊了世界。党和国家领导人高度评价了我国考古工作的重大成就和重要意义，认为考古发现展示了中华文明起源和发展的历史脉络，展示了中华文明的灿烂成就，展示了中华文明对世界文明的重大贡献。考古认识历史离不开考古学，学习考古最新发现及其意义，目的是更好地认识源远流长、博大精深的中华文明，坚定文化自信。[②]

[①] 曾自：《周恩来与文物保护事业》，《当代中国史研究》2001年第6期。

[②] 习近平：《建设中国特色中国风格中国气派的考古学，更好认识源远流长博大精深的中华文明》，《求是》2020年第23期。

第二章 形成中的考古学(1921—1948)

中国近代考古学形成于何时？考古界的意见不一。有学者提出，中国考古学的历史可以上溯到宋代金石学；有的学者认为，应该从科学的考古发掘算起。

要回答这个问题，首先要看到金石学与中国近代考古学有着很大的不同。近代考古学是以田野发掘获取的实物作为资料研究古代社会的学问，而金石学是专家们安坐在书斋里根据文献考证零星出土和传世铜器、石刻的用途的学问，研究较少涉及过去的社会。金石学的一些方法和研究成果被考古学所继承，不过金石学家没有走出书斋"动手动脚找东西"，金石学最终没有发展成为金代考古学。

不少学者主张中国近代考古学始于 20 世纪 20 年代。在五四运动的推动下，外国考古知识传播到国内，少数在华外国学者开始了科学发掘，中国学者不仅参与了发掘，还逐渐开始独立自主的发掘。他们利用实物资料探究文献所没有记载的史前文化以及深受怀疑的三代历史，还为普及考古知识走进大学校园，开设"史前考古"等启蒙课程。因此，很多学者赞同中国考古学始于 20 世纪 20 年代这一说法。

第一节　中国考古学背景

一、金石学传统

金石学是以零星出土的古代铜器以及地面上的石刻为主要研究对象的学问，重视著录和考证文字资料，以正经补史为目的。金石学在中国有悠久的历史，但是真正作为一门学问则要到宋代才出现。考古爱好者卫聚贤曾对金石学的发展过程做了很好的归纳。下面摘录其著作的部分内容以便说明金石学的发展历程。[①]

1. 金石学之前

（1）宋代以前古物出土

根据卫聚贤的意见，历史文献中可以找到宋代以前古物出土和初步研究的记载。

《左传·宣公三年》记载了一则故事，说是夏桀昏庸无德，导致亡国，象征其统治权力的铜鼎被商人缴获，商纣因暴虐而亡国，其鼎被周人缴获。

《战国策·东周策》记载了一则秦为获得象征政权的铜鼎而不惜兵戎相见，后来颜率说服齐王出兵迫使秦退兵而作罢的故事。

汉代开始视出土青铜鼎为祥瑞而改元。《汉书·武帝纪》记载，公元前116年，汉武帝把在汾水获得的青铜鼎视为国家祥瑞，把年号改为"元鼎"。

汉代以后关于青铜器出土的记载也不少。如《宋书·符瑞志》记载，吴孙权赤乌十二年（公元249年）六月戊戌宝鼎出临平湖。《唐会要》卷

[①] 卫聚贤：《中国考古学史》，商务印书馆，1937。

十上杂录载:"开元十年①,初有司奏设坛,掘地获古铜鼎二,其大者容四升,小者容一升,色皆青。又获古砖,长九寸,有篆'千秋万岁'字,及'长乐未央'字。"

（2）古物考订

春秋时期已出现能够鉴定古物真伪的人。齐国为了向鲁国要岑鼎而不惜出兵,鲁国君用别的鼎冒充岑鼎给齐王,齐王不信,要求一个名叫柳下季的人鉴定,柳下季劝鲁国君说,要避免亡国的话,就把岑鼎给齐国吧。鲁国君听从劝说把真的岑鼎给了齐国,避免了战祸。《史记》封禅书说,元鼎四年（公元前113年）汉武帝派人去检验新发现的铜鼎的真假,结果得鼎无奸诈。这是因为促使武帝改年号的汾水出土的铜鼎很可能是有人伪造并埋在汾水南岸的,所以此当汾水后土祀旁再发现鼎时,汉武帝就变得谨慎了。

战国时期有人对青铜器纹样做了考释,《吕氏春秋·先识》云:"周鼎著饕餮,有首无身,食人未咽,害及其身,以言报更也。"今天的学者认为,所谓饕餮,是被简化、抽象化了的动物形象,铜器上装饰这类纹样与信仰和祭祀有关。

汉代许慎的《说文解字》在解释文字源流和字意时曾参考了青铜器铭文;司马迁为作《史记》遍访古迹名胜;郦道元为作《水经注》不仅到各地访问古迹名胜,还大量利用汉、魏、晋等朝石碑资料。

东汉袁康对古物所反映的远古历史和社会发展阶段有着准确的认识。他在《越绝书》中借风胡子的口说:"轩辕神农赫胥之时,以石为兵,断树木为宫室……至黄帝之时,以玉为兵,以伐树木为宫室……禹穴之时以铜为兵,以凿伊阙同龙门……当此之时,作铁兵,威服三军……"他的说法与世界上许多地方的考古发现吻合,即首先出现石器,然后出现青铜器,最后出现铁器。

---

① 开元十年为公元722年。

西晋太康年间(公元 280 年至 289 年),在被盗的魏襄王等人的墓中发现大量战国竹简,经过整理编为《竹书》、《周书》等,这是较早整理古代典籍的范例。

梁代陶弘景的《古今刀剑录》收录了截至梁武帝时期的刀剑79 件。

唐代有人精于鉴定古物。曲阜人在耕作时挖出铁盎,上面隐约可见古篆书"齐桓公会于葵邱岁铸"。裴休的门徒根据《左传》的记载,提出葵邱之会是齐桓公进行的第八次盟会,既然是生前的盟会理应不会有谥号,遂指出这件铁盎是后人伪作。

宋代以前收藏和初步研究的零星出土古物,为金石学的产生打下了基础。

2. 金石学

(1) 金石学形成

北宋仁宗景祐年间(1034—1038 年),因为正乐而注意保护古物,民众也将偶然获得的古物送给官府。崇宁三年(1104 年)孟冬月,应天府崇福院掘地得古钟六枚,敬献给官府。《考古图》卷三也记载了类似的事例。

于是,官吏、士大夫之间兴起了古物收藏热潮。长安为秦汉故都,多古物奇器,埋没于荒基败冢,往往为耕夫牧竖得之,遂得传于人间。宋仁宗嘉祐(1056—1063 年)中,刘敞为永兴守,他收藏不少古物并绘制成图像刻石,名为《先秦古器图碑》,该书失传,根据后人记述,知道他提出古器研究的目的是,"礼家明其制度,小学还其文字,谱牒次其世谥"。

宋代金石著述不少,据不完全统计,宋代至少有 61 种金石学书目存世,《考古图》罗列的收藏古物机构或个人有 40 个之多。如宋哲宗元祐七年(1092 年)吕大临的《考古图》和王黼的《宣和博古图》除摹绘古物形状、铭文,还标注了古物的尺寸、容量和重量,并做了一些考释,注明古物的收藏地和出土地点等。① 宋代收藏、著录和研究古物促进了当时历史、古文字研究，形成了金石学。墨拓法和印刷术的发达客观上为金石学的形成和发展提供了有利条件。

(2) 金石学停滞

随着宋王朝的灭亡，收藏研究古物之风迅即遭到破坏，金人把宋辽古物视为不吉祥，悉数毁灭。元好问在其著作《古物谱》中将古物称为"外物之外"，可见金代轻视古物是普遍现象。

元代，古物著录中流传至今的有朱德润的《古玉图》，此书被认为是开启了研究玉石类古物的先河。

明代金石学几乎没有超越元代。人们喜好仿制古物而少有收藏研究。崇祯年间(1628—1644 年)重演了销毁古铜器甚至宣德炉用以铸币的一幕。

> 上又将内库历朝诸铜器尽发宝源局铸钱，内有三代及宣德年间物，制造精巧绝伦，商人不忍旧器毁弃，每称千斤，原纳铜二千斤，监督主事某不可，谓古器虽毁弃可惜，我何敢私为轻重。商人谓宣铜下炉尚存其质，三代间物则质轻之极，下炉惟有青烟一缕尔，此则谁忍其咎？监督谓圣情猜疑甚重，若如公言，必增圣疑，如三代物不便下炉，则有监督内官公同验视，罪不在我。②

明代金石学著录很少，较有影响的只有专讲古物、园林鉴赏的曹昭著《格古要论》，王佐的《新增格古要论》，以及抄录三代至秦汉石刻全文的杨慎著《金石古文》。

---

① 陈星灿：《中国史前考古学史研究(1895—1949)》，生活·读书·新知三联书店，1997，第58 页。
② 《烈皇小识》卷六，转引自卫聚贤：《中国考古学史》，1998，第 84 页。

（3）金石学复苏

清代，金石学复苏并有所发展。政府倡导及乾嘉学派的兴起之外，顺治、康熙、雍正和乾隆大兴文字狱，导致江浙名士硕儒在目睹被迫害之惨状后绝口不提朝政，埋首于故纸堆中，专事金石博雅之事。而发达的江浙经济也为超脱现实从事纯粹学术奠定了经济基础。晚清，金石学发展到了顶峰。根据不完全统计，清代从事金石学研究的学者多达 1505 人。[1] 金石学研究的范围不断扩大，除了传统的青铜器、石刻、钱币、玉器以外，还有人收集和整理墓志、度量衡、玺印、瓦当、陶俑等，无怪乎有学者认为这个时期的金石学已经变成古物学了。[2] 梁启超盛赞："清代学者，刻意将三千年遗产，用科学的方法大加整理，且亦确整理其一部分……自经清代考证学派二百余年之训练，成为一种遗传，我国学子之头脑，渐趋于冷静缜密。"[3]

二、考古学诞生的前兆

清代末年，金石学研究的对象不断增加的同时，有字甲骨和敦煌石窟的古代大量写本文书的发现与面世，金石学进一步走向辉煌，它甚至被看作为中国近代考古学的先兆。[4]

1. 发现新资料

（1）甲骨文的发现与研究

甲骨文是国子监祭酒王懿荣第一个发现的，但是并非传说那样因病喝药发现的。王懿荣，光绪年间进士，曾在山东、陕西、四川等地访

---

① 卫聚贤：《中国考古学史》，商务印书馆，1998，第 91 页。

② 陈星灿：《中国史前考古学史研究（1895—1949）》，生活·读书·新知三联书店，1997，第 59 页。

③ 梁启超：《清代学术概论》，人民出版社，2008，第 99—100 页。

④ 王世民："中国考古学简史"条，《中国大百科全书　考古学》，中国大百科全书出版社，1986。

求古物,他对刻本、铜器、石刻、古钱、印章和书画等皆有很高的鉴赏能力。1898年,当古董商人范维卿携带安阳小屯出土的带字甲骨到北京后,王懿荣高价收购了这些甲骨。他对甲骨文"细为考订,始知为商代卜骨,至其文字,则确在篆籀之前"。他不仅是甲骨学研究的先驱,还是一位爱国志士,在八国联军攻入城内后,携妻、长媳投井殉国。[1]

甲骨文的发现在社会上引起了巨大的反响,1903年刘鹗编纂的第一本甲骨著录《铁云藏龟》出版,孙诒让据此写出《契文举例》二卷,它是第一部考释甲骨文字的专著。该书分日月、贞卜、卜事、鬼神、卜人、官氏、方国、典礼、文字、杂例十篇,为后来的甲骨分类研究开创了先例。[2] 李济说:"他常引证金文和其他先秦古文字及任何在甲骨文中能找到的字,最后注出这些与《说文》相同与否。"[3]

当时社会上有很多人收集甲骨文,最著名的是罗振玉,他甚至到过殷墟考察甲骨出土地点。[4] 罗振玉,浙江上虞人,自小喜好金石铭刻,在甲骨文的搜集整理、金文铭刻和古器物资料汇编、汉晋竹简和敦煌遗书刊印等方面做出贡献。他先后出版了自己收藏的甲骨文集,计有《殷虚书契》《殷虚书契菁华》《殷虚书契后编》《殷虚书契续编》四部书,为甲骨学研究奠定了资料基础。

(2) 藏经洞的发现

敦煌石窟藏经洞于1900年偶然被道士王圆箓发现,洞内藏有写经、文书和各类文物4万多件,其中部分写经、书画等被他送给当地官僚,官僚们又转送给外国人,有的被送给新疆的官员,部分文书等在封存清点时又被盗,藏经洞文物开始大批外传流失。

---

[1] 赵洛:《义不苟生——甲骨文的发现者王懿荣》,《文物天地》1984年第2期。

[2] 吴浩坤、潘悠:《中国甲骨学史》,上海人民出版社,1985,第301—303页。

[3] 李济:《安阳》,上海人民出版社,2007,第18页。

[4] 胡厚宣:《殷墟发掘》,学习生活出版社,1955,第23—24页。

1907—1924 年，斯坦因、伯希和、桔瑞超、吉川小一郎、奥尔登堡等骗购、盗走了藏经洞中的许多珍贵写本、文书等，它们后被法国、英国和日本等国收藏。此事被传开后，罗振玉想方设法将被劫余的敦煌遗书 8000 余卷运抵北京，成为北京图书馆所藏敦煌遗书的主体。中外学者对写经、文书和文物做了研究，发表了大量研究成果。因为大批资料被国外机构收藏而国内收藏有限，形成了"敦煌在中国，敦煌学在世界"的尴尬局面。

2. 研究新气象

（1）二重证据法提出

民国初年，王国维等受西方进化论和实证主义的影响，在史学方法创新方面做出了巨大贡献。王国维，浙江海宁人，在罗振玉办的东文学社半工半读并在他的资助下赴日留学。回国后，王国维先后任教于北京大学研究所国学门和清华研究院。他注重新发现，采用新方法，把西方进化论和实证主义与清代乾嘉学派的传统考据方法结合起来，创立和倡导"二重证据法"，主张"故新出土之史料，在与旧史料相需，故古文字、古器物之学与经史之学实相表里，惟能达观二者之际，不屈旧以就新，亦不绌新以从旧，然后能得古人之真，而其言乃可信于后世"。他对新出土的甲骨、铜器、简牍、石经和墓志等做过释读和考证，他第一次证实《史记》中有关商王世系的记载是可靠的，依靠卜辞对有关记载做了纠正。他开了利用称谓判断卜辞年代以及缀合甲骨之先河，并在简牍和度量衡研究方面取得令人瞩目的成就。①

（2）金石学家走出书斋

随着对有字甲骨等地下出土资料重要性认识的加深，少数金石学家开始走出书斋到古物出土地点收集资料，有的还到古遗址勘察、调查和发掘。罗振玉在 1916 年编印的《殷墟古器物图录》一书不用"金

---

① 萧艾：《王国维评传》，浙江文艺出版社，1983。

石"而用"古器物"做标题,说明他在某种程度上拓宽了金石学研究的范围。知名金石学家马衡走出书斋下田野,被誉为"中国近代考古学的前驱"。马衡,浙江鄞县人,1923年到河南省新郑调查新郑彝器出土情况,1924年赴洛阳调查汉魏故城出土的石经,1930年组织了燕下都考古团对老姆台进行了发掘。[①]

客观地说,虽然少数金石研究者考察古物出土地点甚至进行了小规模发掘遗址,运用出土资料研究历史,也取得很多成果,但是没有在此基础上引进科学发掘研究方法,因此金石学没有发展成为近代考古学。

第二节　外国人在华考古调查与发掘

1840年鸦片战争失败后,积贫积弱的清王朝维持其统治已是甚为艰难,遑论保护祖先遗留下的文物,而推翻满清王朝后建立的民国政府也无力保护好文化遗产。西方探险家、传教士和部分学者利用各种机会到中国特别是东北和西北边疆地区以各种名目寻宝、盗宝,也有以学术的名义进行考古调查和发掘。陈星灿对此有详细的叙述,[②]下面择要引述以便说明外国人在华调查与发掘情况。

一、外国人在华考古活动

1. 英国人在华调查发掘

英国很早就在中国进行考古调查发掘和掠夺文物。

(1) 在云南采集石器

1860年前后,任印度加尔各答博物馆馆长的英国人安得逊就到邻

① "马衡"条,《中国大百科全书　考古学》,中国大百科全书出版社,1986。

② 陈星灿:《中国史前考古学史研究(1895—1949)》,生活·读书·新知三联书店,1997,第42—49页。

近的云南省采集了许多磨制石器。1863年,被英国派遣到中国的印度人穆罕默德·衣·哈密德在新疆发现了被掩埋在沙漠中的古城和阗;1865年,英国人威廉·约翰逊证实在塔克拉玛干沙漠有被湮没的古城;1873年,英国人福赛斯到新疆并证实有许多古城被掩埋在沙子里,被派到和阗东边城市废墟的人发现了小神像和钱币,并把它们带出中国。

(2) 在新疆发掘

1901年,英属印度派斯坦因到新疆发掘尼雅、丹丹乌里遗址。1906—1909年,他继续发掘这些遗址,同时还在楼兰、米兰遗址以及敦煌附近出土简牍的汉代烽燧墩遗址进行发掘。他从敦煌王圆箓道士那里骗购了大量藏经洞发现的写本文书和其他文物。1913—1915年,他第三次到西北活动,调查发掘敦煌、酒泉和额济那河流域的汉代烽燧墩遗址、西夏至元的黑城遗址、吉木萨尔的唐北庭都护府城址,以及吐鲁番的高昌古城和阿斯塔那墓地,再次窃取大批文物。斯坦因后来陆续把调查发掘收获资料整理出版,主要有《古代和阗》(1907年)、《西域考古记》(1921年)、《亚洲腹地考古记》(1928年)等。

2. 日本人在华调查发掘

日本在中国的考古调查和发掘比其他国家频繁得多,1895—1943年,尤其是1933—1943年的10年间,日本考古学者如鸟居龙藏、大谷光瑞、关野贞、滨田耕作等在其武装势力保护和控制区内调查和发掘了一些史前遗址、石窟、城址和墓葬等。

(1) 在东北调查

1895年,鸟居龙藏受东京帝国大学人类学教研室派遣,到辽东半岛调查了旅顺、大连等史前遗址和汉代遗址,1905年、1908年又两次考察这些地区。1896—1941年,他到台湾、云南、贵州、四川、内蒙古、山东、河北和山西等地调查。[①] 他还在西伯利亚和朝鲜等地进行调查

---

① 安志敏:《追怀鸟居龙藏先生》,《文物天地》1993年第1期;王仲殊:"鸟居龙藏"条,《中国大百科全书　考古学》,中国大百科全书出版社,1986。

发掘,研究东亚民族历史文化。1939—1951年,他在燕京大学任客座教授。

日本学者在调查和发掘结束后立即着手编撰考古报告和文集。鸟居龙藏把他在内蒙古等地三次考察所得集结成《南满州调查报告》出版;东亚考古学会派遣的留学生江上波夫和水野清一把在北平期间到内蒙古和中国北疆地区踏查的成果汇集为东方考古学丛刊乙种第一册《内蒙古·长城地带》出版。

(2) 在新疆调查

大谷光瑞在1900年留学伦敦时,听到斯坦因等在中亚一带探险所获甚丰的消息后,自己组织了探险队,从1902年开始在新疆调查克孜尔石窟和库木吐喇石窟,窃取部分壁画。[①] 1908年,他委派桔瑞超负责楼兰等地的调查,桔瑞超在这里发现大量魏晋时期的汉文、佉卢文木简残纸,其中有著名的《李柏文书》。[②] 1910年,桔瑞超发掘楼兰遗址和阿斯塔那墓地,1912年从敦煌骗取一批写本文书。

(3) 在华北调查

1902—1903年,伊东忠太在华北调查古代建筑和云冈石窟。东京帝国大学的关野贞先后到河南省巩县和洛阳调查龙门石窟,到陕西省考察汉唐陵墓,到山东省考察汉画像石。

1936年,日本京都东方文化研究所水野清一、长广敏雄开始调查响堂山石窟、天龙山石窟和龙门石窟,1937—1944年先后8次前往日军侵占的山西大同调查实测了云冈石窟,还发掘了其中的几个石窟。日后成为京都大学考古学研究室创始人的滨田耕作也在1910—1912年调查并发掘了旅顺刁家屯等地的汉墓。从1928年开始,日本东亚考古学会在旅大地区发掘牧羊城遗址,次年在被日本占领的东北发掘

---

① 王宇、周一民、孙慧珍:《旅顺博物馆藏大谷考察队文物》,《文物天地》1991年第5期。

② 梅郆:《楼兰考古九十年》,《文物天地》1989年第6期。

渤海上京龙泉府遗址,1935年在热河发掘赤峰红山后遗址,1937年又发掘元上都遗址。

(4) 在台湾调查发掘

1896年,栗野博之丞在台北市芝山岩采集石器,伊能嘉矩等在园山发现贝冢。1897年,鸟居龙藏在园山采集到石斧、陶器和骨器等。1930年,移川子之藏、宫原敦和宫本延人在台南垦丁发掘石棺。1939年,移川子之藏、宫本延人和国分直一等在高雄发掘太湖贝冢。如此等等不一而足。

这些学者在此基础上也撰写了一些论文。比如国分直一发表了论文《有肩石斧、有段石斧及黑陶文化》,金关丈夫发表了《关于台湾先史时代北方文化的影响》,宫本延人还就台湾的调查发掘资料做了研究,发表了《台湾先史文化概说》等论文。①

3. 其他国家在华考古活动

除了英国人、日本人以外,其他西方国家也派人到中国盗宝、进行考古调查发掘。

(1) 意大利人

1868年,意大利人吉利欧里在福州采集到玉斧,在延安采集到长方形有孔石刀。②

(2) 俄罗斯人

1898—1899年,俄国学士院的克列缅茨受圣彼得堡科学院派遣,率领探险队到新疆吐鲁番考察古代城址,他们把庙宇内的壁画切割下来盗运到欧洲,开始了盗割壁画的勾当。③ 1909年,奥尔登堡考察库

---

① 臧振华:《台湾考古研究概述》,《文博》1998年第4期。

② 陈星灿:《中国史前考古学史研究(1895—1949)》,生活·读书·新知三联书店,1997,第42—43页。

③ 彼得·霍普科克:《丝绸之路上的外国魔鬼》,杨汉璋译,甘肃人民出版社,1983,第29—36页。

车的一些遗址,将一批壁画和塑像盗运出境。1914—1915 年,他又率领考察队在敦煌测绘,劫去第 263 窟的壁画和一批写本文物。

(3)瑞典人

从 1894 年开始,瑞典人斯文·赫定数次率领考察队到新疆喀什,穿越塔克拉玛干沙漠,发现并发掘罗布淖尔附近的楼兰古城。[①] 他把在楼兰古城发现的大量木牍、手稿等文物据为己有,运到欧洲。[②] 他促成组建中瑞西北科学考察团,并于 1926—1933 年实施具体考察活动。[③]

(4)法国人

法国人伯希和 1900—1903 年期间先后 3 次来中国收集图书资料,1906—1908 年间到新疆考察喀什和库车以及甘肃的敦煌,挖掘库车附近的佛寺遗址,略走大量文物,从敦煌骗走写本文书精品约 5000 件以及幡幢、绘画等文物。[④] 法国传教士桑志华 1913 年开始到华北地区调查古生物、地质和史前遗址,1919 年在林西、赤峰一带发现若干新石器时代遗址,1920 年在甘肃庆阳县北面的晚更新世黄土堆积中发现三件人工打制的石制品,这是第一次在中国发现旧石器。1922—1923 年,桑志华和另一位法国传教士、巴黎自然历史博物馆的德日进,在今内蒙古乌审旗发现并发掘萨拉乌苏遗址,从晚更新世的地层中采集到一批旧石器和一颗人类牙齿化石,还在今宁夏灵武县水洞沟发现一处旧器时代晚期遗址,这些遗存被命名为"河套文化"。

(5)德国人

德国人格林韦德尔在 1902—1903 年间率领考察队在新疆吐鲁番、库车调查。德国人 A. 凡·勒科克 1904—1905 年率领考察队在吐

① 斯文·赫定:《亚洲腹地旅行记》,李述礼译,上海书店,1984。

② 斯文·赫定:《我的探险生涯》,潘岳、雷格译,南海出版公司,2002。

③ 斯文·赫定:《丝绸之路》,江红、李佩娟译,新疆人民出版社,1997。

④ 张广达、陈俊谋:"伯希和"条:《中国大百科全书 考古学》,中国大百科全书出版社,1986。

鲁番和哈密调查。两人于1905—1907年率领考察队第三次考察新疆库车、吐鲁番等地,窃取了克孜尔石窟和柏孜克里克石窟的大量壁画等重要文物。

（6）美国人

1925—1926年,美国中亚探险队考古学主任纳尔逊调查了长江三峡地区的史前遗迹。

除去以盗取中国文物、收集中国情报为目的的帝国主义分子以外,外国学者在中国所做的考古调查和发掘活动对中国科学界产生了不小的影响。有人说:

> 民国十年前后,我国科学界极为蓬勃发达,当时有许多世界知名的地质学家、古生物学家和古人类学家如美国的葛理普教授、德国的魏敦瑞教授、法国的德日进神甫、加拿大的步达生博士和瑞典的步林博士等,都由于中央研究院故总干事丁文江先生等的邀约与协调,先后来中国进行调查、探测、研究或发掘。……无形中对我国的学风有很深远的影响,那就是开创了中国读书人不完全为书斋所拘束,而走向"田野"去作亲身采集的风气。[1]

第三节　中国近代考古学产生的背景

1. 五四以前的中国文化西来说

五四运动之前西方某些学者发表了他们对中华民族及其文化起

---

[1] 李亦园:《中国的民族、社会与文化——芮逸夫教授的学术成就与贡献》,载《中国的民族社会与文化　芮逸夫教授八秩寿庆论文集》,（台北）食货出版社,1981。

源地的看法,归纳起来主要有以下四种看法。①

(1) 埃及说

17 世纪中叶,德国耶稣会教士基尔什尔认为,中国文字与埃及象形文字类似,汉民族的祖先就是埃及人的一个支脉。18 世纪初,法国阿夫郎什主教胡爱也持有类似观点。

(2) 巴比伦说

1894 年,英国伦敦大学教授拉克伯里认为,中华民族来源于巴比伦,黄帝是公元前 228 年东迁的巴克族酋长。国学大师章太炎和黄节等人附会接受此说,倒是德国人夏德认为拉克伯里的假说为穿凿附会,不足为凭。何炳松指出“其中国学问甚为浅陋,且亦博而不精,盖一长于神思而拙于考订之人也”。

(3) 印度说

1853 年,法国人哥比诺提出,中国文化实由印度英雄时代后一种民族,即白色雅利安中之首陀罗,传入之。而中国神话中的盘古实即此印度民族迁入中国河南之酋长,或者酋长中之一。

(4) 中亚说

李希霍芬认为,新疆的塔里木盆地是中国汉民族的发祥地。英国汉学家里格也主张,中国人的祖先来自中亚。

当时世界学术界根本不认可中国文明独立起源的学说,上述说法受到不少批评,但是由于没有坚实的考古资料作为中国文化独立发明说的后盾,反驳也是无力的。所以何炳松说:“假使吾国考古学上发掘之事业不举,则吾国民族起源之问题即将永无解决之期。”要彻底解决中国文明起源问题,必须依靠地下出土资料。时代呼唤考古学。

---

① 陈星灿:《中国史前考古学史研究(1895—1949)》,生活·读书·新知三联书店,1997,第39—41页。

2. 外国考古学传入

(1) 欧洲考古知识

20 世纪初,西方新思想逐步传到中国,章太炎由此认识到:"今日治史,不专赖域中典籍,凡皇古异闻,种界实迹,见于洪积石层,足以补旧史所不逮者。"①梁启超也很重视介绍刚刚接触到的西方考古学,他在《中国史叙论》中介绍了欧洲考古学中盛行的社会发展阶段三期说,他用这个原理比照中国古代史:

> 据此种学者所称旧新两石刀期,其所经年代,最为绵远。其时无家畜、无陶器、无农产业。中国当黄帝以前,神农已作耒耜,蚩尤已为弓矢,其已经过石器时代……物质上之公例,无论何地,皆不可逃也。②

(2) 日本考古知识

1902 年,留日学生汪荣宝介绍日本考古学时说:

> 自土木工事之类,若建筑、若道路、若桥梁,讫于器用,兵械、装饰品,及仪礼、礼式之变迁,皆属考古学之范围。
>
> 一般所谓考古学者,常分为书契以前与书契以后之两部。自人类学者言之,则书契以前之一部为最重,而自史家之眼观之,则书契以前尚为无史之时代,以关系较小,无待探求,而历史上所谓考古学史,其意味必为书契之后之考古学。③

① 章太炎:《中国通史略例》,载《章太炎全集》(三),上海人民出版社,1984。
② 梁启超:《中国史叙论》,载《饮冰室文集》第六,云南教育出版社,2001。
③ 转引自俞旦初:《二十世纪初年西方近代考古学思想在中国的介绍和影响》,《考古与文物》1983 年第 4 期。

3. 五四运动推动

五四时期的史学家们借鉴西方史学的研究方法研究古史,发现有些传统说法禁不起推敲。顾颉刚为首的古史辩派大胆地质疑古史传说,但是他们很快就发现,要建立一个新的可靠的上古史体系,缺乏大量可资信赖的资料。顾颉刚说:"我知道要建设真实的古史,只有从实物上着手的一条路是大路,我现在的研究仅仅在破坏伪古史的系统上面致力罢了。"寻找能够为建立古史体系是当时中国历史学家的当务之急。时代再次呼唤考古学。

五四时期的地质学家在田野工作中常常能够发现古代人类遗留下来的文物,其中一些人因此转行从事考古研究,裴文中就是其中一位。五四运动中马克思历史唯物主义已经传播开来,被一些史学家运用到中国古代历史研究当中,郭沫若的《中国古代社会研究》便是以历史唯物主义为指导思想,通过古物学和古文字学研究中国古代社会的一部杰作。[①]

4. 中国近代考古学形成

中国近代考古学肇始于史前考古学,史前考古学的形成便是中国近代考古学出现的标志。那么究竟以哪个史前时代遗址的发掘作为近代考古学诞生的标志,学者们的看法不同。多数学者认为应该以安特生 1921 年在河南渑池仰韶村主持的仰韶遗址发掘作为中国近代考古学诞生的标志,也有学者则认为应该以李济主持的山西华县西阴遗址发掘为标志。

我们认为,中国近代考古学诞生应该以首次科学发掘为标志,主持发掘者的国籍、职业和身份是次要的,因此 1921 年安特生在获得中国政府批准后在河南渑池仰韶村仰韶遗址的发掘,拉开了中国近代考古学的序幕。

---

① 夏鼐:《五四运动和中国近代考古学的兴起》,《考古》1979 年第 3 期。

第四节　法制与管理

　　历史上盗墓和不法商人与贪婪乡民的盗掘破坏，导致很多古墓葬和古遗址遭到严重破坏。在学者呼吁下，20世纪20年代，国民政府设立了中央古物保管委员会，制定了古物保护法令，保护合法考古发掘有序进行。1948年底，为准备和平解放北平建立的文化接管委员会下设文物部成立，负责接管北平市内的文物、博物馆等单位。

　　民国时期，政府主导的历史和考古研究机构纷纷建立，如中央地质调查所、国立中央研究院历史语言研究所（以下简称史语所）等，它们负责考古调查发掘研究。此外也有少数学者自发组织的考古团体做了零星调查发掘和初步研究。①

一、机构设置

1. 中央古物保管委员会

　　1911年，国民政府成立后，内务部主管古物古迹的保管工作。1928年，国立中央研究院院长蔡元培设立了中央古物保管委员会，会址设在上海，1929年会址迁往北平。② 中央古物保管委员会负责全国文物古迹的保管、发掘和研究工作，归教育部管辖。1932年，国民政府行政院公布《中央古物保管委员会组织条例》，规定中央古物保管委员会的隶属关系、职权范围、工作内容、人员编制及所司职责，确认该会按照《古物保存法》行使古物保管职权。1935年，中央古物保管委员会改组后先归行政院管辖，再次改组后重新归内政部管辖。委员会在北平、浙江、江苏和天津等地设立分会。

---

① "中国考古学简史"条，《中国大百科全书　考古学》，中国大百科全书出版社，1986。
② 林文照：《中央研究院概述》，《中国科技史料》第6卷（1985）第2期。

中央古物保管委员会成立后,对部分古建筑、古墓葬和古遗址做了调查,登记了北平、河北、山西等省各重要古迹古物共数百处,获得一定数量的实物资料。委员会还与北京大学、北平研究院合组燕下都考古团在河北易县发掘燕下都遗址,并受命调查各地盗掘古墓、损毁古迹事件。1934 年 12 月,中央古物保管委员会派滕固、黄文弼到河南、陕西调查盗掘古墓、毁损古迹事件,发现开封、彰德等地被地痞奸商盗掘破坏严重。① 面对这种情况,委员会只能呼吁而无实权制止和处罚相关机构和肇事者。

中央古物保管委员会从保护文物古迹出发,呈请教育部在院校加强文物保护的宣传工作,第八次常务会议提出决议,“函请教部通令全国学校,尽量协助保存古物古迹事项,并设法于教科书内插入保存古物古迹之材料”。教育部随后函告京沪各大书局在编辑教科书时,应酌情插入保存古物古迹之教材外,还通令直辖各院校及各省市教厅局遵照,对保存古物古迹尽量协助。②

2. 旧都文物整理委员会

旧都文物整理委员会及其执行机构北平文物整理实施事务处是1935 年设立的,是专门从事古代建筑修缮保护工程及调查研究的政府机构。其主要职责如下:

(一) 指挥监督关于执行整理旧都文物的各项事宜;(二) 审核关于整理旧都文物的设计;(三) 筹划保管关于整理旧都文物的款项;(四) 凡关于整理旧都文物有应与其他机关协商者,由本会商请主管机关办理等。

1945 年,旧都文物整理委员会改名为“北平文物整理委员会”,

---

① 《南京朝报》1934 年 12 月 27 日,转引自卫聚贤:《中国考古学史》,商务印书馆,1998,第197—198 页。

② 《中央日报》1935 年 6 月 8 日,转引自卫聚贤:《中国考古学史》,商务印书馆,1998,第233 页。

1949 年改为新中国第一个文物保护管理机构——"北京文物整理委员会"。此后多次改名，如"古代建筑修整所""文物博物馆研究所""文物保护科学技术研究所"，直到 1990 年与文化部古文献研究室合并为中国文物研究所，并延用至今。

3. 文化接管委员会文物部

文化接管委员会下设文物部成立于 1948 年 12 月，尹达和王冶秋分任正副部长，负责处理接管北平市内的文物、博物馆、图书馆等单位事宜。1949 年 2 月，开始接管北平文物整理委员会及其文物整理工程处，3 月完成了对北平旧有的文物、博物馆事业的接管工作。1949 年 6 月，华北人民政府高等教育委员会在北平成立，文物部随即并入该会，改称为"华北高教委员会文物处"，王冶秋任处长。在该委员会的领导下，北平文物整理委员会录用一批专业技术人员，继续从事北平文物古迹的修缮保护和调查研究工作。

4. 东北文物保管委员会

1947 年，中央颁布《土地法大纲》，东北行政委员会于 1948 年在哈尔滨成立了东北文物管理委员会，接受了长春伪满故宫书画以及宫中被哄抢的大量珍贵书画。[①]

抗日战争后东北解放区的建立，大量文物古迹的发现为东北解放区文物保护管理工作的开展奠定了前提，在东北行政委员会的高度重视下，东北解放区境内的文物保护管理工作逐渐提上议程并逐步展开，成立了相关专门部门进行管理。以科学、有序的方式保护了大量珍贵文物，为新中国的文管工作奠定了一定基础。[②]

---

① 王修：《东北文物保管委员会成立前后》，《中国文物报》2008 年 4 月 23 日。
② 王佳栋：《东北解放区文物管理工作》，《知音励志》2016 年第 18 期。

二、法制与管理

李济等在1929年发掘小屯遗址的过程中,被深受挖宝传统观念影响的河南省政府组织和支持的考古发掘队干扰,为此他们要求中央政府制定一个古物保护法,保护遗址和有历史价值的遗迹措施,管理国家珍品出口的规章和科学发掘的条例。[1] 陈重远的《古玩史话与鉴赏》和《古玩话春秋》生动地叙述了当时的盗墓情况,盗墓者把大量珍贵文物廉价卖给欧美、日本等商人。[2] 因此立法保护文物的要求受到重视,1930年起,国民政府陆续制定、颁布保护文物法令和法规,为保护、管理出土文物起到一定的作用。

1. 法制建设

(1)《古物保存法》及其施行细则

1930年6月国民政府公布《古物保存法》,1933年6月执行。该法共有十四条,有关考古的条款有四条。第一条写明,政府规定所有地下古物都是国家的财产,任何个人和私人团体无权发掘。[3] 明确规定该法所称古物系指与考古学、历史学、古生物学及其他文化有关之一切古物,前项古物之范围及种类由中央古物保管委员会定之。内容涉及建立古物档案、私人收藏重要古物的登记、发现古物的处置,设立中央古物保管委员会,以及考古发掘申请方法和古物流通等。第十条规定:"中央或地方政府直辖之学术机关采取古物有须外国学术团体或专门人才参加协助之必要时,应先呈请中央保管委员会核准。"第十一条规定:"采掘古物应由中央古物保管委员会派员监察。"第十二条规定:"采掘所得之古物由中央或地方政府直辖

---

① 李济:《安阳》,中国社会科学出版社,1990,第50页。

② 陈重远:《古玩史话与鉴赏》,国际文化出版公司,1990;《古玩话春秋》,北京出版社,1996。

③ 卫聚贤:《中国考古学史》,商务印书馆,1998,第73页。

学术机关呈经中央古物保管委员会核准,于一定期内负责保存以供学术上之研究。"

为了确保《古物保存法》有效执行,1931年7月,国民政府行政院公布了《古物保存法施行细则》,涉及考古的主要是第八条,它规定申请发掘必须写上"古物种类、古物所在地、发掘时期、发掘古物之原因、学术机关之名称"。第十二条规定:"采掘古物不得损毁古代建筑物、雕刻、塑像、碑文,及其他附属地面上之古物遗物或减少其价值。"第十三条明确规定:"凡外国人民无论用何种名义不得在中国境内采掘古物,但外国学术团体或私人对于中国学术机关发掘古物如有经济上之协助,该学术机关报告中央古物保管委员会核准后得承受之。"

(2)《中央古物保管委员会组织条例》及办事法则

《中央古物保管委员会组织条例》于1932年6月公布,从组织上和业务上保证中央古物保管委员会执行各项任务。委员会下设文书科、审核科和登记科,审核科主管古物发掘及审核事项。

为了使中央古物保管委员会更好地开展工作,1934年11月,《中央古物保管委员会办事法则》和《中央古物保管委员会会议规则》公布实行。

1935年2月公布《中央古物保管委员会各地办事处暂行组织通则》和《中央古物保管委员会各地办事处办事细则》。这些法规有利于中央古物保管委员会在全国范围内管理出土的与民间收藏的重要文物,担当古物发掘监察工作。

1935年3月,根据《古物保存法施行细则》第十八条制定的《采掘古物规则》和《外国学术团体或私人参加采掘古物规则》公布。规定考古发掘必须履行申报手续,不得从事发掘的地域,以及暂停发掘工作和撤销发掘执照的情况。

（3）东北解放区文物古迹保管办法

1948 年 9 月，解放区东北行政委员会根据《土地法大纲》成立东北文物管理委员会，颁布《东北解放区文物古迹保管办法》等文件，提出要注意在土改中保护文物。

在全国解放前夕，周恩来指示人民解放军在作战时要注意保护全国各地的重要文物古迹。解放华北时，清华大学建筑系梁思成教授等应有关部门的请求，编撰印发《全国重要文物建筑简目》。

2. 文物管理

国民政府制定了保护文物古迹的法规，但是无力落实、执行这些法规，结果这些法规形同虚设。李济这样写道：

> 事实上，这种法令差不多等于无效。古董商的势力现仍布满全国；在内地，他们分区贿买各处的地痞流氓，勾结土匪军队，掘坟盗墓，私运到各大镇市，向国外输出。……这些掘出来的古物，一到城中所谓绅士的手中，就得了欣赏赞美，收藏人的社会身份反因此而加高了。所以物质上精神上作古董商的人，都有相当的排场。资本雄厚一点的并且可以雇些下等的文人捧场，印刷些书籍加重他们的身价；真正研究学问的读书人在这种情形之下也非投降他们不可。这种可愤的事实竟被社会认为当然的，岂不真正奇怪。……一件有文字的铜器，一到市场，就代表好些与它同出土的史料永久消灭。这种损失不是人力所能补救的。社会人士只管对达一件古董的欣赏，绝不注意到它所代表的绝大的损失，岂不可怪！[①]

---

① 李济：《安阳》，河北教育出版社，2001，第 310 页。

第五节　研究机构和调查发掘

一、研究机构

1. 中央考古机构

（1）中央地质调查所

1913年成立，其前身为北京工商部地质调查所。1914年，工商部与农林部合并为农商部后该所亦改属农商部，此后又先后改属农矿部、实业部、经济部。1941年，该所正式定名为中央地质调查所，宗旨是培养地质人才，招收中学生，学员经过三年学习毕业，于当年进入中央地质调查所。毕业生是我国第一代完全由自己培养的地质学家，在全国正式展开了地质矿产的调查工作。中央地质调查所内部先后成立了新生代研究室、古生物研究室等新单位，涌现出了古脊椎动物专家杨钟健、考古学家裴文中和贾兰坡等杰出科学家。1950年撤销建制。①

（2）新生代研究室

中国第一个从事新生代地质学、古生物学和古人类学研究的专门机构。它是中央地质调查所和北京协和医院为进一步合作发掘周口店北京人遗址而于1926年设立的，其宗旨是采集和研究中国第三纪和第四纪化石，尤其是人类化石。行政事务由地质调查所所长管理，经费由美国洛克菲勒基金会提供。1928年底，新生代研究室隶属于地质调查所的特别部门。

该机构的建立开创了中国新生代研究的新局面，其成果是1929

---

① 陈梦熊、程裕淇主编《前地质调查所（1916～1950）的历史回顾——历史评述与主要贡献》，地质出版社，1996。

年底发现震惊世界的第一个完整的北京人头盖骨。它为中国培养和造就了从事新生代化石研究的第一代和第二代科学家。20世纪三四十年代,在新生代研究室工作的有裴文中、卞美年、贾兰坡等,他们围绕人类起源、文化发展及其环境条件,开展了以华北第三纪晚期和第四纪的地质、地文、古生物为重点的考察和发掘,在国际学术界赢得了声誉和地位。[①]

(3) 历史语言研究所考古学组

国立中央研究院创立后,蔡元培院长于1928年设立了史语所,第一任所长是傅斯年。所址最初在广州后迁北平,再迁上海,又迁南京。抗日战争期间,史语所先后迁往湖南长沙和四川南溪李庄。抗战结束后,史语所于1946年迁往上海,1948年迁往台湾。

> 傅斯年,山东聊城人,五四运动领导人之一。1920年1月赴英国伦敦大学主修实验心理学、物理、化学、高等数学等自然科学课程,三年后转入德国柏林大学哲学院。[②] 1927年回国后受聘担任广州中山大学文学院院长等职,1928年被任命为史语所代理所长。

史语所成立之初,下面分设三个组:第一组为史学组,第二组为语言学组,第三组为考古学组,分别聘请陈寅恪、赵元任、李济为各组主任。研究所的宗旨是从事考古研究,必须做到"上穷碧落下黄泉,动手动脚找东西"。

考古学组的设立标志着中国独立进行考古发掘和研究的学术机关正式诞生。李济除了亲自担任考古学组主任外,还聘请清华研究院

---

① "中国地质调查所新生代研究室"条,《中国大百科全书　考古学》,中国大百科全书出版社,1986。
② 石舒波、于桂军:《圣地之光——城子崖遗址发掘记》,山东友谊出版社,2000,第25页。

教师以及罗常培、丁山、董作宾、徐中舒等北京大学校友加盟。[①] 1934年增设人类学组,1946年又增设北平图书史料整理处。

史语所是 1949 年以前中国从事田野考古工作最多的机构:1928—1937 年在安阳殷墟进行了 15 次发掘,调查发掘山东省龙山镇城子崖遗址、日照两城镇遗址、河南省浚县辛村卫国墓地和汲县山彪镇及辉县琉璃阁东周墓地、永城造律台遗址,与中央研究院筹备处等机构合组人员发掘云南省苍耳地区古遗址、四川省彭山汉代崖墓和成都前蜀王建墓。[②]

2. 地方考古机构

(1)北平研究院史学研究会

1929 年 6 月,时任北平大学正、副校长的李石曾、李书华致函南京政府教育部,请求成立旨在探讨、研究人文历史与考据鉴古等门类学科在内的北平研究院。南京政府教育部采纳了该建议,宣布成立北平研究院,李石曾、李书华分别担任正副院长,第二师范学院院长徐炳昶任史学研究会会长兼考古组主任。他们把陕西、河南、山东、河北等作为该院考古发掘与研究的重点工作地区。从事田野考古的人员除徐炳昶外,还有常惠、何士骥、苏秉琦、白万玉等。1930 年,史学研究会与北京大学考古学会、古物保管委员会合作,对燕下都遗址做了发掘。北平研究院与陕西省政府合组陕西考古会后,[③]在关中地区调查史前和周秦时期的遗址,在宝鸡发掘斗鸡台周墓等。苏秉琦参加发掘并整理了斗鸡台墓地的资料,梳理了随葬陶鬲形态演化的逻辑过程及其与制陶工艺之间的关系,创立了类型学。1948 年出版的《斗鸡台沟东区

---

① 李济:《李济与清华》,清华大学出版社,1994。

② "中央研究院历史语言研究所"条,《中国大百科全书　考古学》,中国大百科全书出版社,1986。

③ 罗宏才:《民国时期陕西考古会成立之缘起与大致经过》,《考古与文物》1998 年第 3 期。

墓葬》及其附录《瓦鬲的研究》标志着中国器物类型学基本确立。[1]

（2）中国营造学社

中国营造学社是朱启钤以研读宋代《营造法式》为契机，于1930年3月创办的私人学术团体，以研究"中国固有之建筑术、协助创建将来之新建筑"为主旨，专门从事中国古代建筑调查与研究的重要学术团体，后来中国营造学社改组为文献、法式两组，梁思成任法式组主任。次年，刘敦桢到营造学社任文献组主任。文献组工作侧重史料搜集，法式组侧重古代建筑实物测绘调查及营造则例整理。学社开展实地调查测绘古代建筑，研究成果为当时中国的古代建筑修缮保护、教学、设计等机构提供参考资料等。1946年因为经费紧张，中国营造学社就此解散。[2] 中国营造学社存在时间虽然不长，但是它为中国古代建筑和建筑史的研究培养了一批重要人才，奠定了中国古代建筑及建筑史学研究的重要基础。

（3）其他考古组织

除上述组织外，还有若干地方政府设立的考古机构，较早成立的有南京古物保存所，1917年归属江宁，1928年改归教育部，1935年又改归南京市政府。他们先后发掘了明故宫的楼阁遗址、栖霞山附近的古代砖室墓。南京保存所收藏的文物除上述发掘所获文物外，还有南京附近出土的井圈、碑石等文物。[3]

这个时期还有一些知名人士组成的民间考古社团。较为知名的是1934年容庚、徐中舒、商承祚等学者发起的考古学社，成员中既有考古学家又有金石学家，他们以古器物研究、资料编撰为宗旨。1936

[1] "北平研究院史学研究会"条，《中国大百科全书　考古学》，中国大百科全书出版社，1986。

[2] 侯石林、杨林：《穷根究源》，《中国文物报》2002年9月6日第5版；牟应抗：《缅怀桑梓情深的朱启钤先生》，《贵州文史丛刊》1993年第5期。

[3] 卫聚贤：《中国考古学史》，商务印书馆，1998，第127—128页。

年叶恭绰担任社长,1937年抗战爆发后停止活动。考古学社曾出版了
《考古社刊》第1~6期。[1]

1936年在上海成立的吴越史地研究会颇有名气。蔡元培任会长,
吴稚晖等任副会长,于右任任评议,董作宾等任理事,卫聚贤任总干
事。该会的宗旨是利用《左传》《国语》《史记》等考证吴越的地理。总
会设在上海,在江浙两省各县设立分会。[2] 学会成立后,会员做了不
少调查和发掘,出版了《奄城金山访古记》《杭州古荡新石器时代遗址
之试探报告》等报告。卫聚贤编写的《中国考古学史》对人们了解中国
考古学的前身而言非常重要。

1935年,各地自行组建的古物机构和考古组织众多,为了妥善管
理,中央古物保管委员会发出通知:"特经规定所有古物保存机关组
织,悉直隶于中央古物保管委员会,……饬各地古物保存机关,停止活
动,听候中央古物保管委员会通盘筹划,予以改组或裁撤。"[3]

二、考古调查与发掘

1. 中外合作

形式上的中外合作是指发掘和研究都由外国学者主持、中国学者
参加的考古发掘,如仰韶村的发掘。

(1)河南省渑池县仰韶遗址

瑞典地质学家安特生1914年来华后任北洋政府农商部矿政司顾
问,协助调查煤矿和铁矿。由于战乱,找矿和采矿难以进行,安特生征
得同意后在华采集古生物化石,在山西、河北、河南、山东、陕西、甘肃、

---

① "考古学社"条,《中国大百科全书 考古学》,中国大百科全书出版社,1986。

②《申报》1936年8月31日,转引自卫聚贤:《中国考古学史》,商务印书馆,1998,第284—285页。

③《朝报》1935年5月8日,转引自卫聚贤:《中国考古学史》,商务印书馆,1998,第220—221页。

内蒙古地区等地采集到大量石器,意识到石器的重要性。[1]

1918 年,安特生为了采集古生物标本和助手到过仰韶村。1920年,他派助手刘长山到仰韶村采集古生物标本,并让刘长山顺便把以往采集的石器带去。刘长山把在仰韶村采集和从村民手中收集到的600 余件石器带给安特生,这些石器引起了安特生的注意。安特生于1921 年春到仰韶村调查,发现了含有彩陶等遗物的地层,感到石器与彩陶共存不可思议。他后来在北京的地质调查所图书馆看到美国地质学家 20 世纪初在俄属土耳其斯坦安诺的考察报告后,确认仰韶村是一处重要遗址。[2] 1921 年秋,经中国政府批准,安特生与斯丹斯基、布莱克及包括袁复礼在内的 5 名中国助手,对仰韶遗址进行首次发掘。袁复礼刚从美国学成回国到地质调查所工作,随安特生参加仰韶村的发掘工作,后到古脊椎所工作,是我国当代地貌学和第四纪地质学的开山祖师。[3]

仰韶村的发掘工作从 1921 年 10 月开始到 12 月结束。他们在暴露灰层及遗物较多的断崖处共 17 个地点进行发掘。这次发掘收获比较丰富,出土了一批石器、骨器和彩陶和完整陶器,以及从剖面上辨认出来可能是居住址的遗迹现象。他们还发现了附近的不招寨等遗址。

安特生通过人类学的比较研究后指出,仰韶文化是汉族的史前文化。虽然中国有浩如烟海的典籍,然而关于远古社会的记载却是一鳞半爪而且语焉不详,要了解远古社会唯有依靠地下出土的实物资料。正是安特生对仰韶遗址的发掘和初步研究,用铁一般的事实证明中国存在新石器时代文化。他在《中华远古之文化》中把在仰韶村发现的

---

[1] 陈梦熊、程裕淇主编:《前地质调查所(1916～1950)的历史回顾——历史评述与主要贡献》,地质出版社,1996,第 318 页。

[2] 李济:《安阳》,上海人民出版社,2007,第 33 页。

[3] 刘东生:《怀念袁复礼教授》,《第四纪研究》1993 年第 4 期。

遗存命名为"仰韶文化",这是中国考古学史上命名的第一个考古学文化。

安特生受到当时中国文化西来说的影响,根据仰韶彩陶与安诺等西亚和欧洲彩陶的某些相似,认为仰韶彩陶可能是从西方传播来的,这是一个重大失误。这次发掘存在的问题也是显著的,没有辨认出灰坑等遗迹现象。遗留下来的最大的问题是,安特生没有把仰韶文化遗物和龙山文化遗物区分开来,成为他对史前文化错误分期的根源,也是中国史前文化东西二元对立说的根源之一。

这次发掘值得称道的地方是,首先,采用小探沟了解地层的方法现今仍在使用。发掘之前绘制 1:4000 的仰韶遗址地形图,1:2000 的仰韶遗址南部等高线图和地形剖面图更是优良传统。[1] 其次,发掘工具是从美国引进的当时世界上最先进的工具,包括手铲、毛刷、铁镐、铁钩、皮尺、卷尺等,[2]这些工具至今仍然是中国田野考古发掘中所使用的主要工具。

(2) 甘青古遗址

安特生为了验证其仰韶彩陶西来说,在甘肃、青海调查并发掘了十里铺遗址、罗汉堂遗址、朱家寨遗址、卡约遗址、灰嘴遗址、辛店遗址、马家窑遗址、齐家文化遗址、半山墓地、马厂文化墓葬等,获得了大量陶片、石器和大量人骨资料。这些调查发掘成果被汇总为《甘肃考古记》(1925 年英文版)和《黄土的儿女》(1934 年英文版)两部著作。他机械地用进化论思想解读这批材料,即彩陶制作工艺要比单色陶先进。当他发现齐家期彩陶数量很少,半山期和马厂期彩陶数量多的现象后,他认定齐家期要早于半山期和马厂期;又由于他认为半山期的

---

[1] 陈星灿:《中国史前考古学史研究(1895—1949)》,生活·读书·新知三联书店,1997,第 137—145 页。

[2] 同上书,第 137 页。

彩陶纹样线条流畅简单,所以要比纹样复杂的马厂期早。这样他就得出了一个错误的文化序列:齐家文化、仰韶文化(半山类型)、马厂、辛店、寺洼(卡约)和沙井六期,认为前三期属于新石器时代,后三期属于青铜时代。这个错误不久之后被夏鼐通过考古发掘发现和纠正。[1]

2. 名副其实的合作发掘

这种形式的发掘是指外国机构提供经费、中外学者主持的考古发掘,如北京周口店遗址的发掘。

(1) 北京周口店遗址的发现

周口店位于北京西南郊区。村子周围有盛产化石的龙骨山有五个洞穴,据传这里很早就出土大量动物化石,安特生等到此调查后确认这里将来必有重大发现。1921 年,他约请斯丹斯基多次到这里调查采集动物化石,后来斯丹斯基在其中发现两颗人牙,安特生在 1926 年瑞典王储访华时公布了这个发现,周口店遗址遂引起国际学术界关注。

(2) 考古发掘

时任北京协和医学院解剖学系主任的步达生得此消息,积极筹划与中央地质调查所合作在周口店进行发掘,美国洛克菲勒基金会提供了周口店遗址发掘所需经费。北京协和医学院与地质调查所签署了合作发掘周口店的协议,丁文江作为周口店合作项目的名誉主持人,发掘具体事务由翁文灏和步达生协商解决。

> 丁文江,江苏泰兴人,毕业于英国格拉斯哥大学地质系,曾应邀担任北京市政府工商部地质科长,与章鸿钊合作创办了旨在训练青年地质人才的地质研究所。[2] 步达生,加拿大解剖学家,1919 年应邀来华任北京协和医学院教授,他负责

---

① 夏鼐:《齐家期墓葬的新发现及其年代的改订》,载《考古学论文集》,科学出版社,1961。
② 程裕淇、潘江:《丁文江》,载《前地质调查所(1919—1950)的历史回顾》,地质出版社,1996。

研究安特生在辽宁、河南和甘肃等地发现的新石器时代人骨。[①]

地质调查所地质学家李捷，瑞典古生物学家步林，技工刘德霖、谢仁甫和杨钟健先后在此主持发掘，又先后离开这里。从北京大学地质学系毕业不久的裴文中遂被委任负责周口店工地发掘。1929年12月2日，裴文中等发现了中国猿人头骨，国内外学术界为之震动。后来裴文中在鸽子堂洞发现了大批人工打制的石英制品，以及厚厚的包含被火烧过的石头、骨头和木炭等的灰烬层，从而确认北京人文化遗存的存在。1934年开始，贾兰坡主持发掘工作，先后发现多个猿人头骨和打制燧石石器。

> 裴文中，河北滦县人。1927年毕业于北京大学地质学系，进入中国地质调查所工作，1929年起主持周口店发掘事宜，曾赴法国深造并获博士学位，回国后在中国地质调查所新生代研究室任研究员，之后又把研究范围扩展到中石器时代和新石器时代文化。[②] 1949年以后历任曾任文物事业管理局博物馆处处长、中国科学院古脊椎动物与古人类研究所研究员、中国科学院地学部学部委员、北京自然博物馆馆长、中国自然博物馆学会主席等职。

此外，考古人员还在意外发现的山顶洞遗址中发现了多个晚期智人头骨等人类化石、墓葬和装饰品等。抗日战争爆发导致周口店发掘工作停止，留守的三名工人被日军杀害。1941年，新生代研究室解散，为防止北京猿人化石和山顶洞人化石被日本人掠走，这些化石装箱后

---

① 贾兰坡、黄慰文：《周口店发掘记》，天津科学技术出版社，1984。
② "裴文中"条，《中国大百科全书　考古学》，中国大百科全书出版社，1986。

准备运往美国暂时保存,后来两箱化石全部丢失,至今下落不明。[1]

（3）初步研究

在周口店遗址发掘过程中,外国学者对出土人类和动物化石做了研究。例如德日进在1928年研究周口店时发现的牙齿、下颌碎片以及部分头盖骨。德日进,法国古生物学家、宗教学家。他参加了法国传教士桑志华在鄂尔多斯等地进行的第四纪、第三纪哺乳动物化石发掘。自从周口店发现了北京猿人化石,他就与杨钟健、裴文中等对周口店遗址的哺乳动物进行了系统的研究,对中国地质古生物学,特别是对古脊椎动物学做出了杰出贡献。

当时世界上都认为最早的人类是不超过10万年的在欧洲发现的尼安德特人,而北京猿人的发现与研究一举把人类历史提前到距今50万年,极大地推动了人类起源研究。

3. 外资赞助的独立发掘

这是指外国机构提供经费、中国学者主持的考古发掘,如西阴村遗址的发掘。

（1）遗址发现

西阴村遗址,位于山西省夏县。[2] 1923年在南开大学教授人类学的李济偶然结识了代表美国弗利尔艺术馆的毕士博,毕士博代表弗利尔艺术馆希望在中国进行科学发掘。双方就合作发掘进行了协商。李济认为:"安特生考古的工作已经证明中国北部无疑经过了一种新石器时代晚期的文化。……我们若要得一个关于这文化明了的观念,还须多数的细密的研究。这文化的来源以及它与历史期间中国文化的关系是我们所最要知道的……他所设的解释,好多还没有切实的证据。……若是要得关于两点肯定的答案,我们只有把中国境内史前的

---

① 贾兰坡主编:《周口店记事(1927～1927)》,上海科学技术出版社,1999。

② 李济:《西阴村史前的遗存》,载《中国现代学术经典·李济卷》,河北教育出版社,1996。

遗址完全考察一次。"1923年，美国弗利尔艺术馆又与清华大学达成合作协议合作发掘遗址。协议主要内容为：考古团由清华研究院组织；考古团的经费大部分由弗利尔艺术馆承担；报告有中英文两版：英文归弗利尔艺术馆出版，中文归清华研究院出版；所得古物归中国各处博物馆或暂存清华研究院，待中国国立博物馆成立后归国立博物馆永久保存。协议的核心内容至今仍然是中外合作考古的蓝本。

(2) 遗址发掘

李济为了这次发掘而受聘为清华大学国学研究院讲师。1925年冬至1926年春，他与袁复礼赴山西南部调查发现三处包含彩陶的遗址，最后决定发掘西阴村遗址。这次发掘没有发现一件完整器，出土了十余万陶片和少数完整石器，还有猪骨头等兽骨，木炭、烧过的土块、琉璃、贝壳片、陶环、石环、陶球、石球、各种骨器，以及全副少年人骨一副。

这次发掘在方法上有不少创新。发掘之前在遗址的西南部确定一个基点，采用正方形探方法，在各方的交界点用木桩做记号。发明了"三点记载法"用于记录重要遗物的出土位置，即把探方的东西方向定为X，南北方向定为Y，深度为Z，测量记录遗物出土位置。采用层叠法记录所有遗物，由起点下行第一米叫作A层，第二米叫作B层。分层的厚薄，由土色及每次所动的土的容积决定。分层按上下次序用英文完成一个层叠的记载。例如，一堆器物上边标注的是B4c，其中B是由上向下人为划分的水平地层，4是探方号，c是根据土色和所发掘土层确定的分层顺序号，这个编号意味着它们是从第四方第二层的第三分层出土的，工具记载簿记录第三分层的深度在1.17～1.25米。发掘第四方收集了所发现的全部陶片。这次发掘还约请自然科学家协助研究出土遗物。

当然发掘还存在明显的不足，尽管他们已经认识到可以按照土色、土质划分地层堆积，但还是按照人工划分的水平层划分地层。探方面积过小导致他们未能判断出诸如"袋形灰坑"等遗迹现象。

出土陶片交由当时还在美国留学的梁思永研究,贝类请葛利普考订贝壳的种类,石制品请李学清进行化验分析。李济最后综合了所有研究成果,出版了名为《西阴村史前的遗存》的发掘报告。该报告分八个部分:第一部分为缘起,第二部分为挖掘的经过,第三部分为储积的内容,第四部分为遗存的大概情形,第五部分为陶片,第六部分为带彩的陶片,第七部分为石器及杂件,第八部分为结论。该报告比较完整地介绍了发掘收获和初步研究成果,是一部比较好的发掘报告。

（3）初步研究

梁思永在研究陶片时针对缺乏完整器物的情况,以陶片表面特征,即以有无彩为第一级分类标准,以陶片质地粗细为第二级分类标准,以地色、磨光和陶衣三个要素的有无及其组合为第三级分类标准,再以陶片表面颜色为第四级分类标准划分陶片,而彩陶还按照彩色和地色不同及其组合为第五级分类标准。他以上述标准对部分陶片做了分类,对各类陶片做了统计。他又把陶片分成口缘、器底、柄与把三类,对各类陶片又做了细分,以四层符号记录陶片的分类结果。以口缘型式的分类为例,第一层分类用大写罗马数字Ⅰ～Ⅳ表示,按照口缘轮廓形态将它们分四个型,如Ⅰ型,陶片线条一直延续到唇部没有任何突然中断或者角度变化;第二层分类用大写英文字母表示,按照口缘形态分成两种,A 表示口缘直或者外敞,B 表示口缘内敛;第三层分类用阿拉伯数字表示,按照唇部形态分成三种,如 1 表示唇不趋厚;第四层用小写英文字母表示,按照唇部凸起形态分成三种,如 a 表示唇部仅外面凸起。ⅠA2c就是表示斜直口缘唇部薄而仅外部凸起。[1]用四级符号对陶片分类看似具有科学性,却使人无法从分类中直观地感

---

① 梁思永:《山西西阴村史前遗址的新石器时代的陶器》,载《梁思永考古论文集》,科学出版社,1959。

觉到器物造型。

这次发掘中开创的在遗址西南角上设置总基点、记录重要遗物的出土位置"三点记载法",收集所发现的全部陶片,以及约请自然科学家协助研究出土遗物的做法,保证了资料的科学性、完整性,以及研究结论的客观性,是今天中国考古学发掘与研究依然必须遵循的铁律。

据说山西公立图书馆、北平女子师范学院研究所曾与美国弗利尔艺术馆合作,由卫聚贤(女师代表)和董光中(弗利尔代表)负责,在山西省万泉县做调查,并发掘荆村新石器时代遗址,在该遗址发现了粟和可能是高粱的壳皮。

4. 独立自主的发掘

独立自主的发掘是指中国政府提供经费、中国学者独立主持的考古发掘,如殷墟、城子崖、良渚、宝鸡斗鸡台等遗址的发掘。

(1) 殷墟

殷墟位于河南安阳。在王懿荣发现甲骨文后,罗振玉派人调查甲骨文来源后得知甲骨出自殷墟。1928 年,傅斯年派董作宾到安阳小屯村调查,董作宾调查后确认小屯还有大量有字甲骨,李济遂决定在小屯发掘有字甲骨。[1]

1928—1937 年,在殷墟共进行了 15 次规模不等的发掘。在第三次发掘中遇到当地势力的阻挠,一度撤离到山东发掘城子崖遗址。后来在蔡元培等人的协调下,继续发掘,直到抗战爆发而停止。他们先后在 11 个地点总共发掘了约 4.6 万平方米。在殷墟范围内发掘了小屯宫殿区、侯家庄西北冈王陵区、后冈、大司空村、侯家庄南地,在殷墟外围发掘了高井台子、秋口同乐寨等。发掘过程中,在殷墟文化层上面清理了 175 座隋唐墓,包括著名的隋仁寿三年卜仁墓。

15 次发掘出土了大量珍贵文物,包括 2.5 万片有字甲骨,数万件

---

[1] 中国社会科学院考古研究所编著:《殷墟的发现与研究》,科学出版社,1994,第 8—13 页。

铜器、陶器、玉石器和骨角牙器和蚌器等,采集了大量人和动物骨骼。发现了大量殷代灰坑、窖穴、半地穴式房屋、大型夯土台基、水沟等遗迹,殷代的10多座大型墓葬、1000多座祭祀坑、殉葬坑和几百座小型墓葬,以及近百座战国和隋唐墓葬。前7次发掘的有关报告和研究文章发表在1929年创刊的《安阳发掘报告》上,第8次到第15次发掘的部分报告和研究文章发表在《中国考古学报》第1至第4期上。

殷墟发掘除上述收获外,还改善了发掘方法并在辨认遗迹现象方面有了很大的进步。比如第一次发掘曾把建筑基址中的夯窝误判为水流的漩涡,认为洪水源于当时离小屯颇近的黄河,提出了"殷墟漂没说",到了第四次发掘根据地层中的各类包含物的分布证明了"殷墟漂没说"不能成立。第四次发掘还改变了过去较注重遗物而轻视遗迹的观念。第二次发掘测绘了以小屯为中心的遗址详细地形图,系统地记录和登记了发掘出的每件遗物的确切出土地点、时间、周围堆积情况和层次等,每个参加发掘的主管人员坚持写个人观察到的及田野工作中发生的情况的日记。[①] 当然最重要的收获是第四次发掘,梁思永在他负责的后冈发掘中,发现了殷代、龙山、仰韶文化上下叠压的地层,确定了这三种文化的时代序列。从第十三次发掘开始采用"平翻法"即探访法发掘,发掘中注意建筑基址的遗留及其平面布局关系,窖穴和墓葬也用数字标出,用英文大写字母 H 表示灰坑,用 M 表示墓。

李济对殷墟发掘做过如下小结。第一,史语所考古组在安阳小屯的科学发掘结果表明,殷商的确存在有字甲骨,改变了此前一些学者对甲骨文学术价值的怀疑,动摇了许慎《说文解字》的权威性,使中国古文字研究朝新的目标发展。第二,发现了旧史学家完全不知的新资料,反映了仰韶文化、龙山文化的器形与中国最早文字史最坚实的关系。第三,这里的陶器群上承史前文化、下接西周,为研究王陵出土的

---

① 李济:《安阳》,中国社会科学出版社,1990,第49页。

青铜器提供了重要背景资料。① 殷墟发掘研究成果是多方面的,揭露的遗迹、出土的各类遗物为研究殷商社会提供了无可替代的实物资料。这批资料的研究经历了漫长的岁月,有的研究是利用发掘的间歇做的,有的是在条件极为艰苦的抗战期间进行的,更多的是在李济主持之下由台湾史语所研究人员分工协作进行的。董作宾、屈万里、张秉权和李效定研究甲骨文,石璋如审核小屯田野记录,高去寻承担了梁思永关于侯家庄王陵初稿的编纂,人类学组的杨希枚负责人骨研究。李济除个人研究外,还任《中国考古报告集》的总编辑并审核定稿和出版。

殷墟发掘给中国考古学留下了很多宝贵经验,发掘中坚持绘制详细的地形图、详细地登记器物等始创于西阴村的做法,开创了写发掘日记的做法,以上三种做法是中国近代考古学走向正规化的标志之一。李济刚刚担任殷墟遗址发掘团领导职务时就跟全体同仁做了一个约定:一切出土物全属国家财产,考古组同仁绝不购买、收藏古物。② 这条约定,几乎成为考古、文物、博物馆和民俗、民族学界的一条不成文法规。

(2) 城子崖遗址

城子崖遗址位于山东历城县。它是尚在齐鲁大学求学的吴金鼎等1928年自发考古调查中发现的。当史语所在殷墟发掘遇到困难时,李济根据吴金鼎提供的情况,实地调查后决定发掘该遗址。

为了保证发掘顺利进行,中央研究院与山东省政府合组山东古迹研究会并签署了合作协议,协议的核心内容是:中央研究院负责遗址的调查、发掘和研究,山东省政府负责文物保护。发掘经费原则上由

---

① 李济:《安阳》,中国社会科学出版社,1990,序言。
② 李光谟:《锄头考古学内外——李济学术生涯的几个侧面》,《文物天地》1991年第2期;段振美:《殷墟考古史》,中州古籍出版社,1991。

双方负担,出土遗物最后留在山东古迹研究会。①

　　李济、梁思永先后主持遗扯的发掘,参加工作的有吴金鼎、郭宝钧等。第一次发掘于 1930 年 11 月～12 月进行、第二次发掘于 1931 年 10 月进行。他们把两次发掘的重要成果概括为:遗址包含上、下两个内涵不同的文化层。上层文化似为春秋战国时期的谭国都城遗址,使用青铜,有正式的文字,陶器以轮制为主。上层的出土物均似直接继承下层文化,但其中略有演变。由卜骨而知,城子崖文化与殷商文化为最直接的传承关系。② 遗址下层是首次发现的一种以磨光黑陶为特征的新石器时代遗存,最初被称为“黑陶文化”,后来被命名为“龙山文化”。多位学者合作编写发掘报告,报告分七章:第一章“城子崖遗址及其发掘之经过”,第二章“城子崖地层之构成”,第三章“建筑之遗留”,第四章“陶片”,第五章“陶器”,第六章“石骨角蚌及金属制器”,第七章“墓葬与人类、兽类、鸟类之遗骨及介类之遗骨”,附录“城子崖与龙山镇”。这是中国学者撰写的第一部发掘报告,结构合理,内容完备,图文并茂,报告开创了考古发掘报告编写体例。即使用今天的眼光来看,它仍然算得上是一部上好的发掘报告。

　　李济对此次发掘做了高度评价:

　　　　有了城子崖的发现,我们不但替殷墟一部分文化的来源找到一个老家,对于中国黎明期文化的认识我们也得了一个新阶段。……我们至少可以说那殷商文化最重要的一个成分,原始在山东境内。这是一个很重要的线索;这关系认清楚以后,我们在殷墟殷商文化层下又找出了一只较老的文化层,完全像城子崖的黑陶文化。事实上证明殷商的文化就建筑在城子崖式的黑陶文化上。在殷墟附近的后冈我们已找到同样的证据。

---

① 傅斯年等:《城子崖》,朋友书店,1934,第 XIV～XV 页。
② 同上书。

故城子崖下层之黑陶文化实代表中国上古文化史的一个重要的阶段。……黑陶的遗址既散布在山东及河南的东部，中心地点大约总在山东一带。它与西北部及北部的彩陶文化对峙到若何程度，尚无从知悉。但它们是两个独立的系统，在各地方的发展有早晚的不同，却是很清楚的。……要是我们能寻出城子崖的黑陶文化的演绎秩序及所及的准确范围，中国黎明期的历史就可解决一大半了。我们相信这不但是田野考古工作一个极可遵循的轨道，而它对于中国上古史的研究将成一个极重要的转点。①

城子崖遗址是现代田野考古学诞生以来在中国东部首次发掘的古遗址，是有目的、有计划的学术性发掘，第一次发现了史前版筑、夯土遗迹、古城址，发掘中引入了地层学方法，绘制了地层图，创立了一套科学的、具有中国特色的田野考古工作方法。它彻底改变了中国田野考古一直由外国学者控制的局面，开创了中国田野考古的新纪元。

（3）良渚遗址

良渚遗址位于浙江余杭县。1936 年，西湖博物馆的施昕更在良渚镇偶然发现黑陶片和石器，起初他以为这里与城子崖类似，先后三次试掘了棋盘坟等遗址。遗址出土了豆、盘、壶、鼎等陶器，以及斧、锛、刀、铲等石器。发掘中他发现，这里土色土质不同，按照水平分层的方法把所有地层分为上、中、下三层。他根据包含物推测了各层的时代：把出土黑陶和粗制琢磨石器的下文化层定为新石器时代，把出土精致琢磨石器、玉器墓葬和小部分黑陶的中文化层定为石铜兼用时代，把印纹陶、素面陶器和现代砖瓦等定为铜器至铁器时代。

施昕更把这里的黑陶与城子崖黑陶做了比较，认为它是黑陶文化

---

① 李济：《中国考古报告集之一　城子崖发掘报告序》，载张光直、李光谟编《李济考古学论文选集》，文物出版社，1990。

在东南发展的一支。他在研究中不仅根据形态对石器做了初步分类，而且分别鉴定了石器的岩性。

（4）斗鸡台遗址

斗鸡台遗址位于陕西宝鸡。北平研究院史学研究会考古组徐炳昶等在斗鸡台进行的发掘和后期整理对中国考古学而言非常重要。1934—1937年，该遗址先后做过三次发掘，发现史前文化层、秦汉时期的墓葬等遗物遗迹。参加发掘的苏秉琦随后对沟东区的80多座墓葬做了详细的整理研究。他运用类型学方法对瓦鬲的研究堪称精彩。苏秉琦从陶鬲整体、局部造型和制作工艺等入手，把陶鬲分为锥脚袋足、铲脚袋足、折足和矮脚四类，又根据各类陶鬲造型差异再细分几种，如锥脚袋足细分为a、b、c、d、e五小类，最后按照器物相似程度对它们排序，由此开创了考古器物类型学，为考古类型学的发展奠定了基础。[1]

苏秉琦撰写的发掘报告《斗鸡台沟东区墓葬》有很多值得称道的地方，比如使用了三种不同比例的地图，指明了斗鸡台遗址位置在宝鸡的具体位置、斗鸡台遗址分布范围、斗鸡台沟东区带有等高线的探方分布图。[2]

（5）其他

除上述提到的几处重要遗址的发掘外，史语所考古组还在河南浚县发掘了辛村卫国贵族墓地，在汲县山彪镇和辉县琉璃阁发掘了战国墓。北平研究院在西安发掘了唐中书省遗址，发现了宋吕大防刻唐大明宫兴庆宫图残石。梁思永在黑龙江哈尔滨昂昂溪车站附近的沙岗做了调查发掘。[3] 夏鼐等在甘肃调查时对历史时期遗址做了小规模发掘。1947

---

① 苏秉琦：《陕西省宝鸡县斗鸡台发掘所得瓦鬲的研究》（节选）、《瓦鬲的研究》，载《苏秉琦考古论述选集》，文物出版社，1984。

② 苏秉琦：《斗鸡台沟东区墓葬》（节选），载《苏秉琦考古论述选集》，文物出版社，1984。

③ 梁思永：《昂昂溪史前遗址》，载《国立中央研究院历史语言研究所集刊》第4本，第1分册，1932。

年,裴文中在甘肃调查发现了不少史前遗址,李文信在吉林、顾铁符在广东海丰等地也调查了一些史前遗址。

华西大学博物馆的葛维汉教授(美籍)和林名均教授率领考古工作队在四川广汉月亮湾进行了考古发掘,他们的工作得到了旅居日本的郭沫若的高度赞扬:"你们在汉州发现的器物,如玉璧、玉琮、玉圭均与华北、华中发现者相似。这就是古代西蜀曾与华中、华北有过文化接触的证明。"事后不少学者撰文阐述这些发现的重要价值。①

这个时期中国考古学家很少发掘历史时期遗址,在成都发掘清理的王建墓是出土遗物最多的一次发掘。天成铁路局在当时被称为抚琴台的王建墓封土上挖防空洞时发现了该墓,史语所考古组、中央博物院筹备处、四川省立博物馆共同合作,于 1942—1943 年进行清理发掘,吴金鼎主持,冯汉骥、王振铎等参加了墓葬发掘,发掘收获由冯汉骥整理成《前蜀王建墓发掘报告》。

　5. 考古调查

这个时期的考古工作主要是解决中国文明起源问题,加上"古不考三代以下"的观念根深蒂固,所以发掘集中在先秦时期的遗址或墓葬。在西北地区开展了几次调查,以中瑞西北科学考察团和中国西北科学考察团在西北地区的调查规模较大,两次调查都有一定收获。

　(1)中瑞西北科学考察团

1926 年,德国汉莎航空公司计划开辟柏林到北平到上海之间的航线,委托瑞典探险家斯文·赫定考察中国西北地区。斯文·赫定到北京与当时的农商部地质调查所所长协商,因为协议有"只容中国人二人负与中国官厅接洽之义务,期限一年,即须东返;关于将来采集之历史文物,先送瑞典研究,一俟中国有相当机关再送还"等有损中国主权

---

① 曲玉缘:《对三星堆文明——古蜀文明研究的回顾与思考》,《中国史研究动态》1994 年第 3 期。

和声誉的条款,遭到中国学术界的强烈反对。协议经过修改后由地质调查所所长与斯文·赫定共同签署。1927 年,中国学术团体协会与斯文·赫定联合组成西北科学考察团。

中瑞西北科学考察团由北京大学教务长徐炳昶和斯文·赫定分别担任中瑞双方团长,成员包括中国方面 10 人(都来自北京大学)、欧洲方面 17 人(瑞典 5 人、丹麦 1 人、德国 11 人)。考察内容包括地质学、地磁学、气象学、天文学、人类学、考古学、民俗学等项。中国学者黄文弼代表北京大学考古学会参加该团专门从事考古活动。考察活动于 1927 年 5 月开始,1933 年结束。考察团从北京出发,对内蒙古、新疆、甘肃、青海和宁夏等地区进行了包括考古学在内的多学科综合考察。① 考察团在内蒙古沿途 327 个地点采集到细石器,在新疆乌鲁木齐、吐鲁番、哈密等地采集到新石器时代遗物。贝格曼在额济纳河流域调查居延烽燧遗址采集到约 1 万支汉代简牍,在罗布淖尔、吐鲁番和塔里木盆地做考古调查和试掘。

考察结果以《斯文·赫定博士领导的中国—瑞典考察团在中国西北各省科学考察的报告》为总标题,自 1937 年起在斯德哥尔摩陆续出版,现已达 50 种。参加这次科考的黄文弼出版了《罗布淖尔考古记》介绍部分汉简资料,中国学者劳干等出版《居延汉简考释考证之部》等著作,公布他们研究出土汉简的成果。

(2) 中国西北科学考察团

1943 年,史语所、中央博物院筹备处、中国地理研究所和北京大学文科研究所合作组建西北科学考察团。史语所的夏鼐、北京大学文科研究所的向达、阎文儒和中国地理研究所的一些专家,参加了考古工作。考察工作于 1944—1945 年进行,考古工作限于甘肃境内,以历史

---

① 陈星灿:《中国史前考古学史研究(1895—1949)》,生活·读书·新知三联书店,1997,第 99—100 页。

时期地面遗址的考察为主。①

（3）其他

徐炳昶等人在邺城地区调查了石窟寺，并出版《南北响堂及其附近石刻目录》。向达、张大千、谢稚柳、史岩、石璋如等先后在敦煌进行了考察和研究。

朱希祖、朱偰父子自发地对南京和周边地区史迹做了调查和记录。朱氏父子出版了《六朝陵墓调查报告》等专著；朱偰与他人一起对金陵史迹做了实地调查，出版了《金陵古迹图考》等专著。

> 朱希祖，浙江海盐人，官费留学日本早稻田大学，攻史学专业。先后执教于北京大学、清华、辅仁、广州中山大学、中央大学，还曾任古物保管委员会主任。其子朱偰留学德国，执教于中央大学、南京大学，先后供职于国民政府财政部。

6. 收获与问题

虽然中国早期考古调查与发掘步履蹒跚，但是发掘收获远远超过预期，当然也存在有待解决问题。

（1）史前考古

史前考古成果有三项。一是中国学者在周口店遗址发现了北京直立人用火遗迹，以及北京直立人制作和使用过的石器。二是瑞典人安特生发现并提出了"仰韶文化"的命名，消除了中国没有石器文化的说法。三是中国学者发现并提出了"龙山文化"的命名，表明中国文化植根于龙山文化，有力地回击了"中国文化西来说"。

（2）三代考古

三代考古最主要的收获是殷墟发掘，中国学者在此进行了长达9年的发掘，揭开了中国考古史上重要的一页，为研究中国古代文明提

---

① "西北科学考察团"条，《中国大百科全书　考古学》，中国大百科全书出版社，1986。

供了极为重要的资料。

陕西宝鸡沟东区墓地的发掘与研究为摸索中国考古学类型学创造了条件。除了三代考古是有明确目的的主动发掘外,其他时期的发掘是零星的、小规模的。

(3) 确立地层学

按照土质土色和包含物划分地层是地层学的基本原则,但是20世纪20年代在中国进行的考古发掘虽然都认识到地层土质土色不同,却没有据此划分地层,而是按照当时世界上流行的水平层位法划分地层。安特生在仰韶村发掘时,按照深度记录出土遗物,没有识别出窖穴、灰沟等遗迹及其叠压和打破关系。李济在西阴村的发掘也是采用水平层位法,把零点以下第一米作为A层,第二米为B层,依次类推。他根据土色及每次所动土的容积,把每个大层划分成若干小层,没有识别出遗迹的叠压和打破关系。周口店发掘也是按照水平层位划分地层,每深半米为一水平层,每一水平层都绘有同样比例尺的平面图,重要标本都会测量并画在平面图和剖面图上。[①]

梁思永在1931年春秋两季主持后冈遗址发掘的过程中,发现地表下各种深浅的灰、黄、绿、黑、褐等颜色的土层,每层还包含有一种与其他两层不同的文化遗物。因此在秋季发掘结束前,他把这些地层归并为三大层。第一层以浅灰色土为主,土质比较松;第二层以绿色为主,土质紧黏;第三层以深灰色土为主,土质紧黏。第一层在第二层之上,第二层在第三层之上。梁思永根据包含物的不同,认为第一层所包含的是白陶文化(小屯文化)的遗物,第二层所包含的是黑陶文化(龙山文化)的遗物,第三层所包含的是彩陶文化(仰韶文化)的遗物。这就是考古界通常说的"后冈三叠层"。梁思永指出:"如果把地层上下的次序依考古学的基本原则'翻译'成时间的先后,我们就可以知道

---

① 贾兰坡、黄慰文:《发掘上的改革》,载《周口店发掘记》,天津科学技术出版社,1984。

后冈上在白陶文化的人居住之前,黑陶文化的人曾在那里住过,在黑陶文化的人以前,又有彩陶文化的人在那里住过,这简单的事实是城子崖黑陶文化发现后中国考古学上极重要的一个发现。"①中国考古学由此确立了地层学。

在英国接受考古学训练的夏鼐1945年在甘肃省宁定县阳洼湾清理齐家文化残墓时,发现墓葬填土中有马家窑文化彩陶,在确认墓葬没有被后期扰乱的前提下,提出了彩陶文化必定早于齐家文化的看法,纠正了安特生所谓齐家文化早于仰韶文化的错误观点。这是地层学在中国成功运用的典型范例。夏鼐此后把当时世界上最先进的田野发掘方法介绍到中国,即先用探沟法试掘,然后用网格布方进行发掘,通过保留的探方壁和关键柱显示地层堆积状况,这个方法仍被广泛运用在今日的中国考古发掘之中。②

（4）确立类型学

类型学是根据形态、纹样等划分遗物类型式,并按照一定原则对同类型不同式的器物排序的方法。

梁思永在整理西阴村遗址材料时也做了类型分析。不过他的分类没有体现它所代表的陶器基本形态,又没有反映不同类型陶器之间是否共存或者是否在形态上存在继承关系。

虽然蒙德柳斯的《先史考古学方法论》于1936年、1937年两次被翻译介绍到中国,大概只有苏秉琦关注此书,受此影响而常年对着陶鬲等进行反复思索,终于有了认识上的飞跃,③建立了自己的类型学。

这个时期的考古类型学有三个特点:第一,分类逐步科学化,开始利用抽象的符号表示不同的器物型式;第二,型式之间不存在演化关

① 梁思永:《后冈发掘小记》,载《梁思永考古论文集》,科学出版社,1959.

② 书玉译:《夏鼐先生的英伦之缘》,《文物天地》1998年第6期。

③ 苏恺之:《我的父亲苏秉琦》,生活·读书·新知三联书店,2015,第65页。

系;第三,分类的目的是描述,还利用类型学原理对史前文化的性质和相对年代进行推论。虽然大多数分析还停留在定性分析上,但定量分析也已经开始。①

（5）文化分区

梁思永在研究龙山文化的10处遗址后,发现这些遗址出土的陶片显示出不可忽视的确定的地域差异,明确地认识到:"在两个相距遥远(空间上而言)的陶群中,个别特征的平行发生,并不建立二者间的关系。这个已为人类学家长期运用的关于文化组合的概念,我认为考古学者也尽可应用。"于是,梁思永将龙山文化划分为山东沿海区、豫北区和杭州湾区。②这是中国考古学史上最早的文化分区研究。

身在延安的尹达尝试用马克思主义观点研究中国原始社会,他在细致分析考古发掘所获可信资料的基础上探讨了中国古代氏族制度的发展进程,把我国远古社会史的研究建立在真实可靠的"无字地书"之上。③

（6）遗留问题

遗留问题主要是史前文化二元说。梁思永在后冈发掘中发现的所谓彩陶文化即仰韶文化在安阳地区要早于作为黑陶文化的龙山文化。李济敏锐地感觉到,黑陶遗址散布在山东及河南的东部,中心地点大约总在山东一带,而仰韶文化主要分布在中原及以西地区,龙山文化主要分布在东部沿海地区,两种文化的主要内涵和特征各不相同,他认为这个情况与古史传说中"夷东夏西"的说法基本一致,④遂

---

① 陈星灿:《中国史前考古学史研究(1895—1949)》,生活·读书·新知三联书店,1997,第162页。

② 梁思永:《龙山文化——中国文明的史前期之一》,载《梁思永考古论文集》,科学出版社,1959。

③ 王震中:《尹达先生逝世周年祭》,《中原文物》1984年第2期。

④ 李济:《夷夏东西说》,载《庆祝蔡元培先生六十五岁论文集》,北平,1935。

提出它们分属两个不同的文化体系，两者东西对峙，仰韶文化由西向东、龙山文化由东向西发展。梁思永提出，仰韶彩陶文化自黄河上游向下游发展达到河南北部之后，自黄河下游向上游发展的龙山文化才侵入河南北部。这个问题在 20 世纪 50 年代庙底沟遗址发现仰韶文化与龙山文化属于不同时期的考古学文化，20 世纪 60 年代在山东省泰安大汶口遗址发现龙山文化是承继大汶口文化发展而来之后，得到解决。

另一个问题是由二元对立引发的混合文化。梁思永发掘后冈遗址之后，明确了仰韶文化在地层上早于龙山文化，但是他没有意识到这是安特生没有把仰韶村出土的彩陶和黑陶分开而混在一起的情况，认为龙山文化在占领后冈之前已侵入仰韶村，它在河南有了相当的势力之后，逐渐向西发展，沿途与彩陶文化混合。这个观点一经提出便被很多人接受。这个错误认识是在解决了所谓"夷夏东西说"之后得到纠正。

三、专题研究

这个阶段从事考古活动的学者几乎都接受过高等教育，有着很高的科学素养，自觉地运用多种手段从出土资料中提取信息，仰韶村遗址、殷墟、龙山等遗址出土的资料虽然数量不多，但是围绕出土遗物的专题研究已经开始。发掘者有意识地进行综合性研究，开展了陶器、人类骨骼、动物骨骼、石器等专题研究。

1. 陶瓷考古

（1）陶器研究

李济为了研究殷墟陶器，派人花了好几年时间用比原器大 1/4 的统一比例将所有标本绘图，对完整器全部进行拍照，并考虑如何研究陶器制作方法。他认为当时采用了泥条环筑法，使用了陶拍和陶砧，陶器上所留下来的任何标记——细绳纹、粗绳纹、网纹等，都必须说是纯粹偶然的,有的绳纹是模制时留下的印痕,有的是用模拟陶拍的工具滚印出来的。他邀请化学家对殷墟遗址出土的七件陶片做了测试,根据测试结果提出,白陶的化学组成与高岭土的化学组成基本相同,把它们与江西高岭土做了比较,鉴于江西高岭土没有二氧化钛,认为殷墟白陶的产地不一定相同。①

苏秉琦对斗鸡台沟东区墓地出土的瓦鬲制作工艺进行了细致的观察和分析,把陶鬲类型变化与制作工艺紧密地结合在一起研究,取得了重要成果,为日后考古类型学的形成奠定了基础。夏鼐也采用西方学者的研究成果探讨了齐家文化陶器制作工艺和绳纹的成因。

(2) 瓷器研究

业余陶瓷研究者陈万里出于兴趣爱好搜集、研究陶瓷,并认识到只靠点滴的文献史料研究是不够的,便走出书斋到窑址采集陶瓷片,自发地应用纪年墓出土文物或者依靠墓葬出土的有关文字记载,结合野外考察,研究唐代越窑。②

2. 体质人类学

(1) 人种鉴定

步达生对仰韶村和沙锅屯出土的近 20 具人骨做了研究。他认为,新石器时代末期人种与现代华北人的体质是相同的。安特生在甘肃等史前时期遗址发现的人骨表现出明显的“东方人种”性状,甘肃史前人种与现代华北居民存在许多共同点,他称之为“原中国人”。

(2) 人骨研究

1935 年,夏鼐到殷墟发掘团工作时,采集人骨标本已成为一种制度,所有出土的头骨、骨盆、肢骨和肩带骨如果保存良好,都要加以采

---

① 李济:《小屯殷代与先殷陶器的研究》《小屯陶器质料之化学分析》,载张光直、李光谟编《李济考古学论文集》,文物出版社,1990。

② 李辉炳:《中国陶瓷研究的开拓者陈万里先生》,《文物天地》1986 年第 6 期。

集,每件在小心提取、洗刷干净和编写标本号以后,便用浸湿的麻纸糊上几层。[①] 在殷墟所收集的殷代人头骨将近1000例,由史语所的吴定良整理和研究,他先后发表《汉族锁骨之研究(根据小屯与绣球山标本)》[②]、《殷代与近代颧骨容量之计算公式》[③]等文章。

3. 动植物考古

这个阶段是中国动物考古学滥觞期,动物考古研究主要集中在对殷墟遗址出土的动物遗存进行研究。[④]

(1) 动物研究

李济把殷墟的动植物遗存分别交给新生代研究室的德日进和杨钟健鉴定研究。杨钟健对殷墟遗址出土的动物骨骼做了种属鉴定,发现其中有狗、熊、獾、虎、鲸、鼠、竹鼠、兔、马、猪、鹿、四不像等24种动物。这些动物分为三类:一类是本地野生动物,包括狸、熊、獾、虎、豹、鼠等;一类是本地饲养动物,主要有狗、羊、四不像、圣水牛、猴和殷羊;还有一类是外地引进的动物,包括鲸、象、貘和小熊。象和貘看来是从南方引进的,孔雀骨当是从南方引进的。[⑤] 同时,他们还注意到不同种类动物的数量、动物群所反映的气候变迁等问题。此外还有学者对鱼骨做了鉴定分析。[⑥] 应该说,他们的研究已经非常全面了,成为后来遗址出土动物骨骼研究的范例。李济在发掘城子崖遗址后,把出土的动物骨骼交给杨钟健、卞美年研究。他们对骨、角、蚌制品进行了观

---

① 夏鼐:《安阳殷墟头骨研究》,文物出版社,1985,序言。

② 吴定良:《汉族锁骨之研究(根据小屯与绣球山标本)》,载《国立中央研究院历史语言研究所人类学集刊》第一卷,南天书局有限公司,1938。

③ 吴定良:《殷代与近代颧骨容量之计算公式》,载《国立中央研究院历史语言研究所人类学集刊》第二卷,南天书局有限公司,1941。

④ 罗运兵、袁靖:《中国动物考古80年》,载《中国考古学年鉴2014》,文物出版社,2015。

⑤ 李济:《安阳》,上海人民出版社,2007,第81—82页。

⑥ 伍献文:《记殷墟出土之鱼骨》,载《中国》第四册,1948。

察分析,还对兽类、鸟类及介壳类遗物做了鉴定。① 李济把西阴村发掘中得到的软体动物交给了美国学者进行研究。

这个阶段还有一项突出的研究是裴文中对周口店遗址出土的动物骨骼碎片进行的埋藏学研究。他观察的项目有动物咬痕和抓痕、化学腐蚀、水和机械作用等。

（2）植物考古

这个时期还说不上正式开始植物考古,但是对出土植物遗存的研究已经开始,可以说植物考古开始萌芽。周口店遗址发掘后,德日进把木炭状的植物及出土植物种子交给美国植物学家研究;安特生在仰韶村发掘中发现有植物印痕的陶器,交给瑞典植物学家研究,得到结论是,此印痕是水稻壳。

4. 古文字研究

（1）甲骨文

带字甲骨是殷墟最重要的发现,甲骨文研究成果比较丰富。《铁云藏龟》是刘鹗编纂的也是我国第一部甲骨著录书,孙诒让的《契文举例》一文拉开了甲骨学研究的序幕。罗振玉编纂了多部甲骨文汇编,如《殷虚书契》《殷虚书契菁华》《殷虚书契后编》《殷虚书契续编》,这四部书收录殷墟正式发掘前出土的甲骨资料最多。

王国维利用甲骨文探讨了商代历史、地理等,取得了前人无法比拟的成就,他的《卜辞中所见先公先王考》《续考》《殷周制度论》第一次证实《史记·殷本纪》中记载的商王世系基本可靠,推动了甲骨学研究。他把西方的科学方法与清代乾嘉学派的考据学结合起来,提出了"二重证据法",强调地下的新材料与文献材料并重,古文字古器物学与经史之学相互表里,做到"不屈旧以就新,亦不绌新以从旧"。

郭沫若的《甲骨文字研究》和《卜辞中的古代社会》是运用甲骨文

---

① 傅斯年等:《城子崖》,朋友书店,1934,第79—85页,第90—91页。

字研究商代天神上帝观念的起源、商代奴隶的名称、天文及农耕生产、贸易，以及商代生产状况的重要成果。他对商代社会组织的理论性概括开辟了用马克思主义观点进行甲骨文研究的新途径。

董作宾的《殷历谱》把数量惊人的甲骨材料和现代日期联系起来，提出贞人说，首创甲骨文断代 8 项标准，[①]后来又把断代标准扩充为 10 项：世系、称谓、贞人、坑位、方国、人物、事类、文法、字形、书体。他把殷墟甲骨文分为 5 个时期：第一，盘庚、小辛、小乙、武丁，第二，祖庚、祖甲，第三，廪辛、康丁，第四，武乙、文丁，第五，帝乙、帝辛。这篇文章的问世被誉为甲骨文研究中一件大事，使得甲骨文的研究走上新台阶。他对甲骨的整治、占卜、卜辞的文例等做了研究，发现卜甲、卜骨上卜辞行款走向的规律，使得甲骨文容易通读。[②]

(2) 金文

郭沫若旅居日本时对西周和东周青铜铭文做了考释，创立了标准器断代法，按照国别研究青铜器，为西周铜器研究做出了贡献。1931年，他写成了《两周金文辞大系》初版本，后来扩充为《两周金文辞大系图录考释》，为两周青铜器及铭文的研究建立了体系。

容庚的《商周彝器通考》概括、归纳了中国青铜器研究的主要成果。罗振玉的《三代吉金文存》收录了商周青铜容器、兵器、乐器等将近 5000 件器物的铭文，是青铜铭文集大成之作。

5. 美术考古

滕固是美术史家，他先后赴日本、德国留学攻读美术史，重视用考古类型学研究出土器物上的纹样。他曾翻译了瑞典考古学家蒙德柳斯的考古类型学专著《先史考古学方法论》，把类型学方法引入美术

① 董作宾：《甲骨文断代研究例》，载《庆祝蔡元培先生六十五岁论文集》，北平，1935。
② 董作宾：《商代龟卜之推测》，《安阳发掘报告》第 1 期，1929 年；《骨文例》，载《历史语言研究所集刊》第 7 本分册，1936。

史,运用类型学方法研究燕下都的半规瓦当(半圆)上的兽形纹饰,把瓦当纹样与青铜器纹样进行了比较,探讨了各类纹样的源流和变化,指出这些纹样是本土纹样。[1]他从另一个角度揭示了中国文化是固有的而非外来的事实。

第六节　人才培养

1949 年以前,中国没有一所高校设立考古学专业,只有北京大学组建的研究机构在参与零星的考古发掘活动之余,招收培养个别研究生。[2] 少数高校国文或美术系聘请考古学家甚至古董商讲授考古学基本知识等,当时的考古教育尚未得到重视。

1. 北京大学考古学研究室

(1) 机构及变迁

1922 年,北京大学成立国学门,沈兼士任主任。国学门内设考古学研究室等部门及陈列室,马衡任考古学研究室主任,先后聘请罗振玉和伯希和当考古学通讯导师。沈兼士提出:"欲扫除陈旧金石学之弊病,必需集合各专门学者组织一古物调查发掘团,应用智慧的测量,为考古学的发掘。"

1932 年,考古学研究室改为研究院,国学门先后改称研究院文史部、文科研究所,内设考古学室、金石拓片室等部。考古学室的工作重点侧重于整理所收藏的全部金石拓片及其编目,参加居延汉简的整理。1939 年,北京大学迁至昆明后恢复文科研究所,傅斯年兼任所长,向达受聘于文科研究所,文科研究所正式招生,招收阎文儒为"中西交通史研究生"。1942 年,向达奉命参加中央研究院西北史地考察团赴

---

① 滕固:《燕下都半规瓦当上的兽面纹饰》,载《滕固艺术文集》,上海人民美术出版社,2003。

② 北京大学考古学系编:《北京大学考古学系四十五年(1952—1997)》,1998。

敦煌莫高窟和安西榆林窟考察。1944—1945 年间,向达参加西北科学考察团并任历史考古组组长,主要在甘肃境内调查发掘。

1946 年北京大学返回北京后,文科研究所内部调整,设古器物整理室等,向达任主任,聘请梁思永、裴文中为导师,裴文中在史学系开设考古学课程。

1947 年,裴文中率领史学系学生和文科研究所人员调查发掘北京西郊汉代遗址,在古器物整理室工作的助教宿白兼读文科研究所研究生。

(2) 古迹调查会

1923 年,考古学研究室成立调查机构——古迹古物调查会,该会的宗旨是:用考古学的方法调查研究中国过去人类之物质的遗迹及遗物。马衡任主任,马衡、容庚、徐炳昶、陈垣等参加,马衡曾受命前往河南调查新郑、孟津出土周代铜器。

1924 年,古迹古物调查会改名为考古学会。1926 年 10 月,《北京大学研究所国学门月刊》创刊,第一卷第一号即为考古学专号。1927 年,考古学会联络其他学术团体,成立中国学术团体协会,并与瑞典斯文·赫定共同组成中瑞西北科学考察团,当时担任北京大学教务长的徐炳昶和斯文·赫定分任中瑞双方团长。

日本东亚考古学会滨田耕作和原田淑人约请考古学会沈兼士、马衡等在日本东京联合组成东方考古协会。该协会分别于 1927 年、1928 年先后在旅大地区发掘了貔子窝和牧羊城,中方派代表参加或协助发掘。由于发掘活动由日方控制,协会形同虚设,中方委员于 1929 年陆续退出东方考古协会。

2. 其他高校

李济曾提议,"各大学之应设一考古学系"①,但是这个建议未被

---

① 李济:《中国考古学之过去与将来》,载《安阳》,上海人民出版社,2007。

采纳,1949年前只有少数高校开设少数几门考古专业课。

1929年,史语所迁入北平北海公园静心斋,所内专家为北京大学兼课,傅斯年讲授"中国上古史择题研究",李济、梁思永合开"考古学人类学导论",徐中舒讲授"殷周史料考订",董作宾讲授"甲骨文字研究",唐兰讲授"殷墟文字研究"及"先秦文化史"。

20世纪40年代,一些高校邀请著名考古学家前往学校讲授考古学。裴文中先后在北京大学、北京师范大学、燕京大学和中法大学等讲授史前考古学。[①] 1947年他率领北京大学史学系学生及文科研究所人员发掘北京西郊汉代遗址。

高校开设的考古专业课程主要有:"考古学通论""史前史(史前考古学)""中国考古学史""金石学""考古研究方法"等。1942年,国立社会教育学院专门设置了图书馆、博物馆学系,"考古学"成为该系的主要课程。任课教师除李济、裴文中等考古学家外,还有"家存古物,玩之得法"的人,甚至古玩商人登上讲台。可见当时考古学教育不仅没有形成体系,甚至有些混乱。

3. 教材及参考书

因为高校没有设置考古学专业,也就谈不上系统地编写考古学教材或者讲义,只有少数有留学经历的学者认识到考古学的重要性,他们编写和翻译了几部考古学启蒙著作。

(1) 外国教材

翻译出版的著作主要是蒙德柳斯和滨田耕作的作品。《考古学通论》是日本京都大学考古学讲座创始人滨田耕作所著,由五编组成。第一编序论,分三章,分别讨论考古学是什么、考古学的范围及目的、考古学与其他学科的关系。第二编资料,分四章,分别讨论考古学资料的性质、考古学资料的位置和收集、遗物及其种类、遗迹及其种类。

---

① 安志敏:《裴文中先生传略》,《考古学报》1983年第1期。

第三编调查,分四章,分别讨论考古学调查、发掘方法和调查方法(两章)。第四编研究,分四章,分别讨论资料的整理鉴别、特殊的研究法、确定时代和考古学与文献。第五编余论,分四章,分别讨论考古学资料出版、遗物遗迹的保存、遗物遗迹的修理、博物馆。书后有参考书目录。该书由俞剑华翻译,商务印书馆1931年出版。该书内容完备,是一本较好的考古学手册。

《考古学研究法》是瑞典著名考古学家蒙德柳斯所著的《东方和欧洲的古代文化诸时期》的第一卷《方法论》。该书在中国出过两个版本,一个版本是郑师徐、胡肇椿根据滨田耕作的日译本转译的《考古学研究法》,由上海世界书局1936年出版;另一个版本是滕固根据英文本翻译的,书名为《先史考古学方法论》,由商务印书馆1937年出版。

(2)自编参考书

当时出版的参考书数量很少,其中留学法国巴黎大学的张凤博士综合了他在暨南大学、复旦大学、大夏大学、持志大学等院校教授考古学课程的讲义提纲,以及他人翻译的滨田耕作的《考古学通论》,编写了一本名为《考古学》的教材,该书1930年由暨南大学出版。

《考古学》分四编,第一编"前论"。第一章考古的关系,叙述考古学者之使命、考古学考古学界说和考古学之旁及等9个部分。第二章"生民以前",叙述地质学之贡献、地质学与古物学上的时代区分、中国方面之地质纪略等7个部分。第三章"化石与人类",叙述化石之成因、化石型、古兽遗迹、人类化石、爪哇人形猿化石和北京人齿化石等8个部分。第四章"初民之生活",叙述酋长生活、贝塚、竖穴等6个部分。第二编资料。第一章"古物材料的性质",叙述材料的范围、严格的考古材料、间接的遗物、遗物与遗迹4个部分。第二章"材料与收集",叙述遗物的存在地、材料的采集、层累发现等

8 个部分。第三章"遗物与其种类",叙述人类与器具、石器之认识、新石器、骨角器等 13 个部分。第四章"遗迹与其种类",叙述坟墓与考古学、葬法、居住的遗迹等 9 个部分。第三编"发掘"。第一章"考古学的发掘",叙述发掘的价值、发掘者、发掘用器等 5 个部门。第二章"发掘的方法",叙述调查方法的种别、发掘的方式等 5 个部分。第三章"调查的方法",叙述照相、拓本、图写、测量、发掘工作中之定位法等 11 个部分。第四编"研究"。第一章"资料的整理与鉴别",叙述资料的收集、鉴识等 4 部分。第二章"特殊的研究法",叙述层位学的方法、型式学的方法、共存关系和土俗学的方法共 4 个部分。第三章"时代的决定",叙述相对的年代与绝对的年代、据记铭文献决定年代等 6 个部分。第四章"考古学与文献",叙述文献的价值、文献与遗物的冲突等 4 个部分。第五编"后论"。第一章"考古学的出版",叙述了出版的义务、报告的时期图版和本文体裁 3 个部分。第二章"遗迹遗物的保存",叙述保存的义务、石制土制品等 5 个部分。第三章"遗物遗迹的修理",叙述了修理的程度等 4 个部分。第四章"博物院",叙述了博物院本义等 6 个部分。书后还附录了 14 本包括英文书目在内的多种外语参考书书目。

就内容而言,《考古学》这本书的内容相当丰富,不仅介绍了考古方法论,而且还讲述了如何编写发掘报告,甚至包括如何展示出土遗物。

其他图书有卫聚贤的《中国考古小史》《中国考古学史》,这两本书分别由商务印书馆 1933 年、1937 年出版,是研读中国考古学史的重要参考资料。

第三章 发展中的考古学(1949—1966)

1949 年,文化部设立了负责全国文物考古工作的文物事业管理局,各省市相继成立了类似的文物管理机构。中央政府制定了一系列文物古迹保护法规和办法,为考古研究机构的调查发掘和研究提供了法律保证。

随着经济建设全面展开,配合基本建设的抢救性发掘任务急剧增加,并且集中在几个大型基本建设项目。考古发掘积累了大批田野考古资料,在学校接受马克思主义唯物史观教育的高校大学生对仔细分析考古资料的类型学不以为然,认为那是"见物不见人"的烦琐哲学,试图利用考古发掘的原始材料构筑古代社会历史,结果当然事与愿违。围绕类型学的辩论促使学者们思索如何改变"见物不见人"的局面,做到"见物见人""透物见人"等问题。

第一节 管理与研究机构

考古学必须通过田野调查发掘来获得研究资料,保护好古遗址和古墓葬,才有可能获得科学的研究资料。文化部设立了文物事业管理局,主管考古研究和文物等工作。中国科学院成立了专门从事考古调查发掘研究的业务机构——考古研究所。各省、市、自治区仿效中央政府，设立了文物管理委员会和考古工作队等机构。

一、法制建设

新中国成立之初，人们普遍认识到，经济建设必然会发现地下文物，由于经济工作是第一要务，不能全力以赴地从事进一步的考古发掘，所以要加强文物保护工作。[①] 为此，各级人民政府发布了文物保护政策的指导性文件，要求在国家经济建设和土地改革过程中落实文物保护政策，积极保护文物古迹。随着国家财政经济状况逐步恢复，文物保护事业也随之成长发展起来；各级文物保护机构在全国范围内基本建成，文物政策体系逐步完善，为文物保护事业奠定了良好基础。

文化部和中国科学院通过召开全国文物工作会议，汇总各地工作成果以及工作中出现的问题、制定措施，从业务上指导各地考古工作。文化部文物事业管理局领导通过实地调研，在现场与相关部门协商解决考古发掘中遇到的实际问题，在具体工作中提出，基本建设考古必须贯彻"两重两利"方针。

中央人民政府为了从政策措施上保障考古工作的顺利进行，先后颁布了一系列的法规和命令，为管理考古活动、保护古遗址提供了法律依据。各级文物管理委员会及相关部门按照中央的要求，承担了地方文物保护和考古发掘研究工作。

1. 中央法规

（1）古文化遗址及古墓葬之调查发掘

《古文化遗址及古墓葬之调查发掘暂行办法》于 1950 年 5 月 24 日颁布，它对偶然发现遗址、遗物，或者在从事其他田野活动时发现古遗址、古墓葬时的处理方法做了原则性的规定，对从事考古发掘的资格、人员组成及具体准备都做了详细的规定，明确规定：

---

① 王逊：《保护古迹文物工作与经济工作联系起来》，《文物参考资料》1950 年第 6 期。

学术机关或群众团体，必须具备田野考古之条件，并经中央人民政府文化部会同中国科学院审查批准后，由中央人民政府文化部发给执照，同时须报请当地的大行政区人民政府或军政委员会备案，始得进行发掘工作。

凡发掘竣工后，该负责发掘之团体应将下列各项报请中央人民政府文化部备案：1，发掘施工之平面及纵面图及地质层次与古物位置之副本；2，发掘施工之详细过程；3，发掘建筑物及古物清册，并注明其有关之价值；4，发掘施工之田野日记副本及照片等。

发掘施工之田野工作完毕后一年内，完成发掘报告。其研究报告则视实际情形由该团体自行规定其完成之期限。①

该暂行办法是以 20 世纪 30 年代制定的《古物保存法》和 1931 年制定的《古物保存法施行细则》为蓝本修改而成的。它的制定和颁布为保证考古工作的顺利开展提供了法律保证，对发掘完成之后的整理工作提出的要求是合适的，避免了资料被长期搁置或被人垄断的情况。但是从执行情况看，要求田野工作完成后一年内完成发掘报告这一项没有得到全面执行，主要原因是从事发掘的工作人员少，并且他们多一直忙于接踵而至的田野考古任务而无暇撰写报告。

（2）古迹、珍贵文物、图片及稀有古生物保护

《古迹、珍贵文物、图书及稀有古生物保护暂行办法》是政务院 1950 年 5 月颁布的。1950 年 7 月 6 日，轻工部发出通知，要求：

我部所属单位现在进行基本建设，在勘测厂址或建筑施工中如发现有历史价值的建筑物及地下文物，自应随时与中央

---

① 《中央人民政府政务院颁布有关文物法令》，《文物参考资料》1950 年第 6 期。

文化部社会文化事业管理局联系注意保护,并即报部备查。①

同年7月7日,政务院又颁布《关于保护古文物建筑的指示》等文物保护法规。

(3) 地方文物名胜古迹的保护

《关于地方文物名胜古迹的保护管理办法》是1951年中央人民政府内务部和文化部联合颁布的,要求:

> 在文物古迹较多的省、市设立文物管理委员会,直属该省、市人民政府。文物管理委员会以调查、保护并管理该地区的古建筑、古文化遗址、革命遗迹为主要任务。由该省、市文教机构和民政机构会同组织之,以该二机构的负责人为当然委员,并得延聘当地专家为委员或顾问。委员会的经费,由地方人民政府担负。

同时颁布《地方文物管理委员会暂行组织通则》,明确要求:

> 凡发现有破坏、盗掘,或有其他危险情形时,应立即会同有关部门作紧急的措施。有修理或发掘的必要时,应报告地方的主管机关,听候其指示办理;地方主管机关应依据中央人民政府政务院颁发的《古文化遗址及墓葬之调查发掘办法》及《为保护古文物建筑办法的指示》加以处理。

(4) 文物保护管理

《文物保护管理暂行条例》于1960年11月17日在国务院获得通过。它规定对工程设计涉及文物保护单位的处理办法、配合基本建设的考古和为解决学术问题而进行的考古发掘报批手续,规定"凡因建设工程关系而进行的文物勘探、发掘、拆除、迁移等工作,应当纳入建

---

① 《中央人民政府轻工业部通知》,《文物参考资料》1953年第4期。

设工程计划,所需的经费和劳动力,由建设部门分别列入预算和劳动计划"。

国务院于1961年3月4日发布《关于发布文物保护管理暂行条例的通知》,将上述条例发给各省、自治区、直辖市人民委员会,各部、各委员会,国务院各办公室、各直属机构,中国科学院,要求遵照执行。

(5)古遗址、古墓葬调查、发掘

《古遗址、古墓葬调查、发掘暂行管理办法》是根据《文物保护管理暂行条例》的规定制定的,1964年9月经国务院批准、文化部颁布,这是对历年来颁布的考古调查发掘办法的归纳,把发掘分为解决学术问题和配合基本建设工程的考古发掘,规定了考古发掘必须履行的报批手续和申请书的具体内容。该办法规定,中国科学院和地方考古研究机构的考古调查、发掘年度计划要与同级管理部门协商后报批,始可执行,规定了出土文物的处理办法等,把考古调查和发掘的工作置于法令监督之下。①

2. 地方法规

在中央政府颁布有关文物考古方面的法规前后,地方政府也积极制定相关法规、文件。浙江省是最早颁布法规文件的,其他省市如山东省、山西省、武汉市等也颁布过相关法规和文件。

(1)浙江省人民政府令

1950年5月20日,浙江省发布《浙江省人民政府命令》,"为保护我民族文化遗产,特颁发《关于保护历代文物的决定》,仰各遵照"。决定规定:"凡历史文物保藏较多之县(市)可聘请当地热心历代文物或具有研究之人士,共同组织文物管理委员会负调查、保护、整理、管理之责。"从组织上保证了文物保护工作的开展,规定"各地因图书古物

---

① 黄景略:《王冶秋与考古工作》,载《回忆王冶秋》,文物出版社,1995。

上缴所开支之装运保管等费用经省人民政府批准,准予报销"。[①] 这个命令保证了文物保护工作得以落实。

(2) 建立各级古物管理机构并加强古代文物征集

1950 年 12 月 16 日,山东省人民政府颁布了《关于建立各级古物管理机构并加强古代文物征集管理工作的指示》[②],它规定:

> 新区及未分配过土地的恢复区的专署和所属各县,应立即建立专署及各县府的古代文物管理委员会,并在土改中对发现之文物,做及时的征集,以防流散对名胜古迹做有计划的保护,以防损坏。老地区各专署及各县已设有古代文物管理委员会者,应健全其组织,未成立的应立即筹设。曲阜、泰安、邹县等地区原有之古管会,即改为古管会分会,在业务上由省古管会直接领导,在行政上受当地政府的领导。各专署及县府征集所得之古代文物,应妥为保管,其已成立文化馆和图书馆者,得在文化馆内设置古代文物室,将该地区所征集的古物陈列保管。

(3) 保护文物

1953 年,山西省人民政府发布《对工地发掘出土的古文物,应切实保护,防止破坏的指示》(晋文物字第四二号,1953 年 3 月 9 日)。其主要内容为:

> 古代文物是具有历史价值或艺术价值,也都是过去劳动人民的智慧创造,是祖国的宝贵遗产。1953 年大规模经济建设已开始,根据历代人类活动实况,估计全省基本建设,各工地必会有珍贵的文物发现。凡我各级人民政府,各基本建设

①《保护民族文化遗产　浙江省府已颁发命令及决定》,《文物参考资料》1950 年第 5 期。
②《山东省人民政府关于建立各级古物管理机构并加强古代文物征集管理工作的指示》,《文物参考资料》1951 年第 2 期。

单位,各建筑公司,各工程队,均应体会中央对文物政策的总精神,广泛地教育干部,教育群众,教育工人,特别注意工地各种文物的发现和保护。(一)各市、专、县文物管理机构,在省文物管理委员会统一指导之下,收集出土文物工作,应即加强具体指导。(二)各级政府文教部门应派人在各该地区内,与工地负责同志、工人同志切实取得联系,委托随时收集出土文物。(三)工地所发现古文物,应为国有,各建筑部门应即告知当地政府或文物管理委员会处理,不得任意进行发掘。(四)各工地对发现保护古文物有功者,予以表扬或褒奖。隐秘、破坏或任意弃置,致使损坏者,予以适当处分。希照上述指示精神,广为宣传。兹再制定标语六条,随文附发,希选择工地冲要处所张贴。①

(4)保护地下古物

武汉市人民政府发布了《关于保护地下古物》的公告,其中这样规定:

　　本市近郊,近来发现有掘出地下埋藏物任意处理情形,造成人民财产之损失。兹特规定:凡因浚河筑路修堤及进行其他建筑工程发现地下物时应悉数交政府处理,由政府酌提百分之十至二十奖金。如被发掘之埋藏物为古文化之遗址或古墓或古物时,应该按照《古文化遗址及古墓葬之调查发掘暂行办法》的有关条款处理,发现珍贵遗物由政府酌情发奖金,任何人不得擅自处理。②

---

① 《山西省人民政府对工地发掘出土的古文物,应切实保护,防止破坏的指示》,《文物参考资料》1953年第4期。
② 《关于保护地下古物》,《文物参考资料》1950年第12期。

二、中央管理与研究机构

1. 管理机构

1949 年 11 月文化部正式成立,原华北高等教育委员会第五处改为文化部下属的文物事业管理局,郑振铎任局长,负责指导管理全国的考古以及博物馆、图书馆事业。1951 年 10 月,文物事业管理局与科学普及局合并,更名为社会文化事业管理局,主管文物考古和博物馆、图书馆、电化教育工作,同年 12 月郑振铎任局长,王冶秋、王书庄任副局长。1955 年 1 月,恢复文物事业管理局。1958 年,文物事业管理局机关精减,编制减少,大量专业人员下放。1960 年,文物事业管理局逐步增加编制,所属单位陆续收回。1965 年 8 月,文化部决定将图书事业归并到文物事业管理局,文物事业管理局更名为图博文物事业管理局。"文革"开始后,干部全部下放到湖北咸宁干校,机关停止工作。

2. 研究机构

(1) 考古研究所

1950 年 8 月,中国科学院设立考古研究所,它是在北平研究院史学研究所和史语所一部分的基础上组建而成的,郑振铎任所长,梁思永任副所长,具体领导考古研究所的业务工作。当时在浙江大学人类学研究所任教的夏鼐在数次推辞不果后,赴京任该所副所长。1958 年,郑振铎因飞机失事逝世,所长由中国科学院历史研究所所长尹达兼任。尹达的主要精力放在历史研究所,考古研究所的主要工作由夏鼐负责。1959 年,中国科学院哲学社会科学部设立后,考古研究所改属哲学社会科学部领导。1962 年,夏鼐任考古研究所所长。

考古研究所成立当初只有来自中央研究院和北平研究院的梁思永、郭宝钧、夏鼐和苏秉琦等 6 个人和新来的 4 个年轻人。20 世纪 50

年代初,解剖学专家颜誾应邀到考古研究所创建体质人类研究组。①
1954年,考古研究所在河南省洛阳建立工作站,开始发掘东周王城、汉
魏洛阳城和隋唐洛阳城。同年,在陕西省西安市设立研究室,开始发
掘西周的丰镐、西汉的长安城和隋唐的长安城遗址。1958年,在河南
省安阳市设立了工作站,为以后在二里头遗址从事考古调查发掘工作
提供了方便。

　　考古研究所组建后,在全国大部分省区开展了大规模田野考古发
掘,先后组织了裴李岗遗址、半坡遗址、庙底沟遗址、二里头遗址、丰镐
遗址等地的发掘。发掘收获颇丰,引起国内外学术界的高度重视。考
古研究所除承担发掘研究工作之外,还编辑发行了专业学术期刊《考
古通讯》等,并出版了数十种考古学专刊。

　　考古研究所还负责指导和辅导全国考古工作。为了有计划、有组
织地配合基本建设的考古发掘和研究工作,当时决定把全国各省区文
物考古队分期分批向考古研究所过渡,以陕西的文物清理队移交考古
研究所作为试点,1955年底至1966年初在西安移交,转到考古研究所
30多人,这些人组建了西安考古第一队,负责基本建设工地的清理发
掘工作。后来,中国科学院发现陕西转来的同志90%是临时工,要重
新增加编制,负担太大,此事就此告停。②

　　(2) 古脊椎动物与古人类研究所

　　1949年,原农商部地质调查所新生代研究室归中国地质工作计划
指导委员会地质勘探局领导,1952年改属中国科学院领导,在此基础
上成立了古生物研究所新生代与脊椎动物化石研究室。该研究室于
1953年4月改组为古脊椎动物研究所,直属中国科学院领导,1959年

①　石兴邦:《尽瘁于新中国考古事业的忠诚战士》,载《中国考古学研究论集——纪念夏鼐先
　　生考古五十年周年》,三秦出版社,1987。

②　石兴邦:《难忘的怀念和追思》,《考古与文物》1988年第2期。

起改为古脊椎动物与古人类研究所,第一任所长是著名古生物学家杨钟健。

中国科学院古脊椎动物与古人类研究所和考古研究所分工合作,承担了全国旧石器时代考古发掘和研究工作,从建所至今,它一直指导和带动有关省区古人类化石和旧石器时代遗址的发掘与研究工作。

(3) 中国历史博物馆

该馆前身是 1912 年在清代国子监旧址设立的历史博物馆筹备处,1921—1933 年先后用名为北平历史博物馆、国立历史博物馆、中央研究院历史博物馆。1949 年后改称北京历史博物馆,1959 年新馆落成,定名为中国历史博物馆,直属文化部文物事业管理局。[①]

20 世纪 50 年代中期之前,该馆陈列部、保管部和群工部有关人员被抽调到河北、山西参加发掘和勘探。1956 年馆内设立了考古部,文物事业管理局文物处处长陈滋德兼任考古部主任。1959 年被撤销,1960 年后重新设立考古部,协助文物事业管理局进行重点遗址的调查和文物保护工作,协助各省文物部门培训文物干部。1966 年后,考古工作陷于停顿。

(4) 千佛洞及敦煌文物研究所

该所前身是国民政府教育部于 1944 年设立敦煌艺术研究所。新中国成立后,由西北军政委员会和文化部文物事业管理局双重领导,1950 年改名为敦煌文物研究所,下设保护、美术、考古、资料、办公室等组室,确立了"保护、研究、弘扬"的六字方针,实施了石窟大规模的维修保护,常书鸿继任所长。[②] 1951 年拟由文化部文物事业管理局直接领导。

---

① 王晓田:《中国历史博物馆》,载《中国考古学年鉴 1984》,文物出版社,1984。

②《千佛洞及敦煌文物研究所》,《文物参考资料》1950 年第 7 期。

（5）文物出版社

文物出版社不是研究机构，是服务于研究的出版机构。该社成立于1956年，是我国出版文物考古书刊的专业出版社，主要出版我国博物馆藏品和重点文物保护单位的图录，重要的考古发掘报告和考古研究论著，古代绘画、法书、碑帖和珍本书籍的彩印复制品，文物考古教材，以及有关的工具书和参考书。

三、中央指导工作

文化部和中国科学院主要通过召开全国考古工作会议等形式指导各地的考古工作，使得各地的考古工作不断走上正轨，并取得了比较显著的成果。

1. 全国考古工作会议

（1）第一次全国考古工作会议

1956年2月，全国考古工作会议在北京召开。北京和21个省市的考古工作者、文物工作者、历史研究人员和大学考古学教师共180人参加了会议。会上，中国科学院院长郭沫若和文化部副部长郑振铎做了报告。①

郭沫若在报告中首先概括了考古工作的成果，同时指出考古工作中存在的问题：

> 我们所发现的遗迹是有惊人的数量的，然而我们的整理研究工作却做得很少，甚至有好些发掘工作，我们连初步的工作报告都还没有提供出来。……不可否认，我们的考古工作人员在学术研究上是落后的。大批的考古工作人员距离"专家"的称号还很远。②

---

① 华平：《考古工作会议纪要》，《文物参考资料》1956年第3期。

② 郭沫若：《交流经验，提高考古工作的水平》，《考古通讯》1956年2期。

郑振铎在会上对今后的工作提出要求：

（一）纯洁我们的队伍，加强自我改造，彻底地批判存在于考古工作中的资产阶级思想。（二）加强学术研究工作，为在 12 年内赶上世界考古学水平的目标而努力。大量培养新生力量……学习苏联和兄弟国家的先进经验，学习世界上最新的科学。（三）做好配合国家社会主义工、农业建设的文物清理工作。（四）密切联系群众，运用群众的力量，做好考古工作。（五）做好少数民族地区的考古工作，培养少数民族的考古工作干部。[①]

北京大学历史系主任翦伯赞在会上做了题为《关于培养考古干部的工作问题》的报告；中国科学院古脊椎动物研究所主任杨钟健做了题为《考古工作与人骨兽骨等遗存的问题》的报告；中央民族学院副院长费孝通做了题为《关于考古学同民族学关系问题》的报告；中国科学院哲学社会科学部秘书刘大年对怎样做考古科学的 12 年规划提供了初步建议。

与会代表向大会提交考古发掘专题报告 26 篇，其中 19 篇报告刊登在 1957 年《考古学报》第 1 期上，这些报告涉及细石器、新石器时代、商代、西周、战国、汉和六朝等时期的考古发现与发掘。会上，代表们交流工作经验，对今后的任务和努力方向有了明确认识。

会议最后号召大家"必须加紧学习，学习苏联和兄弟国家的先进经验，学习世界上最新的科学。我们必须在这 12 年内赶上世界水平"[②]。

从主管考古工作的几位领导在大会上的发言看，他们对当时的考古工作状况有着清醒的认识，指出阻碍考古事业发展的主要问题，并

---

① 郑振铎：《考古事业的成就和今后努力的方向——考古工作会议上的报告》，《文物参考资料》1956 年第 3 期。

② 郑振铎：《考古事业的成就和今后努力的方向》，《考古通讯》1956 年第 2 期。

提出了解决这些问题的办法。

(2)新中国十年考古座谈会

编写"十年考古"座谈会也被认为是一次重要的全国文物工作会议。① 中国科学院考古研究所受命组织编写反映十年来新中国考古学成就的书籍,为此考古研究所与文物部文物事业管理局于1959年1月在京召开了编写"十年考古"座谈会,请了一部分地方的文物考古机构派人参加,共同商讨,集思广益,充分发挥共同合作的精神。考古研究所副所长夏鼐、牛兆勋和文物事业管理局文物处处长陈滋德分别主持座谈会。山东、山西、甘肃、陕西、四川、广东、湖北、湖南、河南、河北、北京、洛阳、江苏,以及北京大学、西北大学的代表和文化部文物事业管理局、考古研究所的部分工作人员参加了会议。考古研究所副所长尹达就如何编写"十年考古"做了发言。他说,应该总结一下十年来考古是怎样发展起来的,它给祖国历史提供了多少物质资料,提出了哪些新的问题,又解决了哪些问题,今后的发展前途如何,也有必要向我国人民介绍十年来的工作。各省市的代表报告了各地区十年来的考古文物工作成就和新发现。会上座谈了初步拟出的"十年考古"编写提纲等问题。与会人员表示应该组织起来,就大家最关心的如何建立马克思主义的中国考古学体系提出,大家动手,向着建立马克思主义的中国考古学体系这个方向努力。会上谈到要重点保护,要重点发掘,做好文物考古工作。各省市同志倡议成立中国考古学会。②

一些地方文物管理部门积极配合,比如山西文物管理委员会郭勇就系统地介绍了山西十年来考古与文物工作和取得的成绩。③

---

① 常怀颖:《第一次全国"考古工作会议"补述——中国考古学发展规划研究之四》,《江汉考古》2021年第6期。

② 考古研究所编辑室:《编写新中国十年考古座谈会在京召开》,《考古》1959年第2期。

③ 郭勇:《山西十年来考古与文物工作的概况》,《考古》1959年第2期。

2. 文物普查

1956 年 4 月,国务院发出《关于在农业生产建设中保护文物的通知》,要求地方各级人民委员会在不影响生产建设,又使文物得到保护的原则下,采取紧急措施,大力宣传,在农业生产建设中开展群众性的文物保护工作。通知强调指出,必须在全国范围内对历史和革命文物遗迹举行普遍调查工作。[①] 这就是第一次全国文物普查。

（1）组织协调

山西省随即组织队伍开展文物普查试验工作,山西文物普查试验工作队由山西省文物管理委员会、博物馆及文化部文物事业管理局,广东、河北、福建、浙江、湖北、陕西、江苏、山东、江西等九省各派文物工作干部参加,工作队于 4 月初到曲沃和长治两地区进行工作。[②]

为配合文物普查工作,《文物参考资料》发表了文章,对文物普查的必要性、内容、方法等做了介绍,提出调查结束后要整理资料、鉴别各类文物的价值、编制目录,指出上了目录的文物古迹单位即为国家的财产,经过批准保护的文物古迹单位即成为神圣不可侵犯的全民财产。[③]

（2）文物普查成果

1952 年,山西文交所下成立文物工作组,对全省文物进行初步调查。1953 年山西省文物管理委员会正式成立后,配合基本建设工程清理出土文物和调查工作就此展开。1956 年派人学习中央在山西的文物普查试点工作,1958 年国庆前完成全省范围的文物大普查。在普查中登记文物月 23 万件(处),结果重点复查,做了登记、照相、拓片、记录后建立正式档案的有 4153 件(处)。其中包括:革命文物 236 件(处)、古文物遗址 420 处、古墓葬 513 处、古代建筑 1043 处、石刻 1181

---

① 《国务院通知各地注意在农业生产建设中保护文物》,《文物参考资料》1956 年第 5 期。

② 顾容:《山西省进行文物普查试验工作》,《文物参考资料》1956 年第 5 期。

③ 罗容:《谈文物古迹的普查工作》,《文物参考资料》1956 年第 5 期。

处、其他 760 处。①

山东省文物普查发现遗址 1008 处、古墓 4805 座、古建 867 处、石刻 5658 处、收集文物 23687 件。②

1960 年 9 月,吉林省文化局召开了全省文物普查工作总结会。同时,吉林省文物管理委员会和吉林省博物馆联合举办了吉林省第一届文物和考古科学讨论会及文物普查汇报展览会。通过普查初步建立了"四有"——有范围、有档案、有标志、有人管理的制度。建立文物档案 951 份,树立文物保护碑 655 个,组织群众性的文物保护小组 484 个,聘请文物通讯员 557 名。③

(3) 存在问题

文物普查工作取得很大成绩,但是在具体工作方面还存在两个主要问题。一是主管部门工作不够积极主动,以至于应该保护的文物单位未能及早公布、列为国家保护的历史文化遗产。结果导致基本建设单位在重要文化遗址上设计建厂,甚至建成后才发觉,基本建设单位被迫停止生产、搬家。比如西安丰镐遗址,1954 年在上面建成一个砖瓦厂,后来只好停止生产,损失达 100 万元。④ 二是文物普查工作有待完善。当时要摸清所有重要遗址地下堆积分布情况是很难的,勘探工作滞后反映了考古专业人员奇缺的实际情况。

3. 两利两重方针

(1) 问题暴露

有些地方文物管理委员会不能够切实执行中央有关古物保护的

---

① 郭勇:《山西十年来考古与文物工作的概况》,《考古》1959 年第 2 期。

② 启益:《考古工作座谈会在京召开》,《文物》1959 年第 3 期。

③ 吉林省文物管理委员会:《吉林省文化局召开文物普查工作总结会议》,《文物》1960 年第 8、9 期。

④ 王冶秋:《反浪费,反保守,思想大跃进,工作大跃进》,载《王冶秋文博文集》,文物出版社, 1997。

政策,有的地方还有严重的抢古物的地方保护主义思想。1951 年 10 月～1953 年 2 月,中国科学院考古研究所湖南省调查发掘团在长沙郊区发掘古墓 162 座,出土文物有陶器、铜器、木器、漆器、玉石器等。湖南省文物管理委员会为把这批古物保存在湖南,写信给中国科学院,责备他们包办长沙的古物发掘,未经文物部批准,擅自组织土夫子发掘古墓 200 余座,由于土夫子未采用科学发掘方法,使大批历史文物未能完整地发掘出来,损伤了大批古物,破坏了地层,给以后的发掘工作造成很大困难。① 江西省在 1950 年至 1951 年在修路、堤坝等工程中,南昌专署擅自批准群众将私自挖掘古墓所得文物任意出卖,导致挖墓成风。

　　这些破坏行为被媒体曝光,《长江日报》在短评中批评湖南省文物管理委员会"无组织无纪律""存在狭隘的地方主义""不学习文物的管理业务";同时批评南昌"当地政府忽视文物的管理工作""对文物管理工作的无知",呼吁"当地负责人查明责任,作出检讨"。江西省人民政府文教厅后来调查此事并做了检讨,在省内通报此事。②

　　(2) 解决方案

　　1951 年 6 月 16 日,《光明日报》发表了署名文章,为配合保护古迹文物出谋划策。文章指出:"华北地下考古蕴藏的丰富,是将来考古工作的大希望,目前虽因经济建设是第一要务,谈不上进一步的研究。但是在经济建设时期,正因为不能全力从事进一步的考古发掘,保护文物古迹的任务才更重要。"提出"保护地下古物,考古调查,怎样和经济建设配合联系是必要计划一下的。希望建设北京这个人民的首都时,北京像苏联莫斯科修筑地铁那样组织力量进行考古发掘,取得像

---

①《长沙和南昌市郊区大批历史文物出土 发掘和保管工作中有严重缺点》,原载《长江日报》1952 年 8 月 16 日,转引自《文物参考资料》1952 年第 2 期。

②《江西省人民政府文教厅发表通报》,《文物参考资料》1953 年第 1 期。

苏联考古学那般辉煌的成绩。"①

　　当时主管考古工作的郑振铎提出,解决基本建设部门和文化部门之间的矛盾应该借鉴苏联的做法。在苏联,基本建设部分的预算里就包括5%~10%的考古发掘费在内,而且基本建设部门没有得到文化部证明"厂基下没有"文物或者虽有文物但已由考古发掘队清理完竣的文件,是得不到财政部拨款的。我国虽然还没有明文规定,但这种精神是应该学习的。② 郑振铎提出了解决这个问题的具体办法。

　　第一,主持考古发掘事业的专门机构,必须在事先了解重要基本建设工程的计划地区与工程面积的大小宽广。基本建设部门如果选错了地区,或在无意中选择了重要的古墓葬、古文化遗址或地上有重要建筑物、纪念物的地区,那么,应该尊重文化部门的意见,考虑避免损坏古文物的办法或另选地点。

　　第二,选定了的地点,虽然不在显著的有重要古文物集中的地区,但为了慎重起见,基本建设部门和文化部门,也应该保持密切联系,共同做了勘测、钻探之后,才可以放心大胆地去兴工动土。

　　第三,新的发现,经过了勘测、钻探之后,证明它是十分重要的,或者地区广大的,或古墓众多,或性质重要,就必须呈报中央,由中国科学院考古研究所或由中央文化部组织专家去发掘。

　　第四,已在进行中的基本建设工程,事前未做或未做好勘测、钻探工作的,基本建设工程人员如发现地下有古墓或古文化遗址,应当立即通知地方文化部门,组织人力去做清理工作。

　　1953年秋,文化部社会文化事业管理局王冶秋副局长和裴文中处长到郑州视察考古工作时发现,该市基本建设单位多、考古发掘任务

---

① 王逊:《保护古迹文物工作与经济建设联系起来　　文物局局长谈话读后感想》,转引自《文物参考资料》1951年第6期。

② 郑振铎:《基本建设与古文物保护工作》,《文物参考资料》,1953年第12期。

很多,如果发掘经费全由文物部门承担确实有困难。他们与郑州市人民政府王均智市长共同研究后决定,在郑州市范围内配合基本建设的考古发掘中,工人工资由基本建设单位承担。这个做法后来被采纳作为规定,《国务院关于发布文物保护暂行条例的通知》第九条规定"凡因建设工程关系而进行的勘探、发掘、拆除、迁移等工作应当纳入工程计划所需经费和劳动力,由基本建设部门分别列入到预算和劳动计划"。

文化部文物事业管理局领导和地方政府领导协商考古工作时,提出配合基本建设考古发掘对基本建设单位有利,可以消除基本建设工程下的隐患,基本建设中发现遗址、遗物,也推进了文物部门的工作。这个看法后来被归纳为"两利"方针。文物事业管理局领导针对郑州市基本建设工程大面积展开,需要配合的考古发掘任务大增而文物部门能够投入的人力和物力严重不足的情况,决定对于有重大价值暂可不发掘的部分商代遗址,报请市政府批准,划出保护区进行重点保护;对于基本建设范围内已钻探出的遗址与墓葬,可先对将要被压在建筑物下面的部分进行重点发掘,其他部分进行保护。这个做法后来被归纳为"重点保护、重点发掘"即"两重"方针。

1956 年 4 月,国务院发出《关于在农业生产建设中保护文物的通知》,通知重申了"两利两重"方针。1958 年 3 月,王冶秋在全国文物博物馆工作会议上明确指出,文物保护坚决贯彻配合国家经济建设,重点保护、重点发掘,既对国家建设有利、又对文物保护有利的"两利"方针。1961 年,国务院颁布的《文物保护管理暂行条例》把"两重两利"方针正式确定下来。这一方针为理顺经济建设与文物保护的关系,为在基本建设重取得考古发掘成果并保护好文物发挥了巨大作用。[①]

---

① 王可:《王冶秋传》,文物出版社,2007,第 195—196 页。

4. 存在问题

(1) 考古工作

1958 年 8 月和 9 月,文化部文化事业管理局分别在河南郑州和合肥召开了部分省、市、自治区文物、博物馆跃进现场会。根据一些单位的经验,会议提出"一般遗址、墓葬发掘清理的批准权,都下放到县社""墓葬遗址找典型,贯串排队总归纳,绘图找重点,照相有计划""无用小陶片,工地就放弃"等做法。有些地方推广这些做法后,造成一些损失,不久便被摒弃。①

(2) 发掘报告

这个时期,一些考古发掘队伍不重视考古资料的整理和发表,有些单位发表的发掘报告过于简略,一些报告在简单地介绍了遗址位置、发掘时间和地层堆积后,不完整报道出土资料,只概述"出土了○件遗物,其中石器○件,陶器○件"等,然后抽取数件器物,结果"考古报告太简化,简化到史学家不能使用的程度"。② 还有一种情况是把发掘简报当作正式报告,本来简报是在大规模发掘工作结束后、正式报告发表前摘要介绍发掘成果的,但是很多地方只撰写信息含量较低的简报,结果令人无法开展相关课题的深入研究。

20 世纪 60 年代发掘郑州二里岗遗址时,有不少人不知道考古地层学,不知道如何划分地层。发掘工作主要依靠尹焕章和他从安阳带来的多少有些经验的工人。③受过正规田野考古训练的专业人员不足的情况一目了然。为此,中国科学院不仅举办考古工作人员训练班,而且将考古研究所专家在训练班上的讲稿摘要发表,普及田野考古知

---

① 黄景略:《王冶秋与考古工作》,载《回忆王冶秋》,文物出版社,1995。

② 欧潭生:《尹达同志谈考古学研究》,《中原文物》1982 年第 3 期。

③ 周昆叔:《邹衡先生深情怀念郑州考古》,《中国文物报》2006 年 4 月 26 日第 3 版。

识和方法。①

　　夏鼐把在训练班上的讲稿分八个部分,第一部分"考古学的语源";第二部分"考古学的定义";第三部分"考古学的正确观点与方法";第四部分"田野考古";第五部分"中国考古的过去与将来";第六部分"欧洲(包括苏联)田野发掘的经过,可以供给我们的参考";第七部分"中国考古学的目前工作";第八部分"结语"。他在结语中指出:"发掘工作便是破坏工作,……除非遇到必要时,不要轻易发掘,宁可多做调查。……这些东西都是我们祖先的文化遗产,我们要对人民负责的。"

其他几位教员在训练班的讲稿后来也陆续刊登在《文物参考资料》上,一定程度上普及了田野考古知识和基本研究方法。

四、地方管理与研究机构

各省、自治区和直辖市按照中央政府的部署设立了文物管理委员会,一些省市在博物馆内设立了考古部或考古队,承担各地古遗址发掘和古墓葬清理等工作。

1. 地方管理机构

根据中央人民政府的指令,各省市纷纷成立主管文物考古工作的文物管理委员会。下面以河南省和湖南省为例,说明地方的文物管理委员会组织机构形式、工作内容等变迁过程。

(1) 河南省文物管理委员会

1950 年 8 月,河南省成立了省文物管理委员会,主任委员由河南省人民政府原副省长、河南大学副校长、著名教授嵇文甫担任,副主任委员由河南省博物馆原副馆长和河南省图书馆原馆长担任,委员由少

---

① 夏鼐:《田野考古序论》,《文物参考资料》1952 年第 4 期。

数专职人员和河南大学以及河南省人民政府文教厅、民政厅、公安厅、河南省供销合作社的厅长和主任等兼任。文物管理委员会成立后立即向各地、市、县印发了中央颁布的文物政策法令,加强对文物古迹的保护、管理,制止省内盗墓和破坏文物古迹事件的再发生;调查损坏比较严重的开封铁塔等名胜古迹,提出修葺和保护方案;派员会同故宫博物院唐兰教授到四川、重庆运回抗日战争时期存放在那里的河南省博物馆的文物;调查仰韶村的仰韶文化遗址和郑州商城遗址,以及革命纪念建筑物与遗址;草拟河南省重点文物保护单位名单;派人协助中国科学院考古研究所河南考古调查团调查河南荥阳秦王寨等遗址;配合河南治淮工程,会同河南省治淮指挥部政治部联合发出《关于配合治淮工程进行保护古迹古物的联合通知》。文物管理委员会成立了白沙水库和板桥水库两个文物工作组,分赴水库工地进行配合发掘与清理工作。[1]

(2) 湖南省文物委员会

1950 年 9 月 1 日,湖南省人民政府为保存省内有关历史艺术文化之古物古迹及有关革命史实之文献,筹备材料文物委员会。文物委员会 1950 年 11 月 1 日正式成立,设有常委 11 人,组织常务委员会成立一切事务。下设总务、保管、审查三组,组长分别有常委兼任。另有工作干部 4 人。

文物委员会成立后立即开展工作。1951 年 11 月 1 日发出《湖南省人民政府文物委员会通告——进行土改应结合保护文物政策》,通告主要内容有五个部分。

第一部分,指出文物古迹,为我民族文化遗产,具有历史、学术、艺术价值,中央政府多次指示注意保护管理。土改期间文物古迹容易散伏或损毁,应该防止。第二部分,回顾第一、二次土改中因为工作不到

位,导致有些地区的文物古迹被损毁,这次土改要避免这种情况。第三部分,列举了推行保护文物古迹政策时遇到的七种问题,归结起来就是地方工作人员不重视,有的把文物当作封建产物而不加爱护,有的因为痛恨地主而把没收地主来的文物破坏或者私分。第四部分是针对上述情况提出的对策,打通干部思想,发动群众,自己爱护文物,落实"房屋田地可分,文物不可分"原则。第五部分是规范文物分类,主要分为历史文物、革命文物、兄弟民族文物三类,并提出四点注意事项,其中特别提到反革命的文物,有比照和暴露反动罪恶的价值也应该保存。[①]

文物委员会成立一年,已经举办了没收的美籍教员拟运回国的文物和该会收藏的其他文物展览,调查革命文物,派员到各地收集文物,协助南岳特别区政府在兴修古建时做好文物保护工作,阻止把盗墓得到的文物外运等。[②]

1956年4月湖南省人民委员会转发《〈国务院关于在农业生产建设中保护含文物的通知〉的函》,[③]1956年6月,根据该通知,发出《湖南省人民委员会关于公布省内名胜古迹和古文化遗址第一批名单加强文物保护工作的通知》,比较好地履行文物保护工作。[④] 1958年9月,发出《湖南省人民委员会关于深入开展群众性的文物保护工作及古墓葬发掘工作下放的通知》。[⑤] 这个通知中的"三、文物发掘工作,

---

① 《湖南省文物委员会成立》,《文物参考资料》1951年第12期。

② 《湖南省人民政府文物委员会工作概况》,《文物参考资料》1951年第6期。

③ 《湖南省人民委员会转发〈国务院关于在农业生产建设中保护文物的通知〉的函》,《湖南政报》1956年4月15日。

④ 《湖南省人民委员会关于公布省内名胜古迹和古文化遗址第一批名单加强文物保护工作的通知》,《湖南政报》1956年6月14日。

⑤ 《湖南省人民委员会关于深入开展群众性的文物保护工作及古墓葬发掘工作下放的通知》,《湖南政报》1958年7月15日。

先下放到文物较多,而又在进行修水库、建工厂、修铁路等基本建设工程较大的县市"给科学的考古发掘工作留下隐患。

其他一些省份也成立了类似机构,如新疆也在 1956 年成立了自治区文物管理委员会。

2. 地方研究机构

为了配合基本建设考古和文物保护等工作,各省市自治区成立了考古调查发掘机构,这里以河南省、陕西省和新疆为例,说明地方考古队伍的情况。

(1) 河南省考古机构

河南省地下文物丰富,考古调查和研究工作任务繁重。1952 年,河南省文化局设立了河南省文化局文物工作队,负责省内的革命文物与历史文物的调查、保护、修葺、发掘和整理研究工作。文物工作队下设田野工作组等部门。1953 年,为了密切配合郑州和洛阳两市基本建设工程进行文物调查、保护与发掘工作,成立了由河南省文化局文物工作队和两市文教局双重领导下的郑州市文物工作组和洛阳市文物工作组,分别配合两市的基本建设工程进行文物考古调查、保护和发掘等工作。

1954 年春,郑州市文物工作组改为"河南省文化局文物工作队第一队"。1955 年秋,河南省文物工作队与河南省文化局文物工作队文物工作一队合并,由河南省文化局直接领导。1955 年 1 月,洛阳市文物工作组改为河南省文化局文物工作队文物工作二队,由河南省文化局直接领导。1958 年春,根据河南省文化局指示,河南省文物工作一队和二队合并为河南省文物工作队,下设调查保护组、古代建筑组、田野第一组、田野第二组等部门。

(2) 陕西省考古机构

陕西省地下文物极为丰富。为了配合基本建设工程的考古发掘工作,陕西省于 1950 年成立了西北工程地区文物清理队。1955 年,文化部文物事业管理局决定将全国考古工作移交给中国科学院考古研究所负责。作为试点,1958 年初,西北工程地区文物清理队的田野考古人员及工作转交该所于 1956 年成立的西安研究室,陕西考古工作就由中国科学院考古研究所负责。

　　1958 年,中国科学院陕西分院成立的同时,也成立了陕西省考古研究所,负责陕西地区重大历史考古课题的研究。它归属中国科学院陕西分院,附设在西北大学历史系。陕西省考古研究所的建设得到中国科学院考古研究所的大力支持,陕西省考古研究所陕西一队人员(即并入西安研究室的原西北工程地区文物清理队的人员)调到陕西省考古研究所,并将西安研究室办公大楼和宿舍借拨一半给省考古研究所使用。借压缩机构和精简的机会,从中国科学院考古研究所调来的十几位大专文化程度的研究人员加强力量,同时在西安收了数十名中专文化程度的业务辅助人员,建立了人员结构合理的考古队伍。他们先后在岐山贺家、凤翔雍城和咸阳渭城建立了三个工作站,接着又成立了石器、商周、秦汉和隋唐四个研究组,对周原、雍城和咸阳遗址做了勘探和发掘,又组成渭水、泾水、汉水和陕北地区几个考古队,对全省文物做普查。由于 1963 年下半年开始"社教",工作在半停顿状态,机构精简后,陕西省社会科学院改称陕西省哲学社会科学研究所,对内是一个研究室,对外仍称陕西省考古研究所,人员仅剩 40 多人。①

　　(3) 新疆考古机构

　　1953 年,西北行政委员会文化局和新疆省人民政府文化事业管理局共同组成新疆省文物调查工作组,展开文物普查。②

　　1957 年,新疆维吾尔自治区文物工作组再次开展文物普查。两次文物普查取得不少成果,先后发表部分调查资料,如《新疆伊犁地区的

---

① 《开拓奋斗的三十年》,《考古与文物》1988 年第 5、6 期。

② 《新疆省文物调查工作组赴伊犁等地调查文物古迹》,《文物参考资料》1953 年第 8 期。

文物调查》①、《新疆文物调查组由南疆返回乌鲁木齐　拜城清理了七十个千佛洞洞窟》②、《介绍新疆文物调查组发现的几种文物古迹》③、《新疆天山南路的文物调查》④、《自治区文物工作组在南疆采集大批文物资料》⑤等,为了解新疆的文物资源奠定了基础。

1957 年,中国科学院考古研究所组成新疆考古队,到新疆后,自治区文化厅和中国科学院新疆分院派了 6 位干部参加工作。这次调查工作从 1957 年 9 月开始到 1958 年 8 月结束,共调查了 5 个专区、2 个自治州、24 个县、2 个市。前后共调查了古城、遗址和寺庙约 127 处(其中包括 58 座古城)。

3. 考古工作队

有关部门为了配合黄河、淮河和长江等大型水利基本建设和治理工程,临时组织了考古工作队参加抢救性发掘,工程结束后工作队解散各自原单位工作。这里举三个例子予以说明。

(1) 华东文物工作队

1950 年在治淮工程动工时,华东军政委员会文化部成立了文物小组,驻皖北进行保护文物工作。1951 年冬,正式成立了文物工作队,在皖北、苏北地区的治淮工地上清理座墓葬,收集文物。1952 年底,各地的基本建设有了大致的规划,华东军政委员会文化部决定将保护文物的组织扩大,于 1953 年合并治淮文物工作队组建了华东文物工作队,在皖北、苏北的治淮工程,山东的筑路工程,杭州、南京、宜兴、合肥、巢县等地的建筑工程,开展考古工作,清理在农村发

①《文物参考资料》1953 年第 8 期。

②《文物参考资料》1954 年第 2 期。

③《文物参考资料》1954 年第 3 期。

④《文物参考资料》1954 年第 10 期。

⑤《新疆日报》1957 年 2 月 3 日。

现的古遗址、古墓葬。① 他们还奉命派人到郑州协助发掘商代遗址。

1953 年,华东文物工作队还印制了《保护文物工作手册》,内容有:

> (一)中央人民政府政务院颁布有关文物法令。(二)荆
> 江分洪过程中保护文物古迹工作。(三)荆江分洪总指挥部
> 关于保护文物古迹的指示。(四)荆江分洪工作中保护文物
> 古迹工作大纲。(五)荆江分洪委员会文物管理委员会暨荆
> 江分洪总指挥部文物管理处工作计划。

(2)黄河水库考古工作队

1955 年,国务院为了治理黄河,决定修建三门峡水库。三门峡水库区是从陕县上溯到潼关以北临猗和郃阳的黄河两岸,潼关以西临潼以下的渭河两岸和大荔以下的北洛河两岸,包括河南、山西、陕西相邻接的地区。为将来在水库工程开工时能够做好对该地区丰富的地下文物的发掘或清理,文化部和中国科学院联合组成黄河水库考古工作队,队长由考古研究所副所长夏鼐兼任。

1955 年第一次调查工作队队员有 40 余人,分编成 10 组赴三门峡水库区进行考古调查工作。② 第一阶段的普查从 1955 年 10 月 21 日开始,12 月 28 日结束。第二阶段的复查从 1956 年 3 月 24 日开始,4 月 22 日结束,参加这次工作的干部有 36 人。通过两次调查,发现了很多化石产地,古代居住遗址、古墓葬,古代纪念物包括古建、碑刻、题字等,发现的遗址有新石器时代初期遗址、仰韶文化和龙山文化遗址,以及殷周汉唐宋遗址等。③

① 华东文物工作队:《四年来华东区的文物工作队及其重要的发现》,《文物参考资料》1954 年 8 期。
② 华平:《黄河水库考古工作队出发工作》,《考古通讯》1956 年第 1 期。
③ 黄河水库考古工作队:《黄河三门峡水库考古调查简报》,《考古通讯》1956 年第 5 期。

（3）长办文物考古队

为了配合长江水利建设，1958年文化部、中国科学院考古研究所、长江流域规划办公室联合组建了"长江流域规划办公室文物考古队"（即后来的"长江队"），具体负责库区范围的文物保护与考古试掘工作。

1959年12月21日至27日，长江流域规划办公室文物考古队在汉口召开了队长会议，与会代表通过讨论进一步明确了把水利、文化行政及学术研究部门拧成一股绳进行协作的作用和意义，明确了要在长江综合开发利用所涉及的范围内完成文物考古工作的任务。长江流域规划办公室文物考古队成立一年来，调查登记了革命遗址、遗迹2012处，古文化遗址232处，古墓葬1254座，古建筑33处，石刻266处，古生物化石产地5处，发掘了古文化遗址29处，古墓葬712座，出土文物14949件，收集文物10716件。省专县举办了训练班训练了专县以下干部4124人，调查发现了近100多处古文化遗址、古墓葬群。[1]限于财力和认识，当时只发掘了大约23处古遗址约8800平方米，15处古墓葬约200座，拆迁11处地面文物。长江流域规划办公室文物考古队直属队负责湖北境内地下文物的发掘，主要成果有考古发掘专著《青龙泉与大寺》《淅川下王岗》《淅川下寺春秋墓》《郧县人》等。库区所在各级地方政府及公安、文化等部门对日常的文物保护和管理做出了很大的贡献。

第二节　史前考古

这个时期除了恢复周口店遗址发掘是主动发掘外，其他多数发掘是配合大型基本建设工程的抢救性发掘，比如为了配合黄河水库组建

---

[1] 启益：《长江流域规划办公室文物考古队队长会议通讯》，《文物》1960年第3期。

了黄河水库考古工作队。还有少数发掘是因为盗掘活动及工农业等生产建设中偶然发现文物而进行的清理发掘。1949 年以前考古工作极为薄弱,积累的成果甚少,所以这个时期的清理发掘工作无论规模大小,都有较大的收获。

一、　旧石器考古

中国科学院古脊椎动物研究所在华北地区调查发现了一批旧石器遗址,例如元谋人、蓝田人、马坝人和丁村人化石,为研究我国人类起源和旧石器时代文化提供了基本材料。

1. 考古新发现

(1) 北京周口店发掘

在中央政府关怀下,1949 年初把抗战期间成立的中央地质调查所改名为北京地质调查所,9 月率先恢复周口店遗址的发掘,当年就发现了三颗北京人牙齿化石。以后发掘时断时续,其间除发现了一个老年女性下颚骨化石外,还发现了部分头骨片竟然能够与 1934 年发现的头骨片拼合为一个基本完整的头盖骨,它代表了迄今所知北京人化石中进步特征最多的个体。[1]

这个阶段发现的北京人化石数量和质量虽然不如以前丰富,但是因为那批资料下落不明,所以它们对研究北京人而言仍然弥足珍贵。

(2) 山西襄汾县丁村遗址群

1954 年在丁村发现 15 个旧石器地点,此后连续多年在此发掘,发现三棱大尖状器、小尖状器和石球等打制石器,以及哺乳动物化石和厚蚌壳等。这些遗存后来被称为丁村文化,是旧石器时代中期最有代表性的文化。此外还发现了三枚人牙化石,属于早期智人阶段,他们被命名为丁村人。根据伴生动物化石和古地磁等科学测定,其年代距

---

[1] 贾兰坡、黄慰文:《周口店发掘记》,天津科学技术出版社,1984,第 161 页。

今12万～10万年。它是新中国成立以来大规模发掘的第一个旧石器时代遗址。①

（3）广东曲江马坝人

1958年在石灰岩溶洞中发现的几块残破头骨被拼合成一个较完整的头盖骨，他是一个中年男性的头骨，属于早期智人，被命名为"马坝人"。其年代距今约13万年。马坝人的发现扩大了早期智人的分布范围，为研究直立人向早期智人转变提供了材料。在马坝遗址还发现了大量哺乳动物化石和两件打制石器。②

（4）陕西蓝田蓝田人

1963年在陈家窝更新世地层中发现了距今约65万年的直立人下颌骨化石，1964年在公王岭发现距今约100万年的直立人头骨化石。这两个头骨化石后来被合称为"蓝田人"。因为地质时代和人骨特征不同，有学者主张分别给陈家窝和公王岭直立人化石命名。在陈家窝遗址发现石核、石片、大尖状器、刮削器、砾石砍斫器和石球石制品。③

（5）云南省元谋元谋人

1965年偶然发现两枚人牙化石，属于同一个成年个体。在元谋人化石的地层中出土了三件石器，还发现三件脱层的刮削器。经过多次测定，其年代为距今约170万年。这是当时所发现的年代最早的人类化石，对研究中国人类起源有着重要意义。④

（6）山西芮城西侯度遗址

1960年发现石核、石片和刮削器、砍斫器、三棱大尖状器等石制

① 裴文中：《山西襄汾县丁村旧石器时代遗址发掘报告》，《中国科学院古脊椎动物研究所甲种专刊》（2），1958年。

② 吴汝康、彭如策：《广东韶关马坝发现的早期古人类型人类化石》，《古脊椎动物与古人类》1959年第4期。

③ 陕西省博物馆、陕西省文物管理委员会：《蓝田猿人》，陕西省人民出版社，1973。

④ 胡承志：《云南元谋发现的猿人牙齿化石》，《地质学报》1973年第1期；张森水：《中国旧石器时代文化》，天津科学技术出版社，1978，第91—93页。

品。发现的鹿角上有明显的人工切割或砍斫痕迹,一些大哺乳动物的肋骨、马牙、鹿角被烧过。据古地磁断代,西侯度文化的年代距今约180万年,是当时我国最早的旧石器,对研究我国旧石器文化起源有着重要意义。①

(7) 河南安阳小南海洞穴

1960年和1978年两次发掘该遗址,发现石核、石片、小型刮削器和尖状器、石锥、装饰品等。据放射性碳索断代,年代为距今22150～11000年。②

2. 专题研究

随着周口店遗址发掘出土资料的积累,学者们展开了深入研究,就北京人有无骨器和北京人是否进步展开了长期的学术争论。

(1) 北京人有无骨器

这是1949年以后中国旧石器研究史上第一次学术大争论。争论缘起于贾兰坡1959年发表的论文《关于中国猿人的骨器问题》,他在文章中提出北京猿人能使用鹿、牛等动物的角及肢骨制作骨器。裴文中提出不同意见③,梁钊韬也持类似看法。1962年共发表了22篇讨论北京人有无骨器的文章,论战之激烈可见一斑。后来,西侯度发现带切刮痕迹的鹿角、辽宁省本溪庙后山遗址发现砍砸痕迹的碎骨片,为探讨北京人有无能力制造骨器提供了线索。由于缺少直接证据,北京人是否有骨器至今也没有达成一致意见。

尽管这次争论没有结果,但是它凸显了当时浓厚的学术氛围,并促使学者更加关注骨器的辨别和研究。

(2) 北京人是否进步

法国的德日进和中国的裴文中都认为北京人的石器是不进步的,

---

① 贾兰坡、王建:《西侯度——山西更新世早期古文化遗址》,文物出版社,1978。

② 安志敏:《河南安阳小南海旧石器时代遗址的试掘》,《考古学报》1965年第1期。

③ 裴文中:《关于中国猿人骨器问题的说明和意见》,《考古学报》1962年第2期。

苏联的尼科尔斯基也认为,北京人的石器是"碎的石子,以其所成的偶然形状为工具,作为一般使用"。但是贾兰坡和王建不同意他们的看法,发表了题为《泥河湾期的地层才是最早人类的脚踏地》①的论文,认为:

> 中国猿人的石器,从全面来看,它是具有一定的进步性质。我们从打击石片来看,中国猿人至少已能运用三种方法,即摔击法(或碰砧法)、砸击法和直接打击法。从第二步加工来看,中国猿人已能将石片修整成较精致的石器。从类型上看,中国猿人的石器已有相当的分化……这种打击石片的多样性和石器在用途上的较繁的分工,无疑是标志着中国猿人的时期已有一定的进步性质……与中国猿人时代相接的泥河湾期还应有人类及其文化的存在。

这篇文章发表后,裴文中 1961 年发表文章提出反对意见,认为"北京猿人制作的石器类型正是具有原始性质,而不代表进步性质"。② 从此,双方开始了长达 5 年的论战,吴汝康③、吴定良④分别撰文支持贾兰坡等人的观点,而张森水则支持裴文中的意见。

这次学术争论最终也没有形成一致看法,但是双方的争论使北京人石器研究不断走向深入。

二、新石器考古

新石器时代遗址的发掘和研究一直是中国考古学的重点,在配合黄河水库建设的考古发掘过程中,发现发掘了一批仰韶文化遗址,华

---

① 贾兰坡、王建:《泥河湾期的地层才是最早人类的脚踏地》,《科学通报》,1957 年第 1 期。
② 裴文中:《"曙石器"问题回顾》,《新建设》1961 年第 7 期。
③ 吴汝康:《从"曙石器"问题谈到中国猿人是否是最早的人》,《光明日报》1961 年 9 月 6 日。
④ 吴定良:《中国猿人是不是最早的人类》,《文汇报》1961 年 11 月 9 日。

南、江南地区和西部地区也陆续发掘了一些遗址。这些发现为认识中国新石器时代文化面貌提供了新资料。

1. 考古新发现

(1) 福建闽侯县昙石山遗址

1954 年起多次发掘,堆积中包括大量海生介壳,该遗址属于贝丘遗址。中下层堆积出土了锛、凿、镞和石钺、石刀、石镰,蚌铲、蚌刀等蚌器。陶器以细砂灰、红陶和泥质磨光灰陶为其特点,主要器物有釜、豆、壶等。这是以往未曾发现过的新的文化类型,被命名为昙石山文化,属于新石器时代晚期。①

(2) 陕西西安半坡遗址

1954—1957 年先后进行了 5 次发掘。发现一条包围居住区的大型人工壕沟、氏族墓葬及公共窑场,环壕北面是公共墓地,东面是烧陶场所。遗址还发现了半地穴式房屋建筑、成年墓和儿童瓮棺葬、陶窑。陶器主要有"红顶式"钵、盆、壶、尖底瓶、罐和瓮,纹样以鱼纹和变体鱼纹为主。石器有斧、锛、锄、刀和磨盘、磨棒等。还有用石、骨角等材料制作的镞、矛、鱼叉、鱼钩和网坠等工具。该遗址是典型的仰韶文化遗址,堆积分三个时期:第一个时期为仰韶文化半坡类型②,其年代为距今 6800~6300 年;第二期为庙底沟类型;第三期为半坡晚期类型或称为西王村类型。后来在中央领导的关心和支持下,在遗址上建造了遗

---

① 福建省文物管理委员会、厦门大学人类学博物馆:《福建闽侯县石山新石器时代遗址第二至第四次发掘简报》,《考古》1961 年第 12 期;《福建省闽侯县石山新石器时代遗址第五次发掘简报》,《考古》1964 年第 12 期。

② 在考古术语中,"类型"通常指代表不同地区文化特点的遗存。这里的半坡类型具有双重含义:它既是仰韶文化在关中、豫西、晋南地区的一个类型,又是这个地区时代最早的仰韶文化。

址博物馆,作为爱国主义教育基地。①

　　该遗址在发掘中吸取了苏联发掘特里波列村落遗址的经验,采用探方方法大面积揭露,开了我国考古史上聚落考古的先河。1963年出版了《西安半坡——原始氏族公社聚落遗址》一书,书中没有完整地报道发掘资料,该书与其说是发掘报告不如说是半坡遗址综合研究成果汇编。报告包含半坡遗址的聚落和房屋的布局及其他建筑、生产工具和日常社会用具、工艺品的制造技术、先民们的精神文化面貌,以及半坡氏族公社的生产、社会状况、社会组织的结构、聚落形态、人种,这是中国史前考古的重要成果。

　　(3)湖北京山屈家岭遗址

　　1956—1957年两次发掘该遗址。文化堆积分早晚两期,晚期阶段的年代大致在距今5000～4600年,陶器以黑陶为主,还有灰陶和蛋壳陶器。器形主要有陶锅、缸、罐、鼎、杯和盆等,在红烧土块中发现稻谷壳,经过鉴定属于粳稻。其文化内涵有别于已知的其他考古学文化,故被命名为屈家岭文化,这是首次在长江中游发现这种时期的文化。

　　(4)河南陕县庙底沟遗址

　　1956—1957年发掘。下层堆积出土的陶器造型与半坡类型比较接近,而纹样与半坡的存在较大差异,以蛙纹和鸟纹为主。上层堆积既具有仰韶文化特征,又具有黄河中游龙山文化的特征,是介于仰韶文化与龙山文化之间的过渡阶段的文化,被命名为庙底沟二期文化。该遗址的发掘不仅解决了仰韶文化和龙山文化的性质及其分期问题,而且还打破了中国古代文明起源二元对立学说,在中国新石器时代考古史上具有重要意义。

----

① 中国科学院考古研究所、陕西省西安半坡博物馆:《西安半坡》,文物出版社,1963;石兴邦:《难忘的怀念和追思》,《考古与文物》1988年第2期。

（5）浙江嘉兴马家浜遗址

1959 年发掘。陶器以夹砂、夹蚌陶和泥质为主，器表多有红色陶衣，壁内侧多呈黑色或灰褐色。器形有腰沿圜底釜、鼎、输、钵、豆和罐等，多素面。石器主要是斧和锛。起初被作为青莲岗文化、青莲岗文化江南类型，20 世纪 70 年代因其特有的文化面貌被确认，它被命名为马家浜文化。

（6）山东泰大汶口遗址

1959 年在大汶口遗址清理了 133 座墓葬。墓葬为长方形土坑，少数有木质葬具。随葬器物有鼎、豆、壶、背壶、罐、杯、鬶、尊、盉等陶器，有斧、铲、锛、刀、凿等石器，透雕象牙、琮、梳等骨角器，不少墓随葬猪头。其文化面貌与青莲岗文化类似，而文化内涵比后者更丰富，20 世纪 70 年代正式被命名为大汶口文化，青莲岗文化因此被大汶口文化取代。[①]

（7）甘肃武山石岭下遗址

1962 年复查发现该遗址。出上的陶器以泥质红陶为主，次为夹砂红陶和泥质灰陶，彩陶纹饰包括波浪纹、连弧纹、叶纹、圆圈纹和的鸟纹、鱼纹等。器形有壶、罐、碗、盆和小口尖底瓶等。它处在从仰韶文化庙底沟期到马家窑文化马家窑期之间的过渡阶段，马家窑文化是在石岭下的基础上发展起来的。[②]

2. 专题研究

由于仰韶文化考古资料比较丰富，一些学者开始深入研究仰韶文化的社会性质、分期与分区。通过一系列的讨论，明确了仰韶文化今后发掘研究的重点和方向，促进了考古研究走向深入。

---

① 山东省文物管理处、济南市博物馆编《大汶口新石器时代墓葬发掘报告》，文物出版社，1974。

② 谢端琚：《黄河上游的马家窑文化》，载《新中国的考古发现与研究》，文物出版社，1984，第105—118 页。

（1）仰韶文化的分期与分区

半坡、庙底沟、三里桥等遗址发掘之后，研究人员发现以彩陶为重要特征的仰韶文化延续时间很长，分布地域广，文化面貌复杂，不少学者对仰韶文化进行了分期。[①] 有的把仰韶文化分为半坡类型和庙底沟类型。围绕二者的早晚，有的学者从彩陶纹样由繁到简的视点出发，根据庙底沟遗址出土盘状石器和打制石器较多而具有原始性，认为庙底沟类型早于半坡类型。有的学者把彩陶纹样的发展规律概括为"简单→繁杂→退化"三个阶段，认为庙底沟类型比半坡类型早。

有的学者把仰韶文化分成了四个地区、五个类型。四个地区是豫西→晋南、郑州西→渑池东、豫北→冀南和陕西关中，五个类型是"西阴村""三里桥""秦王寨""半坡""后冈"。其中西阴村最早，分布在豫西→晋南和陕西的渭水流域。仰韶文化晚期分布范围扩大，在西阴村类型的中心出现了秦王寨和三里桥两个类型，其东部出现了后冈和半坡两个类型，后冈类型时代最晚。也有学者认为三里桥类型的遗址发现少，文化内涵不够清楚，不宜马上命名等。

（2）仰韶文化的社会发展阶段

考古界就仰韶文化所处的社会发展阶段展开了热烈的讨论。[②] 多数学者认为，仰韶文化处在母系氏族社会发展阶段，当时女子从事主要劳动、男子从事次要劳动，女子社会地位高于男子，灰坑、窖穴集中是氏族所有制的体现，对偶婚家庭组成母系大家庭体现在合葬墓数量多、房子面积大，没有发现对男性崇拜。[③] 但是对它处于哪个具体

---

① 李衍垣：《关于"仰韶文化"的讨论综述》，《考古》1964 年第 7 期。

② 同上。

③ 中国科学院考古研究所、陕西省西安半坡博物馆：《西安半坡》，文物出版社，1963；杨建芳：《仰韶时期已进入父系氏族社会了吗》，《考古》1962 年第 11 期；吴汝祚：《从墓葬发掘来看仰韶文化的社会性质》，《考古》1961 年第 12 期；苏秉琦：《关于仰韶文化的若干问题》，《考古学报》1965 年第 1 期。

发展阶段,学者们出现意见分歧。有的学者认为它处在群婚阶段,理由是农业生产仍然是锄耕农业,畜牧业也没有从农业中分离出来,大房子是两个氏族互婚的住地等。这个看法一经提出便受到质疑,有的学者指出,用上述说法无法解释仰韶文化小房子比大房子多得多的事实。也有学者认为,仰韶文化处在以对偶婚为主、群婚为辅的阶段,北首岭遗址男女分别埋葬、南北相对的两排小房子就是群婚的体现。还有学者提出了仰韶文化处于对偶婚阶段的观点。

另一种观点认为,仰韶文化处于父系氏族社会发展阶段。理由是,仰韶文化是完成了第一次社会大分工后的农业部落的文化,没有发现畜牧业部落不等于不存在;随葬品数量不等、个别墓的葬具质量较高是社会出现分层和私有制的反映,陶祖的出现是父系氏族社会时期意识形态上的反映。而有的学者指出,仰韶文化没有发现陶祖,陶祖是龙山文化的。也有学者指出,即使发现陶祖也不能说就进入父系社会。[1]

(3) 仰韶文化的性质

新石器时代考古研究以仰韶文化为重点。半坡、庙底沟、三里桥等遗址发掘之后,发现以彩陶为重要特征的仰韶文化延续时间长,分布地域广,文化面貌复杂。考古界考虑把仰韶文化分期和分区,还就仰韶文化所处社会发展阶段展开热烈讨论。一种观点认为,仰韶文化处在母系氏族社会发展阶段,女子社会地位高于男子,实行氏族所有制,由对偶婚组成母系大家庭,没有发现男性崇拜。[2] 另一种观点认为,仰韶文化处于父系氏族社会发展阶段,完成了第一次社会大分工

---

① 许顺湛:《关于中原新石器时代文化几个问题》,《文物》1960 年第 5 期;许顺湛:《"仰韶"时期已进入父系氏族社会》,《考古》1962 年第 5 期。

② 中国科学院考古研究所、陕西省西安半坡博物馆:《西安半坡》,文物出版社,1963;杨建芳:《仰韶时期已进入父系氏族社会了吗》,《考古》1962 年第 11 期;吴汝祚:《从墓葬发掘来看仰韶文化的社会性质》,《考古》1961 年第 12 期。

后向父系社会过渡,随葬品多少说明出现了私有制和陶祖。[①] 不过有学者指出,仰韶文化没有发现陶祖,陶祖是龙山文化的。也有学者指出,即使发现陶祖也不能说仰韶文化就进入父系社会。[②]

在吉林大学执教的张忠培从方法论方面指出,仰韶文化中不同类型文化的墓葬制度不同,不能把根据半坡类型的材料分析所得出的社会制度或性质视为仰韶文化的。他还指出,属于半坡类型的西安半坡村、宝鸡北首岭、华县元君庙和华阴横阵村遗址的埋葬也不相同。半坡和北首岭的墓葬以个体葬为主,只有少量合葬墓。合葬墓性别相同、年龄相近,这两个墓地盛行一次葬,相当多的墓葬没有随葬品。元君庙和横阵的墓葬以多人合葬为主,而且大多数合葬墓中的死者年龄、性别不同,这两个墓地盛行二次葬,几乎所有的墓都有随葬品。这说明北首岭和半坡与元君庙和横阵墓地的埋葬制度存在差别。把根据元君庙和横阵两处墓地分析所得出的社会制度的结论作为半坡类型的确不合适。他参照民族学资料,提出元君庙墓地中的排列和横阵墓地的集体埋葬坑是氏族的共同墓地,合葬墓是母系家族的墓葬。元君庙墓地有大量性别、年龄不同的人的集体合葬墓,表明他们之间都处于平等地位,同一墓地内有表明妇女社会地位一般较高的女性成年人和小孩获得厚葬的例证,推测这些合葬墓属于母系家族,这一氏族部落已处于发展的母权制阶段。[③] 张忠培的推论过程比较有说服力。

(4) 仰韶文化与庙底沟文化的关系

仰韶文化与庙底沟类型的关系一度成为研究重点,争论的焦点在于孰早孰晚。有的认为半坡类型早,有的认为半坡类型晚,还有的认为两

---

① 许顺湛:《关于中原新石器时代文化几个问题》,《文物》1960 年第 5 期;许顺湛:《"仰韶"时期已进入父系氏族社会》,《考古》1962 年第 5 期。
② 李衍垣:《关于"仰韶文化"的讨论综述》,《考古》1964 年第 7 期。
③ 张忠培:《关于根据半坡类型的墓葬制度探讨仰韶文化社会制度问题的商榷》,《考古》1962 年第 7 期。

者同时。苏秉琦通过对仰韶文化和庙底沟类型的主要陶器的类型学分析,发现两者的主要陶器组合相同,而陶器形态和纹样细部造型不同。他指出主要陶器变化序列相似,庙底沟类型中特征器物之一的双唇口瓶在半坡类型遗存中同葫芦口瓶共存,半坡类型中特征器物之一的葫芦口瓶在庙底沟类型遗存中同双唇口瓶共存,半坡类型主要分布在关中的西半部,庙底沟类型主要分布在关中东部和河南极西地区。两者有不少共同因素或共同点,两者具有各自的文化面貌。由此他认为,半坡类型和庙底沟类型是仰韶文化在其长期发展过程中形成的诸变体中的两种主要变体,半坡类型和庙底沟类型的主要分布面,对整个仰韶文化的分布范围来说并不很广。[①] 这个观点因为庙底沟类型多叠压在半坡类型之上而长期没有得到认可。多年后其弟子俞伟超说:

> 20 世纪 90 年代在山西垣曲古城镇东关等地看了仰韶文化材料后,我才确信并列类型之说,懂得了原来以为证明半坡在前、庙底沟在后的一些地层关系,只是因为庙底沟类型后来曾将其分布范围扩展很大,把以前曾是半坡类型的活动区都包括在内,才出现了早期半坡在下、晚期庙底沟在上的地层。[②]

(5) 龙山文化分区

黄河流域和长江中下游地区发现了一些以黑、灰陶器为主的新石器时代晚期遗址,地层关系说明它们晚于仰韶文化,很多学者赞同仰韶文化发展为龙山文化的看法,这些文化一时都被命名为龙山文化。个别学者敏锐地发现了不同地区的龙山文化具有自身特点,根据它们的特点,提出了龙山文化可以分出多个地方类型的看法,除早年被认为是龙山文化杭州湾类型的遗存被命名为良渚文化外,黄河流域的龙

---

① 苏秉琦:《关于仰韶文化的若干问题》,《考古学报》1965 年第 1 期。
② 俞伟超:《本世纪中国考古学的一个里程碑》,载苏秉琦:《中国文明起源新探》,生活·读书·新知三联书店,1999。

山文化被分别命名为庙底沟二期文化、后冈二期文化、客省庄二期文化和典型龙山文化,有的学者提出典型龙山文化似乎另有来源,[①]大汶口文化的发现和确认证实了这一点。

第三节　历史考古

一、夏商周考古

三代考古是考古发掘的重点。郭宝钧领衔中国科学院殷墟考古工作组在考古研究所成立之前,就在安阳设立工作站,率先开始考古发掘。当时的夏商周考古以资料积累为主,工作重点是寻找夏商周都城,了解夏商周文化大致的发展脉络及其面貌,建立文化分期编年,探索周边地区夏商周时期考古学文化的面貌。总体上看,研究基本上限于某一城址与墓地分析。[②]

1. 考古新发现

(1) 河南安阳殷墟

1950 年 4 月在小屯村西部和武官村清理了不少墓葬。小墓出土了不少铜器、陶器。商代晚期大墓虽然早年被盗,但是仍然发现大量殉人及其身边的铜鼎、簋、卣、瓠、爵、戈、削等,以及玉石璧、璜、鱼形器等,绿松石饰。[③]

(2) 河南辉县琉璃阁商代墓葬

1950 年中国科学院考古研究所成立后,想在殷墟以外的地方寻找同时代的东西用于比较研究,想找到早于或者晚于殷代的文化遗迹。

---

① 安志敏:《试论黄河流域的新石器时代文化》,《考古》1959 年第 4 期。

② 王巍:《夏商周考古五十年》,《考古》1999 年第 9 期。

③《中国科学院殷墟调查发掘组工作续报》,《文物参考资料》1950 年第 7 期。

这次发掘找到的仍然是殷代的陶器、骨器、玉石器等,说明过去认为殷代仅限于安阳的看法是不正确的,首次在殷墟之外发现商代墓葬,为研究商代历史提供了新材料和新思路。发掘中首次成功地清理出已经腐朽的木制马车。①

(3)河南郑州二里岗遗址

1953 年,郑州市文物工作队发掘了二里岗商代城址,为探索商代早期都城提供了重要线索,推动了考古工作者探索早商文化来源以及夏文化的开展。②

(4)河南偃师二里头遗址

徐旭生对古文献中有关夏的记载进行梳理后提出,豫西、晋南应该是夏墟所在地。1959 年,他带领助手到河南西部的登封、禹县等地调查,发现了不少遗址。③ 他还指出,夏文化包括夏代文化和夏族文化两种含义,前者时间上启于禹、终于桀;后者时间上包括禹之前的和桀之后的夏族人的文化,为探索夏文化提供了指导性意见。④ 经过数十次的发掘,在二里头遗址发现了介于河南龙山文化和商文化之间的古代遗存,主要有宫殿建筑基址、平民居住址、大型铸铜等手工业作坊遗址、陶窑、墓葬和窖穴,以及铃、戈等铜器,圭、璋、琮、钺等玉器和大型石磬。这些遗存后来被命名为二里头文化,其年代距今 3900~3500 年,它很可能就是夏文化,二里头遗址可能就是夏都之一,由此揭开了从考古学上探索夏文化的序幕。

(5)内蒙古赤峰夏家店遗址

1960 年发掘,发现上下两个时期的文化层。下层文化地层中发现

---

① 中国科学院考古研究所:《辉县发掘报告》,科学出版社,1956。
② 河南省文物局文物工作队:《郑州二里岗》,科学出版社,1959。
③ 徐旭生:《1959 年夏豫西调查“夏墟”的初步报告》,《考古》1959 年第 11 期。
④ 徐旭生:《略谈研究夏文化问题》,《新建设》1960 年第 3 期。

内土坯外石块的房屋、石头城墙和墓葬,出土遗物有陶器、石器、骨器等,墓葬随葬品数量悬殊,部分陶礼器与二里头文化的完全一样,下层年代为距今 3900～3400 年,是北方地区青铜时代早期文化,被命名为夏家店下层文化。这次发掘工作揭开了在北方地区探讨青铜文化的序幕。[①] 上层文化发现有土坑墓和石椁墓,随葬品种类和数量悬殊,有的大型墓出土几百件器物。出土有打制和磨制石器、骨器等,陶器具有本地特色,青铜器中既有带本地特色的又有典型中原式样的礼器和兵器、车马器等,上层文化年代相当于西周至东周,属于东胡文化,被命名为夏家店上层文化。

(6) 陕西西安沣京和镐京

周文王在沣水西岸建沣京,武王在沣水东岸建都城镐京。20 世纪 50 年代至 60 年代初,为配合基本建设而在长安县张家坡村和客省庄一带发现位于沣河两岸在西周时期是都城遗址,包括夯土建筑基址群和大量墓葬、窖藏,一些建筑已经使用板瓦、筒瓦等。这些发现为建立该地区先秦时期文化发展序列和西周时期文化分期确立了标尺。[②]

2. 专题研究

(1) 甲骨文

陈梦家在甲骨文断代方面有了突破,发展了董作宾的理论。他以发掘坑位及卜辞系联等大量证据,把董氏旧定小屯 YH127 及其他若干坑出土的后称自组、子组、午组的卜辞从文武丁时代前移至武丁时期。这一观点后来得到宾组与子组同版卜辞的助证,在小屯南地和花园庄南地发现了自组、午组卜辞仅出自殷墟文化第一期地层的事实,

---

① 中国社会科学院考古研究所内蒙古工作队:《赤峰药王庙、夏家店遗址试掘报告》,《考古学报》1974 年第 1 期。

② 中国科学院考古研究所:《沣西发掘报告》,文物出版社,1962;石兴邦:《长安普渡村西周墓葬发掘记》,《考古学报》第 8 册,1954 年。

为相关卜辞时代的前移提供了坚实证据,成为甲骨文断代研究的重要突破。①

（2）殷代俯身葬

马得志等在《一九五三年安阳大司空村发掘报告》一文,对以往把俯身葬的死者视为奴隶的说法提出不同看法,②由此引发了一次关于殷代俯身葬死者身份的讨论。

赵光贤不赞成"殉葬人里有俯身的,而且有的殉葬物还比较丰富,觉得他们不可能是奴隶的说法"。他坚持认为俯身葬者是奴隶,春秋战国以后奴隶不少而且很常见,至于俯身葬非常少见的原因是社会性质发生了大的变化,奴隶已不再是"会说话的工具"而是人了,尽管他们活着的时候受主人趋势乃至虐待,但是在死后还是被当作人给埋葬了,所以他们不再是俯身而是仰身。③

对此马得志等回复,坚持原来的意见,理由如下:俯身葬的人是奴隶其实只是一种推测。俯身葬鱼仰身葬除了俯仰不通过外,其他如墓葬的形制、填土、葬具、随葬器物等都没有差别。俯身的往往随葬器物方法,出有贵重的铜器、玉器或陶器。墓 239 的铜鼎、铜卣、铜弓形饰,墓 233 的铜爵、铜觚、铜刀、铜戈、玉戈,墓 148 的铅爵、铅觚、玉带饰、陶壶和陶尊,墓 114 的玉觿和墓 159 中的玉璧等都出自俯身葬汇总,它们是这批随葬物中的精品。而且,5 座有殉葬人的墓中,有 3 座墓中的殉人是俯身。④吴震介入这场讨论,他不同意赵光贤的看法,认为把殉葬人的处理认作俯身葬是不正确的,据此认定俯身葬的人必是奴隶、用俯身葬和仰身葬作为判别奴隶和自由民的依据不恰当。⑤

---

① 陈梦家:《殷墟卜辞综述》,中华书局,1988。

② 马得志等:《一九五三年安阳大司空村发掘报告》,《考古学报》1955 年第 9 期。

③ 赵光贤:《关于殷代俯身葬问题的一点意见》,《考古通讯》1956 年第 6 期。

④ 马得志等:《我国对殷代俯身葬的看法》,《考古通讯》1956 年第 6 期。

⑤ 吴震:《我对殷代俯身葬等问题的看法》,《考古通讯》1957 年第 4 期。

俯身葬者的身份的确是个值得探讨的问题,1990 年还有学者讨论过这个问题。一种意见是,不应肯定俯身葬的人生前就是奴隶,殉人俯身葬的人是奴隶,俯身葬是男性的一种葬俗,如果完全以阶级的观点区判定俯身葬性质难以立论。[①] 还有一种意见是,晚商俯身葬的墓主是商民族的重要组成部分,他们有的拥有较高的社会地位。[②]

(3)"白灰面"

先秦时期居住遗址中常常发现白灰面。胡继高在观察了郑州二里岗遗址地面和墙壁上的"白灰面"后,认为其中含有白灰质。他发现,黄土中的料礓粉碎后,用水调和后涂抹在墙壁上,结果非常牢固。用盐酸等测试料礓,发现其中含有大量石灰质,与白灰面相同,因此他认为白灰面的原料是料礓。[③]

赵全碬也对新石器时代和商代居住面上的白灰面做了化学分析,分析结果显示这些白色固体主要成分都是石灰石,按原物质的状态推测,可能是从石灰转化过来的,所以他也认为白灰面原料是礓石。而《考古通讯》的编者指出,用碎礓石所制的泥糊,可以得到与粗松的白灰面相同,但是白灰面强韧,与之不同,白灰面的原料是否为礓石尚需继续研究。[④] 这个问题在 20 世纪 90 年代才得到合理解释。

二、秦汉考古

秦立国时间短,其物质文化时代特点不显著,以往秦文化遗存总是被作为战国晚期或者西汉早期的遗存看待。汉代考古学成就主要集中在城市、宫殿,以及王陵在内的墓葬和若干处村落遗址及水利设

① 孟宪武:《谈殷墟俯身葬》,《中原文物》1992 年第 3 期。

② 张明东:《略论商周俯身葬及其相关问题》,《中国国家博物馆馆刊》2011 年第 3 期。

③ 胡继高:《"白灰面"究竟是用什么做的》,《文物参考资料》1955 年第 7 期。

④ 赵全碬:《新石器时代及商代人类住地的白灰面》,《考古通讯》1956 年第 5 期。

施等方面。

1. 考古新发现

(1) 云南晋宁石寨山墓葬

1955—1960 年进行 4 次发掘,清理了近 50 座墓葬,出土遗物 4000 多件,青铜器以武器居多,生产工具很少,还有铜鼓、贮贝器和编钟,漆器和陶器,大量钱币。出土器物造型别致,纹样内容非常丰富,包括战争、狩猎和祭祀等场面。6 号墓出土了"滇王之印",这批墓葬被称为滇文化墓葬。这批墓葬时间跨度较大,从战国晚期、西汉初期一直延续到东汉初期,[①]为研究周边地区的古代文化提供了极为重要的资料。

(2) 陕西西安长安城

1956 年开始勘探和发掘。现已查明该城的形状、城墙和城壕结构、城门形制、城内主要街道分布、市和宫殿的位置及范围。该城平面略为五边形,城外有壕沟环绕,共有 12 个城门,每个城门有 3 个门道。8 个城门与城内主要街道相连,把城内分为 11 个区。未央宫、长乐宫等 5 个宫殿各占 1 个区,东市和西市各占 1 个区,里居占 4 个区。城南郊有宗庙、辟雍和社稷等礼制建筑。城西有建章宫和尚林苑等皇室建筑。该城在平面布局上、城门的配置、面朝后市等设计思想对后世城市建设有着重要影响。[②]

(3) 河南洛阳烧沟汉墓

1952—1953 年清理了 220 多座墓葬。墓室形制多样,随葬陶器、铜器、铁器、铅器、金银器、漆器、玉石器、琉璃器、骨蚌器和钱币等。根据墓葬性质、随葬品组合和器物形态演变,把其中 130 多座墓划分为六个阶段:第一、二阶段为西汉中期及其稍后,第三阶段前期为西汉晚

---

① 云南省博物馆:《云南晋宁石寨山古墓群发掘报告》,文物出版社,1959。
② 王仲殊:《汉代考古学概说》,中华书局,1984。

期,第三阶段晚期为王莽及其稍后,第四阶段为东汉早期,第五阶段为东汉中期,第六阶段为东汉晚期。这个分期成为中原地区汉墓分期的年代标尺。①

（4）河北承德矿冶遗址

1953 年调查发现。发现矿坑、选矿场、搬运矿石的道路、冶炼场和附近的居住址。矿坑包括矿井、在矿井中部和下部的采矿场、分布在采矿场四周的坑道。矿井深约 100 多米,在它的中下部有几个采矿场,每个采矿场四周有坑道,采矿场里有台子和梯子。选矿场在井口附近,发现一堆数万立方米的碎岩石,其中夹杂着许多灰色绳纹陶片,有罐和瓦。矿井所在的东沟和西沟之间的山岗西边发现一段老路,长约 200 米、宽 5 米多,路面平坦。发现四处冶炼场。在这些冶炼场看到陶片、炼渣,还看到砌熔炉的砖和熔炉等。采集到的铜饼,上面有字"东六市""东五八""西六市"等字样,估计东、西是指东面和西面的冶炼场。征集到一把铁锤和锤形铁器,当是采矿工具。在一处冶炼场附近还发现大量陶罐、陶豆、筒瓦和残铁锄。从出土遗物推断,这是一处汉代矿冶遗址。② 它为研究汉代考古提供了重要资料。③

（5）新疆民丰尼雅遗址

1959 年调查。遗址东西长约 10 千米、南北宽约 5 千米。居住址分南北两个部分,主要集中在北部,总数在数百间。墙壁内侧编苇,外侧用红柳编织再 抹泥而成。房舍地基用麦草、羊粪和泥铺成,厚约 30 厘米。在清理的 10 间房舍中,有一间长近 10 米、宽 5 米多,内设炉灶、土坑,还有制作精美的家具和日常生活用具。遗址还出土了大量

---

① 洛阳区考古发掘队、中国科学院考古研究所编:《洛阳烧沟汉墓》,科学出版社,1959。

②《苏秉琦先生简历》,《考古与文物》1997 年第 6 期;《洛阳中州路（西工段）》,文物出版社,1959。

③ 罗平:《河北承德专区汉代矿冶遗址的调查》,《考古通讯》1957 年第 1 期。

的内地丝织品、东汉五铢钱、完全汉式的"长宜子孙"铜镜,铁镰刀、小刀、青铜饰物,还发现了麦子、青稞等植物遗存。遗址北部是墓葬区,许多独木棺暴露在沙漠中。其中发现一对夫妇木乃伊,四个矮足的箱形木棺作葬具,随葬品中有丝绸、织锦和刺绣等。出土遗物表明,这里与内地在文化和贸易方面的遗址保持着密切的联系,同时木质生活用具的器形和纹饰具有浓厚的地方特色,贵族的家具雕刻则受到从大月氏方面传来的希腊艺术的影响。该遗址的年代约从公元1世纪到3世纪。[①]

(6) 内蒙古呼和浩特塔布秃村汉城遗址

1961年调查。城在大青山即汉代的阴山的山脚,城为正南北方向。南北长约900米、东西宽约850米。城墙保存较好,系夯筑而成,残高六七米,南墙中间有一个大缺口,估计是城门。城内中部偏北处还有一座小城。城墙也是夯筑而成的,南北墙和东西墙程度都在230米左右,城墙残高3米左右。大城地面有大量陶片,器形有平底碗和甑,以及筒瓦、板瓦和瓦当,筒瓦饰绳纹,瓦当饰卷云纹。小城地面上有碗和甑,筒瓦和板瓦很多,有的瓦上有"万岁"和"与天无极"字样。遗址还发现空心砖、西汉五铢钱和残铁片等。[②] 它被看作汉代长城沿线遍设的城堡之一。

2. 专题研究

秦汉考古中最受关注的出土遗物是瓦当。瓦当研究是秦汉考古的重点课题之一,这个阶段已经有学者开始专题研究。

(1) 秦汉瓦当

杨宗荣对燕下都发现的半圆瓦当做了分类。他根据主要纹样造

① 新疆维吾尔自治区博物馆考古队:《新疆民丰大沙漠中的古代遗址》,《考古》1961年第3期;《新疆民丰先北大沙漠中古遗址墓葬区东汉合葬墓清理简报》,《文物》1960年第6期。

② 吴荣曾:《内蒙古呼和浩特塔布秃村汉城遗址调查》,《考古》1963年第4期;

型,把燕下都半圆瓦分为七类:第一类是饕餮纹半瓦当,数量很大,根据纹样细部差异细分为十二小类;第二类是双兽纹半瓦当,细分为六小类;第三类是独兽纹半瓦当,仅一件残品;第四类是怪兽纹半瓦当,只有一件残品;第五类双鸟纹半瓦当,只有两件,细分为两个小类。第六类是窗棂纹半瓦当;第七类是云山纹半瓦当,细分为五个小类。①这个分类与日本学者关野雄的五类说不同。无论哪种分类更合理,这样的分类为后续研究奠定了基础。

　　曾庸把传世的八种西汉宫殿和十一种官署的文字瓦当与文献相结合做了初步研究。比如对照《汉书·地理志》槐里条班注"有黄山宫,孝惠二年起",《汉书·元后传》"秋历东馆望昆明集黄山宫",把他认为是宫殿用瓦当上的"黄山"两字释为黄山宫,他援引清代金石学家钱坫的说法,认为黄山在"兴平县西南三十里马嵬坡,土人往往于故址得宫瓦,有黄山二字"。又如,参照《汉书·地理志》右扶风渭城条班注"有兰池宫",据《文选》李善注"咸阳县东南二十里,周氏陂南一里,有汉兰池宫",曾庸认为该瓦当就是咸阳县东南的兰池宫。再如,他把瓦当上的"关"看作官署的瓦当,把"关"字释为西汉函谷关门楼上的建筑用瓦。② 无论曾庸的释读正确与否,都是瓦当研究的基础。

　　陈直对秦汉瓦当做了专题研究。他首先根据文献梳理了瓦当发现与研究的历史,然后对瓦当文字进行释读。比如他根据《史记·始皇本纪》云"逢盗兰池"正义云"兰池陂即古之兰池,在咸阳县界"。他的释读与曾庸相同,只是依据稍有不同,增加了例证,根据《汉书·杨璞传》及《绕歌十八曲》他认为,兰池宫在汉代还在。关于瓦当上"黄山"的释读所依据的则与曾庸相同,不过他的引文《汉书·地理志》右扶风槐里县注云"黄山宫孝惠二年造"中,把"起"误写作"造"。他还对

① 杨宗荣:《燕下都半瓦当》,《考古通讯》1957 年第 6 期。
② 曾庸:《西汉宫殿、官署的瓦当》,《考古》1959 年第 12 期。

板瓦文字进行释读。在此基础上,陈直对有关文字瓦当进行了全面的研究,就瓦当释义、画瓦与云纹瓦、造瓦手法、秦汉瓦断代、汉瓦的分期、出土地址、书体及规格、词句、瓦文字数、连合成文、瓦范与面积、板瓦与瓦钉、瓦窑、造瓦官吏、著述、藏家,甚至瓦价、拓墨、伪刻、古物商人等都进行了简略的探讨。[①] 曾庸和陈直等为文字瓦当研究奠定了良好的基础。

(2) 古代钱币

我国古代钱币资料丰富,钱币研究是考古研究的课题之一。[②] 钱币研究又细分很多专题,李鉴昭对装钱币的用具做了考察。他认为江苏配合基本建设工作清理汉六朝墓时,在钱币上发现了丝织物残留痕迹。根据《汉书·赵壹传》中有"秦客诗曰:文籍虽满腹,不如一囊钱",以及《晋书·食货志》中有"惠后北镇荡阴,反驾寒桃,在御只鸡,以给其布衾两幅囊钱三千,以为车驾之资焉"等文献,推断钱币上残留的丝织物应该是钱囊的痕迹。[③] 他的分析和发现提醒考古人员今后清理墓葬时要注意寻找钱囊。

吴荣曾在综合讨论中国古代钱币中也着重叙述了魏晋南北朝时期铸币少、民间交易都用"谷帛"的情况,认为这是连年军阀混战导致人口大量死亡,而且生产力遭到严重破坏、商品货币关系衰落造成的。他不仅梳理了当时仅有的几次铸币情况,而且还根据南京近郊草场圩发现的大量陶质钱范认为,梁普通四年(公元 523 年)铸大吉、大富和大通五铢铁钱是可信的。[④]

---

① 陈直:《秦汉瓦当概述》,《文物》1963 年第 11 期。

② 朱活:《值得研究的我国古代钱币》,《文物参考资料》1957 年第 12 期。

③ 李鉴昭:《从文献资料上看,汉六朝墓中发现的钱币上的织物遗痕应为钱囊》,《考文物参考资料》1956 年第 4 期。

④ 吴荣曾:《中国古代的钱币》,《考古通讯》1956 年第 4 期。

三、魏晋南北朝考古

此时期考古发掘集中在墓葬,出土器物为研究中原汉文化与周边其他民族文化间的交融提供了资料。

1. 考古新发现

(1) 江苏宜兴周处墓

周处是《世说新语》中的阳羡(宜兴)人,曾与危害百姓的长桥下的蛟、南山上的虎一起被并称为"三害",后改邪归正而被载入史册。1953 年,考古者偶然发现该墓后,做了抢救性发掘。该墓虽然被盗,但是仍然出土了大量陶器、铜器、青瓷器、金银器和大量铜钱等文物,以及"元康七年①九月二十日阳羡所作周前将军砖"铭文砖,把墓主定为周处。② 该墓出土器物说明,汉晋经济文化前后因袭而又有变化。

(2) 山西大同司马金龙夫妇墓

位据墓志记载,北魏琅玡王司马金龙死于太和八年(公元 484年),姬辰死于延兴四年(公元 474 年)。1965 年发现后做了抢救性发掘。墓室用特制的"琅琊王司马金龙墓寿砖"铭文砖砌筑。该墓早年被盗,出土了各类陶俑 300 多件,有石砚、陶壶、青瓷唾壶、漆、铁剪和马镫等物。墓的形制和室内布置继承了魏晋时期中原地区的传统,而随葬大量具有游牧经济和北方民族军队的特色,比如甲骑具装俑和马驼畜群俑,则显示了该墓兼有中原文化与北方民族文化的特点。司马金龙是降附于北魏的西晋皇族,此墓的发掘对北魏时期考古和历史研究有一定价值。③

---

① 元康七年即公元 297 年。

② 罗宗真:《江苏宜兴晋墓发掘报告》,《考古学报》1957 年第 4 期。

③ 山西省大同市博物馆、山西省文物工作委员会:《山西大同石家寨北魏司马金龙墓》,《文物》1972 年第 3 期。

（3）辽宁北票冯素弗夫妇墓

冯素弗为十六国时期北燕天王冯跋之弟，《晋书·冯跋载记》有记载，他是鲜卑化的汉人，死于太平七年(公元 415 年)。1965 年偶然发现该墓后做了发掘。墓内有长方形石椁，椁内绘人物、星象等，木棺上画有羽人、建筑，表明北燕沿用汉制。出土遗物有金印、兵器、铠甲、马具、服饰、仪仗车器、文具、日用器物等。金冠饰是鲜卑贵族步摇冠上的金步摇，鎏金铜马镫是研究马具发展的重要资料。其夫人墓与冯素弗同莹异穴，同样随葬大量精美器物。[①] 从出土遗物包括中原与北方少数民族特点的文物看，这两座墓的发掘对了解北方民族与中原的文化关系有重要价值。

（4）江苏丹阳胡桥"竹林七贤"壁画墓

1965 年发掘。地上有一对石刻辟邪和天禄，地下的墓室用花纹砖砌成。墓砖侧面模印莲花纹、钱文等，有些砖侧有阴刻文字。墓葬早年被盗，仅剩下少数陶瓷器，陶器有俑、屋、盘、罐、盒等，瓷器有青瓷罐等，还有石俑、铁刀和铁剑等，有花、飞鸟、长鹤等金饰件，以及玉扣、玛瑙珠、水晶饰件、玉和料制围棋子。墓室东西壁上中下部共有比较完整的壁画五幅，内容有羽人戏龙、羽人戏虎、竹林七贤、仪仗出行等。这座壁画墓不仅为研究南朝历史，而且为研究当时的绘画风格、书法文字等提供了重要资料。[②]

（5）甘肃敦煌石窟寺调查

1951 年，宿白对敦煌石窟做了详细考察，并首次运用考古类型学方法对 285 号窟做了类排比，指出 285 号窟同层壁画不是同时绘制的，在年代学上存在早晚关系。他还发现 85 号窟为东阳王元荣所开

① 黎瑶渤：《辽宁北票县西官营子北燕冯素弗墓》，《文物》1973 年第 3 期。
② 南京博物院：《江苏丹阳胡桥南朝大墓及砖刻壁画》，《文物》1974 年第 2 期。

凿,是敦煌最早的纪年洞窟。①有专家正式提出了中国石窟寺考古学的问题,开创性地将考古学方法引入到石窟寺调查和研究中,创立了中国石窟寺考古学。②

（6）甘肃永靖炳灵寺石窟

1952年对炳灵寺石窟进行了比较详细的调查、编号和记录工作。1963年进行了第二次调查,发现了十六国西秦建弘元（公元420年）造像墨书题记,以及许多壁画题材榜题和供养人题记,为研究甘肃境内早期石窟寺提供了年代标尺,成为研究西秦佛教的重要实物资料。③

2. 专题研究

汉六朝墓中常常出土被称为虎子的青瓷器。关于它的用途,屠思华等根据青瓷虎子在墓中与洗、罐和碗等食器一起放在死者头部,认为把虎子视为亵器的旧说不成立,认为虎子是酒器。④ 很多人认为它是亵器,不过也有学者认为它不是亵器,理由是：南京大校场赵史岗4号墓出土的虎子上有"赤乌十四年会稽上虞师□□宜作",其中赤乌十四年（公元251年）中的赤乌是孙权年号,在亵器上刻有帝号难以设想；"师"疑是陶人的身份,这个做法令人费解；虎子在墓中位于死者头前的砖台上,与其他日用器相伴,不合常理。⑤

也有人认为它是酒器而非亵器,不过此说被指为误用文献而难以成立。⑥ 福州曾凡根据福州文林山六朝墓中青瓷虎子被放在五盅盘、四耳罐、双耳壶、博山炉等日用器物之中,认为它就不是便器,而是酒

---

① 宿白：《参观敦煌莫高窟285号窟札记》,《文物参考资料》1956年第2期。

② 夏鼐：《漫谈敦煌千佛洞与考古学》,《文物参考资料》1951年第5期。

③ 炳灵寺石窟勘察团：《炳灵寺石窟第一次勘察报告》,《文物参考资料》1953年第1期。

④ 屠思华等：《南京梅家山六朝墓清理纪略》,《文物参考资料》1956年第4期。

⑤ 倪振逵：《关于"青瓷虎子"问题》,《考古通讯》1957第2期。

⑥ 详见本章第四节"一、考古学理论方法"之"考古资料解读与文献"。

器或茶具。①

孙桂恩根据造型差异，认为兽体长形虎子是水器，并认为它是从铜匜演变过来的。而圆体形的青瓷虎子是便溺用器，因为它与 20 世纪 50 年代上虞百官镇上陶瓷点售卖的夜壶大体相同。②

黄文欢根据《史记·石奋传》集解中东汉贾逵的说法而同意虎子是亵器的说法，还根据《周礼·天官》《三国志·魏志》的有关记载认为隋朝之前溺器叫作虎子，到唐时应为避唐高祖李渊的祖父李虎之讳而把虎子改称为兽子。他也认为，文献上的溺器虎子和墓葬出土的虎子是否为同一种东西需要进一步研究。③

青瓷虎子的功用的确值得深入研究，时至今日学界也没有就其用途提出更有说服力的依据。

四、隋唐考古

隋唐考古调查、发掘和研究主要集中在长安和洛阳等几个古都，基本搞清楚了都城的平面布局和内部结构，为其他调查发掘古代城市提供了经验。在新疆发掘的阿斯塔那墓地有重要收获，为研究东西文化交融提供了资料。对乾陵陪葬墓的清理发掘为研究唐代高等级贵族墓葬提供了资料。

1. 考古新发现

（1）陕西西安长安城

唐长安城是当时世界上最大的城市之一，是当时中国文化与世界文化融合的中心。隋文帝开皇二年(582 年)六月始建，次年三月完工，被称为大兴城。唐建立后，改名为长安城，并做了扩建。唐天佑元年

---

① 曾凡：《关于"青瓷虎子"用途的新发现》，《考古通讯》1957 年第 2 期。

② 孙桂恩：《谈谈青瓷虎子的两种用途》，《考古通讯》1957 年第 5 期。

③ 黄文欢：《从广州出土的虎子谈虎子的考证》，《考古通讯》1957 年第 6 期。

（904 年）移都洛阳时，宫室、百司和民家被拆毁，唐长安城变成了废墟。1957 年开始对长安城范围、城门位置、街道、坊、市、宫城和皇城的布局等做了调查。1958 年清理了兴庆宫城西南角的部分城垣，以及勤政楼和他房址、回廊等建筑遗址十余座。出土遗物仅有带字砖、瓦和瓦当等筑材料。结合古代文献记载，基本搞清楚了城垣结构，找到了勤政楼原址及基本结构等。对长安城的布局和重要建筑的了解逐步深入。①

（2）河南洛阳洛阳城

它创建于隋大业元年（605 年），为区别于西京长安，故把洛阳称为东都。唐代皇帝曾在此暂时居住，前后约 40 年。其城市结构与隋基本没有变化。1954 年开始对隋唐洛阳城调查，基本复原出隋唐洛阳城概貌，曾发掘了宫城的南城门，后来又调查了宫城、皇城和附属小城的平面布局和一些城址的具体位置。②

（3）新疆吐鲁番阿斯塔那墓地

1959 年开始连续发掘该墓地，墓葬多为斜坡墓道洞室墓。出土了砖墓志、天王、镇墓兽、骑俑、官吏、劳作、百戏等泥俑，来自中原和西域当地及中亚的各类丝织品，各式各样夹水果酱的面点，伏羲女娲等题材的绢画，从纸制棺木、鞋帽、腰带、枕头等拆出大量汉文文书，以及大量古代干尸。大批资料反映了高昌社会的政治、经济、军事、生活、宗教、文化等各方面的状况，对研究吐鲁番地区的政治、经济、军事、文化史，唐时期新疆与内地的关系史，高昌居民组成、族属、体格、营养等，都具有重要价值。③

---

① 陕西省文物管理委员会：《唐长安城地基初步探测》，《考古学报》1958 年第 3 期；中国科学院考古研究所西安唐城发掘队：《唐代长安城考古记略》，《考古》1963 年第 11 期。

② 中国科学院考古研究所洛阳发掘队：《隋唐东都城址的勘查和发掘》，《考古》1961 年第 3 期。

③ 新疆维吾尔自治区博物馆：《新疆吐鲁番阿斯塔那北区墓葬发掘简报》，《文物》1960 年第 6 期；《吐鲁番阿斯塔那-哈拉和卓古墓群发掘简报》，《文物》1973 年第 10 期。

（4）陕西乾县永泰公主墓

永泰公主(684? —701 年)李仙蕙,唐中宗第七女,母为韦皇后,初封永泰郡主,嫁给武延基,大足①中在洛阳难产而死,后追赠为公主。1960 年 9 月,永泰公主墓志铭出土,1960—1962 年发掘,该墓早年被盗,有一盗墓者骨架竖立在盗洞内,附近有金银玉器和铁斧等。该墓全长近 80 米,室内有石椁,内有木棺和两具骨架。随葬品有陶俑、木俑和三彩俑近 900 件,还有金器、鎏金铜器、玉器、铁器、铜钱、瓷器、陶器和墓志。墓内壁画内容丰富,保存完好,地面上的石刻有狮、武侍、华表等,为了解唐代高级贵族墓提供了重要资料。②

（5）湖南长沙铜官镇瓦渣坪窑

1958 年调查发现。为了解决湖南唐宋墓中随葬的青釉、褐釉和青黄釉褐彩陶瓷器的产地,在长沙县、湘阴县发现唐代和宋代窑址。在铜官镇瓦渣坪窑址采集到大量唐代彩绘瓷片和完整器。瓦渣坪是挖泥塅、蓝家坡、廖家屋场、都司坡、长坡垅等地的总称。在挖泥塅采集到青黄釉绿褐彩绘花鸟瓷罐、青黄釉褐彩贴花壶、青黄釉贴花双鱼壶、绿釉壶等完整器,在蓝家坡采集到黄釉两系褐彩壶、青釉瓜形壶、黄釉褐彩水丞等器物,在廖家屋场采集到青釉瓷碟、青釉褐彩碗片等,在都司坡采集到白瓷直柄壶、白釉绿彩瓜形壶、黄釉褐绿彩鸡形壶、青釉洗等完整器,在长坡垅采集到白釉绿彩残壶等器物。在长坡垅发现窑钵底部粘有青釉碗的口缘部分,它说明当时是把瓷坯放在窑钵内,再把窑钵相叠,放置碗内。窑托有两种,底部带三个支钉的圆形和圆圈形窑垫。③ 唐代窑址的发现,不仅为研究湖南的陶瓷发展,而且为研究唐代中国陶瓷的发展提供了重要资料。

---

① 大足元年为 701 年。

② 陕西省文物管理委员会:《唐永泰公主墓发掘简报》,《文物》1964 年第 1 期。

③ 湖南省博物馆:《长沙瓦渣坪唐代窑址调查记》,《文物》1960 年第 3 期。

2. 专题研究

(1) 铜官窑

以往一直把湖南长沙铜官镇瓦渣坪发现的唐代窑址称为铜官窑，现在改称为长沙窑。20 世纪 50 年代，冯先铭根据两次对铜官镇瓦渣坪窑址的调查，对中国古代陶瓷发展提出了新看法。[①] 20 世纪 50 年代在长沙近郊唐宋墓中出土了大量青釉瓷器和青釉带彩瓷器，以前根据陆羽《茶经》认为它们是位于湘阴的岳州窑的产品。1953 年，在湘阴铁罐嘴发现了唐代岳州窑的窑址，这个发现证实了以往认为属于岳州窑的青釉瓷器的确产自岳州窑，不过在铁罐嘴的岳州窑窑址上没有发现青釉带彩瓷器。对铜官镇瓦渣坪窑址进行调查后，发现原来一直认为属于岳州窑产品的青釉带彩瓷器是铜官镇瓦渣坪的窑址生产的，纠正了历史上的一桩错误。

同时，通过瓦渣坪窑址进行调查研究，还搞清楚了几个重大学术问题。首先，瓦渣坪烧制的瓷器采用的装饰方法突破了原有的认识，即只有单色釉，而且只有把器身做成瓜棱形、碗口做成花瓣形，器身刻划花纹，黑釉上施蓝斑和褐釉上施灰斑三种装饰方法。可是瓦渣坪烧制的瓷器出现了青釉带褐绿色彩，具体表现为釉下褐色斑点、釉下褐绿色斑点、釉下绿彩、釉下褐绿彩绘。其次，铜官窑瓷器还外销到国外诸如印度、埃及、伊朗和日本等国。再次，铜官窑烧制时间集中在唐五代。另外，因为铜官窑唐代产品中有比较多的印花蝴蝶并点彩，所以能够把以往不知窑口的印花蝴蝶纹确定为铜官窑产品。

(2) 唐代银锭

1957 年 1 月，西安市东北郊砖瓦厂工人取土时在地下发现一批文物，其中有四块银锭和镀金花纹银质大盘一件和一个小银盘。四个银锭上分别刻有不同字样。第一锭正面中间刻字一行"专知诸道铸钱使

兵部侍郎兼御史中丞杨国忠进";背面刻字三行,分别是"中散大夫使持节信安郡诸军事检校信安郡太守上柱国尉迟岩""信安郡专知山官丞(承)议郎形录事参军智庭上""天宝十载①正月日税山银一铤五十两正"。第二铤正面刻字一行"专知诸道铸钱使兵部侍郎兼御史中丞知度支事杨国忠进";背面刻字三行,分别是"宣城郡和市银壹铤五拾两""专知官大中大夫使持节宣城郡诸军事守宣城郡太守上柱国臣苗奉倩""天宝十载四月二十九日"。第三铤正面刻字一行"岭南采访使兼南海郡太守臣彭杲(果)进",右上角有"银五十两",背面无字。第四铤正面刻字三行,分别是"朗(朗)宁郡都督府天宝二年贡银壹铤重伍拾两朝议郎权怀泽郡""太守权判太守兼管诸军事上柱国何如璞专知官""户曹参军陈如玉、陈光远□防控仙"。出土地点在唐大明宫东内苑遗址之内。②

　　唐长孺度对上述银铤释文做了订正(即上一段括号内为纠正过的字),结合《新唐书》《旧唐书》等文献对此做了研究。这四铤银都是进奉银,第一、二铤由地方官解缴国库,由杨国忠以判度支的地位进奉给皇帝,唐玄宗时期中央财政机构惯于把国库收入中的一部分移交给宫廷的内库。第一铤是税山银即税坑冶,也就是信安郡有银矿而上交的税银。可是《元和郡县志》与《太平寰宇记》都没有记载信安郡有银矿,但是《新唐书·地理志》记载信安郡西安县下注有"有银"。这个银铤刻文佐证了《新唐书·地理志》的记载。第二铤是税和市银即国家向民间收买物资。唐长孺对为何称为"和市银"做了两种解释。一种解释是中央分付宣城郡和市若干土产,预发价若干,后来买价较预计为低,还有余多,以之交还国库。另一种解释是以租调义仓粟折钱和市轻货送往长安,这铤银是和市所得之物,因此称为和市银。无论如何,

---

① 天宝元年为 742 年,天宝十载即 751 年。
② 李文渠:《弥足珍贵的天宝遗物》,《文物参考资料》1957 年第 4 期。

银铤上的这条刻文可以说明唐玄宗时期普遍推广和市制。第三、四铤则是地方官的进奉。这种进奉在史籍上屡见不鲜,其中有些似乎是指例贡。不过第三铤似乎不是例贡,而第四铤虽然明书贡银,实则未必,这是因为刻纹内容不详。[①] 由此可见,出土银铤的确有助于历史研究。

万斯年对这批银铤做了补充研究。他根据《唐六典》和《新唐书》的记载,认为银铤进奉的地方叫百宝大盈库,为了便于唐玄宗利用,此库设在西内。因为银铤出土于大明宫遗址,所以银铤应当是原藏于大明宫中的左藏库。他赞同唐长孺,认为和市是以租庸义仓粟折钱和市轻货送到长安,银铤是和市所得之物的解释,并以《通鉴》卷二一六记有杨钊在天宝八载(749 年)二月奏请将州县仓库粟帛变为轻货的实例。他对"专知"做了说明,认为唐代委派某一官吏专任或者兼任主持管理某一工作,这种官职叫作专知官。万斯年还认为,由于职务大小不同,专知官仍有等级,第二铤银刻有宣城郡太守为专知和市官,说明和市官的等级高于上述专知山官,最高的专知官则带有"使"的名义,表示他是唐政权派遣的。[②]

五、宋元明清考古

对宋至清的考古主要是配合基本建设发掘了一些墓葬,主动发掘只有少数瓷窑和个别帝陵,石窟调查是佛教考古的重要内容。

1. 考古新发现

(1) 江苏南京牛首山南唐二陵

南唐二陵是南唐开国皇帝先主李昪与中主李璟的陵墓,李昪及夫人合葬墓为钦陵,李璟及夫人钟氏的墓为顺陵。陵墓早年被盗但是建筑保存完好,1950 年后进行抢救性发掘,墓室有的是石砌,有的是砖

---

① 唐长孺:《跋西安出土唐代银铤》,《学术月刊》1957 年第 7 期。

② 万斯年:《关于西安市出土唐天宝间银铤》,《文物参考资料》1958 年第 5 期。

砌。墓室内彩画和棺床上的雕刻多为唐代流行纹样。遗留文物约 600
件,包括哀册、谥册、各种陶俑。陶俑中有拱手或持物站立、舞蹈俑,男
女和男俑神怪动物,在填土中发现很多五代瓷片,它们对研究五代历
史具有重要意义。南唐二陵是 1949 年以后首次发掘的帝王陵墓。[①]

（2）北京定陵

1955 年,时任北京市副市长的明史专家吴晗联合了郭沫若、沈雁
冰、邓拓、范文澜、张苏要求发掘长陵,文化部文物事业管理局局长郑
振铎、中国科学院考古研究所副所长夏鼐以我国目前考古工作技术水
平还难以承担这样大规模的发掘工作,以及文物的保存、复原方面的
技术也不过关为理由,希望吴晗放弃发掘。无奈吴晗决心已下,最后
周总理裁定同意发掘。[②] 随后成立了由 6 位发起人和夏鼐、郑振铎、王
昆仑组成的"长陵发掘委员会",他们考虑到长陵规模较大,为了慎重
起见,决定以定陵为试掘对象。定陵是明神宗万历皇帝朱翊钧与孝端
皇后王氏和孝靖皇后王氏的合葬墓。1956 年 5 月试掘,从墓室内清理
出了 2000 多件珍贵文物,特别是清花瓷器和织锦匹料。但是尸骨、木
棺后来也没能够保存下来,大批光彩艳丽的织锦品出土后不久都变得
像松树皮一样变硬、变脆、变色。[③]

鉴于定陵发掘出现的问题,夏鼐坚定了帝陵不宜过早发掘的看
法,使长陵的发掘计划作罢。在郑振铎、夏鼐的建议下,1961 年国务院
下发了《停止对一切帝王陵墓发掘》的文件。1965 年,一些史学家再次
提出发掘长陵,被周总理以"我对死人不感兴趣"为由否决了。

（3）河北曲阳定窑遗址

1960—1962 年先后两次试掘。揭露面积 400 多平方米,地表瓷片

---

① 曾昭燏、蒋赞初、张彬等:《南唐二陵》,文物出版社,1957。

② 王仲殊:《夏鼐先生传略》,载《中国考古学研究——夏鼐先生考古五十年纪念论文集》,文
　物出版社,1986。

③ 于秋伟、张勃:《帝王的悲哀》,载《石破天惊 百年重大考古发现秘闻录》,齐鲁书社,1999。

以白釉碗、盘碎片最多,瓷胎大部薄致细白或微带灰色,质坚实,火候高。釉色多白里略闪青黄或青灰,纯白的极少,有的釉水下流淡淡如泪痕。由于胎、釉均薄,器面大半都显有所谓"竹丝刷纹"的拉坯遗痕,圈底满釉,口沿均露胎,全部采用覆烧法烧制。以印花最多,刻划纹饰次之。试掘结果表明,晚唐开始创烧,北宋是大发展和创新时期,并为宫廷烧制器物。北宋末年的靖康之变是导致定窑衰落与废弃的主要原因。①

(4)浙江杭州南山区石窟寺

20世纪50年代初,有学者在杭州南山区做了一些调查,发现佛教摩崖龛像最早创凿于五代后晋七年(942年),造像多为五代至元代的作品,其中,最知名的当数布袋和尚。他是明州奉化人,出家后号长汀布袋师,用杖杠一布袋,见物则乞,分少许如袋,饿了就吃,饱了即睡。因他说偈语"弥勒真弥勒,分身千百亿;时时示时人,时人不自识",被当作弥勒的化身。这些造像补充了西北和华北的缺位,在中国雕塑史上占有一定的地位。②

(5)江苏无锡惠山夫妇合葬墓

1954年10月发现并清理。该墓封土被破坏,墓前有短碣,上有"明吏部左侍郎兼侍读学士赠太子少保礼部尚书谥周文恪公暨元配诰封夫人赵氏之墓"。该墓为糯米石灰浇浆双坑竖穴石板墓,墓室长2.8米。墓内有棺椁,椁紧靠墓壁,棺椁之间四周填满石灰砂浆。棺内用大小不一的石灰包塞脚部两旁和垫身。男左女右,男性墓坑内石墓志一件,尸体和衣物保存不佳。随葬品仅有小玉环、锡钱各两件,银锭、犀牛角、毛刷、木梳、银耳挖、素面铜镜、一件内置铭文铜镜的镜盒等遗

---

① 河北省文化局文物工作队:《河北省曲阳县涧磁村定窑遗址调查与试掘》,《考古》1965年第8期。

② 史岩:《杭州南山区雕刻史迹初步调查》,《文物参考资料》1956年第1期。

物。女性墓坑内出土石墓志一件、凤冠一件、水晶佛珠一串、鎏金花饰四件、银戒指两个，以及铜镜、毛刷、木梳各一件。墓主周文恪殁于1586年，无锡人，享年58岁；妻赵氏殁于1600年，享年70岁。[①]

2. 专题研究

(1) 全真教真人墓石椁雕刻

1959年12月，为了配合山西芮城县永乐宫的迁建，相传吕纯阳和元代全真教知名人物宋德方、潘德冲的三座墓也被迁建。迁建时对三座墓做了清理，其中宋德方和潘德冲墓中石椁上的雕刻纹样非常重要。

宋德方墓在永乐宫西北峨嵋岭上，墓冢近似方锥形，高约7米、宽17.3米。封土下是砖券硐室墓，墓室平面为长方形，长2.88米、宽1.72米、高1.8米。墓室正中有石椁一具。石椁南侧有一方墓志，上刻"先师玄都至道披云真人宋天师真赞……"。石椁长2.3米、椁前高1.2米、后高1.03米，石椁内有木棺一具。石椁盖正中刻字"十方大纯阳宫玄都至道东莱披云宋天师"等，正面和左右壁都是平雕线刻画，内容是亭台楼阁、人物等，后壁刻董永、郭巨、孟宗和王祥四幅孝子图。据元统三年(1335年)所立"披云子祠堂碑"，宋德方死于元宪宗二年(1252年)，公元1254年迁葬，1275年迁葬于此。

潘德冲墓南距宋德方墓200米，墓室结构大致和宋德方墓相同。墓室内北端砌有棺床，上有石椁一具，长2.22米、前端高1.03米、宽0.86米、后端高0.70米，石椁内木棺一具。石椁上阴线雕刻，其中最突出的是二十四孝的人物故事图。按"潘真人祠堂背脊"，他与宋德方同为重建永乐宫的主要人物，从墓葬形制、葬式、雕刻题材和艺术手法等看，其时代与宋德方相同。[②]

[①] 金琦：《无锡惠山发现明代夫妇合葬墓》，《考古通讯》1956年第3期。
[②] 山西省文物管理委员会、中国科学院考古研究所：《山西芮城永乐宫旧址宋德方、潘德冲和"吕祖"墓发掘简报》，《考古》1960年第10期。

　　徐苹芳对宋德方和潘德冲石椁上的线刻孝子故事做了解读。宋德方字厂道,莱州掖城人,披云子是其石斧丘处机所授之号。元太祖十五年(1220 年)曾随丘处机见过成吉思汗,他一生中最主要的事情是主持了元道藏的刊刻,元定宗永乐宫建成后,道藏经板被移到永乐宫。潘德冲字仲和,淄之齐东人,也是丘处机的弟子。他一生最主要的事情是修建永乐宫。徐苹芳首先分析了全真教出现的历史背景,指出全真教的“涧饮谷食,耐辛苦寒暑,坚忍人之所不能堪,力行人之所不能守”,主张为元统治者利用。而自汉代遗留所流传的孝子故事正好辅助全真教提倡的“忍辱自立”的宗旨。全真教创始人王喆(重阳)提倡读孝经,丘处机更是建议元太祖用“孝道”建立统治秩序。元代统治者采纳了全真教的建议,大力提倡孝道,所以在金元时代墓中的壁画和雕刻题材中流行孝子故事的题材。全真教的两个主要人物石椁上的孝子图和二十四孝图充分地说明这种题材的流行与全真教有着密切的关系。当然,宋德方石椁两侧的浅刻画也反映了当时山西建筑的形象。①

　　(2) 波斯银币

　　波斯在安息王时就与中国交往,萨珊朝在公元 224 年兴起后,《魏书》《周书》《隋书》《旧唐书》《新唐书》等称它为波斯国,记载它曾派遣使臣与我国交往,多提到它使用的银币。萨珊朝时波斯与我国有交往,其银币一定传到我国,只不过很难流传到后世,以至于宋代以来的古钱谱只提到波斯国币而无图。直到 20 世纪初斯坦因在新疆考古时发现萨珊朝库思老一世和荷尔马斯德四世银币各一枚。20 世纪 50 年代,吐鲁番、西安和河南陕县等地的墓中发现数枚银币。夏鼐对它们做了系统的研究,为大家认识当时中国与西亚的交流打开了窗口。

---

① 徐苹芳:《关于宋德方和潘德冲墓的几个问题》,《考古》1960 年第 10 期。

　　夏鼐对吐鲁番高昌古城发现的十枚萨珊朝银币①做了考证,其中四枚是沙卜尔二世(公元 310—379 年)、五枚是其嗣王阿尔达希二世(公元 379—383 年)、一枚是沙卜尔三世的(公元 385—388 年)。4 世纪中叶萨珊朝的势力直达今阿富汗境内,当与我国西部有交往。这时的中原骚乱,而西北在前凉张氏割据时期比较安定,大宛、康居和天竺都遣使朝献,吕光受命征西域。吐鲁番地区银币的发现可以补充文献不足。

　　考古人员对河南陕县隋代刘伟夫妇墓出土的波斯银币做了研究,墓主刘伟官至使持节昌州诸军事昌州刺史,夫妇先后卒于 564 年和 583 年。三枚银币中两枚是库思老一世的银币。《魏书》说,5 世纪下半叶和 6 世纪初叶,波斯遣使朝贡多达 10 次,库思老一世时的波斯国疆域直抵大夏故地(包括阿富汗西部),波斯史籍中也有记载说该王在位时中国皇帝遣使献方物,说明他在位时中波二国曾互派使臣交好。这个发现再次佐证了文献中有关中波关系的记载。

　　西安近郊唐墓 30 号墓出土了两枚波斯银币。夏鼐研究后发现其中一枚是库思老二世的银币,另一枚是模仿萨珊朝后期银币的仿制品。30 号墓出土开元通宝、三彩陶罐等,其年代属于初唐。库思老二世在位 38 年,他就是《隋书·西域传》所说的波斯王库萨和,当时经济繁荣、贸易发达,如前所述,其领地曾扩张到近阿富汗境内,银币的发现用实物资料说明了唐与波斯的交往。②

　　1956 年,青海西宁建设工地出土一批银币,其中十枚银币经过夏鼐鉴定,应为卑喀斯(公元 457—483 年)的银币。③

　　1959 年,新疆乌恰县发现大批波斯银币和金条等遗物,其中完整

---

① 李遇春:《新疆吐鲁番发现古代银币》,《考古通讯》1957 年第 3 期。
② 夏鼐:《中国最近发现的波斯萨珊朝银币》,《考古学报》1957 年第 2 期;《青海西宁出土的波斯萨珊朝银币》,《考古学报》1958 年第 1 期。
③ 赵生琛:《青海西宁发现波斯萨珊朝银币》,《考古通讯》1958 年第 1 期。

的银币 878 枚、残碎的 63 枚。据研究,其中 2 枚属于库思老一世,567 枚属于库思老二世,281 枚始于库思老二世式样。而这批银币的埋藏地点可能位于中西交通要道旁。它是中西方经济文化交流的见证。①

第四节　理论方法与课题

这一时期的考古工作以抢救性发掘为主,几乎无暇顾及室内资料整理和后期研究,专题研究更是少见,只有少数研究者从事陶瓷器、动植物遗存等研究,并取得一定成果。

一、考古学理论方法

1. 考古学文化

有些考古工作者和历史工作者对考古学基本理论问题的认识不够深入,混淆了文化和时代的概念。“大跃进”期间,有人提出以蒙昧时代、野蛮时代及文明时代的概念替代以文化名称对考古遗存进行分类的做法。夏鼐发现这个情况后及时撰文,指出“文化”是考古学上某一社会(尤其是原始社会)的文化在物质方面遗留下来的可供我们观察到的一群东西的总称,考古学文化是表示考古遗存中所观察到的共同体。他具体讲解了什么是考古学文化、划分考古学文化的标准、如何命名考古学文化等基本概念。② 他用这种方式指导考古研究沿着正确的方向发展。

《关于考古学上文化的定名问题》这篇文章多年后仍然被高度评价。“这篇逆潮流的著作的发表,无疑,对纠正当时考古学界出现的‘左倾’错误,和推动考古学的健康成长,均起到了重要作用。”③

---

① 李遇春:《新疆乌恰县发现金条和大批波斯银币》,《考古》1959 年第 9 期。
② 夏鼐:《关于考古学上文化的定名问题》,《考古》1959 年第 4 期。
③ 张忠培:《关于中国考古学的过去、现在和未来的思考》,载《中国考古学:走近历史真实之道》,科学出版社,1999。

2. 考古资料解读与文献

历史考古需要文献引证,但是如何引证则是需要认真对待的问题。俞伟超列举了三个误用文献解读考古资料的实例,来说明当时存在的未能准确运用文献解读考古资料的现象。

其一,有考古报告作者判断墓主身份时,会引用《六典》和《会要》来证明唐墓出土陶俑的尺寸与文献记载相合,并以此作为论证来说明墓主身份。按《六典》和《会要》推测该墓主是六品至九品官,可是报告作者认为他是五品官。原因是报告作者在引用文献时没有统观全文而忽略了它的时代性,造成对墓主身份的误判。

其二,虎子是六朝墓中常见随葬品,一般认为是亵器。不过在南京梅家山六朝墓的清理纪略中,作者推测虎子是酒器而不是溺器,误解《汉书·张骞传》的注,没有完全理解颜师古的原意,颜师古认为兽子(虎子)是亵器。俞伟超也认为作者怀疑虎子不是亵器是可以的,但是不用把文献断章取义,曲解原文。

其三,有人在介绍西安西南郊斗门镇附近的一对西汉石雕时,推断它们是汉代昆明池侧的牵牛、织女像,俞伟超指出作者古文献中的左右弄颠倒了,而且引文错乱,导致把牵牛、织女颠倒了。[①]

3. 考古测量

郭义孚比较系统地介绍了田野发掘的材料方法。第一,基本知识,简介测量学及其分类,考古测量的对象和目的,测量时的注意事项,平地距离的步测法,斜坡上两点间水平距离的直接量法,方向及罗盘仪,五种基本定点方法,测绘简单的平面图等。第二,小平板测量,具体介绍了平板仪的安平法、射线法、交线法、导线法,导线的闭合误差和它的改正方法等方法。第三,测斜仪的应用,介绍了计算公式。第四,地形测量,具体介绍了用等高线表示地形的方法、等高线的测绘

---

① 俞伟超:《应当慎重引用古代文献》,《考古通讯》1957年第2期。

方法、考古地形图的测绘。① 它为田野考古科学化奠定了基础。

4. 考古调查方法

1955 年 10 月 18 日，夏鼐在黄河水库考古工作队做了有关考古调查的报告。他说，考古调查的主要墓地两个，了解遗址的分布情况，为发掘工作做准备。他指出，调查区域内可以发现的文物有几种基本类型：平地上的居住遗址，洞穴中的居住遗址，城寨的遗址，古代墓葬，山地矿穴或采石坑，摩崖造像和题刻，可以移动的造像、碑碣、经幢、墓志等，古代建筑，古生物化石。关于调查方法，先参考文献古籍资料，查阅地图，到当地通过询问等找线索，然后确定调查线路，开展实地调查，要做到眼勤、手勤、腿勤和脑勤，其中腿勤尤为重要。实地调查还有一个要点是依靠群众。采集标本时，小件如骨器、铜钱和玉器等全部收集，至于陶片则每种选取一两片作为代表等。同时调查时应该配合一些设备，比如望远镜、照相机、三脚架、罗盘、各类尺和小铲，以及笔记本和调查表格等。表格内容有地点、地图号、海拔高度、关系人即发现地的主人或知情人，文化层深度、土堆高度、土质和农作物、暴露遗迹和遗物，采集遗物等。夏鼐还提出了调查工作应该遵守的几条原则，如遵守纪律、服从领导、严格保守国家机密、私人不收买或收藏古物标本等。②

安志敏也撰文介绍调查古代遗迹时如何找线索、古代遗迹分布规律和常见的种类。找线索的方法有：(1) 研究地名，比如灰嘴(河南偃师)等是新石器时代遗址，因为该地有厚层灰土和丰富的陶片，就有了这种地名。又比如，赵王城(河北邯郸)等说明这里有古城。(2) 口头传说。安志敏还介绍了古代遗迹的所在地有一定的地理环境与分布规律。比如住地，靠近水源，适合生产的地点，交通方便，风向适宜。

① 郭义孚：《考古测量》，《考古通讯》1957 年第 4 期。

② 夏鼐：《考古调查的目标和方法》，《考古通讯》1956 年第 1 期。

葬地,石器时代葬地多在住地或附近等。调查方法有几种,沿河谷调查,利用开矿、修渠、筑路等翻土工程中出现的线索,利用空中照相。安志敏还列举了几种与古代遗址有关的地理环境可以作为考古调查的线索,比如洞穴、河旁台地、土墩、贝丘和砂丘。[①]

二、课题研究

1. 古代陶瓷研究

中国科学院冶金陶瓷研究所周仁及其合作者利用自然科学方法研究陶瓷器取得不少成果。周仁对景德镇传统制瓷工艺做了专题研究,他把传统制瓷工艺分为六个部分:原料和原料的炼制,胎泥和釉浆的配合,成型,上釉,烧成,加彩等。[②] 夏鼐支持周仁等利用自然科学的方法研究瓷器工艺,针对周仁等人所著《景德镇瓷器》一书,他指出"考古学的对象是古代物质文化,我们应该尽量设法多多利用物理科学方面的方法,以解决考古学上的问题。本书在这方面对于我们研究古代陶瓷,有很大的启发"[③]。周仁等选用了 17 个南北窑场不同时期的制品为标本对瓷器的胎、釉和烧造工艺进行了研究。[④]

(1) 景德镇制瓷工艺

周仁参考 1949 年以后对古窑址的调查和初步研究,以景德镇制瓷工艺为主兼顾其他窑场制瓷工艺好的特点,梳理了我国传统制作工艺。他指出,制瓷工艺过程分六个步骤:第一,原料和原料的炼制,第二,胎泥和釉浆的配合,第三,成型,第四,上釉,第五,烧成,第六,加彩。具体而言,他指出原料有高岭和瓷石两类。高岭采集需要把大部

---

① 安志敏:《古代遗迹的地层线索》,《考古通讯》1956 年第 1 期。

② 周仁:《我国传统制瓷工艺述略》,《文物参考资料》1958 年第 2 期;周仁等:《景德镇瓷器的研究》,科学出版社,1958。

③ 夏鼐:《介绍周仁等著〈景德镇瓷器的研究〉》,《考古》1959 年第 6 期

④ 周仁等:《中国历代名窑陶瓷工艺的初步科学总结》,《考古学报》1960 年第 1 期。

分石英和云母淘洗掉之后沉淀和制块备用，而瓷石经过粉碎、淘洗和沉淀制成砖状的泥块，是胎泥和釉果的原料。制瓷胎的泥是用高岭和瓷石配合而成的，釉浆是用釉果掺入釉灰配合成的，釉灰是用石灰石和凤尾草分层堆积起来焚烧而成的。成型，包括圆器成型、琢器成型和雕镂成型等。圆器成型是利用陶钧拉坯成型的，然后利坯和挖足；琢器成型与圆器成型相似，也是拉坯成型的；雕镶成型四方、六角等有棱角瓷器和像生瓷器，以及壶嘴、壶把等配件的成型方法，手工或手工配合模子的成型方法。上釉则有荡釉、蘸釉、吹釉、浇釉和涂釉等方法。烧成是制瓷最重要的阶段，燃料有煤和柴两种，窑的造型有多种。加彩，分釉上彩和釉下彩两类。我国固有的釉下彩只有青花和釉里红两种，釉上彩分五彩和粉彩两类。[①]

（2）景德镇瓷器原料

周仁等对景德镇唐代以来的 28 件古瓷标本做了化学分析，并使用热膨胀法测定了部分古瓷的烧成温度，以及胎釉成分等，得出如下结论：第一，唐宋时期的瓷器可能只用一种瓷石或者掺入极少量高岭作为制胎原料。第二，清初制瓷工艺发展到很高水平，表现在瓷胎中采用多量的高岭以减少瓷器的变形；精工粉碎和淘洗原料；提高烧成温度以改变瓷胎的显微结构，从而改进瓷器的物理性能，使其具有现代硬质瓷的技术指标；改进瓷器装匣钵支烧的方法，从而提高美观并利于实用；为了使瓷器的釉能够配合瓷胎的烧成温度，釉中的氧化钙的含量有大幅降低，有利于提高釉的白度和光泽度。第三，在瓷胎中增加高岭以减少变形和扩大烧成温度范围，在釉中减少釉灰以增加白度等。第四，唐代已经掌握还原焰烧成瓷器。从胎釉化学成分和瓷胎结构以及烧造工艺上能够区分出景德镇唐、宋、元、明和清的产品在本

---

① 周仁：《我国传统制瓷工艺述略》，《文物参考资料》1958 年第 2 期。

质上的差别。[1]

周仁及其团队还对西周居住遗址出土的陶瓷碎片进行了科学分析[2]，并对其产地做了研究。[3] 周仁等还总结了新石器时代和商周时期制陶工艺的特点。[4]

2. 古人类研究

(1) 古代病理

体质人类学家颜訚重视从古病理学的角度研究出土人骨，对甘肃杨家湾[5]、宝鸡北首岭[6]、西安半坡[7]、华县元君庙、泰安大汶口、曲阜西夏侯等遗址出土的人骨做了测量和研究。

他还提出比较古代人与现代人的食物及生活方式，对齿病来说是有意义的。他介绍了国外这方面的研究成果，比如尼安德特人的下颌有了畸形性关节炎，西欧新石器时代、铜器时代和罗马时代已经有了这种病理的记载；埃及金字塔大约第五王朝的人大腿骨上有骨瘤；欧洲新石器时代和埃及古代及南美洲古代遗骨上有骨髓炎；埃及古代遗骨上发现梅毒；德国海德堡的新石器时代人骨上发现结核。国外学者认为尼安德特人患齿槽脓溢或牙周炎而龋齿少见的原因是尼安德特人的食物有植物根、坚果、水果、浆果等。颜訚对殷墟人牙的研究结果表明，他们生前落齿较为普遍、齿的磨蚀程度超过年龄用齿程度，反映出当时居民的营养不良、食物粗糙，且食物大多属于植物类等，这些成

① 周仁等:《景德镇历代瓷器胎、釉和烧造工艺的研究》,《硅酸盐》1960 年第 2 期。

② 周仁等:《张家坡西周居住遗址陶瓷碎片的研究》,《考古》1960 年第 11 期。

③ 周仁等:《张家坡西周陶瓷烧造地区的探讨》,《考古》1961 年第 8 期。

④ 周仁等:《我国黄河流域新石器时代和殷周时代制陶工艺的科学总结》,《考古学报》1964 年第 1 期。

⑤ 颜訚:《甘肃齐家文化墓葬中头骨的初步研究》,《考古学报》1954 年第 9 期。

⑥ 颜訚、刘昌芝、顾玉珉:《宝鸡新石器时代人骨的研究报告》,《古脊椎动物与古人类》1960 年第 2 卷第 1 期。

⑦ 颜訚、吴新智、刘昌芝、顾玉珉:《西安半坡人骨的研究》,《考古》1960 年第 9 期。

果为研究当时的社会制度和社会生活提供了基本资料。①

（2）殷墟人骨

台湾史语所的两位专家对殷墟出土人骨的研究取得了重要成果。李济指出，殷墟头骨测量结果显示出了当年步达生所谓的甘肃新石器时代晚期和华北人头骨的东方人特征。他认为，殷墟头骨代表的族群应该可能是异种系性。杨希枚测量了 370 具殷墟人骨后，把侯家庄出土的头骨分为典型蒙古人种、太平洋尼格罗人种、高加索人种、因纽特人种和形态特征尚不能确定的五种，他结合董作宾的"武丁曾领导了一系列军事远征抗击主要来自山西和陕西北部的中亚游牧民等外族敌人"的看法，指出殷墟人骨中发现欧洲人类型的头骨并不足为奇，原始中国人群就是部分地由这些民族融合而成的，其中占优势的是蒙古人种集团。②

3. 植物考古

（1）稻作

1957 年 4 月，日本考古学考察团小野清一回国后委托中尾佐助鉴定从中国科学院考古研究所获得的洛阳汉墓出土的谷壳，鉴定结果以《河南省洛阳汉墓出土的稻米》为题发表在 1957 年《考古学报》第 4 期。结论是这些稻米属于长粒，与安特生在仰韶期陶器上发现的稻壳一样。

武汉京山屈家岭文化遗址出土红烧土中发现稻谷壳后，武汉大学生物系对红烧土上稻谷壳做了鉴定，认为其属于粳稻。水稻专家丁颖指出"这些谷粒当属于粳稻，且在我国是比较大粒的粳型品种"。③ 他建议加强这方面的研究，根据我国考古发现和文献论证了我国稻作的起源，否定了所谓籼稻种植分别起源于印度和日本的说法，提出要加

---

① 颜訚：《人类骨骼在考古学研究中的地位》，《考古通讯》1958 年第 5 期。

② 李济：《关于殷商人群的体质人类学概述》，载《安阳殷墟头骨研究》，文物出版社，1985。

③ 丁颖：《江汉平原新石器时代红烧土中的稻壳考查》，《考古学报》1959 年第 4 期。

强稻作起源研究,但是没有受到重视,直到 20 世纪 70 年代河姆渡遗址发现稻谷后,才让人们关心水稻起源问题。

(2) 种子鉴定

洛阳配合基本建设工程考古中发现汉代植物种子。古代有一种习俗,在墓中随葬的仓等陶器中放入农作物种子,外面有时会写"万石"。种子中有稻、麦、黍、麻,以及像芥菜的种子。这为研究汉代农业提供了实物资料。[1]

(3) 孢粉分析

除稻谷鉴定外,地理学家从半坡遗址采集了孢粉样本做了分析,结果表明当时当地草本花粉多于木本花粉,草本花粉中以藜科和蒿为主,属于远距离传播的花粉植物有松、云杉和桦等,属于较近距离传播花粉的植物有鹅耳枥和栎等。近距离传播花粉的植物有各种草本植物,推测当时气候环境属于半干旱性气候,与今天的气候相仿。遗址中发现的榛籽、松籽、栗籽和朴树籽等可能多系采取自靠近此处的山前和低山地区。[2] 这个结果为考古工作者综合研究该遗址提供了重要资料。

4. 冶金考古

考古工作者比较重视出土金属器研究,通常会委托自然科学家对相关样本做分析。

(1) 司母戊方鼎检测

1939 年,河南安阳武官村出土了闻名世界的司母戊方鼎,通高133 厘米、横长 110 厘米、宽 78 厘米,重 875 千克。考古人员对其铸造过程和合金成分做了检测分析。

第一,根据对方鼎造型观察,推断其铸造过程如下:先用陶土做模

---

[1] 裴文中:《洛阳发现汉代的植物种子》,《生物学通报》1953 年第 12 期。

[2] 周昆叔:《西安半坡新石器时代遗址的孢粉分析》,《考古》1963 年第 9 期。

子,大小外形与大鼎相同,模子可以是实心的,在有凸出花纹处另附泥块,模子做成后在上面描绘、雕刻出花纹,然后用火焙烧增加模子强度。第二,制范,把模子倒放在泥土的台座上,然后开始制范,估计鼎身是由八块范构成的,每条鼎足由三块范构成,鼎底及鼎内各用四块范拼成。第三,将内外范在事先挖好的地坑中拼合起来,在范四周填土,然后再次焙烧模子。第四,熔化浇铸。

此外,考古人员对铜器的成分进行检测,用光谱做了定性分析,结果显示:铜大量,锡大量,铅大量,铁、铬、锌、砷、硅、钙等微量。分析结果表明,大鼎的成分与殷代一般铜器的成分基本相同。考古人员又用化学分析的沉淀法对铜、锡和铅做了定量分析,结果是:锡占11.64％、铜占84.77％、铅占2.79％。上述观察与检测分析结果为研究商代青铜器铸造技术提供了重要信息。[①]

(2)周处墓带饰研究

周处墓出土金属带饰的鉴定更体现了科技考古的作用。1953年,南京博物院把周处墓出土的一件金属小碎片送交南京大学化学系分析,结果是"带饰内层合金成分以铝为主要"。由于电解提铝法直到1886年才实验成功,所以夏鼐特意为周处墓的发掘报告作跋,提请注意铝带碎片是否属实。随后,中国科学院物理研究所、东北工学院及东北工学院轻金属冶炼教研室、清华大学工程化学系等多家机构参与鉴定,结果指明其基体是铝。结果公布后,被科普工作者作为确定无误的事实加以传播。由于事关重大,一些研究机构又先后对较为完整的16件样本做了密度测定、光谱分析和X射线物相分析,结论是16件金属带饰都含有杂质的银而不是铝,考古学的比较研究也确认带饰为晋代无疑。那么以往分析的小碎片样本为铝又作何解释?有人认为周处墓发掘前已有人进去、附近晋墓多次被盗并且发现现代制品,

----

① 杨根、丁家盈:《司母戊鼎的合金成分及其铸造技术的初步研究》,《文物》1959年第12期。

从淤土中拣出来的铝残片不排除后世混入的可能性。① 这个解释终止了此前分析报告可能带来的混乱。

5. 音乐考古

(1) 殷代编钟

音乐史专家李纯一对故宫博物院收藏的编钟和安阳大司空村墓葬出土的殷代青铜编钟做了测音研究,结合殷代出土陶埙的测音结果,他认为商代编钟是旋律乐器,推定殷人已经有了比较固定的音高和五度协和的观念,具备了创造十二律的前提条件,日后逐渐形成了完整的十二律体系,那种认为中国古代十二律是源自希腊皮塔哥拉斯学说的说法是不对的。②

文物专家王世襄等对河南信阳战国楚墓出土的青铜编钟做了测音,根据出土残木构件复原了悬挂编钟的木架和演奏钟乐的木槌。他们还对瑟的造型、结构做了分析,并结合文献中有关瑟的记载讨论了大小瑟的使用方法等。③

(2) 陶埙

李纯一根据对西安半坡等地出土的新石器时代和商代陶埙的测音结果,提出了最原始的陶埙可能由模仿一节竹管、一段骨管一类的天籁而制成的观点。陶埙由最初的只有吹孔无音孔,逐渐增加音孔而向横的方向发展,器体变粗而呈现橄榄形、管形、不规则的椭圆形或球形,到殷代晚期基本定型而变成规则的平底卵形,并成为后世陶埙的初范。④ 陶埙的研究成果佐证了他对殷代青铜编钟研究的成果是可靠的。

---

① 夏鼐:《晋周处墓出土的金属带饰的重新鉴定》,载《考古学与科技史》,科学出版社,1979。

② 李纯一:《关于殷钟的研究》,《考古学报》1957 年第 3 期。

③ 中央音乐学院民族研究所调查班:《信阳战国楚墓出土乐器初步调查记》,《文物参考资料》1958 年第 1 期。

④ 李纯一:《原始时代和商代的陶埙》,《考古学报》1964 年第 1 期。

6. 动物考古

这个阶段是动物考古形成时期。虽然没有提出"动物考古"的概念，但是配合考古发掘和资料整理时也对出土的动物遗骸进行鉴定分析。

（1）鱼骨鉴定

中国科学院古脊椎动物与古人类研究所刘宪亭对黄万波在四川巫山大溪遗址采集的鱼骨做了鉴定。经鉴定这批鱼骨中有鲟鱼，标本是鳞板的前半部，鲟鱼是生活在浅海和大江大河里的，繁殖期从海游入河内产卵，相当长的时期停留在江河里，它是一种贪食的鱼类。有青鱼，标本是一块带牙齿的下咽骨和喉齿，根据咽骨和牙齿的大小，它的所有者的个体相当大，长达1米以上。青鱼是长江一带习见的鱼。有草鱼，标本是一个喉齿，从喉齿的大小看，其所有者的个体长度达0.5米以上。草鱼是我国南北各地淡水湖中常见的使用鱼类。① 这个鉴定结果为理解大溪文化先民的生产方式和生活面貌提供了很好的依据。

（2）半坡遗址动物

中国科学院古脊椎动物与古人类研究所李有恒等在裴文中的指导下对西安半坡遗址出土的动物骨骼做了鉴定和分析。半坡遗址出土的哺乳动物有很多，偶蹄类有猪牛羊、斑鹿和獐等，食肉类有狗、狐、獾和狸，奇蹄类有马，啮齿类有竹鼠和田鼠，兔形类有兔及短尾兔，还有鱼类和鸟类骨骼。驯养的及可能驯养的动物如下：猪有幼仔个体、少年个体和成年个体，其中幼仔或年轻的比较多，成年的比较少，所以判断半坡的猪是新石器时代人类驯养的。狗的头骨与狼有很明显的区别，属于狗。羊的材料很少，可能是驯养的动物。还有牛和马，材料太少，无法鉴定。狩猎来的动物有斑鹿，它是善跑的比较大型的动物，

---

① 黄万波：《湖北宜昌的新石器时代遗址》，《考古通讯》1957年第3期；刘宪亭：《湖北宜昌李家和新石器时代遗址中的鱼骨》，《考古通讯》1957年第3期。

一件成年鹿角是自然脱落的,角上有人工砍削的痕迹。獐是半坡遗址出土动物骨骼中除了猪以外数量最多的动物,可做食物。竹鼠数量比较多,可做食物。此外还有兔和狸等动物骨骼,数量少多无法鉴定。可能是较晚时期侵入的动物,包括貛、貉、田鼠和狐,它们可能是遗址废弃后在此穴居的动物。另外还鉴定出鲤科、鹛和鸡,鸡是否为家鸡无法鉴定。他们通过动物骨骼研究,重建了半坡的地理环境,新石器时代西安的气候比现在温暖湿润,有森林和竹林,浐河水量大,两旁是沼泽,水草丛生,水中有鱼。①

7. 碳-14 测年

1946 年,美国科学家利比发明了一项在科学史上具有重要意义的技术,利用碳-14 具有的每隔 5568 年就减少一半的半衰期原理,根据含碳物质中的放射性碳-14 数量可以计算出含碳物质的年代,据此可以准确地测出古代遗存的年代,在考古学上具有广阔的应用前景。②

夏鼐在钱三强支持下,于 1959 年在考古研究所内组建了碳十四实验室。1966 年,实验室用碳-14 方法测定已知年代的汉代和战国木俑、木船残骸和木炭标本,测出来的数据与实际年代吻合,证明碳-14测年方法解决了考古学上最难解决的绝对年代问题。③ 从此碳-14 测年方法被广泛运用到考古文化中,为确立中国考古学,特别是史前考古学年代序列,做出了非常重要的贡献,极大地促进了中国考古学的发展。

---

① 李有恒等:《陕西西安半坡新石器时代遗址中之兽类骨骼》,《古脊椎动物与古人类》1959年第 1 卷第 4 期。

② 夏鼐:《放射性同位素在考古学上的应用》,《考古通讯》1955 年 4 期。例如,李家村文化是早于仰韶文化的新石器时代文化,但是从李家村遗址采集的木炭标本经中国社会科学院考古研究所实验室测定,结果距今只有 4640 年左右。夏鼐坚持认为这个数据有误,应摈弃不用。

③ 金涛:《夏鼐的足迹》,《新华文摘》1986 年第 2 期;仇士华、蔡莲珍:《放射性碳素测年介绍》,《考古》1962 年第 8 期。

第五节　交流与合作

一、来访与出访

1. 外国学者来访

这个时期来华访问的外国学者不多,来访者以苏联学者为主。

（1）苏联学者

中华人民共和国建立后,考古界邀请苏联考古专家吉谢列夫来华讲学,介绍苏联考古学著述。他为推动中国考古学发展起到一定作用,但是也带来一些问题,比如出现了教条主义,把史前时期的遗址或墓葬称为氏族或者部落遗存,以历史唯物主义代替地区、民族或者国家历史的具体研究。中国考古学教学多参考苏联教学大纲分文化特征、经济、社会生活、文化等方面。[①]

（2）日本学者

1957年5月,中国科学院院长郭沫若邀请日本知名考古学家来华访问,代表团由日本考古学协会和每日新闻社联合组成,团长为原田淑人,团员有考古学家杉村勇造、驹井和爱、水野清一、杉原庄介、关野雄、樋口隆康、冈崎敬和报社随行人员。在京期间,代表团访问了中国科学院考古研究所和古脊椎动物研究室、北京大学和中央民族学院,参观了周口店、历史博物馆和故宫博物院。然后,代表团分两路参观,一路到西安、洛阳、郑州,另一路到敦煌、西安、成都和洛阳,最后一同去长沙和广州等地,分别参观了半坡、汉城等遗址。代表团先后在考古研究所、古脊椎动物研究室、故宫博物院和北京大学做了七次讲演,分别是:驹井和爱,《关于巨石文化》;水野清一,《云冈石窟的源流》;

[①] 李志义:《科学跃进中的北京大学考古专业》,《考古通讯》1958年12期。

杉原庄介,《日本石器时代研究最近的问题》《日本农业文化的起源》；关野雄,《中国古代中央和地方都市的关系》；樋口隆康,《日本古坟时代所受中国文化的影响》；冈崎敬谈了近东考古旅行和对马的考古发掘情况。他们在讲演中都放映了幻灯,内容丰富。①

（3）其他

根据中埃文化合作座谈会纪要来我国访问的埃及开罗大学埃及古代史和东方史教授费里克1956年访问北京期间,在北京大学做了系统的"埃及古代史"讲座,做了《埃及的古迹》《埃及的古代文化》等专题讲演。他还在中国科学院召开的学术座谈会上,报告了近年来埃及考古新发现。座谈会由中国科学院考古研究所副所长尹达主持,夏鼐、裴文中、郭宝钧、徐炳昶、黄文弼、唐兰等出席了座谈会,尹达向费里克赠送了一批中国考古学书籍。②

1956年5月9日,新西兰文化界人士访华团团员、考古学家罗吉尔·德夫在北京大学历史系做了《从考古发掘谈新西兰的过去》的报告。③

2. 我国学者出访

1958年7月末至10月底,王伯洪和王仲殊参加了中亚细亚的花拉子模和黑海北岸奥利维亚的田野考古工作,参观了其他著名的考古发掘工地,访问了莫斯科、列宁格勒和乌兹别克斯坦、乌克兰、格鲁吉亚、阿尔米尼亚等地的考古研究机构、博物馆和大学的考古专业等。在访问和学习中,他们得到苏联的热情接待和指教,学到了宝贵知识,苏联的考古工作中有许多先进的经验和方法值得学习。④

① 王世民:《日本考古代表团在中国》,《考古通讯》1957年第4期。

②《外国历史、考古学者在北京的学术活动》,《文物参考资料》1956年第8期。

③ 同上。

④ 王伯洪等:《苏联考古工作访问记(一)》,《考古》1959年第2期;《苏联考古工作访问记(二)——访问苏联科学院民族学研究所》,《考古》1959年第4期;《苏联考古工作访问记(三)——在花拉子模考古队实习》,《考古》1959年第5期;《苏联考古工作访问记(四)》,《考古》1959年第9期。

3. 外国考古学译介

这个阶段考古领域主要通过译介苏联、捷克斯洛伐克等国的考古工作,来了解外国的考古研究方法。《考古通讯》从创刊号开始发表了大量苏联考古学教学与科研成果等方面的译文,其中包括苏联考古学教材的争论。

(1) 苏联考古学

1955 年《考古通讯》创刊号刊登了苏联"考古学通论"的教学大纲,它是苏联文化部高等教育司批准,国立大学历史系用的教材。教材内容包括:一、绪论,二旧石器时代,三、中石器时代,四、新石器时代,五、铜石并用时代,六、青铜时代,七、铁器时代的开始,八、古典时期的东欧,九、里海沿岸的古代城市,十、高加索的铁器时代,十一、中亚细亚的铁器时代,十二、西伯利亚的铁器时代,十三、早期中世纪的东欧,十四、伏尔加河的保加尔国,十五、基辅罗斯,十六、弗拉基米尔罗斯,十七、金帐汗国(即钦察汗国),十八、诺夫哥罗德,十九、莫斯科的兴起。这篇译稿是供高等教育部在当年夏天召开的全国综合大学文史教学座谈会参考用的。

1955 年《考古通讯》第 2 期刊登了苏联莫斯卡连科的文章《论"考古学通论"课程的教学问题》①。《考古通讯》第 5 期刊登了苏联吉谢列夫对阿尔茨霍夫斯基《考古学通论》的书评,认为从内容看该书应该改名为《考古学引论》,绪言内容过于简洁,同时批评作者没有说明旧石器时代历史上发生的制造工具的新的穆斯特技术等。②

《考古通讯》先后发表了苏联考古学第 18 期社论《从苏联共产党第十九次代表大会决议看苏联考古学学术上和组织上的任务》《《考古

① A. H. 莫斯卡连科:《论"考古学通论"课程的教学问题》,《考古通讯》1955 年 2 期。

② A. H. 莫斯卡连科:《评 A. B. 阿尔茨霍夫斯基〈考古学通论〉》,陈振藩译,郝铁华校,《考古通讯》1955 年第 4 期。

学通论〉绪言》①《"田野考古工作方法"教学大纲》②《苏共第二十一次代表大会与苏联考古学的任务》③等文章,《文物参考资料》也发表了介绍苏联考古学的文章。

苏联考古学者在居址发掘所采用的大面积发掘方法④被引进到半坡遗址的发掘当中,开了我国聚落考古的先河。在谈考古学的目标时引用《苏联大百科全书》的说法,"根据实物的史料来研究人类的历史的过去的科学"。⑤

(2) 其他

也有译文介绍捷克斯洛伐克的考古工作概况。他们的考古研究是由大学、考古研究所和博物馆三种机构组织实施的。比如大学方面有布拉格大学以约翰·爱斯奈尔和约翰·菲利普两位院士为首的团队;考古研究所方面有捷克斯洛伐克科学院副院长亚罗斯拉夫·波赫姆院士为首的团队;博物馆方面有文化部长领导的布拉格的居里·尼欧斯图费所负责的国立博物院史前学的团队。他们今后在考古学方面的主要任务是根据客观研究方法所获得的材料来解决捷克斯洛伐克的境域问题。⑥

还有译文介绍了印度和朝鲜的考古发现。印度政府考古部东方地区工作队在喀塔克区拉脱纳基吕发现砖幢遗迹。⑦ 朝鲜民主主义共和国科学院考古学民俗学研究所在黄海北道凤山郡智塔里遗址发

① 阿尔茨霍夫斯基:《〈考古学通论〉绪言》,《考古通讯》1955 年 4 期。

② 阿乌杜辛:《"田野考古工作方法"教学大纲》,《考古通讯》1956 年 1 期。

③《苏联考古学 1959 年第一期社论》,《考古》1959 年第 5 期。

④ 蒙盖特:《苏联考古学"绪言"(第一章)》,《考古通讯》1956 年 4 期。

⑤ 中国科学院考古研究所:《考古学基础》,科学出版社,1959。

⑥ 鲁道夫·屠立克:《捷克斯洛伐克的考古工作》,寿金、曹联璞译,齐思和校,《考古通讯》1956 年第 4 期。

⑦ 印度政府新闻处供稿:《奥吕萨拉脱纳基吕山发掘出来的一个大砖幢遗迹》,王俊铭译,《考古通讯》1958 年第 9 期。

掘,发现了原始文化层、古代文化层、中世纪文化层和现代层。①

二、成果刊布

1. 创办学术期刊

(1)《考古学报》

其前身是史语所创办的《田野考古报告》,后改名为《中国考古学报》,共出版了 4 册,由考古研究所编辑,1952 年出版了第 5 册,1953年改名《考古学报》,为半年刊,1955 年出版了 6～10 册。1956—1960年改为季刊,1962—1965 年复为半年刊。夏鼐任主编。刊登内容包括田野考古发掘及调查报告,有创见性的考古研究论著、考古学与古代历史问题的研究论著、苏联考古学先进经验的介绍。

(2)《文物》

其前身是《文物参考资料》,1950 年 1 月 31 日创刊,是文化部文物事业管理局资料室主编的一份铅印内部刊物,小 32 开本,刊登文物工作的重要政策法令,介绍各地文物调查和发现的动态,各博物馆、纪念馆、图书馆的经验总结和工作报道,以及国外文物、博物馆、图书馆情况等。1951 年改为公开发行的不定期刊物,由《文物参考资料》编辑委员会主编。1953 年改为定期出版的月刊,1956 年开始刊登内容不包括图书馆。1954 年刊物改为大 32 开,增加了考古发掘简报和文物调查勘查报告的比重,扩充图版篇幅,采用彩色图版插页。

1956 年,刊物又改为 16 开,1959 年第 1 期开始,改名为《文物》月刊,设置的栏目有:

① 文物、博物馆工作的理论性文章。② 文物、博物馆方面的专题论著或综合研究。③ 革命纪念物、纪念地、革命文

---

① 朝鲜民主主义共和国科学院考古学研究室:《朝鲜黄海北道凤山郡智塔里遗址的发掘》,洪晴玉译,《考古通讯》1958 年第 9 期。

献资料的介绍。④ 近代文物的研究介绍。⑤ 历史文物新资料(如发掘、调查、收购工作中发现的重要文物,抄本、刻本图书等)的介绍。⑥ 民族文物的研究介绍。⑦ 文物、博物馆工作技术革新介绍。⑧ 博物馆的重要藏品介绍,博物馆介绍。⑨ 文物保护单位、古迹名胜的研究和导游性介绍。⑩ 文物常识如各种文物基本知识,历史上重要创造、发明及有关人物的浅显介绍等。⑪ 文物、博物馆书刊评论和出版介绍。⑫ 国外文物、博物馆通讯报道、专论以及名胜古迹介绍等。⑬ 可做封面或插页的重要文物照片和临摹品。

刊物逐步成为一个颇具特色的学术和资料性刊物,1966 年 5 月暂时停刊。①

(3)《考古》

其前身是《考古通讯》。1954 年 4 月间,按郑振铎建议考古研究所办的一个半通俗性、半学术性的考古学期刊。中国科学院考古研究所、文化部社会文化事业管理局、北京大学考古学专业多赞成创办这个刊物。编委会上提出,该刊物的主要任务应该是:普及田野考古知识,提高田野考古方法,介绍苏联先进经验,联系全国考古工作者并交流各地的工作经验。文稿以不超过 5000 字为原则,内容有:考古学一般论著,考古调查和发掘的简报、简讯,苏联先进经验的介绍,国内外考古消息,书报评介,读者来信和讨论。1955 年 1 月正式出版,最初 3年是双月刊。从 1959 年 1 月起改名为《考古》,改为 16 开本。② 创刊时由夏鼐任主编,陈梦家任副主编。③

---

① 本刊编辑部:《历史的回顾——写在第三百期的前面》,《文物》1981 年第 5 期;《文物》1959年第 2 期目录页。

②《文物》1959 年第 1 期版权页。

③ 夏鼐:《回顾与展望——〈考古〉二百期纪念》,《考古》1984 年第 5 期。

（4）《考古人类学刊》

李济领导下的台湾大学考古人类学系继承了以往收集的一大批考古学和民族学标本,考古学与民族学田野工作获得的标本年年增加,但是没有地方发表有关这些标本的记录以及若干科学问题初步讨论的园地。在各方面支持下,1953 年台湾大学考古人类学系创办了《考古人类学刊》,以作为发表考古学和民族学的园地。①

2. 研究成果

中国科学院考古研究所编辑出版的考古学论著丛刊,根据内容性质的不同,分成甲乙丙丁四种。

（1）研究性著作

考古学论著丛刊甲种,共有 10 部,其中只有一部即《新中国的考古收获》是由中国科学院考古研究所编著（1962）,其余均为个人著述:郭沫若的《金文丛考》（三册）（1954）、《两周金文辞大系图录考释》（二册）（1957）、《殷周青铜器铭文研究》（1961）、《甲骨文字研究》（1962）;杨树达的《积微居金文说》（1952）、《积微居金文说（增订本）》（1959）;陈梦家的《殷虚卜辞综述》（1956）;夏鼐的《考古学论文集》（1961）;梁思永的《梁思永考古论文集》（1959）。

（2）考古学论著丛刊乙种

资料性著作共 15 部。其中个人署名的 9 部,它们是:郭宝钧的《山彪镇与琉璃阁》（1959）和《浚县辛村》（1964）,郭若愚等的《殷虚文字缀合》（1955）,赵万里的《汉魏南北朝墓志集释》（1956）,马衡的《汉石经集存》（二册）（1957）,商承祚的《石刻篆文编》（二册）辑 （1957）,于省吾的《商周金文录遗》（1957）,吴文良的《泉州宗教石刻》（1957）,容庚的《金文编》（1959）。

中国科学院考古研究所署名的有三部,即《居延汉简甲编》

① 李济:《考古人类学刊发刊词》,《考古人类学刊》创刊号,1953 年。

(1959)、《甲骨文编》(1965)和《长安张家坡西周铜器群》(1965)，以及江苏省文物管理委员会的《江苏徐州汉画像石》(1959)，安徽省博物馆的《寿县蔡侯墓出土遗物》(1956)，甘肃省博物馆与中国科学院考古研究所联合署名的《武威汉简》(1964)。

（3）通论性著作

考古学论著丛刊丙种两部，分别是冯家升的《回鹘文写本〈菩萨大唐三藏法师传〉研究报告》(1953)，容庚和张维持的《殷周青铜器通论》(1958)。

（4）田野考古报告

考古学论著丛刊丁种共计18部。个人署名的共三部，其中两部是黄文弼的《塔里木盆地考古记》和《吐鲁番考古记》，一部是冯汉骥的《前蜀王建墓发掘报告》。

15部是集体署名。中国科学院考古研究所署名的有11部：《辉县发掘报告》(1956)、《长沙发掘报告》(1957)、《洛阳中州路西工段》(1959)、《三门峡漕运遗迹(黄河水库考古报告之一)》(1959)、《庙底沟与三里桥(黄河水库考古报告之二)》(1959)、《上村岭虢国墓地(黄河水库考古报告之三)》(1959)、《唐长安大明宫》(1959)、《沣西发掘报告》(1963)、《西安半坡原始氏族公社聚落遗址》(1963)、《京山屈家岭》(1965)、《西安郊区隋唐墓》(1966)。其余4部是：河南省文化局文物工作队的两部，即《郑州二里冈》(1959)和《巩县铁生沟》(1962)，洛阳区考古发掘队的《洛阳烧沟汉墓》(1959)，以及陕西省考古研究所的《陕西铜川耀州窑》(1965)。

三、其他

1. 学术批评

考古学者们以书评的方式开展学术批评，促进考古学研究水平的提高。

夏鼐指出，裴文中的科普文章《从古猿到现代人》①中使用的"灵生代"概念不明确，"在地史的研究上，我们所接触的是岩石和化石等物质世界，并不是心灵。这个带着浓厚的唯心论色彩的'灵生代'一名辞，还是放弃为妥"。他还指出"猿和人的区别""手和足的演化""灵长类的分类"等段落中有些说法不严密并做了补充说明。②

《沣西发掘报告》刚出版，就有学者就指出其中存在的若干问题，首先是处理西周陶器分式时，往往主观地将两种甚至三种以上不同器形的陶器混为一式。其次是对"五期墓"随葬陶器的区别的概括不够全面，不同时期随葬陶器的差异是不大的，很难看出它们之间的区别和早、晚发展规律。③

夏鼐指出了贾兰坡的《旧石器时代文化》中多处不准确的说法，并做了一些订正。④ 他对陈万里的《陶俑》一书的不足提出了严肃的批评。⑤ 他还指出周谷城校正的《远古文化史》一书的译者不熟悉考古学方面的常识性专有名词，没有正确理解原文而造成书中出现多处明显误译的问题，建议该书重版时要"细校一下，改正那些比较严重的误译"。⑥他对郑振铎为《远古文化史》中译本所写的序言中存在的疏漏同样提出了批评。贾兰坡、陈万里、周谷城和郑振铎都是各个领域的知名学者、中国文物考古界的重要领导，而夏鼐敢于开诚布公地提出学术批评实属难能可贵。

2. 公共考古

为了配合农业生产大跃进，向群众进行保护文物的宣传，普及考

---

① 裴文中：《从古猿到现代人》，《学习》1949 年 1 卷 4 期。

② 夏作铭：《〈从古猿到现代人〉的商榷》，《进步青年》第 223 期，1950 年，转引自《夏鼐文集》。

③ 求是：《〈沣西发掘报告〉读后》，《考古》1964 年第 12 期。

④ 夏作铭：《评贾兰坡著〈旧石器时代文化〉》，《考古通讯》1958 年第 2 期。

⑤ 夏作铭：《评陈万里编著〈陶俑〉》，《考古通讯》1958 年第 5 期起。

⑥ 夏作铭：《评柴尔德著〈远古文化史〉中译本》，《考古通讯》1958 年第 6 期。

古知识,进行爱国主义的教育,黄河水库考古工作队华阴队在横陈村新石器时代遗址举办了一次现场展览。华阴县党政负责同志、机关干部、农民群众、铁路工人、全县中小学历史教员和一部分学生前往参观,观众人数达 2600 余人。展览内容分 5 个单元:一是埋葬了 8 个人的仰韶灰坑,二是龙山文化的白灰面房子及其模型,三是龙山大灰坑,四是仰韶墓群(附原随葬品于原位),五是工地出土遗物,包括陶器、石器、骨器和蚌器等共计 40 多件。这次展览得到以下收获:扩大了考古工作的影响,一些群众改变了以为考古就是挖宝的不正确认识,唤起了群众对文物的爱护;使群众活生生地看到祖国悠久的历史、灿烂的文化和祖先的高度智慧和创造发明;解决了师生在教学学习中缺乏直观的实物资料的问题,认识到各个发掘工地举办现场展览是很需要的。① 这是最早的公共考古活动,也是很成功的公共考古活动。

3. 倡议筹建中国考古学会

1959 年,郭沫若提议成立中国考古学会。1959 年 1 月,中国科学院考古研究所和文化部文物事业管理局联合召开的编写“十年考古”座谈会上,来自 13 个省市的文物考古工作者,以及南京博物院、北京历史博物馆、北京大学、西北大学、古脊椎动物研究所等单位的有关同志一致认为,应该尽快成立中国考古学会,具体提出以考古研究所、文物部文物事业管理局、北京大学历史系为联络单位负责筹备工作。②

吕遵谔、严文明、刘慧达、宿白、石兴邦等投书《考古》杂志,并提出:“在考古工作全面展开、遍地开花的同时,必须进行有效的组织工作,并不断提高考古工作者的水平,特别是在今天大力批判资产阶级学术思想,积极建立马克思主义中国考古学体系的时候,必须有一个全国考古工作者的组织才对发展考古学更为有利。……建议早日成

---

① 李遇春:《举办考古发掘现场展览的几点体会》,《考古》1959 年第 2 期。
②《中国考古学会筹备成立》,《新建设杂志》1959 年第 4 期。

立中国考古学会,通过学会的会议、刊物以及其他各种方式来团结组织全国的考古工作者,加强联系,交流经验,提高水平,以便更迅速地建立马克思主义的中国考古学体系。"①

　　1964 年,中国考古学会筹备成立,石兴邦让陕西省考古研究所的同志公布李家村遗址的材料,并准备在大会上提出李家村文化的命名,后因故导致中国考古学会尚未成立就夭折。② 直到 15 年后的1979 年,中国考古学会才正式成立,巧合的是,成立大会仍然在西安召开。

第六节　人才培养

　　1949 年以后,配合基本建设的考古发掘工作量骤然加大,急需大批考古工作者投入发掘工作。但是,此前没有一所高等学校设置考古专业培养考古学本科生,导致人才匮乏,有关部门决定在北京大学创办考古学专业,在一些高等学校创办考古专门化,培养考古人才。各级考古研究机构还采用短训班的形式为新生的考古事业培养速成型人才,一定程度上缓解了田野考古调查发掘人才极度缺乏的问题。后来由于种种原因,少数高校的考古专业和考古专门化被撤销。

一、高校人才培养

1. 北京大学考古学专业

　　文化部社会文化事业管理局裴文中、中国科学院考古研究所梁思永和北京大学历史系向达共同发起在北京大学成立考古学系。1951

---

① 吕遵谔等:《建议成立中国考古学会》,《考古》1959 年 1 期。
② 魏京武:《石兴邦与半坡遗址发掘》,《文物天地》1994 年第 4 期。

年,北京大学在历史系二年级设考古组;1952年底,设置考古学专业。①

在此之前,安志敏1949年考上北京大学史学研究部考古组读研究生,师从梁思永。② 因为1950年中国科学院考古研究所成立时梁思永任副所长,安志敏进入考古研究所工作。

(1)考古组与考古学专业

1951年历史系在二年级设考古组,这是中国高校培养本科考古人才的开始。当时有5名学生进入考古组学习,成为考古专业最早的毕业生。

当时规定考古组学生必修12门课程,它们是:①"辩证唯物主义和历史唯物主义",②"新民主主义论",③"政治经济学",④"中国史",⑤"西洋史",⑥"考古学通论",⑦"古器物学",⑧"制图",⑨"测量学",⑩"古文字学",⑪"摄影学",⑫"实物之保护与修复"。

1952年,北京大学筹委会建议将文科研究所占器物整理室划归历史系,与其考古组合并为考古学专业。中国科学院考古研究所派苏秉琦来北京大学和向达共同筹办考古学专业,正式聘请郑振铎、裴文中、夏鼐、林耀华和郭宝钧为兼任教授。同年年底,考古学专业正式设立。

考古研究所苏秉琦被派到北京大学兼任考古学专业主任(直到1983年建系为止),为解决师资不足的问题,考古研究所还派夏鼐、郭宝钧、安志敏、王仲殊等兼任授课教师,中央民族学院的陈永龄、古脊椎动物研究所(室)的杨钟健等分别担任了许多专业课程的教学任务。其他教学人员有阎文儒、宿白、刘慧达、赵思训、容媛等,这样基本满足了教学需要。

---

① 北京大学考古学系编:《北京大学考古学系四十五年(1952~1997)》,1998。
② 邓聪、陈星灿主编:《安志敏先生年谱》,《桃李成溪集 庆祝安志敏先生八十寿辰》,中国考古艺术研究中心,2004。

1956 年开始,考古学专业逐步建立起自己的教学和科研队伍,课程逐渐由外聘教员向该教研室教师过渡,并为历史系历史专业和中央民族学院开设考古学通论课,成为承担培养本科考古人才的主要机构。

（2）学制及培养目标

考古学专业放在历史系,系里设置考古教研室。考古学专业的目标是培养包括从事考古研究、文物工作及考古教学在内的考古工作人员。当年从北京大学、清华大学和燕京大学三校历史系及博物馆专修科等招收学生 26 名,分编为四个年级。①

1954 年,为学习苏联教学经验,考古学专业改为历史专门化,学制由原来的四年改为五年,培养目标相应地变为既是考古工作者又是历史工作者。1957 年,考古由专门化改为专业,得到文化部文物事业管理局、考古研究所、古脊椎动物研究室等的支持,1958 年正式改为考古学专业,学制仍为五年。

1952 年,北京大学历史系考古学专业开始选拔学生攻读副博士学位,邹衡就读副博士研究生。当时,该书业还接受外国留学生就读。

（3）课程设置

教学安排是一至三年级上课,四年级上学期田野考古实习,四年级下学期写论文(或报告、教材)。课程及教学小组如下:

①"考古学通论、考古方法",夏鼐主讲,教学小组成员有梁思永、郭宝钧、苏秉琦;

②"人类学通论",林耀华主讲,教学小组成员有陈永龄、沈家驹;

③"中国历史考古学",郭宝钧主讲,教学小组成员有陈梦家、唐兰、曾昭燏、苏秉琦;

④"史前考古学",裴文中主讲,教学小组成员有杨钟健、夏鼐、佟

---

① 张忠培:《中国考古学的思考与展望》,《东南文化》1992 年第 2 期。

柱臣、安志敏；

⑤"中国考古学史"，向达主讲，教学小组成员有张政烺、夏鼐、苏秉琦、阎文儒；

⑥"古文字学"，张政烺主讲；

⑦"中国美术史"，郑振铎主讲，教学小组成员有张珩、王逊、启功、莫宗江、阎文儒、徐邦达；

⑧"博物馆学通论"，韩寿萱主讲，教学小组成员有王振铎、曾昭燏、傅振伦。

后来根据需要和形势变化，有些课程改动名称或者扩充内容后分成几个部分，如"人类学通论"在1953年改为"原始社会史及人类学通论"。1954年，"史前考古学"改称为"石器时代考古"。新开专业新课主要有："考古技术(绘图)"，刘慧达主讲。1955年，新开设考古专业新课："考古测量学"由地质地理系毛赞猷讲授，"考古技术（照相）"由赵思训讲授。1956年新开考古专业课："埃及考古"由埃及专家费里克和埃米尔讲授，"中国历史考古学"改为"商周考古""秦汉考古""隋唐考古"。

1958年课程改革，把中国"考古学史"改名为"资产阶级考古学批判"。在加强基本理论课教学的基础上，适当减轻了"中国近代史""现代史""世界史"的分量。三门政治理论课学四年，"中国通史""世界通史""亚洲通史"等历史课学三年，二年级起上专业课，四年级除少部分理论课外，大部分是专业课。1960年，新开一门专业课："原始社会史与民族志"，由李仰松讲授。1961年，把"石器时代考古"改为"旧石器时代考古"和"新石器时代考古"，分别由吕遵锷和严文明讲授。

（4）教学实习

田野实习是学生在实践中学习课堂中难以传授或说明的田野考古基本知识和基本技能的第二课堂，是培养学生科学地清理遗迹、整理出土遗物的重要手段，是非常重要的教学环节。其他高校考古专业或者专门化都设法创造机会让高年级学生参加田野发掘。为了稳定学生们的专业思想,在一年级下学期末安排一次认识实习。为了加深专业课的理解,三年级下学期末进行一次教学实习。到五年级进行全面的生产实习,最后写毕业论文,从而使学生受到全面的训练。①

　　田野实习以参加配合基本建设的抢救性考古发掘为主。这种形式的田野实习有利有弊:利在于能够遇到不同时期、不同类型的遗址,扩大学生的眼界;弊在于常常因时间限制而难以细致地清理遗迹。田野发掘对学生是实习,对带队老师既是教学又是科研,一些老师会将在带队发掘过程中所掌握的第一手材料用于课堂教学和科研。

　　北京大学考古学专业师生先后参加多项抢救性考古发掘。比如1954年随考古研究所、文化部社会文化事业管理局组织的工作队,在洛阳勘查东周王城、汉魏故城和隋唐东都城,以及东汉河南县城遗址的发掘。1955年参加了半坡遗址第三次发掘,1957年发掘赤峰红山后遗址。此外,他们参加了以下几项重要考古发掘。

　　北京大学考古学专业为配合黄河水库工程,组成了黄河水库考古工作队陕西分队华县队,从1958年秋到1959年秋,在华县、渭南两地进行考古调查、试掘和大规模考古发掘。先后发掘了泉护村遗址、元君庙墓地、老官台遗址等。在泉护村遗址的发掘中改进了地层划分方法。当时流行把一地层及其下的单位,或这一地层及其开口单位归为同一层位或者同一时期,他们在发掘中力求找出当时的地面,把共处同一地面的各个单位看作共时的遗存,而把地面同其下的堆积,以及后者或地层与其下的灰坑、房屋、墓葬等单位,都看作独立层位进行研究。在处理诸如窖穴、半地下房屋等单位时,依照其建造前、建造时、

① 北京大学历史系考古教研室:《十年来的北京大学考古专业》,《考古》1959 年 10 期。

使用时、废弃时，乃至废弃后的堆积划分为不同的层位。①

从 1958 年冬至 1959 年夏，发掘了元君庙遗址，清理了一处仰韶文化半坡类型墓地，发掘中发现，老官台类型早于半坡类型，为研究仰韶文化来源提供了重要资料。

1959 年、1960 年，发掘河南洛阳王湾遗址，发现三个不同时期的文化层。王湾第三期属于河南龙山文化，王湾第一期属于仰韶文化，王湾第二期介于二者之间。这个遗址的发掘为仰韶文化分区研究提供了重要资料，为深入研究洛阳地区各地仰韶文化的相互关系和相对年代打下基础。②

（5）学术研究

高校教师在考古教学之余，积极地参加考古田野调查发掘和研究，在很多方面获得了重要成果。

史前考古研究集中在仰韶文化方面，比如对三里桥仰韶遗存性质和年代做了分析和探究，③参加仰韶文化分期大讨论，④利用民族志探讨远古人类葬俗⑤和制陶技术⑥。

青铜时代考古方面，高明对汲县三彪镇一号墓年代做了分析。⑦北京大学文科研究所的阎文儒、宿白 1950 年先后参加文化部组织的、裴文中任团长的雁北文物勘察团，以及东北考古发掘团的考古调查发掘工作，并参加报告的编写工作。

---

① 张忠培：《二十世纪后半期中国新石器时代考古学的历程》，载《中国考古学：走近历史真实之道》，科学出版社，1999。

② 北京大学考古实习队：《洛阳王湾遗址发掘简报》，《考古》1961 年第 4 期。

③ 张忠培、严文明：《三里桥仰韶遗存的文化性质与年代》，《考古》1964 年第 6 期。

④ 严文明：《论庙底沟仰韶文化的分期》，《考古学报》1965 年第 2 期。

⑤ 李仰松：《佤族的葬俗对研究我国远古人类葬俗的一些启发》，《考古》1961 年第 7 期。

⑥ 李仰松：《从佤族制陶探讨古代陶器制作上的几个问题》，《考古》1959 年第 5 期。

⑦ 高明：《略论汲县三彪镇一号墓的年代》，《考古》1962 年第 4 期。

宋元考古成果令人瞩目。宿白对元大都出土的释迦舍利灵通之塔碑文做了校注,①阎文儒对隋唐时期洛阳的建筑和形制做了分析研究。② 宿白和刘慧达参加了文化部社会文化事业管理局1951年组织的工作队,在河南白沙水库发掘了战国至宋的墓葬100余座,宿白对宋墓进行了翔实的考证和分析。他编著的发掘报告《白沙宋墓》1957年由文物出版社出版,这本报告出版后受到好评。2002年该报告再版,人们认为,它的再版,在当今物欲横流、学界浮躁之风盛行时,对倡导真正的学者风范、坚持严肃认真的治学态度具有一定的意义。③

2. 台湾大学考古人类学系

(1) 学制

1949年,时任台湾大学校长的傅斯年兼任从大陆迁过去的史语所所长。为了给到所内人员谋生,也为了发挥这批人才的作用,他在过去台北帝国大学土俗人种教室的基础上,在台湾大学文学院创办了考古人类学系。

考古人类学系1949年开始招收,第一届学生只有三名,从二年级转来的两位学生成为台湾文化人类学界的领军人物。从1951年到1953年入学的本科生人数很少,能够毕业的更少,只有张光直从事考古研究,其余都转向从事文化人类学研究。④

(2) 师资

由于不少学者到台湾,考古人类学系吸纳了其中一些学有所长的

---

① 宿白:《元大都〈圣旨特建释迦舍利灵通之塔碑文〉校注》,《考古》1963年第1期。

② 阎文儒:《隋唐东都城的建筑及其形制》,《北京大学学报(人文科学)》1956年第4期。

③ 舒林:《中国考古学田野报告的经典之作——〈白沙宋墓〉再版》,《中国文物报》2002年5月3日第8版。

④ 张光直:《台湾大学考古人类学系创立44年》,载《考古人类学随笔》,生活·读书·新知三联店,1999。

知名学者,其中有从史语所考古组过来的李济、董作宾、石璋如和高去寻,从人类组过来的凌纯声和芮逸夫,还有从历史系聘任过来担任必修课的李宗侗、刘崇鋐和劳干,以及教社会学的专职教授陈绍馨等。1950年以后应聘任教的还有卫惠林、陈奇禄、陈楚光,历史系毕业后留校的何廷瑞、宋文薰以及后来从史语所过来的杨希枚等,都充实到教师队伍当中,李济担任了第一任系主任。这个师资队伍科研实力雄厚。

(3) 课程设置

1951—1954年,台湾大学考古人类学系开设的专业课如下:

一年级　"考古人类学导论":李济

二年级　"史前史":李济;"中国古文字学":董作宾;"民族学":芮逸夫;"中国民族志":芮逸夫;"中国考古学":高去寻

三年级　"社会学":陈绍馨;"体质人类学":杨希枚;"语言学":董同鲧;"民俗学":陈绍馨;"中国古器物学":高去寻;"民族调查方法、实习":凌纯声;"中国上古史":李宗侗;"人体测量":李济;"专题讨论":李济

四年级　"美洲民族志":陈奇禄;"田野考古方法实习":石璋如;"毕业论文":李济

(4) 教学实习

台湾大学考古人类学系比较重视田野考古实习,他们先后与有关机构合作发掘过重要遗址。1953年,石璋如率领台湾大学考古人类学系师生与台北市文献会发掘圆山遗址,该遗址堆积分上下两层,下层是包括大坌坑文化在内的绳纹陶文化;上层是时代晚于大坌坑文化的圆山文化层,出土的陶器火候较高,多数为素面,大多器物施陶衣,器盖上有捺点纹。器形主要有双耳罐、罐和钵以及支座等,出土的石器有有段石锛、有肩石铲和石镞等。上文化层文化特征鲜明,被命名为

圆山文化。

３. 其他高校考古学专门化

（1）课程设置

由于社会上对考古人才的需要量很大，一些高校陆续开设了考古方面的课程，为社会提供初具考古知识的人才。例如南京大学历史系自 1951 年起在南京博物院的协助下，先后开设过"考古学通论"、"秦汉考古学"，以及"原始社会史民族志"等课程，把南京博物院陈列室作为课堂，毕业班考古实习也常与南京博物院的田野考古工作结合起来。①

1954 年夏天，高等教育部决定，全国各综合性大学历史系只要教学条件具备的，都可以添设考古专门化。② 1956 年春，西北大学历史系设立考古专业，夏鼐要求考古研究所西安研究室的同志协助西北大学历史系办好考古专门化，③1961 年后停办。1956 年，中山大学历史系成立了考古教研室，梁钊韬教授考古学知识。1958 年，中山大学与广东省博物馆合作调查南海县西樵山大型采石场和石器制造遗址。1962 年，四川大学历史系成立考古教研室，曾在高年级办过两期考古专门化，④ 1963 年和省博物馆一道试掘广汉月亮湾遗址。

由于种种原因，上述高校考古专门化不久都停办，他们培养的学生中有不少人活跃在各地的考古和文物部门，从事田野考古发掘和研究工作。

---

① 凌竞亚、赵青芳：《考古工作与勤工俭学相结合》，《考古通讯》1958 年 12 期；蒋赞初：《我们在考古教学和实习中的一些体会》，《考古》1959 年 3 期。

② 夏鼐：《考古工作在新中国的蓬勃发展》，《科学通报》1954 年第 10 期。

③ 石兴邦：《尽瘁于新中国考古事业的忠诚战士》，载《中国考古学研究论集——纪念夏鼐先生考古五十年周年》，三秦出版社，1987。

④ 林向：《四川大学历史系考古专业》，载《中国考古学年鉴 1984》，文物出版社，1984。

（2）教学实习

创办考古专门化的高校也尽量安排学生参加田野考古实习。南京大学历史系组织学生们采取勤工俭学的方式参加了锁金村遗址和北阴阳营遗址的发掘，这样既解决了劳动力问题，又使学生增加感性认识。田野考古发掘有助于学生们理解和掌握课堂学习内容。厦门大学人类学博物馆为了配合学生的教学生产实习，1960年组织发掘了建阳的宋代建窑遗址。出土器物有黑釉瓷碗和匣钵和碗垫等窑具，发现碗垫上有刻字如"供御""文""李""卅""具"等，胎骨有黑、灰、红褐三种颜色，轮制，采用蘸釉法施釉，产品以黑色或褐色釉带兔毫纹碗为主，为建阳窑的研究提供了新资料。

从事考古教学的教师在教学之外还从事考古研究，并取得不少科研成果。山东大学历史系考古专门化教师刘敦愿对山东龙山文化做了多方面探索，①中山大学历史系考古专门化教师梁钊韬对东南沿海新石器时代文化做了分析研究，②商承祚对战国楚国帛书做了概述性研究，③徐中舒对巴蜀文化做了深入研究，④陈直对两汉和两晋的过所做了考证研究，⑤冯汉骥对五代王建墓内的石刻伎乐和"大带"做了考证。⑥

4. 教材

设置考古专门化的高校，根据教学需要纷纷自编教材《考古学通论》。

---

① 刘敦愿：《龙山文化若干问题质疑》，《文史哲》1958年第1期；《论龙山文化陶器的技术和艺术》，《山东大学学报(历史版)》1963年第2期。

② 梁钊韬：《我国东南沿海新石器时代文化的分布和年代探讨》，《考古》1959年第9期。

③ 商承祚：《战国楚帛书述略》，《文物》1964年第9期。

④ 徐中舒：《巴蜀文化初论》，《四川大学学报(社会科学版)》1959年第2期；《巴蜀文化续论》，《四川大学学报(社会科学版)》1961年第1期。

⑤ 陈直：《汉晋过所通考》，《历史研究》1962年第6期。

⑥ 冯汉骥：《前蜀王建墓内石刻伎乐考》，《四川大学学报(社会科学版)》；《王建墓内出土"大带"考》，《考古》1959年第8期。

（1）考古学通论

1955年，中山大学出版了《考古学通论》（讲稿）作为历史系的讲义。该讲义分三章：第一章"导论"，介绍考古学的起源和苏联考古学的方向。第二章"考古资料"，介绍考古资料的性质与范围、欧洲石器时代考古学、中国旧石器时代文化、中国中石器时代及新石器时代文化、中国古器物学。第三章"考古发掘与整理研究"，介绍考古调查、考古发掘、整理与研究。

该讲义既反映了当时一切学习苏联的社会背景，又尽可能地涵盖了考古研究成果与基本研究方法和基本概念，满足了当时的教学需要。

郑州大学历史系自编的《考古学通论》，是按照高等教育部对综合性大学考古学课要达到"使学生系统地学习考古发现的成就，并认识利用实物材料对研究历史科学的关系和重要性"的要求来编写的。这本书的编写参考了苏联考古学通论教学大纲及莫斯科大学古典时代考古学教学大纲，间接地反映了苏联考古学强调以实物资料为依据的特点。

该书分上、中、下三编。上编绪论以及第一篇"考古学之意义及其研究对象"和第二篇"考古学之史的发展"。中编历史物质资料，第三篇为"原始社会历史物质资料遗存"，第四篇为"奴隶社会物质材料的遗存"，第五篇为"中国封建时代物质材料遗存上史迹"，第六篇为"中国封建时代物质材料遗存下古物"，第七篇为"近代中国历史物质材料及革命文物"。下编，考古方法论，第八篇为"考古资料收集鉴别与保管"，最后有一个附录。

（2）自编教材

"大跃进"时期，西北大学一些非考古专业的大三历史系学生"通过整改,破除迷信,解放了思想,树立了敢说、敢想、敢干的共产主义风格。……组织编写'中国考古学'大纲和教材。……苦战了两个昼夜,就完成了石器时代、殷周、秦汉、隋唐四个考古学大纲",后来因为其他种种原因导致这个计划没有实施。[①]

二、地方人才培养

配合基本建设的考古调查发掘任务繁重而无法满足工地需要大量考古人才时,有的地方把未经训练的年轻人派到第一线,还有的地方例如长沙市1951年以后大规模建楼平土、烧砖取泥,许多地下古墓需要保护和清理,而博物馆人手奇缺,难以应付四面开花的局面。鉴于"土夫子们"(以前的职业盗墓者)有极强的勘察、盗墓经验,经劳动人事部门批准,博物馆在长沙市招收了十几个著名的"土夫子",作为馆内正式职工派往工地,配合各单位的建设搞古墓葬的田野调查和清理。[②] 这些"土夫子"并未接受过正规的考古发掘训练,他们的发掘质量得不到保证。

1. 考古工作人员训练班

1952年,文化部社会文化事业管理局根据各地基本建设中出土文物得不到及时清理和保护而遭到破坏的事实,认识到必须尽快培养一批具备基本田野考古知识、掌握文物政策法令、能够对出土文物现场进行保护的"干部",特呈请文化部并征得教育部同意,与中国科学院考古研究所、北京大学合办考古工作人员训练班。当一些考古权威强调短期是很难培养出需要严谨的考古学人才时,社会文化事业管理局的领导提出办训练班的目的是培养地方专业力量以应形势需要,通过实践锻炼和提高中央单位年轻干部的素质,举办训练班的目的是培养

---

① 刘昭豪:《破除迷信,大胆动手编写"中国考古学"大纲和教材》,《考古通讯》1958年第10期。
② 岳南:《西汉亡魂　马王堆汉墓发掘之谜》,新世界出版社,1998,第13页。

文物干部而不是培养考古"学者",这个想法最后得到认同。①

（1）第一期

1952 年 8 月组成训练班工作人员小组,裴文中任主任,其他人员有考古研究所的安志敏、自然博物馆的王佩英等、北京大学的陆峻岭和宿白等。第一届训练班在 8 月 8 日正式开学,学员来自各大行政区抽调的在职干部 67 名、北京大学历史系学员 10 名。训练班分课堂教学和发掘实习两部分,课堂讲授完毕,即赴田野参加发掘实习,训练班把重点放在田野实习上。课程分四类,每类课程设一个教研组,第一类课程文物政策法令,教研组由郑振铎、王冶秋等组成;第二类课程文物常识,教研组由向达、王振铎等组成;第三类课程考古学,教研组由中国科学院考古研究所人员组成;第四类课程田野考古方法及实习,教研组由考古研究所人员组成。10 月 21 日课堂讲授结束后,学员进入田野实习阶段。

中国科学院考古研究所、文化部社会文化事业管理局及地方干部、北京大学共 22 人组成的发掘团分别参加郑州二里岗遗址和洛阳古墓葬的发掘。在郑州的发掘从地层上解决了二里岗商代文化的相对年代问题,发掘报告发表于《考古学报》第 8 册。在洛阳发掘了自商代至唐代的墓葬 39 座,为研究古代墓葬制度及社会生活提供了重要资料,发掘报告发表在《考古学报》第 9 册。

（2）第二期

1953 年 8～11 月举办了第二届考古工作人员训练班,共有学员89 人,裴文中仍担任班主任,苏秉琦和向达分别代表考古研究所和北京大学参加班委会。

1954 年 8 月,文化部社会文化事业管理局、考古研究所、北京大学

---

① 王可:《王冶秋传》,文物出版社,2007,第 176—179 页;石兴邦:《难忘的怀念和追思》,《考古与文物》1988 年第 2 期。

签署了联合举办训练班的组织办法,该方法规定:

> 为配合国家有计划的基本建设,贯彻政务院保护文物的政策法令,做好保护文物的考古调查发掘工作,在1955—1957年5年间由三单位合作,每年举办一次考古工作人员训练班,学员以抽调各大区、省市在职文博干部为主;每年3月开始筹备,暑假开始上课;教学内容分课堂学习和田野实习两部分;训练班由三单位各派二人共同组织班委会设班主任一名,下分教务处和行政处。1954年7~10月、1955年7~10月分别举办了第三、第四届考古工作人员训练班。①

田野考古讲义由石兴邦负责,他既有丰富的实践经验又能阅读利用外语文献。考古训练班的讲义后来经过修改润色,1956年油印,它成为国内田野考古工作重要教材《考古工作手册》的蓝本。

参加学习的学员们被称为“三个月的专家”,学习结束后他们立即投入考古调查和考古发掘第一线,不少学员成为中央及省或市考古机构的负责人,例如第一届学员庄敏后来担任国家文物局副局长,第三届学员黄宣佩担任上海博物馆副馆长。不少学员成长为考古学者。当然也应该看到,短期培训班的教学和实践不可能面面俱到,它只能以田野考古实践为中心任务,难以顾及考古学理论与方法的教学和研讨。从实际效果看,训练班的举办是及时的、必要的,为配合国家经济建设、逐步建立和壮大考古队伍做出了重要贡献。

2. 基层人才培养

随着各地基本建设的展开,形势要求各省市承担配合基本建设的抢救性考古发掘工作,“基层办考古”正是适应大规模的经济建设和普遍的深翻土地水利河网化要求而出现的新事物,不少地区大力进行文

---

① 北京大学:《薪火相传　生生不息》,《中国文物报》2005年11月2日。

物考古知识的普及和技术下放工作,有计划地举办了短期训练班。[①]

1956 年 8 月,考古研究所派夏鼐、林寿晋、刘观民前往乌鲁木齐,协助新疆举办首届文物干部训练班,为新疆地区培养了一批考古工作者。

(1) 文物干部训练班

河南省新乡专区文教部门为了解决过去对文物工作领导和重视不够的问题,为了扩大保护文物宣传、发动群众,积极培养一支文物颁布队伍配合工农业生产。1956 年 5 月举办了一次小规模的文物干部培训班,来自 14 个县和一个矿区的 15 位干部参加了 10 天的学习。学习分三个阶段:第一阶段是室内讲课两天,第二阶段是田野实习六天半,第三阶段是总结一天半。

室内讲课内容有:文物工作的重要意义及我们应有的认识与态度;什么是文物? 它的种类与作用及文物工作法令;古遗址的调查、发掘与清理工作;各代墓葬略说及其清理办法。田野实习分两个方面:第一是清理墓葬的实习,学习由挖土开始一直到清理结束过程中的一切手续,以及如何发现各种现象、照相、绘图、记录、填表;第二是古遗址的实习,学习灰坑的分层,陶片清洗,按器形、陶色和纹饰分类。学员们初步掌握了一些鉴定墓葬、器物的知识,具备一些对古墓发掘、照相和绘图能力,为今后独立工作打下了基础。短期训练班为推动各地今后保护文物工作的开展创造了条件。[②]

(2) 文物工作人员训练班

天津市文物局为了适应农业“大跃进”,配合生产做好文物工作,把文物政策法令、文物知识、发掘技术普及到县、区和人民公社中,以便更

---

① 牛兆勋:《认真贯彻考古工作中的群众路线》,《考古》1959 年 1 期。

② 河南省新乡专员公署文化科:《河南省新乡专区举办文物干部训练班工作报道》,《文物参考资料》1956 年第 7 期。

好地主动开展文物工作,于 1959 年 3 月初举办了首届文物工作人员训练班。学员来自市属各区县文教局(文化科)、文化馆、县区博物馆、人民公社文教部门干部和一些群众积极分子共 50 余人参加了学习。

文物工作人员训练班预定学习 40 天,学习课程包括文物政策法令、结合地区情况的历史、文物知识,本省市历史和文物介绍等,还包括考古学基础知识,石器、铜器、铁器时代考古知识的梗概介绍,古建筑常识、古籍版本、瓷器、绘画等专题报告等。课堂学习中采用讲授、参观、直观教学、复习讨论几种形式。课堂学习结束后计划选择一处各墓群或古遗址进行田野考古发掘实习,以掌握考古应用技术和方法。文化部文物事业管理局陈滋德处长、陈明达,中国科学院考古研究所的安志敏、王世民、刘观民和徐苹芳等为训练班讲课。[①]

3. 教材

(1)《考古学基础》

中国科学院考古研究所 1956 年冬季举办了"考古研究所见习员训练班",部分讲稿经过修改汇成《考古学基础》一书[②]出版。该书分考古学基础知识、专题报告、考古技术三部分,附录有关文物工作法令、指示,全书约 28 万字,附有 200 余幅插图,由科学出版社出版。

这部基础性教材系统地介绍了田野考古方法,明确提出田野考古决不是挖宝,考古"方法要合于科学"——它要求忠实、精确、系统化。这部教材的篇目反映了当时考古学界对考古学研究材料的认识,重视先秦考古学的做法一直延续到现在。

(2)《考古教材》

1959 年,文物出版社出版了中国科学院考古研究所编写的《考古教材》(供短期训练班参考用),为全国各省、专、县都在大办短期文物

---

① 云希正:《天津市举办首届文物工作人员训练班》,《考古》1959 年第 4 期。

② 中国科学院考古研究所编《考古学基础》,科学出版社,1958。

工作干部训练班提供了一个有关考古调查与发掘的参考性读物,该书的重点是第三部分"怎样调查和发掘"。第二部分"各时代的遗迹和遗物"针对田野工作的实际需要,介绍了一些做考古调查发掘工作必需的常识,按田野工作的实际情况,分遗址、墓葬、遗物来编写。

(3)《新疆考古学概论》

夏鼐在训练班上的讲课提纲后来编成《新疆考古学概论》出版。该提纲结构如下:[①]

第一讲　绪论

(一)考古学的定义;(二)考古学的重要性;(三)马克思列宁主义对于考古学发展的意义;(四)考古学的对象;(五)考古学和其他学科的关系

第二讲　新疆的地理环境和过去的考古工作

(一)新疆的地理环境;(二)过去的新疆考古工作

第三讲　旧石器文化

(一)什么叫作石器时代;(二)石器制法;(三)中国旧石器时代的人类和文化;(四)新疆境内还没有发现可以确定的旧石器文化

第四讲　新石器文化

(一)新石器时代概说;(二)陶器概论;(三)中国的新石器文化

第五讲　新石器文化和金石并用文化

(一)细石器文化;(二)阿克苏文化;(三)带有彩陶的文化

第六讲　经过新疆的"丝路"的开拓和维持

(一)历史的背景;(二)防御"丝路"的遗迹

---

① 夏鼐:《夏鼐文集(上)》,社会科学文献出版社,2000。

第七讲　公元前 2 世纪至公元后 3 世纪的新疆人民生活

（一）公元前 2 世纪初新疆境内的政治情况；（二）楼兰（罗兰淖尔附近）；（三）于阗

第八讲　佛教传入新疆和新疆的佛教遗迹

（一）佛教的历史和传入新疆；（二）从古代于阗到米兰；（三）新疆的石窟寺

第九讲　公元 3 世纪至 9 世纪新疆的政治、社会和经济生活

（一）政治情况；（二）考古学的资料；（三）游牧民族所留下的古迹

第十讲　回鹘(维吾尔)时代的新疆

（一）政治和宗教情况；（二）考古学的资料

第四章　困境中的考古学(1967—1976)

　　"文革"对文物考古工作造成了不少破坏,很多文物考古干部被下放到干校劳动,没有下放的文物考古干部克服了很多困难坚持工作。出人意料的是,基本建设等生产活动中有不少震惊世界的重大考古新发现,如马王堆汉墓等。重要发现与珍贵文物的出土增强了人们的自信心和民族自豪感。1971年,国务院文博口组织力量挑选"文革"期间出土的重要文物在故宫展出,并挑选了一批精美文物到法国、日本等国家举办展览,引起了轰动,一定程度上改善了因为"文革"造成的负面影响。1972年,《文物》《考古》《考古学报》杂志复刊,标志着考古学率先踏上复苏之路。

第一节　管理与研究机构

　　"文革"期间,从中央到地方的各级考古管理机构和研究机构都受到了很大冲击,中国科学院考古研究所的工作人员多数被下放到湖北咸宁干校,所内业务工作就此停顿。地方的情况也一样,比如陕西省哲学社会科学研究所1969年被撤销,下属的陕西省考古研究所虽然被保留下来,但是人员减少了一半。[①]由于原文化部文物事业管理局

---

① 《开拓奋进的三十年——陕西省考古所的历史与现状》,《考古与文物》1988年第5、6期。

领导的努力,在周恩来总理的领导下,先后在国务院成立了中央图博口领导小组和国家文物局,为继续开展文物事业提供了组织保证。具体工作中根据需要设立了多个简牍整理小组。

一、法制与管理

1. 通知文件

"文革"期间生产建设中经常碰到古代墓葬和古代遗址,急需大批专业人员去做抢救性发掘。而很多业务人员被下放劳动,无法应付这个局面。不少地方出现不履行发掘报批手续,擅自发掘古墓葬和遗址的现象,发掘后,又迟迟不汇报、不按照考古发掘的科学要求办事,只顾单位"挖金"的现象。①

还有一些建筑单位在施工中挖出古墓也不予保护。对此,1967年3月,中央发出通知,要求"对文物、图书要加强管理和保护工作,不许随意处理和破坏"。

1973年8月,国家文物局再次印发1964年国务院批准的《古遗址、古墓葬调查、发掘暂行管理办法》,意在加强考古工作的管理,为各地开展考古调查发掘提供了支持。

2. 管理机构

1970年,国家文物局长王冶秋在下放到湖北咸宁干校前给国务院总理周恩来写信,谈到要建一个5～10人的文物保护小组,把无人管的文博事业管起来,在全国几个重点地区抢救一些珍贵历史文化遗产及图书、碑帖等,建议让文物保护小组脱离原文化部,放在国务院。同年5月,根据周总理的指示成立了由国务院直接管理的中央图博口领导小组,领导全国的图书馆、博物馆和文物系统的工作。军代表任组长,主管"文革"事务,王冶秋任副组长,主管业务。这个小组虽然没有

---

① 黄景略:《王冶秋与考古工作》,载《回忆王冶秋》,文物出版社,1995。

公章、没有明确的行政权力，但是因为是周恩来总理亲自管的，所以对文物事业的复苏起到了关键作用。[①]

"文革"后期古管理体制的问题提到了议事日程上来了。1973 年，国务院颁发了《国务院关于成立国家文物事业管理局和王冶秋等同志任职的通知》。通知指出，为了加强对文物事业的管理，决定成立国家文物事业管理局，在文化部未接管前，仍归国务院文化组领导，王冶秋任局长，图博口领导小组同时撤销，文物事业管理局的领导体制由文化部下属部门改为国务院的直属机构。

二、研究机构

1972 年，湖南长沙马王堆汉墓、山东临沂银雀山汉墓出土了大批先秦古籍的帛书和竹简。为了研究这批重要文献，有关部门把被下放到各地的历史、文物、古文字专家请到北京，比如故宫博物院的唐兰和张政烺、中山大学的商承祚、武汉大学的唐长孺、北京大学的容庚和顾铁符、吉林大学的于省吾，以及李学勤和裘锡圭等著名古文字学家，让他们住进老北京大学红楼释读帛书和竹简。

为了更好地整理出土简帛资料，1974 年，以国家文物局的名义，分别正式成立了"银雀山汉墓竹简整理小组""马王堆汉墓帛书整理小组"。1975 年，又相继成立了"睡虎地秦墓竹简整理小组""吐鲁番出土文书整理小组"。一批著名学者，如唐兰、商承祚、张政烺、唐长孺、朱德熙、罗福颐、杨伯峻、顾铁符、孙贯文、裘锡圭、李学勤、马雍、胡如雷等，齐聚北京大学红楼。

这些整理小组的成立表明中央对考古工作重要性有着明确的认识。

---

① 王可:《王冶秋传》,文物出版社,2007,第 209—212 页,第 219 页。

第二节　史前考古

这个时期,配合基本建设工作,调查发掘了一些史前遗址,其中有不少新发现,有的遗存属于新文化类型,被命名为新的考古学文化。

一、旧石器考古

旧石器考古有不少新发现,新发现的早期遗址有辽宁喀左的鸽子洞、湖北大冶的石龙头遗址,晚期遗址有辽宁凌源的八间房、广西柳州的白莲洞等遗址,台湾发现了晚期旧石器时代人类化石。

1. 台湾台南左镇人

1970 年,当地农民采集到人类右顶骨化石、顶骨、颊骨、枕骨和单个牙齿等。根据测定,估计其年代为距今 3 万～2 万年。专家推测头骨可能属于一个男性青年。左镇人可能是在末次冰期时由大陆迁徙到台湾的,可能是台湾长滨文化的主人。这是台湾地区首次发现旧石器时代人类。[①]

2. 湖北大冶石龙头洞穴

1972 年发掘,出土了 80 多件石制品和一批哺乳动物化石。石器多以砾石做原料,制作比较粗糙,器形比较粗大,类型简单,以砍砸器的数量为多。从共存动物群以及一些石器与北京人的石器类似看,其时代为旧石器时代中期。它是华南地区石器主工业的代表性遗址之一。[②]

---

① 商志醰、黄建秋:《近十年台湾考古综述》,载《文物考古工作十年 1979—1989》,文物出版社,1990。

② 李炎贤、袁振新、董兴仁、李天元:《湖北大冶石龙头旧石器时代遗址发掘报告》,《古脊椎动物与古人类》1974 年 12 卷第 2 期。

3. 四川汉源富林文化

1972 年发掘。发现用火遗迹、5000 多件石制品和少量动植物化石。这里是当时人们制造石器的场所,出土的石器非常小,是迄今所知中国南方旧石器文化中器形最小的。从石器特征和出土地层看,它属于旧石器时代晚期文化。它后来被命名为"富林文化"。[①]

4. 山西阳高许家窑人

1974—1977 年连续进行了 4 次发掘。出土了一批人类化石、大量的石制品和许多骨、角器,以及丰富的动物化石。石器类型很多,有刮削器、尖状器、雕刻器、石砧和石球等,以刮削器和石球的数量最多。除石球外,其他石器较小。许家窑人的化石近 20 件,包括较完整的顶骨 3 件、枕骨 2 件等 10 多个个体。其特征有的和北京猿人相似,有的和尼安德特人相似,被认为具有从晚期直立人向早期智人过渡的性质,被命名为"许家窑人",它上承北京人文化,下传峙峪文化。[②]

二、新石器考古

不少地区抢救性发掘了一些新石器时代遗址,有很多新发现,比如河南淅川下王岗遗址、湖北郧县青龙泉遗址、湖北宜都红花套遗址、江苏常州圩墩遗址、苏州吴县草鞋山遗址、湖南澧县冯家港遗址、陕西临潼姜寨遗址、河南郑州大河村遗址、甘肃永靖鸳鸯池遗址、山东泰安大汶口遗址、山东邹县野店遗址等。考古新发现促使学者们提出命名多个新石器时代文化,为建立各地的史前文化序列提供了新材料。

1. 考古新发现

(1) 山东邹县野店遗址

1971—1972 年连续揭露了近 1700 平方米。发现了大汶口文化与

---

① 张森水:《富林文化》,《古脊椎动物学报》1977 年第 15 卷第 1 期。
② 李壮伟:《论许家窑文化发现的学术意义》,《山西大学学报(哲学社会科学版)》1984 年第 3 期。

龙山文化的双叠层,在大汶口文化层中发现了不同层次的墓地、灰坑、房屋等遗迹和丰富的生产工具、装饰品等千余件文物。① 该遗址经过多次调查、勘探和发掘后,明确中心所在作为重点保护范围。当地文化部门建立起群众性保护小组,业余保护遗址,这是推动全民保护文物的创举。

(2) 江苏吴县草鞋山遗址

1972—1973 年发掘。遗址有新石器、商周、汉唐等不同时期的堆积,首次在地层上证明了江南地区新石器时代序列为马家浜文化、崧泽文化、良渚文化,第一次在良渚文化墓葬中发现琮、璧等玉器,纠正了玉琮、璧等是周、汉时期遗物的不正确认识,揭开了良渚文化研究新的一页。②

(3) 浙江余姚河姆渡遗址

1973 年、1977 年两次发掘。在第二到第四层发现木桩、木梁以及各式各样带榫头和卯孔的建筑构件,被认为是干栏式建筑遗存。清理了近 30 座墓葬,出土了各类夹碳黑陶、骨耜和装饰品等骨器、木耜、木锄等木器,石斧、石锛、石楔等少量石器,还有漆器和 61 种动物骨骼,以及大量栽培稻和少量野生稻谷,这是 20 世纪 70 年代世界上发现的最早的水稻遗物,为当时研究稻作农业起源、中国文化东传提供了实物资料。因为该遗址出土遗物富有地方特点,所以它被命名为河姆渡文化。③

(4) 广东曲江石峡遗址

1973—1976 年四次发掘。发现柱洞、灰坑和灶坑以及 100 多座墓

---

① 山东省博物馆、山东省文物考古研究所:《邹县野店》,文物出版社,1985。

② 南京博物院:《江苏吴县草鞋山遗址》,载《文物资料丛刊》第 3 辑,文物出版社,1980。

③ 浙江省文物管理委员会:《河姆渡遗址第一期发掘报告》,《考古学报》1978 年第 1 期;河姆渡遗址考古队:《河姆渡遗址第二次发掘的主要收获》,《文物》1980 年第 5 期。

葬。堆积分三层,上层出土印纹硬陶、釉陶及小件青铜器,属于西周至
春秋;中层出土印纹软陶,相当于夏商之际;下层墓葬出土的石铲、石
锛、凿等石器和鼎、釜、盘、豆、壶、罐、鬶等陶器具有明显的地方特色,
属于新石器时代晚期,被命名为石峡文化。这里发现的粳稻和籼稻遗
存,为研究珠江流域和华南地区稻作农业提供了重要资料。墓葬出土
的陶器中有些与江西修水山背文化,甚至与江浙崧泽文化和良渚文化
的陶器相似,玉琮和石钺造型与良渚的相似。其为研究史前时期不同
地区文化交流提供了重要资料。①

(5)四川巫山大溪遗址

1975年发掘。出土了用河砾石制作的石斧、锄、锛、凿、镰等,还发
现矛、针、锥等骨器,以及釜、盘、碗、豆、杯、钵、瓶、罐和甑等陶器。墓
葬数量多,排列密集,葬式多样,既有仰身直肢葬又有屈肢葬和俯身
葬,屈肢是死者下肢弯曲,俯身是死者面朝下。随葬品多少不一,有的
死者还随葬鱼,装饰品有玉石、陶、骨、象牙制作的耳饰、臂饰、项饰等。
其文化面貌特殊,故被命名为大溪文化。②

(6)河南新郑裴李岗遗址

1977年发掘。出土了双耳罐、三足钵、深腹罐、盘、鼎和豆等陶器,
以及铲、斧、磨盘、磨棒等石器,磨盘和磨棒往往成套出土。居住区内
发现房屋倒塌后的红烧土块、陶窑和窖穴。墓葬多随葬石器、陶器等,
随葬品数量较少而且多少不等。其时代早于仰韶文化,是探讨仰韶文
化来源的重要资料。③ 它起初被与磁山遗存合称为"磁山·裴李岗文
化",后认为它具有自身特点而被单独命名为裴李岗文化。④

---

① 广东省博物馆等:《广东曲江石峡墓葬发掘简报》,《文物》1978年第7期;苏秉琦:《石峡文
　化初论》,《文物》1978年第7期。
② 四川省博物馆:《巫山大溪遗址第三次发掘》,《考古学报》1981年第4期。
③ 开封地区文物管理委员会等:《河南新郑裴李岗新石器时代遗址》,《考古》1978年第2期。
④ 李友谋等:《试论裴李岗文化》,《考古》1979年第4期。

（7）上海青浦崧泽遗址

20世纪60年代试掘，1974—1976年第二次发掘。文化堆积分三层，下层发现少量石器和一些陶器，属于马家浜文化。上层发现大量印纹陶和原始瓷，属于青铜时代。中层以墓葬为主，有40多座墓葬。随葬陶器以灰色泥质陶为主，器形以鼎、豆、壶、盆等为主，石器以斧、锛和凿为主，还有少量玉器，以璜、镯等为主。它上承马家浜文化，下启良渚文化，其文化面貌不同于其下的马家浜文化，与良渚文化也不同，它被命名为崧泽文化，是太湖地区新石器时代晚期偏早阶段的考古学文化。

2. 专题研究

（1）大汶口文化

命名新发现的考古遗存是对它具有独特文化面貌的认可。在其文化面貌、分布范围和文化分期尚不明确时，应该抓紧工作完善这些工作。有的地区在这方面的工作不够及时，导致已有的文化名称被淡化、弃用。青莲岗文化是1959年提出的，指称鲁南苏北地区发现的与仰韶文化时代基本相当的考古学文化。后来把宁镇地区和太湖东部的新石器时代文化也放到青莲岗文化之中，导致"青莲岗"一词"由于原来的遗址不够典型，又将概念扩大以致包括了不同系统的文化而引起争论"。[①] 在大汶口遗址发掘报告出版后，鉴于其文化内涵包含了青莲岗文化因素而青莲岗文化自身的研究没有进展，夏鼐主张用大汶口文化而不用青莲岗文化作为这类遗存的名称，这是因为"主要分布于苏北和鲁南的新石器时代文化，本来也可以叫作青莲岗文化。但是由于'青莲岗文化'这一名称有时用以兼称江南的马家浜文化，意义混淆不清"[②]。

大汶口遗址第一次发掘清理的133座墓葬材料公布后，引起学术

---

① 安志敏：《略论三十年来我国的新石器时代考古》，《考古》1979年第5期。

② 夏鼐：《碳-14测定年代和大汶口文化》，载《大汶口文化讨论文集》，齐鲁书社，1979。

界关注。有学者认为,大汶口墓葬随葬品多寡不等、男女合葬墓中随葬品偏向男性一侧、少数大墓带有棺椁,说明它已经进入奴隶社会。有的学者认为,氏族社会后期已经出现了贫富不均和私有财产,大墓主人不是奴隶主而是氏族首领或富人,男女合葬墓中的女性要么是妻子要么是殉葬的妻妾。从墓葬排列有序看,以血缘关系为纽带的氏族制度依然存在。至于刻划符号,有的学者把它作为现行文字的远祖,而更多的学者认为它们未必是文字,而是图画文字,不能用于文献记录。还有学者把大汶口文化与传说中的少昊联系起来,很多学者则不同意这个意见。① 这次讨论都是以马克思主义经典作家的著述为理论依据,带有浓厚的时代特色。

(2) 香港南丫岛深湾综合研究

香港考古始于20世纪30年代的意大利芬神父。1971年香港考古学家秦维廉在深湾进行了前后六次调查和试掘,虽然只在第六次调查和试掘中发现陶片,文物遗存非常少。但是他们对遗址出土遗物和周边地质与环境做了调查和研究。他们的研究成果在香港考古学会专刊第三本《南丫岛深湾——考古遗址调查报告》②中得到充分的体现。报告由14个部分构成,报告前面有致谢、目录、中文版前言、编者序、作者及协助者、发掘地区的代号、若干缩写的用法和香港考古图,报告最后有参考书目。

这个时期香港田野考古是由一群考古爱好者在做,他们不是科班出身,也没有接受过系统的考古田野发掘训练,按照考古地层学的要求来看,他们的发掘不甚规范,但是却能够做到尽量全面地研究遗址的过去和现在,这是难能可贵的。即使放到今天,似乎没有哪个遗址发掘做到如此全面地研究遗址所在地的"地方自然史和文化史"。

---

① 本刊编辑部:《大汶口文化的性质及有关问题的讨论综述》,《考古》1979年第1期。
② 秦维廉:《南丫岛深湾——考古遗址调查报告》,香港考古学会专刊第三本,1978。

第三节　历史考古

一、夏商周考古

考古学者注意运用考古资料对三代社会结构、家族组织进行研究,重视夏商周时期遗存的发掘与研究,在建立各地青铜时代文化谱系方面投入精力。在三代都城遗址的工作中,不仅注意对其宫殿基址进行发掘,还开始注重分析其布局。[①] 考古工作者还在以往发掘的基础上进一步开展调查和发掘,如全面揭露河南偃师二里头宫殿区,在河南郑州商城进一步勘探后发现夯土建筑基址和大量文物,对湖北黄陂盘龙城、江西清江吴城等做了发掘,持续发掘殷墟墓葬,清理大批墓葬如山东益都苏埠屯、江苏铜山秋湾、河北藁城台西村等墓地。周代考古中,最重要的是发掘了北京琉璃河墓地、陕西宝鸡和泾阳墓地、甘肃灵台百草坡西周墓地,还在陕西长安、扶风、眉县、岐山、长武、蓝田等地发现青铜器窖藏。考古工作者在湖北的枝江、汉川,山东的曲阜、肥城、烟台、莒县和临沂等,发现了春秋时期的铜器。另外,在湖北大冶发现的铜绿山矿冶遗址也很重要。

1. 考古新发现

(1) 河南偃师殷墟西区墓地

1969—1977 年在殷墟西区进行大规模钻探和发掘,发掘了 900 多座墓葬。绝大部分墓有木棺,极少数墓有椁,有些墓有生土或者熟土二层台,不少墓殉狗,少量墓殉人,近半数墓有腰坑。随葬觚爵尊等铜礼器和戈矛等铜兵器、圭璋璧等玉石器,其时代相当于殷墟前期和后期。这些墓葬划分为八个区,各区墓葬陶器组合不同,青铜器等也不

---

① 王巍:《夏商周考古五十年》,《考古》1999 年第 9 期。

同,据推测这八个区相当于八个不同的族。大部分墓主为平民,少数墓主为贵族。这是研究商代社会史的重要资料。①

（2）北京房山琉璃河西周墓地

1973 年发掘了西周时期燕国墓地中的 300 多座墓葬和 30 多座车马坑,墓葬分大中小三型。大型墓带有墓道,出土铜礼器和车马器镫,以及陶器、玉石器、骨角器、漆器、原始瓷等。中型墓中多随葬有铜、玉、漆器,漆器多用蚌片镶嵌和彩绘等图案。大中型墓多有棺有椁,并有车马坑附葬。车马的数量与墓的规模成正比。小型基多仅有一两件陶器。这里是西周分封的燕所在地,为研究燕国的早期历史及其与西周和周边民族等的关系提供了重要实物资料。②

（3）河南安阳小屯南地甲骨

1975 年在小屯南地的发掘中,发现刻辞甲骨 5335 片,这批甲骨与陶器共存,为研究甲骨文和殷墟文化的分期断代提供了重要的地层依据。甲骨文的内容涉及祭祀、田猎、征伐、农业、天象等,是甲骨文和商史研究的重要资料,被称为殷墟甲骨文的第二次重大发现。③

（4）陕西岐山和扶风周原遗址

1976 年发现大型夯土建筑基址、封闭性院落,制作陶器、玉器、骨器、铜器的作坊,以及甲骨文和铜器窖藏。有的建筑已经使用了各式板瓦、筒瓦和半瓦当。据研究,这里是周人文王迁都到丰之前的都邑,文王迁都以后这里仍然是周人的政治中心,一直到西周末年北方戎人的侵入才被废弃。这些发现为探讨先周文化起源提供

---

① 中国社会科学院考古研究所安阳工作队:《1969—1977 年殷墟西区墓葬发掘报告》,《考古学报》1979 年第 1 期。

② 北京市文物研究所:《琉璃河西周燕国墓地 1973～1977》,文物出版社,1995。

③ 中国社会科学院考古研究所《小屯南地甲骨》上、下册,中华书局,1980,1983;中国社会科学院考古研究所安阳工作队:《1973 年小屯南地发掘报告》,《考古学集刊》第 9 集,1995。

了丰富的实物资料。①

(5)湖北大冶铜绿山遗址

1973年调查了竖井、斜井、巷道、采场等古代矿坑,发现铜斧、铜锄、铜凿、木槌、木铲、铁锤和铁锄等开采工具,以及藤篓、木钩、麻绳等运载工具,还发现炉渣等冶炼遗迹和遗物和陶鬲、豆、罐和鼎等生活用具。矿山遗址的时代早到春秋末,晚到战国前期,它是研究青铜冶炼史的宝贵资料。②

(6)陕西长安张家坡西周墓

1967年发掘,清理100多座西周墓和10多座车马坑、马坑和牛坑。墓葬都是长方形竖穴土坑墓,中型墓有一棺一椁,小型墓只有一棺,极少数墓有殉人。中型墓除陶器外还有铜礼器、兵器、工具、车马器、玉石器与漆器,小型墓只有陶器。青铜器有鼎、甗、卣、觚、爵等,玉石器有串饰、鱼、鸟、牛、鹿等,这批西周墓分早晚期两期。③

(7)湖北黄陂盘龙城

1974年、1976年两次发掘。该城平面略为方形,南北约290米、东西约260米。城墙夯筑,外有宽约14米、深约4米的壕沟。城内只有宫殿基址,城可以看作宫城,城外为居民区和手工业区,城北、西、东面有墓葬。从城墙夯筑技术、埋葬风格、陶器和玉石器等与中原商文化明显一致,说明这里属于商文化分布地区,可能是商人在长江中游

---

① 陕西周原考古队:《陕西岐山凤雏村西周建筑基址发掘简报》,《文物》1979年第10期;《扶风云塘西周骨器制造作坊遗址试掘简报》,《文物》1980年第4期;徐锡台:《岐山贺家村周墓发掘简报》,《考古与文物》1980年创刊号;《周原考古工作的主要收获》,《考古与文物》1988年第5、6期。

② 湖北省博物馆:《湖北古矿冶遗址调查》,《考古》1974年第4期。

③ 中国社会科学院考古研究所沣西发掘队:《1967年长安张家坡西周墓葬的发掘》,《考古学报》1980年第4期。

地区建立的方国,属于早期城市。①

2. 专题研究

(1) 西周史墙盘

1976年12月,在陕西扶风周原遗址白家村南发现一个青铜器窖藏,共103件青铜器,有铭文的青铜器70余件,其中史墙盘铭文字体秀丽工整,所叙述的史事很重要,全文280余字。徐中舒首先把铭文分为十二节做了释读,他得出如下结论:

> 第一,武王时代,殷王朝虽然遭受打击但是尚未灭亡,武庚居于朝歌并仍称殷王。而周人北有狄虐的威胁,东有夷童受殷人羁绊。

> 第二,成王时代有公布的宪令,康王时代又董正了土田贡赋,成康之际,国家安宁,所以四十年不用邢措。

> 第三,昭王南征荆楚,怀柔为主、战争为辅,但是四年后终归失败。

> 第四,穆王时代,继承文武的长烈,提拔各级大臣从政,使近者喜而远者慕,各方蛮族无不以珍宝前来献见。

> 第五,墙为殷王室后裔,行文多隐讳。②

李学勤逐句释读了铭文,认为史墙盘铭文对于西周历史研究来说是珍贵的史料。盘铭叙述武王征四方、达殷、攻翟柤,伐夷东等史实可补《逸周书·世俘》汇总武王征伐四方事迹。铭文记载史墙一家世代都任史官,他们从武王克商时就迁居于周,武王命周公给予史墙列祖的居住地就在今天的周原遗址上,这个情况佐证了周原在西周历史上

---

① 湖北省博物馆、北京大学考古专业盘龙城发掘队:《盘龙城一九七四年度田野考古纪要》,《文物》1976年第2期。

② 徐中舒:《西周墙盘铭文笺释》,《考古学报》1978年第2期。

占据重要地位的认识。①

（2）侯马盟书研究

山西省文物工作委员会 1965—1966 年在侯马发现并发掘盟誓遗址，在该遗址发现竖坑 400 余处，发掘了 326 处。这些坑瘗埋牺牲和盟书的"坎"。竖坑底部一般都埋牺牲，大坑埋羊牛马，小坑埋羊和盟书。盟书出土于被称为甲区内的 39 个小坑。盟书共有 1000 余件。经过整理，盟书可以分为四类八种。第一类是"宗盟类"，第二类为"委质类"，第三类为"内室类"，第四类为"卜筮类"。② 侯马盟书发现之后，有些学者从多个角度对盟书展开研究。

有学者首先探讨侯马盟书的主盟人，盟辞中主盟人的称谓有三种，即"嘉""某""子赵孟"。有学者根据《说文通训定声》《左传·桓公六年》《说文解字》《尔雅·释诂》等分析，发现"嘉"和"某"是对"子赵孟"的懿美称谓和讳称。"子赵孟"的"子"是尊称，由此可知主盟人是赵孟。根据文献梳理和社会背景分析，赵孟当是赵鞅。其次考证"宗盟"，所谓宗盟是根据参加盟誓的人皆同姓同宗，结合社会背景分析，判断盟誓是"宗盟"，赵孟不但是主盟人，而且还是赵氏的宗主。接着考证"委质"，所谓"委质"，是把自己抵押给某个主人，表示一生永不"叛质"之意。这里盟书的特点是，没有"以事其宗"和"守二宫"这样事宗祀、守清庙的人物，盟诅对象超过"宗盟类"的范围，既质之后还必须到"皇君之所"(宗庙)再祭。盟书中的"质"是把自己"委质"于"君所"，自献其身，表示永不叛离的意思。从这里盟书内容看，盟书的"委质类"说明赵鞅对待敌对阵营所采取的分化瓦解政策。最后探讨"内室"之意。根据文献与社会背景分析，盟书中的"内室"是把别人的"室"

---

① 李学勤：《论史墙盘及其意义》，《考古学报》1978 年第 2 期。

② 山西省文物工作委员会：《"侯马盟书"的分析、发掘与整理情况》，《文物》1975 年第 5 期。

"取"了过来并入自己的家室范围之内。① 这篇考证为研究当时晋国历史提供了新资料。

还有学者对盟书内容做了进一步阐释。他们认为"宗盟类"盟书约辞的特点是参盟人要遵守四条誓约：一是不敢不诚心事其宗祀，二是不敢不从主盟人的盟誓，三是不敢涣散其宗庙之守，四是绝不让逃亡出国的旧势力回国。这类盟书的内容是主盟人赵孟为了打击敌人而巩固宗族内部力量所举行的一种盟誓。"委质类"盟书的特点是从敌对阵营里分化出来，并自愿把自己抵押给新主君的参盟人表示遵守以下五条誓约：一是自愿把自己抵押给新主君；二是今后与旧君主断绝关系；三是不与逃亡出国的旧势力家族勾结，不让它们回到晋国；四是参加盟誓委质之后，必须使自己的家祝和家史等到晋皇君宗庙里举行再祭祀；五是对逃逸而去向不明的旧势力家族，如果在路上遇着的话，必须杀掉。"纳室类"盟书约辞中表示参加盟誓之后，自己不敢"内（纳）室"，而且若自己宗族兄弟有"内（纳）室"行为而不把他们抓起来交上去的话，愿受神明诛灭的制裁。②

也有学者从晋国史的角度解读盟书。他们认为侯马盟书是晋国迁都"新田"以后的阶级斗争的产物。晋国是春秋大国，在新兴地主阶级向奴隶主夺权的斗争在这里表现得十分尖锐，晋国很早就滋长法家思想，而晋国"私家"力量比较强大。他们不断打击晋国的旧公族，并在晋国政治生活中占有越来越重要的地位。主张革新比较坚决的赵、魏、韩三家逐步把晋国的权力集中到自己的手里，在三晋地区建立起地主阶级专政，在晋景公迁都侯马地区所在的新田后，地主阶级与旧公族的斗争愈加激烈。侯马盟书的主盟人赵孟即为从奴隶主贵族中分化出来的新兴地主阶级的代表人物，他所主持订立的"侯马盟书"印

---

① 长甘：《"侯马盟书"丛考》，《文物》1975 年第 5 期。

② 山西省文物工作委员会侯马工作站：《"侯马盟书"注释四种》，《文物》1975 年第 5 期。

证了新旧势力的斗争。而侯马盟书的内容表明,赵鞅为了巩固自己的宗党,团结争取更多的支持者,对敌人进行分化和镇压,进行了一系列不同类型的盟誓。[①] 对侯马盟书的历史学解读为理解春秋后期晋国的历史提供了新材料。当然,解读用语带有时代特色也是很正常的现象。

二、秦汉考古

秦立国时间很短,秦代墓有的被作为战国晚期墓,有的被作为西汉初期墓看待,所以被确认为秦代的墓葬数量很少。不过从 20 世纪70 年代开始,随着秦墓发掘数量的增加和考古资料积累,初步具备了辨别秦代墓葬的初步条件,已经确认为秦代的墓葬主要有:湖北云梦睡虎地 11 号墓、河南泌阳秦墓、淅川马川秦墓,以及近年发掘的河南三门峡、秦咸阳城故址、秦雍城故址和甘肃等地的秦代墓。汉代考古也有了很重大的发现:发掘了一批大中型墓葬,还发现了大批简牍。在汉长安城西建章宫遗址发现“刻石为鲸”的巨型石鱼。发掘山西大同司马金龙墓、洛阳元义墓、平山崔昂墓、祁县韩裔墓、南京王氏家族墓、丹阳肖氏墓地、河南密县壁画墓、陕西米脂画像石墓等,以及甘肃嘉峪关的画砖墓、武威雷台大墓等。甘肃额济纳河流域调查发掘出汉代城塞烽燧遗址。

1. 考古新发现

（1）湖北云梦睡虎地秦汉墓

1975—1976 年发掘。清理了 12 座墓,随葬品共 300 多件,主要有木牍与毛笔、墨和砚,以及漆、木、竹、陶、铜、铁等器物。两件木牍是死者写给家人的信,是首次发现的。漆器数量多,有盒、盂、奁、长方盒等,铜器有鼎、盒、壶、带钩等,木器有俑、耳杯、梳篦等,还有铁鼎等。

---

① 卫今等:《“侯马盟书”和春秋后期晋国的阶级斗争》,《文物》1975 年第 5 期。

其中 11 号墓主为男性,随葬 1100 多枚竹简,内容包括文书、法律条文、大事记和日书等。墓葬出土的简牍表明这批墓葬都属于秦。这批墓葬的发现为区分秦代墓与汉代墓葬提供了确凿的对比资料。①

（2）河北满城中山靖王墓

1968 年发掘。两座墓保存完好,对照《汉书》记载,初步判断 1 号墓是第一代靖王刘胜,他是汉景帝刘启之子,汉武帝刘彻的庶兄。2 号墓主是刘胜之妻窦绾。墓室内有良好的排水系统,两墓各有一件金镂玉衣。金镂玉衣即用金丝把四角带有小孔的方形为主的几何形玉片串缀起来的玉衣,穿在死者身上意欲防腐。两墓各有四五千件随葬品,包括金银器、玉石器、铜铁器、陶器、漆器和丝织品等,还有马车和马。铜器上有不少铭文,记录着器名、容量、重量、高度、编号和制作或购买日期。铜镞用含铬化合物处理过,被誉为中国冶金史上的奇迹。② 该墓的发掘为研究汉代诸侯王贵族的丧葬制度和汉代冶炼、铸造、制玉、漆器、纺织等,提供了重要资料。

（3）山东曲阜九龙山汉墓

1970 年发掘了四座汉代崖墓。早年被盗,但是仍然发现车、马、铜车马饰件、五铢钱、半两钱、铜印章等,鼎、壶、盒、罐、耳杯、灶、瓦当、盘、釜等陶器,少量金牌、金箔、银马饰、银块等,以及玉片、管、圭、璧、佩、环等玉器。它们均为西汉时期,根据 3 号墓发现的"王陵塞石广四尺"等铭文分析,推测 3 号墓主可能是鲁王。③

---

① 湖北孝感地区第二期亦工亦农文物考古训练班:《湖北云梦睡虎地十一座秦墓发掘简报》,《文物》1976 年第 9 期;《湖北云梦睡虎地十一号秦墓发掘简报》,《文物》1976 年第 6 期;《湖北云梦西汉墓发掘简报》,《文物》1973 年第 9 期。

② 中国社会科学院考古研究所、河北省文物管理处:《满城汉墓发掘报告》,文物出版社,1980。

③ 山东省博物馆:《曲阜九龙山汉墓发掘简报》,《文物》1972 年第 5 期。

（4）山东临沂银雀山汉墓

1972 年发掘了 20 余汉墓,出土陶器、漆器、木器、竹器、铜器、铁器、玉石器和竹简等。1 号、2 号墓出土竹简近 5000 枚,简文用毛笔蘸墨书写,字体为早期隶书。1 号墓下葬年代在公元前 140—前 118 年,2 号墓下葬年代在公元前 134—前 118 年。1 号墓出土近 5000 枚竹简,内容主要包括《孙子兵法》《孙膑兵法》等兵书,《孙子兵法》为孙武所著,共十三篇,与《史记》记载相符,而《汉书》却记载《孙子兵法》有八十二篇,图九卷。后人因此怀疑现存的《孙子兵法》十三篇是曹操根据前人的著作删减而成的。这次发现证明了《孙子兵法》十三篇并非汉人的作品而是孙武本人的著作。《孙膑兵法》在《史记》中有记载,并对孙武、孙膑的关系有明确的交代,即孙膑是孙武的后世子孙,也有兵法传世。据分析,《孙膑兵法》大概在东汉末年已经失传,这次考古发现使得失传 1700 多年的《孙膑兵法》重见天日,也使后世有关孙膑即孙武的臆测不攻自破。2 号墓出土 30 余枚竹简,内容为《元光元年历谱》,元光是汉武帝年号,元光元年为公元前 134 年。该历谱以十月为岁首,是迄今发现的时代最早和最完整的古代历谱,可以订正自从宋代《资治通鉴目录》以来有关书籍中的错误。①

（5）湖南长沙马王堆汉墓

1972 年发现。1 号墓出土了大量珍贵文物后,周恩来总理建议继续发掘附近的 2 号、3 号墓。三座墓都是带有墓道的竖穴土坑墓,墓室底部和椁外填充大量木炭和白膏泥,墓室内部基本上一直处在恒温、恒湿条件下,女性墓主出土时尸体皮肤富有弹性,身上的衣物等完好无损。随葬品数量多,包括盛满衣物、食物和药材的竹木、漆器,乐器、

---

① 山东省博物馆、临沂文物组:《临沂银雀山四座西汉墓葬》,《考古》1975 年第 6 期;《山东临沂西汉墓发现〈孙子兵法〉残简释文》,《文物》1974 年第 2 期;《临沂银雀山汉墓出土〈孙膑兵法〉释文》,《文物》1975 年第 1 期。

陶器等。最重要的是 1 号和 3 号墓出土的帛画、各种丝织品、记载墓中随葬品的"遣策"和今已失传的古书、地图等。根据印章和漆器上的铭文分析,2 号墓主应该是西汉初期长沙丞相利仓,1 号、3 号墓主分别是其妻、子。该墓的发掘一直得到中央领导的重视和支持,医学、丝绸等领域专家参加了室内研究。该墓的发掘对汉代埋葬制度、手工业、医药、防腐、丝绸等方面的研究具有非常重要的指导意义。①

2. 专题研究

(1) 甘肃金塔居延烽燧墩汉简

1972—1976 年发掘三处地点,获得竹简 2.3 万多枚。这批汉简绝大多数是汉代边塞上的屯戍档案,少数是书籍、历谱和私人信件等。屯戍档案主要有两类,一类是各种登记和统计簿,另一类是各种公文文书。内容有吏卒名籍等,还有专门记录吏卒工作的"作簿"和"日迹簿",专门传递公文信件的"邮书课",统计各亭燧军事装备的"守御器簿"和"戍卒被簿",记录出纳钱财和粮谷的"出入簿"或"食簿",吏民出入关的登记簿等。② 为研究我国汉代边塞状况、社会经济状况等提供了实物资料。

(2) 陕西咸阳秦咸阳城

1973 年发掘了位于咸阳宫范围内的第一号宫殿遗址,发现秦宫是把各种用途不同的单元紧凑地结成整体的多层高台宫殿建筑,在使用功能、通道、采光、排水及结构方面都做了合理的安排。文献记载,秦每灭一国,即在这里仿照一座该国宫殿,这批宫殿区位于南边,勘察曾发现楚国、燕国形制的瓦当,应该是六国宫殿中楚与燕国宫殿所在。

---

① 湖南省博物馆、中国科学院考古研究所:《长沙马王堆一号汉墓》,文物出版社,1974;《长沙马王堆二、三号汉墓发掘简报》,《文物》1974 年第 7 期;何介钧、张维明:《马王堆汉墓》,文物出版社,1982。

② 甘肃居延考古队:《居延汉代遗址的发掘和新出土的简册文物》;徐苹芳:《居延考古发掘的新收获》,《文物》1978 年第 1 期。

宫殿的发现、发掘和研究对研究秦和战国晚期历史具有重要价值。①

（3）简牍研究

在武威旱滩坡汉墓简牍出土后,有中医史专家从中发现了包括临床医学、药物学和针灸学等内容。在临床医学方面,简牍中不仅有疾病症状的描述和病名、病因、病理的记载,还有许多医疗方剂的记载。他们指出,武威汉代医药简牍内容包括辨证施治的法则、药物学方面的突出成就、针灸学方面的特点,它是当时医家的一部读书和医疗实践的记录,记载作者个人医疗心得和当时较有实用价值的方剂。②

1973 年在湖北江陵凤凰山发掘了一批汉墓,其中有三座墓出土400 多枚竹简和木牍。黄盛璋发现其中 10 号墓的简牍按内容分有三类,契约、账册和遣册,而 8 号墓好和 9 号墓的简牍都是遣册。对这批简牍作研究后,他发现江陵地区已经出现有组织、有计划进行的较大规模的商贩事业,当时江陵地区的主产和主食是稻和稷,航运发达和造船业有了进步,而且还论证了王国维怀疑江夏郡非高帝时而是武帝时设立的这一观点是正确的。③

三、魏晋南北朝考古

这个时期考古发掘和发现极少,但是所发现的墓葬也有较高的研究价值。

1. 考古新发现

（1）湖北鄂城孙将军墓

1967 年清理。墓室由甬道、前室及左右侧室、过道和后室构成,总

---

① 秦都咸阳考古工作站:《秦都咸阳第一号宫殿建筑遗址简报》,《文物》1976 年第 11 期;秦都咸阳考古工作站刘庆柱:《秦都咸阳几个问题的初探》,《文物》1976 年第 11 期。

② 中医研究院医史文献研究室:《武威汉代医药简牍在医学史上的重要意义》,《文物》1973年第 12 期。

③ 黄盛璋:《江陵凤凰山汉墓简牍及其在历史地理研究上的价值》,《文物》1974 年第 6 期。

长约 9 米。该墓早年被盗,出土随葬品近 70 件。包括青瓷院落、坛、罐、灯、薰、案、仓、灶、磨、碓、禽舍、牛车、牛、马、狗和跪俑,以及金器和鎏金铜饰件等。青瓷院落内楼顶内部刻有"孙将军门楼也"字样。从随葬品看,多与西晋和东吴墓葬随葬品类似,其时代被定为东吴。[①]

（2）河南安阳范粹墓

1971 年清理。墓室规模不大,穹庐顶已经坍塌,出土随葬品 70 多件,除墓志和钱币外,其余皆为陶瓷器,陶器又以各式俑、家畜家禽和模型明器为主。其中出土的 10 多件瓷器是最重要的发现,种类有白釉绿彩、黄釉和白瓷,器类有扁壶、罐、瓶、壶和碗,它们是研究北方地区瓷器生产的宝贵资料。[②]

（3）河南洛阳汉魏洛阳城

1962 年做过田野勘查,探明了大城垣、门阙、街道、护城河和达成西北隅的金墉城的范围和布局等。1972 年对其中的城垣等进行了发掘。发现汉魏古城的东西北三面墙垣保存较好,它们都是版筑夯土墙,但是它们的厚度不一样,北垣厚 25～30 米、长约 3700 米,东垣厚约 14 米、残长 3895 米,西垣厚约 20 米、残长 4290 米,南垣被洛河冲毁。整个大城呈不规则的南北长方形,与文献记载的大小基本符合。文献记载汉魏晋建都洛阳时,城有十二门,门皆双阙。北魏建都时在大城西北新辟一门。勘查后共发现城门阙口十座。西垣发现城门阙口五座,北垣城门阙口二座,东垣城门阙口三座。勘探发现护城河环流的情况,但是渠水注入城内的流向不详。另外还发现突出于大城之外的城墙上的附属性建筑城垛七座。城内共发现东西横道四条、南北纵道四条。大城的中北部有宫城,宫城呈南北长的矩形,南北长 1398 米、东西宽约 600 米,是都城内最重要的中心建筑区。宫城的四面垣

① 鄂城县博物馆:《鄂城东吴孙将军墓》,《考古》1978 年第 3 期。

② 河南省博物馆:《河南安阳北齐范粹墓发掘简报》,《文物》1972 年第 1 期。

墙保存尚好,宫城中有一道南北向夯土墙,它将宫城范围东西两部分。宫城内有夯土台基二三十处,并有上下叠压关系。此外,在北魏宫城南门西南发现永宁寺基址,寺院平面呈长方形,四周有夯筑围墙,周长1040米,中心为台基遗址。墙基保存不好,南墙正中发现门楼遗址,东墙中段发现东门基址遗迹,西墙中段发现西门基址,北墙中段被毁而不见阙口。寺院正中发现高大夯土台基,即永宁寺塔基,其南北侧各有二层夯筑台基等。大城东北隅发现两组建筑,疑似汉晋时期的太仓遗址。另外在洛阳城北发现三座小城,各有墙垣,并连成一组建筑,北靠邙山,南依大城,为洛阳城的军事要塞。① 这次发掘取得重大成果,为洛阳城研究增添了新资料。

（4）山西祁县白圭韩裔墓

1973年发现并发掘。韩裔墓坐北朝南,原有高五丈封土,由墓道、甬道、墓门和墓室组成。早年被盗,墓室顶部坍塌外,其余保存完好。墓道长14.6米,北接甬道。甬道分门罩、甬道前段和后段三部分。门罩是仿木构的砖雕建筑,甬道长2.8米,甬道中部狭窄束腰处有一个石门。墓室平面呈方形。残存器物145件,陶人物俑120件,陶马3件,陶羊2件,陶猪2件,陶力士俑和镇墓兽各1件,绿釉龙凤壶3件、盘4件,陶灶和陶器各1件,包金"常平五铢"钱4枚,包金铁片4件,拇指盖和墓志一套。墓志盖上刻"齐故特进韩公之墓志",墓志呈方形,志文共28行、每行34字。据墓志,墓主韩裔,字永兴,齐国昌黎宾屠人。天统三年卒于青州,时年54岁,诏赠使持节瀛沧幽三州诸军事、中书监、三州刺史。《北齐书》中无传,但是在别人传记中说到其子韩凤时提到韩裔。陶俑大部分呈北方少数民族脸型、服装和穿戴,而一批女俑、力士和武士俑的脸型和服饰尽显汉人特色。② 该墓的发现

① 中国科学院考古研究所洛阳工作队:《汉魏洛阳城初步勘查》,《考古》1973年第4期。
② 陶正刚:《山西祁县白圭北齐韩裔墓》,《文物》1975年第5期。

为研究鲜卑与汉的文化交融情况提供了新材料。

2. 专题研究

(1) 刺绣

1965 年,在配合莫高窟加固观察时,考古人员在 125～126 窟前清理发掘中发现若干块古代刺绣残品。刺绣残品包括横幅花边、一佛二菩萨说法图、发愿文一方和供养人。刺绣是在黄褐色的丝织物上绣出来的,刺绣方法属于锁针绣法。绣品的用色以红、黄、绿为主,次为紫色和蓝色。浅黄色为底色,朱红色主要用于服饰和表现人物鼻耳手脚等鸡肉部分的线条,蓝绿色用于花纹,紫褐色用于表现冠靴等深色物品。该绣品配色谐调,色彩鲜明,浓丽而浑厚。从刺绣品的内容与结构看,它与北魏和西魏壁画相似。从发愿文看,施主为广阳王元嘉,据此推断刺绣品是北魏太和十一年(487 年)的作品。《高僧传·释道安传》记载"苻坚遣使,送外国金箔倚象,高七尺。又金坐像,结珠弥勒像,金镂绣像,织成象各一尊……每讲会法聚,辄罗列尊象,布置幢幡。"据此推测这件刺绣品是舍入石窟内的,悬挂在窟内,一方面作为施主的供养品,一方面僧人也作为讲经说法等的用品。从刺绣品出土位置看,它被废弃的时间是盛唐,从其制作到被废弃,它被使用了仅300 年。它不仅是研究佛教艺术,还是研究刺绣发展史的珍贵资料。[1]

(2) 屏风漆画

司马金龙夫妇合葬墓出土的一件漆屏风引起专家注意,不仅把它视为古代工艺品,而且还其视为古代绘画真迹。屏风上的人物形象生动,当是用"骨法用笔"表现人物的主要动态。其绘画风格与南京发掘的砖石墓中墓砖上的竹林七贤图的画风一致。漆画上的题字既不是汉代隶书一派也不是唐代以来楷书一派,而是一种似隶非楷、非隶非

---

[1] 敦煌文物研究所:《新发现的北魏刺绣》,《文物》1972 年第 3 期。

楷的兼有魏碑风格的有骨有肉、笔画稍瘦的字体。[①] 这件屏风漆画为研究绘画与书法转型提供了直接依据。

四、隋唐考古

这个时期的考古主要是发现了一个金银器窖藏，发掘了多座粮仓和若干座高等级贵族墓葬。陕西章怀太子墓、懿德太子墓和郑仁泰等人的墓，为研究唐代历史提供了难得的实物资料。在陕西西安隋唐长安城的发掘中发现明德门和青龙寺遗址。洛阳发现的含嘉仓城更是重要。

1. 考古新发现

(1) 陕西西安何家村金银器窖藏

1970 年在何家村发现唐代金银器窖藏，共有各类文物 1000 多件，金银器皿 270 件，其余是玉石制品、贵重药材、中外钱币、银铤、银饼、银板等。金银器成型以钣金和浇铸为主，加工以切削、抛光、焊接、铆、镀和錾刻等工艺为主。其中包含日本银币和同开珎、波斯银币、东罗马金币等，可见唐代与上述地区的物质文化交往情况。[②]

(2) 河南洛阳含嘉仓

1971 年发掘了六座粮窖，证实了含嘉仓位于宫城东北，搞清楚了粮窖形制结构和建筑过程。粮窖的建筑过程是：首先从地面向下挖一个土窖，对窖底座防潮处理，然后在上面铺设木板或者草，上面再加铺谷糠和席，窖壁用木板砌成，有的在木板和储粟之间夹有苇席和谷糠，上面有木架结构的草顶。这里储存的粮食主要是粟和大米。根据测

---

① 志工：《略谈北魏的屏风漆画》，《文物》1972 年第 9 期。

② 陕西省博物馆、文物管理委员会革委会写作小组：《西安南郊何家村发现唐代窖藏文物》，《文物》1972 年第 1 期。

算,有一个粮窖可储放 50 万斤谷子。① 难能可贵的是,发掘结束后,有
关部门想方设法用化学材料处理了出土的谷子,保存了一批碳化谷子
标本。②

（3）陕西乾县乾陵陪葬墓

1971—1972 年发掘了多座乾陵陪葬墓,其中有懿德太子李重润墓
和章怀太子墓。

李重润,中宗长子,因议论武则天宠臣而被杀。墓规模大,地面有
土阙和石狮、石华表等,墓由墓道、天井、甬道、前室和后室构成,全长
约 100 米。出土陶俑、三彩俑、陶器和金、铜、铁器,以及玉质填金表册
残片等 1000 多件器物。墓内壁画 40 幅,仪仗图、架鹰图、鹰犬畋猎
图、列戟图、侍女图等布局严谨,着色方面能够熟练运用各种颜色。画
中楼阙和城墙能够为研究唐代建筑提供参考。

章怀太子是高宗第六子、武则天次子李贤,武后当政后被诬诟而
遇害。墓葬规模较大,由墓道、过洞、天井、甬道、前室和后室组成,全
长 70 多米。虽然被盗仍然出土了 600 多件器物,绝大多数为伎乐俑、
男女骑俑、陶猪牛羊等陶器,男女三彩俑等,墓志二合。墓内壁画保存
基本完好,题材有青龙、白虎和出行、歌舞、游戏等,所绘人物、树木和
山水技法娴熟。③

（4）陕西礼泉尉迟敬德墓

1971—1972 年发掘。尉迟恭,隋大业末从军,以武勇称,后降唐,
参与玄武门之变助李世民夺取帝位,后来他与秦琼被民间作为门神,
是家喻户晓的古代武将。他的墓地上有石碑,蔓草浮雕等雕饰完好。

---

① 河南省博物馆、洛阳市博物馆:《洛阳隋唐含嘉仓的发掘》,《文物》1972 年第 3 期。

② 京洛:《洛阳隋唐含嘉仓粮食的加固处理》,《文物》1972 年第 3 期。

③ 陕西省博物馆、乾县文教局唐墓发掘组:《唐懿德太子墓发掘简报》《唐章怀太子墓发掘
简报》,《文物》1972 年第 7 期。

墓由墓道、过洞、天井、前后甬道和前后墓室构成,长近 60 米。墓早年被盗,随葬品所剩无几,仅见残破陶俑 10 多件、铜剑鞘等,唯石刻精美,墓志二合。[①]

2. 专题研究

(1)唐代冶银术

西安南郊何家村邠王府遗址出土的金银器陶瓮上盖着一块唐代炼银渣块,其直径约 40 厘米、最大厚度 3 厘米,重约 8 千克。经过化验,渣块中含自然矿中的硫化物,而且渣块上有明显的金属烧结痕迹,表明它是经过人工烧炼的炼渣。根据《天工开物》和《物理小识》等文献记载,由于矿石中的含银量很低,需要用大量矿石才能提炼少量的银。提炼方法如下:采矿后粉碎矿石,然后用水淘洗矿末,通过粗选和精选获得真矿,接着进入炼银工序。第一步,先烧结出含银量比较高的铅驼,它被称为"熔礁结银铅",即在土筑炉底瓦屑和铺炭,然后炉内放洗净的矿石和栗炭,鼓风燃烧,掠去浮渣,炉中含银的铅块冷却后成为铅驼。第二步,从铅驼中提炼出纯银来。光谱和化学分析报告指出,炼银渣块中含有大量的铅,佐证了文献记载。这是利用灰窠和用鼓风燃烧的方法提银,该方法被称为灰吹法。它是利用铅在高温下容易氧化,氧化后的铅比纯铅的比重小而浮于表面的原理,使铅和银不断分离而提出纯银。这个发现用事实回应了国外"明代有没有吹灰的技术"的说法。[②]

(2)唐代绢花

新疆阿斯塔那墓地唐代墓葬中出土了不少绢花,出土时绢花依旧艳丽。王炳华对绢花的制作工艺做了研究,他认为,绢花制作用料有一定选择而制作一定工序。首先花枝主干用较直的树枝,叶和花茎条

---

① 昭陵文物管理所:《唐尉迟敬德墓发掘简报》,《文物》1978 年第 5 期。

② 一冰:《唐代冶银术初探》,《文物》1972 年第 6 期。

用细竹丝扦入树枝构成；花瓣、花叶用绢、纸；花柱头用纸团；花蕊用白色的丝线，黑色的棕丝等。制作中还给花染色，给叶、花染上草绿、粉和黄等色，根据设计要求剪出不同的树叶、花瓣形状，然后给花瓣和枝叶上浆，接着在花瓣和花叶上描出脉纹，最后粘黏捆缚。关于隋唐时期的绢花制作，《资治通鉴》等文献也提到过。[①] 虽然绢花只是新疆唐墓中不起眼的随葬品，但它是我们认识古代手工艺产品及其制作的重要线索。

五、宋元明考古

这个时期的考古活动尚未落实重点，主要是调查和抢救性发掘了少量墓葬，比如成都的后蜀皇帝孟知祥墓、甘肃西夏黄帝陵墓、山东邹县明鲁王朱檀墓、成都明蜀王子朱悦爅墓、江西南城的明益王朱祐槟墓等。清理了一艘沉船。在元大都的外郭城、宫城、皇城、街坊和河湖水系等遗迹的勘探取得重要成果。

1. 考古新发现

（1）北京元大都勘察

20 世纪 60 年代，勘查了元大都的城郭、街道和河湖水系等遗迹，发掘了十余处各种不同类型的建筑基址。对和义门瓮城城门、雍和宫后等处的若干居住遗址的大规模发掘，搞清楚了元大都外郭城的形制和范围。全城平面里南北略长的长方形，大都北面的城墙和东两面城墙的北段，至今地面上犹有遗迹，即今北京北郊的所谓"土城"。东西两面城墙的南段，与明清北京城的东西墙一致；南面城墙的位置，在今东西长安街的南侧。[②]

---

① 王炳华：《吐鲁番新出土的唐代绢花》，《文物》1975 年第 7 期。

② 中国科学院考古研究所、北京文物管理处元大都考古队：《元大都的勘察和发掘》，《考古》1972 年第 1 期。

（2）北京民宅居址

1965 年、1972 年发掘了后英房居住遗址，它是一座院落，南北房之间用三间柱廊相连，形成一个"工"字形的平面，"工"字形主要建筑物建于砖台基之上，墙壁的"隔减"部分和铺地砖，全用"磨砖对经"的砌法。在后英房居住址里发现了大量的陶瓷器，有"青花"、黑（褐）、白花瓷器。专门装酒用的黑、白瓷经瓶上刻着"内府"，还发现螺钿漆器。这是一处中上层人物的住宅，它的发掘和出土文物为研究元代建筑、陶瓷器、漆器等手工业提供了实物资料。①

（3）江苏南京汪兴祖墓

1970 年发掘，汪兴祖少时为朱元璋部将张德胜养子，改姓张氏，后又复姓汪氏，汪兴祖的事迹《明史》有载，生于至元四年（1338 年），死于洪武四年（1371 年），死后被封为东胜侯等。墓室分上下两层，每层又间隔成前后两室。全室内部南北长，下层为平顶式，内部均仿木建筑结构，用砖瓦做出柱、枋、斗拱等饰物。上层为券顶式，前后两宝的长、宽与下层相同。木棺放置于下层后室，已腐朽无存，仅见一些漆皮。人骨架只存一些骨屑和个别牙齿。随葬器物 70 多件，分陶器、瓷器、玉带饰、金银器、铜饰、铁武器和石墓志等。这种楼阁式仿木结构的券顶砖室墓是以往没有见到过的墓室结构，出土器物特别是青花碗，为研究元末明初的青花瓷器提供了不可多得的资料。②

（4）福建泉州沉船

1974 年发掘了一艘沉没在泉州湾的宋代木船，该船是一艘尖底造型、多根桅杆、三重木板、隔舱数多、容载量大、结构坚固、稳定性好、抗风力强、宜于远洋航行的海上运货船。在船内发现香料木、药物、木

---

① 中国科学院考古研究所、北京文物管理处元大都考古队：《北京后英房元代居住遗址》，《考古》1972 年第 6 期。

② 南京市博物馆：《南京汪兴祖墓清理简报》，《考古》1972 年第 4 期。

牌、铜钱、陶瓷器、竹木藤器等。该船的发掘为研究泉州海外交通史乃至我国宋代造船业和航海史等,都提供了重要的实物资料。①

(5) 甘肃西夏王陵

西夏是指中国历史上由党项人于公元 1038 年至 1227 年间在中国西部建立的一个封建政权,因其建国时占据夏州(今山西横山区),故称"大夏",它在宋之西,宋人称之为"西夏"。西夏王陵包括 11 个帝王陵墓。1972 年发掘西夏王陵区,发掘第 8 号王陵,可能是第 8 个皇帝李遵顼的陵墓。地上有阙、神道、碑亭、月城、内城等遗迹,地宫在内城西北角,地上有塔式灵台。因为早年被盗,随葬品仅残存金银饰件、铜甲片、铁器和陶瓷碎片等。②

2. 专题研究

(1) 北宋古尸

1973 年 10 月在湖南衡阳县发掘出一座宋墓,古尸保存完好,有关部门遂组织医学专家围绕北宋古尸进行综合研究。病理学专家首先对古尸做了肉眼检查,发现古尸为男性,约 50 岁,身长 171.4 厘米,体重 31.8 千克,发育正常,营养较好。然后对其做了切片检查,还对胆囊内容物寄生虫学检查,发现了肝吸虫及虫卵。最后还做了病理诊断。综合分析后推断,古尸可能死于肾功能衰竭。③

解剖学和病理学专家对古尸做了肉眼观察和 X 射线摄片检查,在实验室内对脂肪酸盐及钙镁含量做了测定,还对棺液充分做测定。结合该墓发现于小山坡中部,墓周围土质较干燥,墓内的石椁和木棺结构紧密,石椁与木棺之间有 15～20 厘米厚的"石灰"层,棺内外的水分和气体不易自由通过。根据已有古尸分类结果,他们认为该古尸属于

---

① 泉州湾宋代海船发掘报告编写组:《泉州湾宋代海船发掘简报》,《文物》1975 年第 10 期。

② 宁夏文物考古研究所:《西夏陵》,东方出版社,1995。

③ 病理学教研组:《衡阳县何家皂北宋古尸一例的解剖所见》,《南医通讯》1975 年第 2 期。

尸蜡。①

组织胚胎学和病理学专家还对古尸组织的保存程度做了观察研究,发现该古尸的上皮组织保存最差,外周神经仅残留神经纤维的碎片,肌肉组织中平滑肌只见轮廓,骨骼纤维在某些部分保留着横纹,结缔组织保存较好,软骨和骨保存较好。②

鉴于古尸被棺液浸泡、外形保存基本完好,病原学专家遂认为棺液对尸体的保存可能起到了一定作用,于是取棺液与已知细菌做抑菌实验,观察它有无抑菌或杀菌的作用。根据检测结果发现,棺液对大肠杆菌无抑菌作用,对金色葡萄球菌、绿脓杆菌、枯草杆菌均有轻度的抑菌作用。不过,抑菌作用的机制有待研究,棺液中是否含有防腐作用的无机离子,也有待研究。③

（2）宋代造船业

1973 年在福建泉州的泉州湾发现一艘沉船,1974 年发掘。海船残长 24.20 米、残宽 9.15 米。船体甲板以上的结构已损坏无存,只剩一个船底。船首只存艏柱和一部残底板,船身中部底板、舷侧板和水密舱壁保存完好。舱底座和船底板也保存完好。在龙骨两端结合处的保寿孔,有"祥符元宝""天圣元宝""明道元宝""皇宋通宝""元丰通宝"等北宋钱,以及铜镜一面。海船造型和结构表明,它可能是宋以后沿江、沿海四大船型福船类的前身。船舱出土遗物包括香料木、药物、木牌（签）、铜钱、陶瓷器和竹木藤器,以及铜勺、铁搭钩、木质象棋子、珊瑚珠等。根据出土遗物并结合文献记载分析,该船是我国南宋末年

---

① 解剖学教研组等:《衡阳县何家皂北宋古尸的类型》,《南医通讯》1975 年第 2 期。

② 组织胚胎学教研组等:《衡阳县何家皂北宋古尸组织保存程度的研究》,《南医通讯》1975 年第 2 期。

③ 病原学教研组:《衡阳县何家皂北宋古尸棺液的抑菌试验》,《南医通讯》1975 年第 2 期。

的一艘远洋货船。①

　　该船发掘后,造船专家做了船体复原。他们根据海船残存部分提取了有关海船的造型和结构特点,海船长宽比小、尖底、多隔舱、多重板。以残船尺寸数据为主,结合福建沿海造船传统经验和规格等,考古人员提出海船复原设想:该海船的型深(H)为3.27米、宽9.9米,排水量374.4吨以上。其甲板的艏部为二层布置、舯部为三层布置,船首为上尖下趋狭尖形,后艄是方阔的。破浪板共高1.8米左右,两侧设"水仙门"(波门)。舵杆长8米左右,中桅高28.5米、头桅高21米。②

　　还有专家对海船上的货物如芳香性固体做了检测分析。结果表明,它是一种经过炒制的乳香,其薄层色谱表明它是属于索马里原乳香一类的乳香。同时色谱鉴定结果表明,乳香在海水淹没700年之后,多数成分未发生显著变化。③

第四节　课题与理论方法

一、课题研究

1. 动物考古

(1) 种属鉴定

新石器时代遗址发现的动物骨骼鉴定工作常常由中国科学院古脊椎动物与古人类研究所的专家承担。20世纪70年代,他们鉴定了

---

① 泉州湾宋代海船发掘报告编写组:《泉州湾的地理变迁与宋元时期的海外交通》,《文物》1975年第10期。

② 泉州湾宋代海船复原小组等:《泉州湾宋代海船复原初探》,《文物》1975年第10期。

③ 福建师范大学化学系高分子研究室:《泉州湾宋代沉船中乳香的薄层色谱鉴定》,《福建师大学报(自然科学版)》1976年第4期。

福建省闽侯县石山遗址所出土兽骨的动物种属、年龄,还对这些动物所反映出的环境等问题做了探讨,认为当地当时的气候比现在稍微温暖一些,与闽南和广东以及滇南气候相仿。根据遗址出土大量生长在沿海的贝壳这一情况,考古人员认为这里当时距海不远,人们常到水边采集贝类、捕鱼捉鳖,在平地耕作、驯养家畜、兼营狩猎。①

(2)家猪驯养

钟遐根据河姆渡遗址出土的猪骨和陶猪探讨了我国家猪驯养问题。他首先分析了河姆渡遗址出土的一件陶塑小猪。这只小猪腹部明显下垂,与野猪的"狼奔豕突"截然有别。浙江吴兴邱城遗址出土的一件完整的小陶猪四肢短小、前躯小、后躯大,整个猪的轮廓呈椭圆形,其温驯肥胖的体态酷似现代家猪。河姆渡遗址出土的 72 头猪的猪骨中,第三臼齿还在齿槽中未完成长出的幼体个体 39 个,第三臼齿已受磨蚀的成年个体 26 个,臼齿磨蚀深的老年个体 7 个,这些数据说明多数猪是在幼小个体时就被宰杀的。幼小个休被宰杀说明它们是被饲养的家猪而非狩猎获得的野猪。②

2. 金相考古

1974 年河南渑池基本建设中发现一个古代铁器窖藏,不同领域的专家对它做了多方面的研究。

(1)窖藏铁器

窖为袋形,口径 1.28～1.42 米、底径 1.68 米、深 2.06 米,出土 4195 件共 60 多种铁器,重达 3500 千克。后经勘探,在其南边发现一处铸铁作坊遗址,作坊遗址所在地层内有瓦片、铁渣和耐火材料等。可见铁器窖藏与铸铁作坊右后杠。400 多件铁器上有铭文,其中 292

① 祁国琴:《福建闽侯县石山新石器时代遗址中出土的兽骨》,《古脊椎动物与古人类》第 15 卷第 4 期,1977。

② 钟遐:《从河姆渡遗址出土猪骨和陶猪试论我国养猪的起源》,《考古》1976 年第 8 期。

件铁器上铭文可辨，从铭文内容看铁器出自 10 多个铸铁作坊。铁器种类有：铁范 152 件，其中铁板 64 件，双柄犁范 3 件，犁范 1 件，铧范 31 件，臿范 5 件，箭头范 18 件，还有镰范、锤范和碗形器范、锄形器范等。部分铁范上有"上四下电字不出头（做字）""津左""周左""阳成"等铭文。铁器 4043 件，有铁砧 11 件、铁锤 20 件、铁钎 1 件、六角承 445 件、圆承 32 件等，犁 48 件、犁镜 99 件、犁铧 1101 件等农具，根据铭文内容看，这批犁铧至少出自 5 个作坊。铁兵器有斧、箭头、矛、剑、镦等，还有釜、錾、灯、权、辅首衔环等。此外还有生铁原料等。研究者根据铁器造型、铭文及其字体等推断该窖藏的时代为北魏。铁器铭文显示，作坊多分布在黄河中游两岸，如渑池、新安、夏阳、绛邑、阳成等。①

（2）工艺分析

金相学专家对部分窖藏铁器做了检验，有了很多发现。首先，这批铁器来源不提，制造时间也有早晚。总之，一部分含磷量较低，从含碳和含硅量看，成分比较稳定，树木冶铸技术已经相当成熟。从其金相组织看，铁器原材料至少有六种。其中，白口铸铁的成分熔点较低，流动性好，有利于获得良好的铸件。灰口铸铁，石墨片的大小和分布都比较合理，表明当时在制作和控制灰口铸铁的工艺上已经积累了丰富的经验。麻口铸铁，可能是在预热的铁范中铸成。展性铸铁是白口铁经过适当退火处理得到的，它分为白心展性铸铁和黑心展性铸铁。白心展性铸铁具有较高硬度和强度，黑心展性铸铁具有耐冲击、韧性好的特点。铸铁脱碳钢器物是用白口铁铸造，经过脱碳铸造而成的。铁器中有一部分是经过锻造而成的器物，它们是以生铁炒成的熟铁为原料制造的。②

---

① 渑池县文化馆、河南省博物馆：《渑池县发现的古代窖藏铁器》，《文物》1976 年第 8 期。

② 北京钢铁学院金属材料系中心化验室：《河南渑池窖藏铁器检验报告》，《文物》1976 年第 8 期。

（3）铁器的价值

渑池窖藏铁器的金相学检验中,冶金学家高度评价了渑池窖藏发现的铁器锻造工艺。首先,低硅灰口铁的生产是铸铁史上的一项奇迹。灰口铁由于铸造性、耐磨性、切削机工性和耐震性优良、缺口敏感性低等,至今仍然是生产中使用最多的一种铸铁。现代生产的灰口铸铁的含硅量一般要求在 $1.0\% \sim 3.5\%$,硅能促使生铁中的碳变成石墨,如果生铁中的碳全部或大部以自由状态的片状石墨形式存在,则其断口呈暗灰色,故称灰口铁。如果生铁中的含硅量低于 1%,现代一般生产条件下很难获得灰口铁。可是,渑池出土的铧范(420 号)含硅 0.21%,含碳 2.31%,碳和硅加起来也不过 2.52%,但是具有灰口铁的金相组织。按现代工艺是很难获得灰口铁的。控制铸造时的冷却速度越慢,越有利于石墨化,也就越容易获得灰口铁。估计当时工匠已经掌握了这个规律,因此这是一项奇迹。其次,发现铸铁脱碳钢和类似现代球墨铸铁的球墨组织。白口铁经过退火处理而基体转变为钢的组织,被称为展性铸铁,它在中国的出现远远早于欧美,并在汉魏至北朝时期得到广泛的运用。再次,渑池有一些用生铁铸造的铁器,但是具有钢的组织和成分。研究发现当时有一种堪称奇特的制钢方法,即用白口铁铸成后,经过有控制的脱碳退火处理,并使之不析出石墨而直接得到钢件,这种方法被称为铸铁脱碳钢,它是冶金技术的高度成就。最后,最值得自豪的是,渑池的一些生铁铸件中出现球墨,分析表明它们是采用白口铁长期退火获得球墨钢的,是世界上最早的球墨铸铁。现代球墨铸铁技术是 20 世纪 40 年代发明的,以其优越的性能而得到广泛运用。渑池窖藏的铁器不仅表明了生铁和炒钢在各方面的广泛应用,而且揭示出当时冶金技术的发展水平,特别是生铁冶铸和热处理技术的高度水平。[1]

---

[1] 李众:《从渑池铁器看我国古代冶金技术的成就》,《文物》1976 年第 8 期。

3. 水文考古

长江向东流经多个省区市，其支流千千万万，水量变化幅度很大，夏秋洪水泛涨，冬春水枯下落。枯水和洪水水文对工农业生产特别是水电建设有关，有关古代水情偶见于历史文献，比如《禹贡》有"禹敷土，随山刊木，奠高山大川"，《华阳国志》有"于玉女房下白沙邮作三石人，立三水中，与江神要：水竭不至足，盛不没肩"，《宋史》有"请立木为水则，以限盈缩"。如今，这些"刊木""石人""立木"已无存。不过河流沿岸的古代遗址、古代墓葬、古代建筑和记载水情的碑刻题记等资料能够比较准确地反映古代水情，这种研究方法可称为水文考古。20世纪70年代前期，有关部门召开了枯水和洪水调查，调查结果不仅解决了历史上的枯水和洪水问题，而且对现代长江防汛也有借鉴作用。

（1）长江宜渝段历史枯水调查

1972年，长江流域规划办公室等有关部门开展枯水调查。专家们先详细地调查了涪陵白鹤梁石鱼题刻。白鹤梁是位于四川涪陵县城北长江南岸江中的一道砂岩的石梁，石鱼水标及题刻文字集中在石梁的中段靠下端的砂岩层的斜面上。石鱼水标是指在石岩上雕刻的鱼形图案，并用它来作为衡量江水水位高低的标志，综合文献及石刻题记，确定了石鱼始于唐广德二年（公元764年），石鱼水标有两枚，均为线雕，一前一后，前者为唐代水标，后者为清康熙水标，前者比后者低仅3.5厘米。后者的水标大体相当于川江航道部门当地水位的零点。专家们还对石刻题记中枯水水文运用做了分类，并推算枯水水位高程。专家们还对丝绸云阳城南长江中的龙脊、奉节白帝城小滟滪堆枯水碑刻、重庆朝天门灵石题刻的枯水题刻做了调查。①

---

① 长江流域规划办公室重庆市博物馆历史枯水调查组：《长江上游宜渝段历史枯水调查——水文考古之一》，《文物》1974年第8期。

（2）长江上游历史洪水调查

考古和水利专家们还利用石刻题记考察了长江上游的历史洪水情况。根据多次调查和了解，专家们发现散布于长江干支流各地的有关洪水的零星题刻总计近千条。他们首先发现长江干流已发现的约150处题刻具有以下几个特点：洪水题刻多分布在文物古迹所在地；洪水题刻的制作多在大水泛溢之际，是刻在小溪汇入大江处的倒漾水缓地带；常年暴露地表，多易风化，枯水题刻年代早于洪水题刻。其次，题记内容与洪峰水位的标志不完全相同，需要经过详细地考证发现才能确定洪峰水位高程。他们还考察了长江上游历史洪水的重现期，比如，长江上游忠县地区的历次洪水中，清同治九年（1870年）的洪水是自南宋绍兴二十三年（1153年）起820余年中仅见的第一位洪水。专家们基本厘清了长江上游历史洪水形成的地区，其中金沙江流域集水面积很大，约占长江上游总面积的二分之一，能够形成对长江影响较大的洪水；嘉陵江流域流域面积大，水系呈扇形分布，适于洪流集中，是造成长江上游洪水高涨的主要地区之一；乌江流域历史洪水在长江影响不大。根据石刻题记内容，搞清楚了历史上发生洪水的时间。长江干流忠县石宝寨小堰上的"大水，丁未"是指广安糍粑店牌坊"道光二十七年（1847年）八月十三日午时起，自（至）十五日洪水止"的洪水。《广安州新志》载："道光二十七年，八月十四日，渠江水涨至州坡，漂没人畜房屋。十五日水退。十八日，复涨，较前低五尺。"这次洪水的两次洪峰对人民生命财产造成很大受损。①

4. 植物考古

（1）稻谷鉴定

1973—1974年，浙江余姚河姆渡遗址发掘出土大量稻谷、谷壳、稻

---

① 长江流域规划办公室文物考古队水文考古研究组：《从石刻题记看长江上游的历史洪水——水文考古专题之二》，《文物》1975年第5期。

秆和稻叶等堆积。谷壳和稻叶保持外形原有形态,稻谷已经炭化。游修龄根据对部分完整谷粒外形的鉴定集结果,认为其属于栽培稻的籼稻稻谷。理由是:首先,稻谷外形长而大,粒重远远超过我国已经发现的普通野生稻、药用野生稻和疣粒野生稻。其次,河姆渡遗址出土的稻谷已经炭化,可以凭借稻谷的外形鉴定。粳稻的长宽比一般在 2 以下,在 1.6～2.3 之间,籼稻的长宽比一般都在 2 以上,在 2～3 之间。河姆渡稻谷偏小的稻谷其长宽比为 2.71,偏大的为 2.53,平均 2.62。再次,籼稻的稃毛在谷壳上分布均匀,排列整齐,长短较一致;而粳稻的稃毛多集中在颖壳的上半部,下半部稀疏,分布不均且长短不齐。河姆渡出土的谷壳内外颖轮廓清晰可分,稃毛排列比较整齐而且长短一致。综合分析结果是,河姆渡遗址出土的稻谷属于栽培稻的籼亚种中晚稻型的水稻。[①] 这个发现完善了早年丁颖关于稻作起源的看法。

(2) 花粉分析

周昆叔等系统地介绍了花粉分析及其在考古学中的应用。[②] 花粉分析法又叫孢子花粉分析,或者简称为孢粉学。它的研究对象是苔藓、蕨类植物的繁殖细胞——孢子和种子植物的繁殖细胞——花粉。花粉分析法产生于 19 世纪后期的西欧,20 世纪 30 年代后成为古植物学的分支学科。它与地址、地貌、植物、古植物、古气候、古人类和考古等学科关系密切。因为花粉粒有体积小、重量轻和产量大的特点,易于被风吹扬,散落地表,花粉粒随植物种类的不同而在大小、形状和壁的结构上有所不同,便于识别其所代表的母体植株,以及它具有坚固的外壳且具有良好的耐酸碱等性能,从而能够保存下来。花粉分析法的作用有二:一是恢复古气候、古生态和古地理环境,为解释地壳运动和古人类生活环境等提供依据;二是在地质调查中用作划分和对比地

① 游修龄:《对河姆渡遗址第四文化层出土稻谷和骨耜的几点看法》,《文物》1976 年第 8 期。
② 周昆叔等:《花粉分析法及其在考古学中的运用》,《考古》1975 年第 1 期。

层的依据。

花粉分析法被用于西安半坡遗址的初步研究,通过内蒙古察哈尔右翼中旗大义发泉村细石器文化遗址的花粉分析发现,当时属于干冷气候,使得人们只能从事狩猎获得生活资料。

5. 其他专题

这个阶段虽然很少有从学科发展角度设计的专题研究,而且被动开展的专题数量不多,但是研究成果依然具有较高水平。比如竺可桢提出,一个地方的气候,一定会影响植物种类和动物种类。虽然植物结构比较脆弱而难以保存,但是植物不像动物能够移动,作为气候变化的标志或比动物化石更为有效。他根据西安半坡遗址的孢粉分析、山东历城龙山文化遗址的炭化竹节资料分析,以及甲骨文中求雨和求雪等资料分析,提出仰韶和殷墟时代是中国的温和气候时代,当时西安和安阳地区有十分丰富的亚热带植物种类和动物种类。[1] 他从宏观的角度提出了近5000年来的气候变化过程。

类似从不同角度和不同学科解读考古资料也都取得了比较好的成果,下来略举数例予以说明。

(1) 聚落考古

继半坡遗址发掘之后,由半坡博物馆、临潼县文化馆、渭南、宝鸡、西北大学、南京大学历史系等10多个县市的文物干部、学员和师生组成的姜寨遗址考古队先后参加了姜寨遗址的发掘。发掘工作从1972年开始到1979年结束。先后共进行了11次发掘取得丰硕成果,首先发现了五期不同的文化,第一期到第四期为仰韶文化,第五期为客省庄二期文化。发现墓葬、陶窑、大房子、窖穴、瓮棺葬、圈栏、一条壕沟等[2]遗迹。姜寨考古队边发掘边探讨各个区域的功能,进行了类似现

----

① 竺可桢:《中国近五千年来气候变迁的初步研究》,《中国科学》1973年第3期。

② 半坡博物馆、陕西省考古研究所、临潼县博物馆:《姜寨》,文物出版社,1988,第5页。

在提倡的聚落考古研究。

(2) 民族考古

20 世纪 70 年代,一般认为商王是最大的奴隶主,下面有总称"百姓"的贵族、掌握祭祀和占卜的巫史、贞人,他们是处于统治地位的奴隶主阶级,被统治的奴隶阶级是"众""羌"等。有专家提出,彝族奴隶制社会内部的等级划分有助于我们认识商代奴隶制社会。彝族奴隶制社会内部有四个等级:黑彝(包括土司)、曲诺、阿加和呷西。黑彝处于最高的地位,基本上是奴隶主阶级,约占彝族总人口的 7%,不仅占有大量土地、生产资料和生活资料,而且在不同程度上占有其他三个等级的人身,黑彝身份世袭,实行严格的等级内婚。曲诺是低于黑彝的一个等级,约占彝族总人口的 50%,他们对黑彝有一定隶属关系的农业劳动者,个别也从事手工业和商业,有的也有自己的家支。这是一个不断分化的等级,部分人经济地位上升,占有相当多的生产、生活资料,并占有阿加和呷西;部分人则占有极不宽裕的土地和生产、生活资料,过着自食其力的生活。他们的地位相对不稳固,由于被奴隶主掠夺和天灾,常常破产而沦为阿加。阿加是奴隶主配婚成家的,对子女也无亲权,一般从主子那里领有极少量的耕食地,拥有简单的生活资料和工具,分别居住在奴隶主家附近的草棚和岩洞里。他们一年大部分时间或全部时间要向奴隶主承担无偿劳役。呷西约占总人口的10%。他们一部分是奴隶主从所属的阿加那里抽来的子女,或者身份下降的曲诺和阿加,一部分是掠夺或买来的。他们一无所有,无人身自由,终年为奴隶主从事各种繁重的劳动。[①]

无论是否认同专家的观点,与其执着于遗物和遗迹分类或干巴巴地套用经典著作的论述,不如采用这种民族志类比展开见物见人的研究。

----

① 王恒杰:《从解放前彝族奴隶制度看殷周奴隶社会》,《考古》1974 年第 4 期。

（3）地震考古

1967 年以来,在山西省革委会领导下,中央和山西省有关部门的人员组成的历史地震调查组,开展了历史地震的调查研究。[①] 7 月开始到霍县、洪洞、临汾,沁源、汾西、蒲县、襄汾和灵石等地进行调查,找到记载历史地震的碑刻题记等 37 项。10 月开始到汾阳、平遥、灵石、孝义、文水和介休等地调查,找到记载历史地震的碑刻题记等 10 项。这批资料详细地记载了 1303 年赵城地震和 1695 年临汾地震的发震时间和余震时间、极震区范围、破坏情况,以及人口伤亡人数等情况。根据分析得知赵城地震的人员伤亡是由于建筑物塌毁造成的。汾河两岸盆地中的民居是以砖木混合结构的房屋和砖券窑洞、土坯窑洞为主,一般而言它们的抗震性比较高,但是百姓加高四壁并利用天花板作仓库,形成进深较浅、立面较高的不稳定比例。另外"粗梁细柱"的做法导致两者比例不当。这些导致建筑物的抗震性能降低。

历史上的地震,虽然有些文献有记载,但是多记载衙署、城垣、学府、宫观等的破坏情况,很少记载民居和百姓受灾情况。而考古调查则能够获得丰富、具体而且准确的信息,对古代建筑物的分析和研究,能够为研究历史地震的许多问题,如发震时间、前震、余震、震中位置、影响范围、地震烈度等,提供比较准确的资料,是探讨地震活动时间规律乃至为地震预报研究的重要资料。

二、理论方法

1. 区系类型学

苏秉琦一直在思考如何把考古类型学与见物见人联系起来。经过多年思索后,他结合史前考古的研究成果和新发现,从宏观的角度

[①] 孟繁兴等:《略谈利用古建筑及附属物研究山西历史上两次大地震的一些问题》,《文物》1972 年第 4 期。

建立起中国古代文化的时空框架——区系类型学。他在 1975 年 8 月给吉林大学考古专业毕业班学生讲课时,提出了把史前文化分成六大文化区系的观点,认为它们各自具有自己的渊源、特征和发展道路。"渊源"即相当于新石器早期的文化;"特征"指各自在新石器中期具有明显区别于其他区系的考古学文化;"发展道路"指的是相当于新石器晚期和铜石并用阶段具有明显的、自己独具的较高文化特征因素的典型地点。[①] 这个观点公开发表后,逐渐为很多地区的考古工作者接受,他们纷纷建立起自己所在地区的文化序列,为进一步探讨文明起源等重大学术问题奠定了基础。

2. 碳-14 测年

中国科学院考古研究所从 1972 年起连续公布了四批碳-14 测年数据[②],为掌握史前考古学文化的年代提供了科学依据。夏鼐充分利用这批数据,讨论了中国史前考古学文化的年代问题,对仰韶文化半坡类型与庙底沟类型的关系做了深入探讨。他认为:

> 邠县下孟村遗址的发掘,用层位关系证明了半坡类型早于庙底沟类型。现在经过碳-14 年代的测定,半坡四个标本的年代是约自公元前 4770 年至公元前 4290 年,如果没有严重的误差,而最早或最晚的数据如果接近上、下限,则这类型的文化延续达五百来年,即约公元前 4800 年至公元前 4300 年。而庙底沟类型的仰韶文化的标本是公元前 3910±125 (ZK110),比半坡类型的最晚一个数据,还要晚四百来年。这

---

① 苏秉琦:《重建中的"中国史前史"》,载《华人·龙的传人·中国人》,辽宁大学出版社,1994。

② 考古研究所实验室:《放射性碳素测定年代报告》(一)、(二)、(三)、(四),分别发表在《考古》1972 年第 1 期和第 5 期、1975 年第 5 期、1977 年第 3 期。

对于二者的前后关系的确定,又提供了一个坚实的证据。[①]

第五节　文化交流

这个阶段,中国考古界与国外的交流极少,只有少数学者出国访问,接待了来自朝鲜、越南、伊朗、秘鲁、墨西哥、日本、英国和美国等国家的文物考古工作者,少数学者译介日本、越南等考古消息。

1971年,鉴于"文革"中出土了一批重要文物,郭沫若致信周恩来总理,建议举办出土文物展览,以扩大宣传和影响,周恩来迅即批复同意。同年7月,国家文物局王冶秋局长主持筹办了"文化大革命期间出土文物展览",在故宫博物院展出。新华社和《人民日报》都发了头条消息。朱德、陈毅等老同志前往参观,在文化和文物界引起强烈的反响。[②]

一、出访与来访

1. 文物出国展览

1971年,基辛格秘密访华时,安排的唯一外出活动是参观故宫博物院和出土文物展览。1972年,尼克松访华时参观了故宫博物院,国内外媒体都把它作为重要新闻做了报道。故宫博物院重新引起世人瞩目,轰动全球的"文物外交"由此揭开序幕。

(1) 筹备文物出国展

当故宫博物院慈宁宫举办的出土文物展览获得成功后,日、法、英等国家纷纷要求我国拿出土文物到他们国家展出。王冶秋与郭沫若研究后,由郭沫若向周恩来打报告申请举办出国展览,申请得到周恩来的批准。为了办出土文物展览,需要一批专业人员和懂行的人,而

----

① 夏鼐:《碳-14测定年代和中国史前考古学》,《考古》1977年第4期。
② 曾自:《周恩来与文物保护事业》,《当代中国史研究》2001年第6期。

从全国各省借调的专业人员无法满足要求,王冶秋瞒着当时的军代表,在 1971 年 8 月 17 日国务院发出《关于选送出土文物到国外展览的通知》中加进一句话:"为了研究我国民族的历史,各地应当根据实际的需要,配备一定数量的文物考古专业人员。对原来的专业人员,凡无重大政治问题的,一般应予使用,并要注意积极培养年轻的专业人员。"①这样既满足了筹办出国文物展览的需要,又使得文物局系统在干校劳动的人员相继回到北京继续工作。

1972 年 7 月,经过一年时间的筹备,"中华人民共和国出土文物展"的全部准备工作就绪。展品的年代从 60 万年前的蓝田人到明万历为止,共有实物近 500 件,复制品近 30 件,辅助展品 130 多件,它们来自全国 29 个省市自治区。1973 年 5 月,该展览首先在法国巴黎展出,引起巨大轰动,中国文物展览风靡全球。该展览先后到过 16 个国家,参观者达到 650 多万人。这个展览多少改变了一些负面影响,使国外许多人重新观察中国的发展,为周恩来总理在 20 世纪 70 年代实现中国外交突破做出了历史性贡献。②

(2)首次文物出国展

1973 年 5 月起,我国首次在国外举办的"中华人民共和国出土文物展览",先后在法国、日本、英国、罗马尼亚、奥地利、南斯拉夫、瑞典、墨西哥、加拿大、荷兰、美国和比利时等 12 个国家展出。各国报纸和考古、艺术杂志对文物展览做了大量报道,有的国家还出版了介绍中国文物考古的专刊。在国外展出两年多,观众大约有 500 万人,其中在英国伦敦展出近 4 个月中,观众达 77 万人,打破了在伦敦举行的一

---

① 黄景略:《王冶秋与考古工作》,载《回忆王冶秋》,文物出版社,1995。
② 高至喜:《王冶秋同志与出国文物展览》,载《回忆王冶秋》,文物出版社,1995;王可:《王冶秋传》,文物出版社,2007,第 232—239 页。

切艺术展览的纪录。① 这个展览是外国学者和普通百姓了解中国古代文化的一扇窗口,展览期间热情的观众与随展人员的交流加上了中外人民的互相了解,基本上做到了"文物传友情,友谊连四海"。

（3）文物在日本展览

1975年3月,中国古代青铜器展览在日本国立博物馆举行。这次古代青铜器展览会展出的是从殷商到秦汉的近2000年间各个时期的青铜器114件,此外还有秦始皇陵东侧出土的9件武士俑、陶马和7件唐代金银器。在展出将近3个月内,共有28万人前来参观。在展出期间,《日本经济新闻》几乎每天都载文介绍这些展出的青铜器,每周出版一次彩色版专辑。"文革"以来中国考古方面的许多发展和研究成果引起日本学者的关注。这个展览不仅展示了中国古代文化,也促进了两国考古学界的交流和两国人民的相互了解。②

此外,在日本举行的中国文物展览还有:河南省画像石碑刻展览、明清工艺美术展览、汉唐壁画(摹本)展览。唐代懿德太子墓壁画使日本观众联想到高松冢古坟侍女壁画;日本僧人邵元所撰息庵碑文洋溢着中日人民之间的友情。③

2. 出国访问

我国文物考古工作者近几年先后访问了欧洲的阿尔巴尼亚、越南、秘鲁、墨西哥等15个国家,进一步加强了我国同其他友好国家的文化交流,促进了各国文物考古事业的共同发展。中国出土文物在国外的成功展出,进一步增强了我国同各国人民之间的相互了解和友谊。④

---

① 冯普仁:《文物传深情　友谊连四海》,江西省博物馆编《文物工作资料》1975年第5期。
②《光明日报》记者:《中国古代青铜器展览在日本》,《光明日报》1976年6月9日。
③ 冯普仁:《"文化大革命"以来我国文物考古国际交往的新发展》,《天津师范学院学报》1975年第10期。
④ 冯普仁:《文物传深情　友谊连四海》,江西省博物馆编《文物工作资料》1975年第5期。

（1）出访越南

1975年，中国旧石器考古代表团访问越南，代表团应邀到越北少数民族博物馆参观。中国考古学者与越南考古学者进行了交流，越南考古研究院范辉通院长和其他学者介绍了越南石器、铜器、铁器以及历史时期考古工作的情况。中国学者还参观了度山、山微石器时代遗址、琼厚、琼文贝丘遗址、菊芳蝙蝠洞洞穴遗址以及雄王庙、古螺城等历史遗迹。通过访问，中国学者了解到越南考古取得了很大成绩，且是在艰苦的抗美救国战争条件下取得的。①

（2）出访阿尔巴尼亚

1972年9月，夏鼐和王仲殊应邀到阿尔巴尼亚，并代表中国科学院应国立地拉那大学的邀请，参加第一次伊利里亚人研究会议。这次会议的中心议题是伊利里亚人的问题和阿尔巴尼亚人的起源问题，以及考古学、历史学、语言学和民族学方面所取得的新成就。夏鼐代表中国科学院和中国考古工作者向会议表示祝贺。这次会议还举办一个展览，出版了学术书刊并组织了一次考古旅行。他们参观了展览并做了比较详细的介绍。展览内容包括新石器时代中期和晚期的出土遗物，还有铜石并用时代（约公元前2700—前2100年）和青铜时代（约公元前2100—前1200年）的展品，还有在阿尔巴尼亚仍然属于史前时期的铁器时代早期（公元前12—前5世纪）的展品，从公元前5世纪开始阿尔巴尼亚进入有文字记载的历史，不仅有希罗多德关于伊利里亚人的文献记载，还有相关的出土遗物等。考古旅行中参观了很多遗址。② 从回国后的介绍看，他们的阿尔巴尼亚之行收获很大。

---

① 祁国琴：《访越散记》，《化石》1975年第2期。
② 夏鼐等：《阿尔巴尼亚蠢闻记》，《考古》1973年第5期。

3. 外国考古译介

(1) 日本考古

王仲殊介绍说,日本考古界把陶器出现之前的石器时代称为无土器(陶器)时代,也有的称其为先绳纹时代,它基本上包括旧石器时代和中石器时代。随后的新石器时代在日本被称为绳纹时代,这是因为很多陶器表面施绳纹而得名,不过也有不施绳纹而施其他纹样的陶器。绳纹时代被分为早期、前期、中期、后期和晚期,在日本九州北部绳纹时代下限为公元前二三百年。绳纹时代没有金属器,不仅有打制石器而且还有磨制石器。生产活动以狩猎和渔捞为主,还有采集,有的学者认为在绳纹时代中期已经有农业,可能已经栽培粟、稷和芋类等植物,在整个经济生活中所占比重不大。之后出现的是弥生时代,讫于约公元 300 年,它分前期、中期和后期。弥生时代是起源于日本西部,然后向东扩散。从弥生时代前期开始,日本进入铁器时代,社会经济生活以农业生产为主,农作物主要是水稻。日本出现青铜器的时代略晚于铁器。日本的铜器和铁器都是来自大陆。[①] 上面介绍的是 20 世纪 70 年代之前日本考古概况,随着考古发现增加和研究深入,绳纹时代结束期已经被提前到公元前八九百年,而青铜器出现的时间早于铁器。

1972 年 3 月,日本橿原考古学研究所发掘了奈良县高市郡的高松塚古坟。[②] 古坟的封土呈圆馒头形,底径直径约 18 米,高约 5 米。内有石椁,长约 2.7 米、宽约 1.0 米、高约 1.2 米,椁内有漆木棺。墓主人为 40～50 岁男性,随葬品有海兽葡萄镜和银刀饰、鎏金棺饰和料珠。椁室的石壁上四神图、天象图和男女人像。日本学界认为古坟属

① 王仲殊:《日本古代文化简介》,《考古》1974 年第 4 期。

② 中国科学院考古研究所资料室:《日本高松塚古坟简介》,《考古》1972 年第 5 期。

于"飞鸟时代"后期的贵族,或者是刑部亲王。古坟直接或间接受到中国文化的影响是很明显的,比如四神图像、天象图在中国从东汉开始就见于墓葬壁画,男女人物像与唐墓壁画的人物相似,葡萄镜更是与中国出土的铜镜相同。我国学者认为,从该铜镜看,高松塚古坟的年代应在公元 7 世纪末期或 8 世纪前期,8 世纪初的可能性更大。

(2)坦桑尼亚考古

徐立言编译了坦桑尼亚的考古发现。他介绍说,有人用地球物理学方法测定东非出土的阿休利石器(包括手斧和劈刀)的地层年代,表明至少在 100 万年前。[①]

4. 其他

1974 年 7 月,夏鼐被英国学术院授予"通讯院士"称号。

二、研究成果

1. 考古研究

这个时期没有出版被列入考古学论著丛刊甲种的研究性著作,也没有列入乙种的资料性著作,更没有列入丙种的通论性著作,只有列入丁种的田野考古报告。虽然仅有一部,但是质量却很高——《长沙马王堆一号汉墓》(二册),由湖南省博物馆和中国科学院考古研究所编,1973 年文物出版社。

2. 科普作品

这个时期,贾兰坡等著名旧石器考古学家以《化石》为科普园地发表了很多小文章。比如 1973 年第 4 期刊登了贾兰坡和甄朔南写的科普文章《龙和龙骨》,文章最后说,传说中的"龙"根本不存在,古生物学

[①] 徐立言:《坦桑尼亚发现一百万年前的石斧》,《化石》1975 年第 2 期。(文中的劈刀应为砍砸器。——作者注)

上的"恐龙""鱼龙""翼龙"与传说中的"龙"没有丝毫关系,被称为"龙骨"的脊椎动物化石是研究生物史和人类史必不可少的真凭实据。

1973年第7期《化石》刊登了贾兰坡写的科普文章《冰川与考古》。文章首先介绍了与冰川相关的"冰期"和"间冰期"的基本概念,然后再谈冰川和人类分布的关系、冰期结束所造成的地理环境、冰期与更新世分期的关系。

1976年第4期《化石》刊登了北京市通县畜牧办公室李复兴、北京市畜牧办公室曹运明和贾兰坡联名写的科普文章《猪的起源驯化和改良》。文章介绍了家猪起源于野猪、家猪饲养史、劳动人民在猪种演变中的作用,然后谈从野猪的进食习惯得到的启示,最后转到对今后育种工作的展望。

第六节 人才培养

1. 高校人才培养

1972年除了北京大学历史系考古专业招收工农兵学员外,吉林大学、南京大学、西北大学、四川大学、中山大学和山东大学新办考古专业,招收工农兵学员,为培养考古一线人员拓宽了人才培养渠道。

(1)师资与教学

新办考古专业的许多高校普遍遇到师资严重不足的问题。一些高校考古专业只有个别从事过考古发掘和研究的教师,为了适应本科教学的需要,他们采取了三个办法解决师资匮乏的燃眉之急。一是从历史专业动员教师转过来;二是从外单位调考古人员进来;三是请外单位的专家来兼课,本地有的就请本地专家,本地没有的就请北京大学考古专业的教师来讲课。很多高校把留校毕业生送去北京大学进修,派转行到考古专业的教师参加文物局组织的考古发掘,边干边学。

山东大学历史系考古专业 1972 年初正式创建,4 月开始招收了第一届本科学生。1972 年—1973 年,为了满足开设基本课程需要,聘请了徐州师范学院、北京大学、北京图书馆、山东省博物馆及本校教师给学生上课,本专业教师往往同时上几门课。1974 年后,从其他单位和本校调人加入考古专业,加上毕业留校毕业生,凑足了 7 位教员,满足了开设考古专业基础的需要。①

就这样,各校逐步建立起自己的师资队伍。不少刚刚进入考古专业的教师边学边教,通过努力逐步成长为考古专家。

(2) 教材

1972 年招收工农兵学员时,北京大学考古学专业教师开始把积累多年的教学和研究成果编写成为教材。1972 年 3 月,吕遵谔执笔的试用讲义《旧石器时代考古(中国考古学之一)》铅印;5 月,李仰松和严文明执笔的试用讲义《新石器时代考古(中国考古学之二)》铅印;9 月,邹衡和李伯谦执笔的试用讲义《商周考古(中国考古学之三)》铅印;1973年 6 月,俞伟超执笔的试用讲义《战国秦汉考古(上)(中国考古学之四)》铅印;8 月,夏超雄执笔的试用讲义《战国秦汉考古(下)(中国考古学之四)》铅印;11 月,张剑奇执笔的试用讲义《考古测量(考古技术之一)》铅印;1974 年 2 月,李仰松执笔的试用讲义《原始社会史与民族志》、宿白执笔的试用讲义《三国—宋元考古(上)(中国考古学之五)》分别铅印;10 月,高明执笔的试用讲义《古文字学》影印。1972 年,北京大学历史系考古教研室还出版了《新石器时代考古(中国考古学之二)》,72 级工农兵学员还编写了一些用于考古短期培训班的教材,例如《石器时代》(1976 年 8 月,共 40 页)、《三国两晋南北朝考古》(1975年 6 月,共 64 页)、《秦汉考古》(1975 年 5 月,共 78 页)。

① 刘敦愿:《山东大学历史系考古教研室》,载《中国考古学年鉴 1984》,文物出版社,1984。

新办考古专业的高校大都缺少教材。比如,山东大学考古专业,原有的教材在"文革"中被毁,新的教材尚没有编写出来。山东大学考古专业三年内动手编写了《旧石器时代考古学》《新石器时代考古学》《商周考古》《隋唐考古概论》及其参考资料,并借用了北京大学的《战国秦汉考古》《三国两晋南北朝考古》。山东大学考古专业还自己动手建立摄影室,购置部分摄影器材及绘图、测量仪器等。

2. 地方人才培养

（1）纪南城考古短训班

根据国家文物局的通知,1975 年 4 月 21 日,湖北省文办在湖北省纪南城文物考古工地举办考古短训班。河北省委书记韩宁夫、国家文物局文物处处长陈滋德在会上讲话。文物出版社、北京大学历史系考古专业和湖北省荆州地委、江陵县委、将台区委的负责人出席了大会。来自湖北、山西、青海、河南、江西、天津等六个省市的文物考古工作者,以及北京大学、南京大学、四川大学和厦门大学历史系考古专业的部分师生参加了短训班。①

（2）亦工亦农考古短训班

1975 年上半年,北京大学历史系考古专业师生同有关单位的同志一起,在湖北江陵县纪南城文物考古工地举办亦工亦农考古短训班。短训班的学员都是贫下中农,短训班培养了一支亦工亦农的新型考古队伍。短训班办在楚都纪南城考古工地上,它既是学习班又是考古发掘队,边发掘边学习,学员们很快就学到了文物考古的基本理论知识,掌握了田野考古及考古绘图、照相、测量和记录等方法。

短训班结业不久,十人组成的小分队在宜昌地区配合三峡水利工

---

① 《湖北纪南城考古短训班开学》,《文物工作资料》1975 年第 5 期；纪南城考古发掘领导小组、北京大学历史系考古专业:《举办亦工亦农考古短训班用革命成果回击右倾翻案风》,《文物》1975 年第 10 期。

程发掘清理了一批古代墓葬,取得了较完整的考古资料。在工地还协助宜昌地区文化部门办了一期亦工亦农考古短训班,培养了一支业余考古队伍,推动力当地的文物考古工作。后来,在纪南城东雨台山下的大规模水利建设中,这支业余考古队伍配合专业人员,对工程涉及的楚国墓葬区的 550 座进行了清理和发掘。①

---

① 纪南城第一届亦工亦农考古短训班学员刘清文等:《坚持亦工亦农方向培养一支新型的文物考古队伍》,《文物》1975 年第 10 期。

第五章　奋进中的考古学(1977—1989)

"文革"结束后,被下放到干校或地方劳动的很多专家回到原单位参加工作,考古队伍逐步恢复。随着国家把工作重心转移到经济建设上来,大规模基本建设随之展开,配合基本建设的考古发掘任务剧增,各地新考古新发现层出不穷。中国考古学在"天时地利人和"的良好社会环境中迎来了大发展的契机。

各地区考古工作走上正轨,相关考古资料的研究不断深入,一些地区史前考古发展比较快,古文化序列逐渐建立起来,而历史考古也有了一定发展。

第一节　管理与法制建设

一、法制建设

1. 文物保护法

1982 年,第五届全国人大常务委员会第二十五次会议通过《中华人民共和国文物保护法》(以下简称《文物保护法》),自 1982 年 11 月 19 日起施行。《文物保护法》中与考古直接相关的内容是第三章"考古发掘"。其中有六条(第十六条～二十一条)专门规定学术性和抢救性考古发掘必须履行的报批手续、发掘所需经费来源，以及对外国人在华的考古发掘调查的规定。

第十六条规定：一切考古发掘工作，都必须履行报批手续。地下埋藏的文物，任何单位或者个人都不得私自发掘。

第十七条规定：各省、自治区、直辖市文物机构、考古研究机构和高等学校等，为了科学研究进行考古发掘，必须提出发掘计划，报国家文化行政管理部门会同中国社会科学院审查，经国家文化行政管理部门批堆后，始得进行发掘。

第十八条规定：在进行大型基本建设项目的时候，建设单位要事先会同省、自治区、直辖市文化行政管理部门在工程范围内有可能埋藏文物的地方进行文物的调查或者勘探工作。

第十九条规定：需要配合建设工程进行的考古发掘工作，应由省、自治区、直辖市文化行政管理部门在勘探工作的基础上提出发掘计划，报国家文化行政管理部门会同中国社会科学院审查，由国家文化行政管理部门批准。确因建设工期紧迫或有自然破坏的危险，对古文化遗址、古墓葬急需进行抢救的，可由省、自治区、直辖市文化行政管理部门组织力量进行发掘工作，并同时补办批准手续。

第二十条规定：凡因进行基本建设相生产建设需要文物勘探、考古发掘的，所需经费和劳动力由建设单位列入投资计划和劳动计划，或者报上级计划部门解决。

第二十一条规定：非经国家文化行政管理部门报国务院特别许可，任何外国人或者外国团体不得在中华人民共和国境内进行考古调查和发掘。

2. 文物保护法配套法规

(1)《中华人民共和国水下文物保护管理条例》

1989年10月,国务院颁布《中华人民共和国水下文物保护管理条例》。该条例首先明确了水下文物的概念,规定水下文物属于国家所有。国家文物局主管水下文物的登记注册、保护管理,以及水下文物的考古勘探和发掘活动的审批工作。任何单位或者个人在中国管辖水域进行水下文物的考古勘探或者发掘活动,必须向国家文物局提出申请,未经批准不得以任何方式私自勘探或者发掘。外国国家、国际组织、外国法人或者自然人在中国管辖水域进行水下文物的考古勘探或者发掘活动,必须采取与中国合作的方式进行,必须由国家文物局报经国务院特别许可。该条例的出台有效地保护了我国的水下文物。

(2)发掘申请书和发掘证照

文化部为了切实贯彻执行《文物保护法》关于考古发掘必须履行报批手续的各项规定,于1983年2月发出通知。通知规定:从1983年开始,一切考古发掘必须由各省、自治区、直辖市文物机构、考古研究机构、高等学校等,先申报《中华人民共和国考古发掘申请书》,由我部会同中国社会科学院审查同意,由我部颁发《中华人民共和国考古发掘证照》后,始得进行发掘。

为了科学研究而进行的主动发掘,在当年一季度末以前上报。配合基本建设工程进行的发掘,不得晚于发掘动工前两个月。确因建设工期紧迫或有自然破坏危险而进行的抢救性发掘,必须立即向我部报告,并在发掘动工之日起一个月内补报此表,要求发掘结束后、发掘单位应及时向我部提出关于发掘经过、收获和成果的报告,还规定我部得派员检查发掘工作。

3. 其他法规

(1)《田野考古工作规程(试行)》

1984年5月,文化部颁布《田野考古工作规程(试行)》。规程分八章,包括总则、考古调查、考古发掘单位和领队职责、考古发掘、发掘资料整理、发掘成果刊布、发掘资料管理和附则,另有附录和表格样式两部分内容。

规程规定,田野考古工作实行领队负责制。领队对执行该规程负有完全责任。对如何从事考古调查与考古钻探做出了具体的规定,对领队职责做了规定,确立了遗址和墓葬发掘的基本原则和要求,提出遗址发掘必须用科学的方法揭示与记录遗存的本来面貌。规程对出土遗物的处理也提出了办法,关于遗址和墓葬资料记录则做了明确规定,对发掘资料整理与发掘报告编写,以及发掘资料管理也做了规定。

(2)《文物考古研究所工作条例(试行)》

1986 年 5 月,文化部颁布《省、自治区、直辖市文物考古研究所工作条例(试行)》。这个工作条例全面规范了我国省区市文物考古研究机构的任务、工作范围、科学研究、组织机构和队伍建设。它在"(四) 考古发掘"中提出,首先,考古发掘工作要以配合国家经济建设为主。对于为解决学术问题而进行的主动发掘要严格控制。要及时进行各类抢救性发掘。其次,加强对考古发掘工地的领导,严格执行《田野考古工作规程(试行)》,确保田野发掘工作符合科学要求。最后,发掘结束后,及时向上级文化(文物)行政管理部门汇报发掘情况和保护意见。及时组织力量整理发掘资料,编写发掘报告。

以上对考古发掘的三点要求是提高考古工作质量的重要保证,即使今天看来仍然是必须有效执行的工作要求。

(3)《关于进一步加强文物工作的通知》

1987 年 11 月,国务院发布《关于进一步加强文物工作的通知》。通知全面总结了新中国成立以来的文物事业成就,指出了文物事业存在的主要问题,提出了当前文物工作的任务和方针是"加强保护,改善管理,搞好改革,充分发挥文物的作用,继承和发扬民族优秀的文化传统,为社会主义服务,为人民服务,为建设具有中国特色的社会主义作出贡献"。通知对发挥文物作用、加强文物保护和博物馆建设,以及把文物保护纳入城乡建设总体规划和加强文物工作的领导等提出了明确要求。

通知提出,"各省、市、自治区要分别情况进行一次文物普查或文物复查工作"。这个就是第二次全国文物普查的缘起。1982年试点,1983年在贵州召开全国文物普查工作会议。这次全国文物普查比较全面地对全国文物摸了一次底。国务院公布的第三批到第六批全国文物保护单位大都是第二次全国文物普查的结果。当然,当时存在经费少,条件差,人员少和工作人员业务水平不高,对有些文物类型没有注意到,没有对普查制定统一规划、提出具体要求,没有进行监督检测等问题。①

此外,浙江省政府高度重视文物保护工作,1988年根据《文物保护法》制定了《浙江省文物保护管理条例》。

二、管理与机构调整

在全面落实国务院部委改革过程中,国家文物事业管理局再次被划归文化部领导。为了加强文物工作领导和管理,国务院又把文化部文物事业管理局改名为隶属文化部的国家文物事业管理局,对其职责做了明确的规定。

1. 国家文物局

1982年5月,根据五届全国人大常务委员会第二十三次会议通过的《关于国务院部委机构改革实施方案的决议》,国家文物事业管理局改名为文化部文物事业管理局。1987年,国务院发出通知,为了加强全国文物工作的领导和管理,决定将文化部文物事业管理局改名为国

① 李艳:《从第二次全国文物普查中汲取经验和教训　访国家文物局考古专家组组长黄景略》,《中国文物报》2007年5月4日。

家文物事业管理局,独立行使职权,计划单列,但隶属关系不变,仍由文化部领导。1988年,国务院常务会议决定将国家文物事业管理局更名为国家文物局。1988年,国家机构编制委员会原则批准了国家文物局的"三定方案"(定编、定员、定职)。该方案规定,国家文物局是国务院直属主管全国文物、博物馆工作的职能部门,由文化部归口管理。"三定方案"中有关考古发掘的条文有两项,一是国家文物局审批全国重点考古发掘项目,二是考古发掘领队资格。[①]这样,就把考古发掘工作有效地管理起来。

(1) 古文献研究室

1977年,谢辰生代表国家文物事业管理局起草《成立"古文献研究室"的请示》[②]。1978年1月23日,成立了"居延汉简整理小组",负责甘肃额济纳旗汉代居延遗址出土木简的考释和研究。随后经国务院批准,成立了取代"文革"后期成立的"银雀山汉墓竹简整理小组""马王堆汉墓帛书整理小组""居延汉简整理小组"等永久性文献研究机构——文化部古文献研究室,唐长孺任主任。这是一个以整理和研究中国出土古代文献资料为主的科学研究机构。该室主要研究甲骨金文、秦汉简牍、敦煌吐鲁番文书、碑刻墓志、石窟雕塑、长城考察和古代工艺等。其中居延汉简、敦煌古文献、吐鲁番文书为国家重点科研项目。文化部古文献研究室编辑出版的刊物有《出土文献研究》和《文物天地》,与有关单位合作出版的图书有《吐鲁番出土文书》。原竹简帛书整理组编的书有:《银雀山的汉墓竹简》(一)、《马王堆汉墓帛书》(一)(三)(四)、《睡虎地秦墓竹简》,以及单行本如《孙子兵法》《孙膑兵法》《老子》《经法》《战国纵横家书》《五十二病方》《导引图》《古地图》等。

---

① 国家文物局编:《国家文物局暨直属单位组织机构沿革及领导人名录》,文物出版社,2002。
② 王征:《谢辰生:我一直坚信保护文物就是守护国家》,《中国文物报》2019年8月16日。

（2）国家文物委员会

为了更好地指导考古工作，1983 年 1 月，由文化部出面聘请了 16 位专家组建了国家文物委员会，夏鼐任主任委员。它的主要任务是，协助文化部加强对文物保护工作的指导、计划和检查，并提供咨询意见。一般每个季度举行一次会议，必要时也可临时召集。1983 年 2 月，国家文物委员会在北京成立并召开了第一次会议。1983 年，委员会共举行了四次会议，就我国文物工作中一些迫切需要解决的问题进行了认真的讨论，并向文化部提出了意见和建议。[①]

（3）中国历史博物馆

1979 年，国家文物事业管理局批复同意，中国历史博物馆恢复考古部建制，陆续从内蒙古、天津、山西等地抽调人员入馆，并争取到大学生、研究生来馆工作。1987 年，俞伟超担任馆长后，考古部得到很大发展。他提出，要有自己的特点，要走自己的道路，田野考古要学习国际上先进的考古学理论和方法，要开展多学科综合考古发掘和研究，探索古人类文化和周围自然环境之间的关系。[②]

（4）水下考古研究室

中国有很长的海岸线和众多海岛，先民们很早就在海上从事捕捞、航海、开发岛屿的活动。但是水下考古开展却很晚。"文革"期间，夏鼐曾经找过海军希望帮助建立我国的水下考古。[③] 1985 年，英国的米歇尔·哈恰(Michel Hartcher)等人在南中国海域打捞出一艘中国清代沉船，船上有大批康熙青花和金锭等。1986 年，他们在荷兰阿姆斯特丹拍卖这批遗物，获得巨额利润。这件事极大地触动了中国相关

---

① 李季：《国家文物委员会》，载《中国考古学年鉴 1984》，文物出版社，1984。

② 李石英等：《考古部恢复建制的前前后后》，载《中国历史博物馆考古部论文集》，科学出版社，2000。

③ 张爱兵：《考古学是什么　俞伟超先生访谈录》，载《俞伟超考古学理论文选　什么是考古学》，中国社会科学出版社，1996。

部门,1986 年 7 月在北京召开了由国家科委科学技术开发中心、文化部文物事业管理局、国家海洋局、交通部救捞局、外交部条法司、海军司令部、故宫博物院、中国社会科学院考古研究所、中国历史博物馆、北京大学考古学系、广州市博物馆等单位参加的座谈会。会上决定制定我国水下文物保护法规,并设立水下考古学机构。

1987 年 3 月,国家文物事业管理局牵头,国家科委科学技术开发中心、中国人民解放军总参谋部作战部、海军作战部、国家海洋局海洋管理司和科技司、交通部救捞局和水上安全监督局、外交部条法司、中国历史博物馆、北京大学考古学系等部门组成了"国家水下考古协调小组",负责审定和协调如何在中国开展水下考古工作的重大规划和重要实施项目。1987 年 11 月,在中国历史博物馆考古部内部设立了"水下考古学研究室",为在我国开展水下考古奠定了基础。①

2. 地方考古管理及研究机构

(1) 地方考古管理机构

"文革"结束之后,各地主管考古工作的机构陆续恢复工作。原来多数省和自治区都是文化厅内设文物处,文物处主管考古工作。随着考古工作业务量越来越繁重,在社会上的影响也越来越大,不少省和自治区把主管工作的文物处升格为隶属文化厅的二级局——省文物局,少数省份直接把文物局升格为独立的局级机构,接受省政府的直接领导。如陕西省委、省政府为了加强对文物工作的领导,于 1983 年6 月 1 日宣布,原省文化局、文物局、出版局三局合并为省文化文物厅,在厅的领导下组建两个二级局——文物局和出版局,省文物局虽属厅下的二级局,但有相对的独立性和一定的自主权。

---

① 李石英等:《考古部恢复建制的前前后后》,载《中国历史博物馆考古部论文集》,科学出版社,2000。

（2）地方考古研究机构

各省市考古研究机构在 1978 年以后陆续得到恢复，从以考古发掘为主逐渐发展成为综合性科研机构。现以陕西省考古研究所为例，说明地方考古研究机构的设置与发展。

陕西省考古研究所于 1978 年正式恢复，仍归陕西省社会科学院领导，编制 46 人。他们迅速恢复了对凤翔、周原和咸阳的发掘和研究工作。1984 年陕西省考古研究所划归陕西省文物局领导，编制增加到 120 人。考古研究所内分为行政、业务和辅助业务三个部分。业务方面有科研规划室（负责全所业务工作的组织协调工作）、石器时代研究室、商周研究室、秦汉研究室、隋唐研究室和配合基本建设考古队。辅助业务方面有 6 个室 1 个公司：图书室、资料室、技术室（分绘图、照相、修复等组）、理化实验室、实验考古研究室、编辑出版室，以及考古钻探公司，先后建成了凤翔雍城、咸阳渭城、铜川耀窑等 7 个工作站，另外还设有服务性的劳动服务公司。截至 1985 年，全所共有职工 120 人，其中业务人员 99 人，行政人员 21 人。研究所有研究员 4 人，副研究员、高级工程师 17 人，助理研究员、馆员、编辑、工程师 24 人，实习研究员、技术员和助理馆员 35 人。在业务人员中，大专以上学历的 69 人，中专 7 人，高中 30 人，形成了高、中、低三个层次相结合的业务人员梯队。该所创办了《考古与文物》期刊，后又与半坡博物馆合办《史前研究》季刊。

该所在人才培养方面着力甚多，与西北大学联合招培硕士研究生，还与美国、日本、苏联、澳大利亚、英国、法国、意大利等国的一些高等院校、科研机构和学者展开学术交流和资料交换，与美中学术交流委员会建立了互派访问学者的关系，为提高人才素质、扩展研究人员的视野提供了良好的机会。①

————————————————

① 《开拓奋进的三十年》，《考古与文物》1988 年第 5、6 期。

三、国家文物局指导考古工作

1981 年 1 月 6 日,国家文物事业管理局向国务院提交了《关于加强文物工作的请示报告》,国务院 1 月 15 日批转该请示报告。国家文物事业管理局在报告中提出,要加强文物保护工作,坚决制止破坏文物的现象。需要采取动员各种宣传手段,各省、自治区、直辖市要分别情况进行一次文物普查或文物复查工作。合理增加文物经费,由于今后的文物事业经费主要依靠地方解决,建议各省、自治区、直辖市人民政府对地方财政预算中的文物经费和基本建设投资,重要考古发掘的经费一定要得到确实的保证,落实党的知识分子政策,积极做好培养人才的工作,建议教育部积极办好高等学校中现有的考古专业,健全文物管理体制,建议各省、自治区、直辖市可以从实际出发,根据工作需要,健全文物管理机构或配备专职干部、兼职干部负责文物工作。

1. 全国性工作会议

国家文物事业管理局主要通过召开全国文物工作会议和具体考古工作会议,以及下发文件等多种形式指导管理全国的考古工作。

(1) 全国文物工作会议

1980 年 6 月 27 日,国家文物事业管理局在北京召开了全国文物工作会议。会议传达了中央书记处关于文物等工作的指示,中央书记处书记、国务院副总理王任重到会讲了话。会议讨论了文物工作方针政策以及《文物保护法》(草稿)等。

1981 年 3 月 28 日,全国文物(文化)局长会议在北京召开。会议主要内容包括:研究贯彻国务院 1 月 15 日批转国家文物事业管理局《关于加强文物工作的请示报告》;布置开展文物普查和编写文物志等。

1984 年 4 月和 10 月,中央宣传部与文化部在北京先后召开全国文物工作会议和文物工作座谈会,研究贯彻《文物保护法》,探讨文物保护和发挥作用,开创文物博物馆事业新局面等问题。

1984年7月和1985年11月,中共中央又先后召开书记处会议,研究文物保护和博物馆建设问题,讨论加强文物保护和利用、促进社会主义精神文明建设等问题。

(2) 古城遗址保护工作座谈会

1983年10月,文化部文物事业管理局在山东曲阜召开了全国古城遗址保护工作座谈会。11个省、自治区文物管理部门和科研单位约50名代表出席了会议。会议交流了古城遗址保护工作的经验,提出了存在的问题,研究了解决的方法。会议指出了今后保护工作的任务:第一,端正思想,摆正文物"保"与"用"的关系;第二,加强宣传、贯彻、执行《文物保护法》工作,做到有法必依,执法必严,违法必究;第三,加强古城址的勘探、调查工作,做到"四有",特别要明确保护范围。代表们还讨论了《古遗址、古墓葬保护管理条例》,提出了补充和修改的意见。[1]

(3) 文物普查与文物志编写工作座谈会

1983年7月,文化部文物事业管理局在贵阳召开了全国文物普查与文物志编写工作座谈会。贵州、云南、辽宁、湖南、吉林、陕西、南京市等省市的代表介绍了他们进行文物普查和文物志编写工作的收获、经验,部分单位交流了普查记录资料和文物志初稿等。会议着重讨论了今后文物普查和文物志编写工作亟待统一解决的若干重要问题。文物事业管理局副局长沈竹在会上讲话,希望这次会议能对全国的文物普查和文物志编写工作起到检查、推动和指导作用。他明确提出要有三项具体成果,即每个普查对象的详尽记录资料、全省(市、自治区)文物分布图和一览表。[2]

(4) 配合基本建设考古工作座谈会

1985年1月,文化部文物事业管理局在福州市召开了配合基本建

---

[1] 王军:《全国古城遗址保护工作座谈会》,载《中国考古学年鉴1984》,文物出版社,1985。

[2] 李季:《全国文物普查与文物志编写工作座谈会》,载《中国考古学年鉴1984》,文物出版社,1985。

设考古工作会议,来自全国 14 个省区的代表及国家经济委员会、城乡建设环境保护部、中国社会科学院考古研究所及部分大专院校的代表参加了会议。会议听取了全国 14 个省区 1984 年度的考古发掘情况,及近年来配合基本建设的考古发掘工作中的经验、存在的问题,就配合基本建设工作如何与考古学术研究相接合、配合基本建设进行考古发掘工作的程序、如何编造经费预算等问题交流了经验。代表们认为:配合基本建设进行考古工作是当前一项极为重要的工作,必须贯彻"两重两利"的原则,抓紧文物普查和复查工作,主动及时地了解基本建设动向,同时要加强自身队伍的建设,尽快改变目前考古队伍新老交替、青黄不接的状况。①

(5) 文物普查考古发掘工作会议

1986 年 3 月,文化部文物事业管理局在昆明召开了全国文物普查考古发掘工作会议,检阅了两年来文物、考古工作的丰硕成果。全国 2/3 的省市自治区完成了田野普查任务。在 1200 多项考古发掘中有很大部分是配合基本建设进行的。会议要求继续完成田野普查任务。文物考古也面临一些困难,如一些地方领导和部门没有切实配合工作,没有严格执行《文物保护法》,致使文物被损毁事件屡有发生。②

2. 问题和解决办法

(1) 建设性破坏

这是一个老生常谈的问题,中央和各地政府颁布过不少文物保护的法规文件,但是一些地方在建设施工时,事先不请示报告,不与文物部门协商,自行其是。比如 1983 年 3 月,铁道部某设计院和工程局在一铁路复线工程的设计、施工中,事先未与文物管理部门协商解决工

---

① 王军:《文化部文物局召开配合基本建设考古工作座谈会》,载《中国考古学年鉴 1986》,文物出版社,1988。

②《全国文物普查考古发掘工作会议在昆明召开》,《中国文物报》1986 年 5 月 2 日。

程地段的文物清理工作,致使十几万平方米范围内的汉墓群和春秋时期城墙遗址,或被毁坏无存,或被压在路基之下。①

《文物保护法》已经公布多年,有关部门也做过不少宣传,对于破坏遗址的个人和部门,应该按照相关条款予以处罚,但是文物主管部门无力执行对相关人员和机构的处罚,也很难得到上级领导的支持,这是导致建设性破坏难以杜绝的根本原因。

(2) 解决办法

由于"文革"的干扰,很多地区缺少高水平的田野考古工作者,即使基础较好的陕西省也同样缺少人才。1979 年在西安参加中国考古学会成立大会的代表参观发掘兵马俑发掘工地时,对当时的发掘工作提出了意见,夏鼐也非常不满。为提高兵马俑坑的发掘质量,中国社会科学院考古研究所和陕西省联合组成秦陵发掘委员会,下设考古队具体负责发掘研究工作,后来因故发掘工作暂时停止。②

国家文物事业管理局为提高考古人员田野发掘的水平,采取了多种手段和措施进一步培训在第一线从事考古发掘的人员。1980 年 3 月,国家文物事业管理局与吉林大学联合举办了田野考古进修班,学期一年,学员来自 9 个省、自治区、直辖市文物部门。

1983 年 8 月,长江流域规划办公室考古队举办第二期文物考古人员训练班,100 多名文物考古工作者参加了学习。

1984 年 9 月,文化部文物事业管理局在山东兖州主办的田野考古领队培训班开课,学员 20 人。此后又陆续举办了多届考古领队训练班,培养了一大批具有较高田野发掘水平的考古人才。

---

① 《运用法律武器保护祖国文物》,《瞭望》1984 年第 26 期。
② 石兴邦:《尽瘁于新中国考古事业的忠诚战士》,载《中国考古学研究论集——纪念夏鼐先生考古五十年周年》,三秦出版社,1987。

第二节　史前考古

一、旧石器考古

这一时期,旧石器时代考古工作有了较大的进展和新发现,并发掘了一批重要遗址、遗物点,获得大批新资料,为建立旧石器时代文化谱系、推动旧石器时代考古研究奠定了基础。下面列举几项重要考古发现予以说明。

1. 考古新发现

(1) 山西芮城匼河遗址

该遗址由 11 个地点组成,1980 年 5 次发掘,出土石器有砍斫器、尖状器、刮削器和石球以及一件烧骨,还有不少哺乳动物化石伴生。与西侯度、蓝田、丁村文化相类似,该遗址被认为是华北地区旧石器文化中的"大石片砍斫器——大三棱尖状器传统"的重要代表。①

(2) 河北阳原许家窑人及其文化

1977 年、1979 年两度发掘,发现了大量不同年龄的从直立人向早期智人过渡阶段的人类化石,被称为许家窑人。此外,发现刮削器、尖状器、雕刻器、石钻、石球和砍砸器等打制石器,以及骨器和角器。遗址距今 12 万～10 万年。

1987 年在泥河湾盆地中的东谷坨遗址发现石片石器和大量哺乳动物化石,距今约 100 万年。有专家认为,北京人的旧石器文化来自东谷坨。泥河湾盆地不少地点发现大量古人类化石、打制石器等旧石

① 贾兰坡等:《匼河——山西西南部旧石器时代早期初期文化遗址》,《中国科学院古脊椎动物与古人类研究所甲种专刊》(4),1961 年;贾兰坡等:《西侯度——山西更新世早期古文化遗址》,文物出版社,1978;张森水:《关于西侯度问题》,《人类学报》,1998 年第 17 卷 2 期。

器文化,因此泥河湾盆地被称为"中国的奥杜威峡谷"①。

(3) 辽宁营口金牛山人和金牛山文化

1984 年发掘金牛山旧石器文化遗址,发现一具 30 多岁男性化石,被命名为金牛山人,距今约 28 万年。这里还发现各类刮削器、尖状器和雕刻器,大量哺乳动物化石、石器、骨器,以及烧骨等。从加工技术和石器组合看,与北京人文化类似,被称为金牛山文化。②

(4) 安徽和县猿人

1974—1980 年调查发掘龙潭洞,发现一个猿人头盖骨和分别属于青年、壮年和老年的下颌骨和零星牙齿,体质特征属于直立人阶段的人类化石,距今 30 万年前后,他们被称为和县猿人。此外还发现了约 50 种脊椎动物化石和一些骨、角制品及烧过的骨、牙碎片。③

2. 专题研究

1978 年发现贵州普定白岩脚洞遗址之后,1979 年、1982 年和 1984 年三次发掘,获得 1000 余件石制品,两件磨制骨器,以及烧骨和灰烬,还有伴生的大熊猫-剑齿象动物群。该遗址有 8 个地层,第 1～7 层为上部堆积,第 8 层为下部堆积。把碳-14 测年(第 3 层距今 1.2 万年左右,第 4 层距今 1.46 万年左右)和动物化石结合起来分析,可知上部堆积的时代为晚更新世晚一阶段,下部堆积时代为更新世中晚期。石制品有:24 件有坑疤的砾石、12 件有打击痕迹的砾石和石块、80 件石核、960 件石片、14 件石叶、8 件细石叶、43 件砍砸器、400 件刮削器、2 件修背石刀、4 件端刮器、20 件尖状器、5 件雕刻器。④

---

① 奥杜威峡谷,位于非洲坦桑尼亚北部维多利亚湖东部,从 1911 年起发现脊椎动物化石,1959 年在这里发现东非人化石,1960 年又发现能人等化石,是世界上最著名的人类化石产地。

② 张森水:《中国北方旧石器时代早期文化》,载《中国远古人类》,科学出版社,1989。

③ 黄万波等:《和县猿人》,科学出版社,2012。

④ 李炎贤等:《贵州普定白岩脚洞旧石器时代遗址》,《人类学学报》第 5 卷第 2 期,1986 年。

　　李炎贤等细致观察了这批石制品，鉴于莫维斯把一面加工的砾石或石片称为 chopper，将交互加工的砾石称为 chopping tool 的分类法在实践中操作起来有困难，李炎贤等人提出，把经过加工成刃的砾石或石块称为砍砸器，把经过加工的较大的石片称为刮削器。①

　　李炎贤等还对这批石器的第二步加工方式做了研究。他们认为，第二步加工（也称修整）是对素材进行加工使之成为一定形状的工具的活动，修整必定在石制品上留下痕迹，对修整痕迹的分析研究可以了解原始人类制作石器的能力、习惯和技术传统，为深入研究旧石器文化提供依据。由于国内外有关修整痕迹的分类标准不统一，李炎贤定义了一套石器修整的概念，比如正向加工、反向加工等，把刃角大小分为五级，把加工距离分为近中远三级，把修整痕迹的结构分成普通型、跌层状、阶梯状和鱼鳞状，把修疤的大小分为五级。然后，他据此对白岩脚洞石制品做了修整痕迹观察，最后提出白岩脚洞的先民已经比较熟练地掌握了利用素材的平面加工石器的技术，习惯于用 70°以上的角来修整石器，加工砍砸器时用力适中，加工刮削器时用力较轻，砍砸器的修整痕迹有层次结构的比无层次结构的多而刮削器则相反，石器修疤的大小说明修整砍砸器和刮削器时用力有所区别。②

　　李炎贤等人的上述研究不仅解决了白岩脚洞遗址石制品的加工与分类问题，而且还在石器加工和分类方法提出新观点和新方法。他们的创新将有利于旧石器研究走向深入。

二、新石器考古

　　新石器时代遗址发掘数量比较多，发现很多新的文化遗存，在解决一些历史遗留问题的基础上，各地考古学文化分期和分区不断细

---

① 李炎贤等：《白岩脚洞石器类型的研究》，《人类学学报》第 5 卷第 4 期，1986 年。
② 李炎贤等：《贵州白岩脚洞石器的第二步加工》，《江汉考古》1986 年第 2 期。

化,为建立各地区考古学文化序列奠定了资料基础。

1. 考古新发现

(1)青海乐都柳湾墓地

1974—1979 年发掘。发现 1500 座墓葬,分属马家窑文化半山类型、马厂类型和齐家文化、辛店文化。随葬品达 3 万多件,种类有石斧、刀、锛、凿、敲砸器、纺轮、骨刀、锥、镞等,还有陶钵、盆、杯、瓶、罐、壶、粗陶瓮、双大耳罐、高领双耳罐、粗陶双耳罐等。陶器中发现粟颗粒。该墓地是黄河上游当时所发现的规模最大、保存最完整,而且随葬品数量多、文化内涵非常丰富的公共墓地,为考古者研究史前墓葬制度和社会面貌提供了重要资料。

(2)甘肃秦安大地湾遗址

1978—1984 年多次发掘。揭露房屋 240 多座,灰坑和窖穴 340 多座,墓葬近 80 座,窑址近 40 座。大地湾遗址分四个时期。第一阶段的陶器以夹砂陶红陶、褐陶为主,器形有钵、罐和碗,房屋面积小。墓葬为长方形竖穴土坑,被命名为大地湾文化,距今 7800～7300 年。第二阶段时代相当于仰韶文化早期。第三阶段时代相当于仰韶文化中期。第四阶段时代相当于仰韶文化晚期,出现制作精致的玉石坠和绿松石饰片等,面积达 420 平方米的大型殿堂建筑是研究文明因素起源的重要资料。[①]

(3)辽宁凌源牛河梁遗址

1983—1985 年发掘,遗址内发现不少前所未见的遗迹和遗物,被认为属于红山文化。主要遗迹包括"女神庙"和积石冢。女神庙是建在牛河梁主梁上个平台上的一座"亚"字形半地穴式土木结构建筑,出

[①] 甘肃省博物馆等:《一九八〇年秦安大地湾一期文化遗存发掘简报》,《考古与文物》1982 年第 2 期;甘肃省博物馆文物工作队:《甘肃大地湾 405 号新石器时代房屋遗址》,《甘肃秦安大地湾第九区发掘简报》,《文物》1983 年第 1 期;甘肃省文物考古研究所:《甘肃秦安县大地湾仰韶文化早期聚落发掘简报》,《考古》2003 年第 6 期。

土分属 6 个个体的头、肩、乳房和手等人像残块,有的与真人大小相仿,有的是真人的 3 倍,这些塑像被称为女神。积石冢位于岗丘顶上冢,其平面为正方形、长方形或圆形,由中心一座大墓和它周边若干小墓构成。墓葬内部一般只有玉器随葬,积石冢周围是成排地竖放着的无底筒形红陶器。玉器有猪龙、龟、箍形器、双联璧、勾云形玉佩等。这些遗迹是 5000 年前的红山文化大型社会集团的宗教祭祀中心。①

（4）河南舞阳贾湖遗址

20 世纪 80 年代 6 次发掘。聚落规模较大,有半地穴式房屋、窖穴和公共墓地。墓葬多为竖穴土坑,以单人仰身直肢葬为主,儿童采用大型陶罐等作为葬具。随葬陶器数量很少,陶器火候不高,有红陶鼎、罐、壶钵和碗。骨器有镞、镖、笛和柄形器等,还有石磨盘、磨棒、齿刃石镰、石铲等。它被命名为贾湖文化,距今 9800～7800 年。这里发现的用丹顶鹤尺骨制作的骨笛,是研究原始音乐难得的材料。②

（5）浙江余杭反山遗址

1986 年发掘该遗址,2002 年补充发掘。共发现 11 座良渚文化大墓,南列 7 座、北列 4 座。随葬品以玉器为主,包括琮、璧、梳背饰、钺等,还有少量石器、象牙器、镶嵌玉饰漆器和陶器等,展示了良渚文化贵族墓地结构以及良渚文化大墓玉器组合等。③

（6）浙江余杭瑶山遗址

1987 年首次发掘该遗址,后又多次发掘。遗址呈长方形覆斗状,由多重阶梯状石坎及护坡构成。祭坛平面为方形,由里向外分别是红土台、灰土围沟、砾石面的三重结构。墓葬集中在祭坛的南部,多发现

---

① 辽宁省文物考古研究所:《辽宁牛河梁红山文化女神庙与积石冢群发掘简报》,《文物》1986 年第 8 期。

② 河南省文物考古研究所:《舞阳贾湖》,科学出版社,1999。

③ 浙江省文物考古研究所:《反山》,文物出版社,2005。

棺椁类葬具,共发现 12 座墓和疑为墓葬的两组玉器。随葬品是大量制作精美的琮、钺等玉器,漆器、石器和陶器,却没有随着玉璧,为认识良渚文化的特点提供了新资料。①

(7)河南新郑裴李岗遗址

1977 年、1978 年发掘,发现 20 多座墓葬。随葬品数量不多,极少数墓随葬品数量略多而且墓坑较大。出土陶器有鼎、三足器、壶和碗等,石器有斧、镰、铲和磨盘、磨棒等,以及少量动物骨骼。据碳-14 测定,距今 7500 年左右。它为探索中原新石器时代文化及其与仰韶文化的关系提供了重要线索。②

2. 专题研究

考古工作者对部分历史遗留问题如仰韶村遗址的性质、庙底沟类型与半坡类型的关系、西阴村遗址的定性等做了探讨,收获重要成果。

(1)仰韶村遗存真相

20 世纪 80 年代初期,河南省文物考古研究所和渑池县文化馆合作,钻探和发掘渑池仰韶遗址。钻探结果表明,该遗址堆积厚薄不一,仰韶村遗址堆积可以划分四个文化时期:第一期为仰韶文化庙底沟期,第二期为仰韶文化大河村三期,第三期为河南龙山文化庙底沟期,第四期为河南龙山文化三里桥期。从公布的地层图看,若按水平分层,完全可能把不同时期的遗物混在一起。③ 这次小规模的发掘终于澄清了历史事实,也解决了 1951 年中国科学院考古研究所河南调查团未搞清楚的问题。

----

① 浙江省文物考古研究所:《瑶山》,文物出版社,2003。
② 开封地区文物管理委员会等:《裴李岗遗址一九七八年发掘简报》,《考古》1979 年第 3 期。
③ 河南省文物考古研究所等:《渑池仰韶遗址 1980—1981 年发掘报告》,《史前研究》1985 年第 3 期。

（2）庙底沟类型与半坡类型的关系

对这两个考古学文化类型之间的关系依然存在两种不同的看法。一种看法是,两个类型分布地区有差异,即典型的半坡类型遗址分布在渭河流域,典型的庙底沟类型遗址分布在三门峡地区,半坡、姜寨、下孟村和北首岭遗址层叠压关系显示半坡类型在下、庙底沟类型在上,半坡类型的 15 个碳-14 数据表明它的年代在公元前 4900—前 4000 年,庙底沟类型的 6 个碳-14 数据表明它的年代在公元前 4000—前 3300 年。[①]

另一种看法是,在仰韶村遗址第三次发掘后重新思考当年所主张的庙底沟与半坡不存在早晚关系的认识,指出庙底沟类型渊源于豫西、晋南和关中地区仰韶文化的早期遗存,即以三里桥和东庄村为代表的仰韶文化遗存,往下发展为西王村类型。而陕西仰韶文化渊源于老官台文化（或李家村文化）,其自身可以分为半坡、史家村、半坡晚期三个类型,往下发展为客省庄二期文化。[②]

（3）西阴遗址再发掘

西阴遗址是李济最早发掘的史前遗址,当年发掘时没有运用地层学划分文化层,导致人们对其文化属性的认识不一。山西省考古研究所为解决这个历史问题,于 1994 年再次发掘该遗址,揭露了近 600 平方米,清理了壕沟、房址、陶窑、灰坑等遗迹,发现了庙底沟文化、西王村Ⅲ期文化、庙底沟二期文化、二里岗文化阶段遗存,还发现双唇口小口尖底瓶、葫芦口平地瓶、盆、彩陶盆和罐、夹砂素面罐、釜形鼎等。发掘者赞成张忠培提出的以西阴文化命名来取代以往所称的庙底沟类型或庙底沟文化的意见,认为这样可以更好地理清仰韶时代文化的特征和内涵。[③]

---

① 严文明:《论半坡类型和庙底沟类型》,《考古与文物》1980 年第 1 期。

② 丁清贤:《关于"仰韶文化"的问题》,《史前研究》1985 年第 3 期。

③ 杨富斗:《三晋考古》(第二辑),山西人民出版社,1996。

第三节　历史考古

这一时期,夏商周考古是历史时期考古学研究的重点,秦汉以后的考古多以专题考古的形式展开。

一、夏商周考古

中原地区田野考古有所突破,新发现或发掘了偃师商城、殷墟小屯东北地宫殿基址、琉璃河西周燕国都城和燕侯大墓等。其周边地区重要考古发现层出不穷,四川三星堆祭祀坑、江西新干大墓等重要发现,不仅为建立各地青铜文化谱系提供了关键资料,而且为探索这些青铜文化的族属、文化源流及其与中原文化的关系奠定了基础。[①]

1. 考古新发现

(1) 河南登封王城岗遗址

1977—1981 年发掘。堆积包括裴李岗文化、龙山文化、二里头文化、商代和春秋战国时期文化层。发现城内有两个城堡,城堡属于龙山文化中晚期,对研究古代城堡的起源、城墙建筑方式等具有重要意义。城内发现的夯土建筑、祭奠坑内发现的人牲等表明,城内居民分化、社会结构复杂。发掘者认为,王城岗遗址可能是夏王朝初期城垣的遗迹。[②]

鉴于城堡的定性对探讨夏文化具有重要意义,国家文物事业管理局于 1977 年 11 月召开了"告城遗址(即王城岗)发掘现场会",学者们就王城岗城堡基址的性质、"夏文化"定义、哪种考古学文化属于夏文化等问题展开讨论。会议把王城岗城址的年代定为河南龙山文化晚

---

① 王巍:《夏商周考古五十年》,《考古》1999 年第 9 期。

② 河南省文物研究所等:《登封王城岗遗址的发掘》,《文物》1983 年第 3 期。

期,而对王城岗城址的性质看法则有较大分歧。① 有的认为王城岗城堡的出现是进入阶级社会的重要标志,它很可能是夏代初期的城址;有的认为它是"禹都阳城";还有的认为,原始社会的部落也可能有了城堡,王城岗城堡太小了,时间应早于夏代。夏鼐在会议总结中指出:"'夏文化'应该是指夏王朝时期夏民族的文化。"这是夏文化探索过程中首次从理论上明确阐述"夏文化"的概念和研究夏文化应该探索的内涵。

(2)湖北随州曾侯乙墓

1978 年发掘。该墓是以在岩石上凿的坑为墓穴,坑内有 4 个大型木椁室,椁室外填充 60 多吨木炭防潮。墓葬保存完好,椁室内有 20 多具年轻女子陪葬或殉葬的木棺。出土了 1.5 万多件器物,其中青铜器达 6000 多件,包括编钟、编磬、鼓、瑟、琴、笙、排箫等成套乐器,青铜尊盘制作中运用了失蜡法和焊接法。编钟和石磬铭文涉及乐律、乐理。根据器物铭文判断,该墓主人是曾侯乙,于公元前 433 年或稍晚下葬。该墓的发现为研究战国早期历史,以及古代科技、音乐、古文字等提供了绝好的资料。②

(3)四川广汉三星堆遗址

20 世纪 80 年代连续在 3 个点、7 个发掘区、12 平方千米的范围内进行了 9 次发掘。③ 1986 年发现了两个埋藏大量器物的器物坑,出土了 1700 多件遗物,既有青铜器人面像、人面具、跪坐人像、神树、神坛、尊、盘等,又有金杖、面罩和虎形装饰,还有玉璋、琮、璧、环、佩、斧等,

① 杨宝成:《登封王城岗与"禹都阳城"》,京浦:《禹居阳城与王城岗遗址》,《文物》1984 年第 2 期;马世之:《河南淮阳平粮台龙山文化古城址试析——兼论登封王城岗非夏都阳城》,《史前研究》1984 年第 2 期;贾峨:《关于登封王城岗遗址几个问题的探讨》,《文物》1984 年第 11 期;董琦:《王城岗城堡遗址分析》,《文物》1984 年第 11 期。
② 湖北省博物馆:《曾侯乙墓》,文物出版社,1989。
③ 曲玉缘:《对三星堆文明——古蜀文明研究的回顾与思考》,《中国史研究动态》1994 年第 3 期。

以及石戈、斧和象牙等,有些遗物被有意识打破并焚烧过,其时代为商代晚期。[①] 是什么原因使得这些如此珍贵、数量如此之多的物品被埋藏在坑中,两个器物坑是陪葬坑、火葬坑还是祭祀坑等问题,有待深入探讨。无论如何,对两个器物坑的初步研究表明,当时这里出现了吸收了部分商代文明因素的另一种高度发达的文明。

(4)江西新干大洋洲商代墓葬

1989 年发掘。这是一座带二层台的一棺一椁墓,随葬了大量器物,既有铜鼎、鬲、甗、簿、铙、戈、钩、钺、剑和镞等,又有玉琮、璧、环、戈、矛和铲等,还有各类陶器、几何印纹硬陶和原始瓷等。有些铜器与中原的相同,有些与中原的相似但又不完全一样,还有一些有别于中原。有的铜器时代很早,有的时代却很晚。该墓的时代为商代后期早段,距今约 3000 年。该墓的发现说明,长江流域也存在比较发达的青铜文明,有助于人们全面地认识中国古代文明及其形成和发展进程。[②]

(5)河南偃师商城

1983 年开始发掘。城址包括大城、小城、宫城三重城垣。大城平面近长方形,面积 200 多万平方米,有五座城门,城内有纵横交错的道路若干。小城在大城的西南角,年代早于大城,大城就是在它的基础上扩建而成的。小城里有宫城。周围有宫墙,内部有密集的宫殿建筑群。其中 2 号宫殿台基面阔 90 多米,它有前后三座主殿和东西庑殿。宫城内有完善的供水和排水系统,城内还发现铜渣、木炭和陶范,表明这里有铸造铜器的作坊。[③] 关于商城的性质,学术界有不同看法,有

---

① 四川省文物管理委员会等:《广汉三星堆遗址一号祭祀坑发掘简报》,《文物》1987 年第 10 期;《广汉三星堆遗址二号祭祀坑发掘简报》,《文物》1989 年第 5 期。

② 江西省文物管理委员会等:《新干商代大墓》,文物出版社,1997。

③ 中国社会科学院考古研究所洛阳汉魏故城队:《偃师商城的初步勘探和发掘》,《考古》1984 年第 6 期;中国社会科学院考古研究所河南二队:《1983 年秋季河南偃师商城发掘简报》,《考古》1984 年第 10 期,《1984 年春偃师尸乡沟商城宫殿遗址发掘简报》,《考古》1985 年第 4 期。

汤都西亳说、太甲桐宫说和商代重镇说等。

(6)云南德钦那古石棺墓

1977年发现并发掘。清理石棺墓23座,葬式有侧身屈肢葬和直肢葬。随葬品很少,多为1～6件。铜矛置于身侧,陶器多置于足下或头前,铜剑和饰品置于生前佩戴部位。出土的陶器与齐家文化的相似,铜器与滇文化的相似,推测这批石棺墓约为春秋早中期,墓主人也许是土著居民。[①]

(7)台湾东部卑南遗址

1980—1982年发掘。发掘面积7550平方米,该遗址地层分四层:表层土、卑南文化层、绳纹陶文化层和砾石层。卑南文化层包括大量陶片石器以及以板岩、砾石为材料的建筑遗迹。砾石层包含卑南文化石板棺和陶片等。卑南文化陶器为手制,器物有罐、双把瓶、钵、盆、勺、盘、豆、纺轮、环等;陶器以素面为主,纹饰以刺点纹、指甲纹、席印纹和划纹等;石器有斧锄形器、镰、刀、杵、矛、镞、网坠、锛、凿等。石板棺大小不一,小的长仅27厘米,大的长逾2米。大的石板棺随葬品较多,小的石板棺随葬品少甚至没有。石板棺一般一人一棺,也有两人或多人一棺的,死者皆为仰身直肢葬,头向南,有的死者无头,有拔牙习俗。随葬品有玉玦、玉管等,陶器有罐和管珠等。卑南文化的年代为距今两三千年。[②]

2. 专题研究

这一时期,三代考古的专题研究走向深入。

(1)夏文化

考古学界讨论的夏文化是指夏王朝时期夏族先民创造的考古学

---

① 云南省博物馆文物工作队:《云南德钦县纳古石棺墓》,《考古》1983年第2期。

② 商志䍐等:《近十年台湾考古综述》,《文物考古工作十年　1979～1989》,文物出版社,1990。

文化。随着河南龙山文化被认识以后,学者们把它与古史传说中的夏文化联系起来。在河南和陕西发现的二里头文化分布地域与传说中夏人活动的地域大致相同,二里头文化成了探索夏文化的重要对象。学者们对二里头文化与夏文化的关系有以下几种看法:

> 第一种看法是,二里头文化的一、二期遗存可能是夏文化;第二种看法是,二里头文化四期遗存都是夏文化;第三种看法是,河南龙山文化中晚期和二里头文化一、二期是夏文化;第四种看法是,二里头文化的两个类型和豫西、晋南的龙山文化都是在夏人活动地域内发展起来的古文化,都是夏文化;第五种看法是,二里头文化前三期归入夏文化,其第四期归入早商文化;第六种看法是,陶寺类型龙山文化很有特色,应是探索夏文化的对象。①

(2) 早商文化

学者们在讨论夏文化时注意到,夏王朝被商代所取代,很多学者都意识到夏商两族在历史上共存了一段时期,把成汤时期和汤以前的商文化分别称为早商文化和先商文化。关于早商文化,大致有三种看法。第一种看法是偃师二里头三、四期遗存是早商文化;第二种看法是二里岗期商文化是早商文化;第三种看法是二里头文化是商文化。

(3) 甲骨文・金文

这个阶段甲骨文的释读仍然是研究的重点。胡厚宣详细地叙述了王懿荣早期收藏的甲骨卜辞的来龙去脉和诸家隶定情况,提出这些卜辞是武丁时所卜。②

对甲骨文字契刻方法的研究也有进展,常玉芝提出,晚期龟腹甲

---

① 曹淑琴:《夏文化探索与早上文化研究》,载《中国考古学年鉴 1984》,文物出版社,1984。

② 胡厚宣:《释王懿荣早期所获半龟腹甲卜辞》,《殷都学刊》1987 年第 1 期。

卜旬卜辞的契刻规律是"先右后左,先内后外,先下后上",与董作宾提出的早期龟腹甲卜旬卜辞的契刻特点稍有不同,他发现的这个规律有助于准确地拼合龟版,准确地释读卜辞和纠正卜辞的误刻。[1] 有几位学者采用模拟实验来探讨甲骨契刻的方法,他们认为,运用青铜刀在未作软化处理的骨料上刻字完全科学,含锡量在 20%～25%范围内的青铜器适用于契刻甲骨,玉刀因其性脆而不适于契刻甲骨。[2]

金文资料整理出版取得重大进展。1986 年,中国社会科学院考古研究所专家们编撰的《殷周金文集成》第一册由中华书局出版,其内容包括铭文、图像、释文和索引,以铭文为主体。全书收录宋代以来各家著录、国内外主要博物馆收藏和新中国成立后各地出土的殷周有铭铜器资料万件以上。考古研究所开始筹备编撰古代铭刻集成时,曾请陈梦家筹划《殷周金文集成》的编撰计划,并层开始进行拓本的搜集和整理工作,由于各种原因 1979 年初正式成立编辑组开始编撰工作。[3]

金文释读和研究也取得一定成果。李学勤对小盂鼎铭文做了全新的释字、断句、词义和全文释读,他把鼎铭与文献相结合探讨西周制度的成果颇有新意,认为鼎铭所记的整个活动中心是献俘庆赏,与《左传》的相关记载基本符合。[4]

二、秦汉考古

这一时期的秦汉考古仍然以发掘墓葬为主,古城址的探索仍在继续。

---

[1] 常玉芝:《晚期龟腹甲卜旬卜辞的契刻规律和意义》,《考古》1987 年第 10 期。

[2] 赵铨等:《甲骨文字契刻初探》,《考古》1982 年第 1 期;

[3] 夏鼐:《〈殷周金文集成〉前言》,《考古》1984 年第 4 期;梁枫:《殷周金文集成》,《考古》1986 年第 5 期。

[4] 李学勤:《小盂鼎与西周制度》,《历史研究》1987 年第 5 期。

1. 考古新发现

(1)临潼秦兵马俑坑

1974 年开始发掘,现在已经探明在秦始皇陵东侧共有三个兵马俑坑和一个废弃俑坑。1 号坑平面为长方形,坑内是步兵为主的长方形军阵。2 号坑平面为曲尺形,坑内是弩兵、骑兵、战车和徒卒混编的曲尺阵。3 号坑平面为凹字形,坑内是车马房、南厢房和北厢房组成的军阵统帅部。这些兵马俑坑是地下坑道建筑,坑内有对称排列立柱,立柱上加盖苇席顶棚。① 兵马俑气势宏大,被誉为世界第八大奇迹。有关部门于 1984 年、1986 年分别召开了兵马俑学术研讨会,推动兵马俑及其相关问题的深入研究。

(2)洛阳汉魏故城石经

汉魏石经是指东汉和曹魏时所刻的碑石经书,为中国历史上最早的官定儒家经本。汉石经又名《熹平石经》《一体石经》,魏石经又名《正始石经》《三体石经》。汉魏石经原并立于洛阳故城南郊人学讲堂的东西两侧。汉魏之后,石经迭遭严重破坏。自宋代以来时有石经残石出土,自宋洪适在《隶释》中著录石经拓本以来,历代有人传拓收集石经残字作为校勘经文、研究文字书法之用。1980 年发掘,发现了 600 多块石经残石,其中近 100 块有字,有些残石块可以拼缀。考古人员通过对这批石经的字体大小、经碑厚度和各条边的宽度与后世复原的经碑如《汉石经碑图》进行比较,发现后者存在严重失误。②这批石经的发现为研究汉代儒家经典提供了重要资料。

---

① 始皇陵秦俑坑考古发掘队:《临潼县秦俑坑试掘第一号简报》,《文物》1975 年第 11 期;《秦始皇陵东侧第二号兵马俑坑钻探试掘简报》,《文物》1978 年第 5 期;《秦始皇陵东侧第三号兵马俑坑清理简报》,《文物》1979 年第 12 期。

② 中国社会科学院考古研究所洛阳工作队:《汉魏洛阳故城太学遗址新出土的汉石经残石》,《考古》1982 年第 4 期。

（3）湖北云梦睡虎地秦汉墓

1978年发掘,清理27座秦汉墓,其中包括15座单椁单棺墓和12座单棺墓。随葬器物523件,包括漆器、铜器、铁器、陶器、竹器、木器和金器等,还有丝织品,牛、马、猪、羊的骨骼,桃枣和稻谷壳等。从这批墓随葬陶质日用社会用具而不随葬陶礼器,许多墓随葬铜蒜头壶、鍪、秦式鼎等,以及木牍上记载的秦人等判断,这批墓为秦人墓。[①] 这批墓出土资料为研究秦的历史、手工业等提供不可多得的资料。

（4）和田山普拉古墓地

1984年发掘。该墓群分布在东西长约6千米、南北宽约1千米的范围内,共清理了52座墓。墓葬分两类。一类是方形竖穴或成方形土坑棚架墓,大都为多人合葬。另一类是长方形竖穴土坑墓,有多人葬和单人葬,有的有木棺为证据。木棺有的为圆形、半圆形、木盆形、船形、梯形、长方形,葬式有仰身直肢、仰身屈肢、俯身直肢和侧身直肢。随葬品方法,有木器、陶器、铜器、铁器、毛棉丝织物及食品等。这批墓葬的时代相当于战国至东汉时期。[②]

（5）广州南越王墓

1983年发掘,发现墓室用砂岩大石板砌筑,共有前室、东西耳室、主室、东西侧室和后藏室7个墓室。墓室全长近12米,宽超过12米。墓室内有10多为殉人。出土随葬品有玉璧、陶璧、银盒、玉具剑、金玉印章、铁剑、铁镞、铜弩机、铜灯、金银铜玉质带钩、编钟、修治竹简的工具、铜铁鼎、铜镜、象牙和玛瑙制品等,墓主身着金镂玉衣。根据印章并参考相关文献,确定墓主为第二代南越王赵佗。该墓的发掘为研究

---

① 湖北省博物馆:《1978年云梦秦汉墓发掘报告》,《考古学报》1986年第4期。

② 新疆文物考古研究所:《洛浦县山普拉古墓地》,《新疆文物》1985年第1期。

南越国历史、南越国与中央王朝的关系等提供了实物资料。①

（6）西安未央宫

1986—1987年发掘。发掘面积9600平方米,发现三号建筑遗址周筑围墙,形成一座大院落。院内中部偏东位置有一条南北向排水渠将它分为东、西并列两座院子。东院四面围筑夯土墙,内有南北并列的两排房屋,南排房屋与南墙之间是天井和回廊。西院也是四面围筑夯土墙,其中也有南北并列的两排房屋,南排房屋与南墙之间也是天井和回廊。出土遗物主要有包括瓦、瓦当和砖等的建筑材料,石磨、灯、碗、盘、盆和甑等陶器,锛、臿、铧冠、凿、夯头、铲、斧、刀、镢、弩机等铁器,镞、弩机等铜器,以及钱币和骨签等。根据上述遗物可以判断该遗址属于西汉建筑。② 它的发掘为西汉宫殿以及出土遗物提供了重要材料。

2. 专题研究

这个阶段,考古人员的主要精力都放在考古勘探调查和发掘当中,专题研究有简牍、漆器和铁器研究等,而这些专题实际上是多学科研究。综合研究由王仲殊在美国哈佛等大学的演讲汇编成《汉代考古学概说》,这本书分两汉都城、汉代农业、农业、漆器、铜器、铁器、陶器和墓葬九个专题,内容基本上涵盖了汉代考古的主要方面,是对当时汉代考古的一个总结性介绍。③

（1）简牍

简牍研究课题很多。比如,学术史研究专著《简牍学综论》全面地介绍了简牍考古发现、简册制度、简牍内容,以及简册考释等问题。④

---

① 广州象岗发掘队:《西汉南越王墓发掘初步报告》,《考古》1984年第3期。

② 中国社会科学院考古研究所汉城工作队:《汉长安城未央宫第三号建筑遗址发掘简报》,《考古》1989年第1期。

③ 王仲殊:《汉代考古学概说》,中华书局,1984。

④ 郑有国:《简牍学综论》,华东师范大学,1989。

对简牍内容解读的成果很多,比如陈平等人对江苏仪征胥浦西汉墓出土的"先令券书"做了释读,讨论了券书中的人物关系和墓主指归,券书的草立结果和史料价值,认为它的出土表明当时初步具备了一套习惯法继承与遗嘱执行相结合的遗产继承法规,是研究西汉土地制度的实物资料,也是研究当时物价状况的资料。① 连劭名对居延汉简中的债务文书"贳卖名籍"做了分析,这类债务文书多表明,汉代西域边防地区的债务活动相当频繁,有一定的法规,而且处理争讼有严格的司法程序等。②

（2）漆器

考古工作者依然重视漆器自身的断代和分期。有专家以年代明确的墓葬出土的漆器为标准器,对湖北省出土的战国和秦汉漆器做了断代和分期,并据此探讨了漆器器形和纹饰的演变规律。③

（3）铁器考古

河南巩县铁生沟遗址、郑州市古荥镇遗址、镇平汉代窖藏铁器、长葛汉代铁器、桐柏县毛集汉代铁矿、河南汉魏铁器中的球状石墨等的分析研究,在冶铁方面取得一系列重要成果。比如,铁器主要是铸铁脱碳材质即铸铁脱碳钢、黑和白心可锻铸铁等。板材可用于锻造刀、剑、戟、矛、锯等,条材用于可锻造锥、剪、钉等。汉代铁范的灰口组织数量增多,说明铸造工艺有所提高。汉代铁匠将薄壁铁器刃口部贴接钢片而成为复合材料,使得器体坚韧而刃口锋利。汉代铸铁工艺流程为炼铁—铸造—脱碳退火。④

---

① 陈平等:《仪征胥浦 10 号西汉墓"先令券书"初考》,《文物》1987 年第 1 期。

② 连劭名:《汉简中的债务文书"贳卖名籍"》,《考古与文物》1987 年第 3 期。

③ 陈振裕:《试论湖北战国秦汉漆器的年代分期》,《江汉考古》1980 年第 7 期。

④ 李京华:《十年来河南冶金考古的新进展》,《华夏考古》1989 年第 3 期。

三、三国魏晋南北朝考古

1. 考古新发现

(1) 新疆若羌楼兰古城

1979—1980 年调查和发掘,该城平面为不规则方形,面积 10 多万平方米。城墙夯筑,夯层中夹杂芦苇秆和红柳枝,每边似各有一个城门。古水道从西北角向东南角穿城而过,与城外水道相连。城内东北区残留大量佛塔和房屋建筑,西部和南部有多处房址。房屋多用土坯夹红柳枝建造。在城内发现多座墓葬,出土了大量丝绸和棉、毛织物。在织物上发现"延年益寿长葆子孙""长乐光明""望四海贵福寿为国庆"等文字,还发现钱币、漆木制品和陶器等。城内发现的遗物中以汉文、佉卢文书及木简等最为珍贵。汉文文书内容是当地行政机构和驻军的公文及公私来往信件。佉卢文书是审理案件、买卖土地契约和公私信件等。这些文书为研究楼兰城的驻军、农业生产、水利与社会活动提供了客观、翔实的实物资料。楼兰是古代丝绸之路上的重要据点,该古城的调查发掘将为人们了解古代东西方关系等有着重要意义,同时也提出了楼兰为何消失等有待探讨的问题。[1]

(2) 山西太原王郭村东安王娄叡墓

1979—1980 年发掘。该墓由封土、墓道、甬道和墓室组成。墓室为砖构单室四角攒尖顶,平面呈方形,东西宽 5.7 米、南北长 5.65 米、高 6.58 米。墓室西半部有砖砌的不等边矩形棺床,南长 2.9 米、北长 2.3 米、西长 4.1、东长 4.25 米,高出墓地 20 厘米,一棺二椁,死者仅存少量肢骨。墓内填土和棺木上含有大量水银,说明入葬时曾放置大量水银防腐。随葬品 800 余件,陶器包括镇墓武俑、武士俑、文吏俑女

① 新疆楼兰考古队:《楼兰古城址调查与试掘简报》《楼兰城郊古墓群试掘简报》,《文物》1988 年第 7 期;侯灿:《楼兰新发现木简纸文书考释》,《文物》1988 年第 7 期。

官俑、骑马武士俑、女伺俑、骑马乐俑等陶俑 610 件，马、驮马、骆驼、猪羊鸡狗俑等陶牲畜 42 件，仓、碓、磨、灶、井、厕等陶模型 16 件，瓷器 76 件，包括二彩盂、灯、盘、贴花瓶、罐、螭柄鸡首壶、托杯等。有金饰、琥珀兽、玉璜、铁饰等装饰品 85 件。其他的还有铁镞、丝织品、石狮等。墓志有 866 个字，并有"齐故假黄钺右丞相东安娄王墓志之铭"。墓内壁画 200 余平方米，内容有两部分。一部分是娄叡生前的威仪和豪华生活，另一部分是祥瑞和墓主死后升仙的虚幻世界。娄叡，鲜卑人，其姑为高欢嫡妻，事迹见《北齐书·娄昭传附娄叡传》。①

（3）河南偃师杏园村墓

1984 年清理了两座魏晋墓。一座墓由墓道、前甬道、前室、南北耳室、后甬道、后室六部分组成，全墓总长 28 米。出土陶器 50 多件，包括瓮、带盖罐、仓、奁、方盒、圆案、方案、灶、壶、猪圈、小罐、鼎等；铜器若干，包括铜镜和盖弓帽、镲等。还出土了滑石猪、砚以及五铢钱等。另一座墓由前室土洞、后空砖券墓，由墓道、前甬道、前室、后甬道、后室五部分构成。随葬品有陶器 60 件，包括罐、多子、樽、空柱盘、扁壶、盘、盆、碗、案、灯、仓库、水井、博山炉、牛、牛车、武士俑、牵马俑等，还有钱币和墓志。②

（4）安徽马鞍山雨山乡朱然墓

1984 年发掘。该墓由封土、墓道、墓坑和墓室组成，曾被盗。墓室砖砌，由甬道、前室、过道和后室构成，总长 8.7 米、宽 3.54 米。前后室内各置一棺，后室一号棺为朱然的葬具，前室二号棺为其妻姜的葬具。随葬器物 140 余件，包括漆木器、瓷器、陶器和铜器等。漆木器约 80 件，包括案、盘、羽觞、凭几、虎子、刺和扇等，许多漆器上的彩绘人物

① 山西省考古研究所等：《太原市北齐娄叡墓发掘简报》，《文物》1983 年第 10 期。

② 中国社会科学院考古研究所河南第二工作队：《河南偃师杏园村的两座魏晋墓》，《考古》1985 年第 8 期。

故事和动植物纹图案生动。墓主朱然,汉丹扬故鄣人,吴郡太守朱治的外甥,官职、爵禄步步迁升,最后官拜左大司马右军师。该墓是东吴最高统治集团成员的墓,其墓葬形制、规格和随葬品等是研究东吴墓葬的重要标尺。[①]

(5) 陕西长安北原上北朝墓

1986 年发现并清理两座北朝墓。其中 1 号墓为长斜坡土洞结构,由带三层台的长斜坡墓道、过洞、天井、甬道、前室和后室组成,南北向,有木棺。2 号墓形制与 1 号墓相似,三人葬,有木棺,出土墓志砖,上刻"韦咸妻苟夫人之"铭。两座墓出土石制品 77 件,其中陶器 63 件,银器 8 件,金器、铜器和铁器各 2 件。陶器有牛车及围绕牛车的出行仪仗俑、武士俑、男女伺俑、井、鸡鸭猪狗羊、仓、磨、臼等,铜器中有榆钱和饰件,还有铁削、镜等。从随葬品和墓葬形制看,这两座墓属于北朝石器。它们的发掘为研究北朝墓葬和韦氏家族提供了实物资料。[②]

(6) 广东遂溪边湾村南朝窖藏

1984 年 9 月发现一个带盖陶罐中装有一批金银器。其中银碗 1 件,为十二瓣莲花纹碗;波斯银币约 20 枚,为萨珊王朝所铸,按纹样不同分 4 种;银盒 1 件,饰莲花纹和卷叶纹;银镯 73 件,按直径大小不同,分两种;鎏金盅 2 件;饰莲花纹金环 2 件;金戒指 6 件。波斯银币属于萨珊朝银币,银碗也是波斯的。从波斯银币铸造时间和陶罐看,这个窖藏的时代为南朝后期。[③]

2. 专题研究

(1) 瓷器

叶宏明宏观地分析研究了三国两晋南北朝的制瓷工艺。他认为,

---

① 安徽省文物考古研究所等:《安徽马鞍山东吴朱然墓发掘简报》,《文物》1986 年第 3 期。
② 陕西省考古研究所:《长安县北朝墓葬清理简报》,《考古与文物》1990 年第 5 期。
③ 遂溪县博物馆:《广东遂溪县发现南朝窖藏金银器》,《考古》1986 年第 3 期。

采用瓷石作原料是我国在汉代成功烧造瓷器的工艺特点之一。我国最早烧制成功的瓷器是以青瓷的形式出现的,原因是浙江所产瓷土多为原生高岭和瓷石含铁量高,在还原焰中烧成时釉呈青绿色,在氧化焰中烧成时釉呈黄色。他指出,上虞东汉和三国两晋的优秀青瓷是由于胎土含铁量在2%左右,釉呈较纯的青色,而晋代的越窑部分产品胎土含铁量在2.6%～3%,所以釉色青中带灰。晋代瓯窑胎土含铁量在2%左右,所以胎色较白,釉多呈淡青色。婺州窑和德清窑胎土含铁量在4%以上,胎呈猪肝色。为此晋代婺州窑采用化妆土来美化青釉制品。东汉,上虞采用龙窑,烧成温度高达1300℃。东汉和三国的龙窑不但短而且矮,龙窑结构不成熟。三国到南朝比较成功地控制还原气氛能够烧造成熟的青瓷产品。烧造瓷器时尚未使用匣钵而采用明火叠烧,瓷器胎釉结合不好。[①]

魏正瑾等利用南京出土的考古资料对六朝青瓷进行了分期研究。他们根据出土青瓷的墓为单位,把六朝青瓷分为四期。第一期,孙吴早期到西晋末(公元254—316年),青瓷质地较细,胎中含铁量稍高而略呈灰白色,釉色青灰而略显灰暗。器物种类有五类,生活器皿,包括盘口壶、唾壶、罐、洗、盆、碗和钵等;日常用器,主要有灯、香薰、虎子等;文房用具,主要有砚台、水注、水盂、插器等;魂瓶;模拟生产和生活设施、用器等的小明器,主要有灶、井、碓、臼、猪鸡狗鸭及其圈栏等。第二期,东晋前期(公元317—357年),瓷器胎质细而色白。釉色有青灰色和黄色,胎釉结合差而常见脱釉。器物种类中第一、二类与第一期相比有所增减,第三类品种明显减少,第四类魂瓶和第五类小明器消失。第三期,东晋后期至南朝刘宋(公元357—479年),瓷器釉色以青黄为主,有的釉面清亮而玻化程度好,脱釉现象继续存在。有一定数量的酱釉器物。器耳流行方桥系和四横系,大型器物多双复竖系。

---

① 叶宏明:《三国两晋南北朝的陶瓷工艺成就》(上、中、下),《河北陶瓷》1984年第4、6、8期。

器物种类大致与二期相同,方壶、插器和虎子数量减少。第四期,南朝齐梁陈三代(公元 489—589 年),瓷器胎质洁白,釉色有青黄色和黄绿色,少数青灰色,仍见到脱釉。釉质玻化程度高而光洁度较好。器物种类多与第三期相同,不见洗、盆、香薰等,出现尊等大型器物。总体看,六朝青瓷经历了器物种类由繁到简、规范化和定型化的过程,釉色从第一期以青灰色为主到第二期青灰色与青黄色并重,第三期以青黄色为主到第四期青黄色与黄绿色并存,还出现青灰色。器物造型由形体较小到高大,从扁矮肥宽到浑圆修长,器物轮廓从刻板的圆弧线到富于变化的优美曲线等。①

(2) 瓦当

关于瓦当研究,一般总是关注秦汉瓦当,实际上其他地区出土的瓦当也很重要,辽宁集安出土了很多高句丽时代的瓦当,这些瓦当对于研究高句丽的建筑等具有重要参考价值。林志德等根据瓦当的铭文和纹样特征对高句丽瓦当做了分期断代研究。比如铭文瓦当,其中有两件瓦当上有铭文"太宁四年太岁□□闰月六日己巳造吉保子宜孙",根据考证,该瓦当纪年为东晋明帝太宁三年(公元 325)八月六日。可是《资治通鉴·晋纪十五》记载,太宁三年闰月戊子明帝崩,次年二月改元,太宁有四年。瓦当上之所以写三年,是因为中原改元传到边地已晚,边地仍用原来的年号。不过瓦当上的"闰月六日己巳"则与太宁三年八月六日完全相符,可能是瓦当上把三年误写为四年。铭文瓦当上还有"十谷民造","谷民"曾见于高句丽时代墓葬"冉牟墓"的墨书题记中,谷民是指居住在郊外大山深谷中的农民。"十谷民造"当指此瓦当为十家谷民所造。瓦当中有很多莲花纹瓦当,莲花纹造型多样,把它们与墓葬出土瓦当对照,可知莲花纹瓦当的制作和使用年代大约是 4 世纪末到 5 世纪末。兽面纹瓦和忍冬纹瓦当也很多,根据出土瓦

---

① 魏正瑾等:《南京出土六朝青瓷分期探讨》,《考古》1983 年第 4 期。

当的遗址年代对比后发现,兽面纹和忍冬纹瓦当的制作年代比较接近,大致在4世纪末至5世纪初。集安发现的这些瓦当可能是中原匠人流入东北,把烧瓦技术带到高句丽的国都,随后高句丽烧制出具有民族特色的瓦当。从瓦当见于都城内、郊外官府、王公贵族住宅和墓葬来看,王公贵族的宫殿和官府以及死后的墓上建筑用瓦当,而平民则不用瓦当。[①]

四、隋唐考古

隋唐考古重点地区在陕西和河南,考古调查发掘多集中在墓葬和城址。至于其他地区的考古调查与发掘,多集中在墓葬和瓷窑方面。

(1) 陕西扶风法门寺地宫

1987年清理唐代塔基时发现,地宫位于塔基正下方,为南北隧道形地下建筑。地宫内物品丰富,包括金银器、瓷器、琉璃器、珠宝玉器、漆木器、石质器和大量丝织品、钱币等,最珍贵的是4枚佛骨舍利和16件秘色瓷。对它们的研究有助于解决诸如唐代金银器断代、秘色瓷的釉色和烧造年代等问题。地宫建筑和遗物对研究唐代各种手工艺及中西文化交流具有重要意义。[②]

(2) 广西钦州久隆隋唐墓

1976年、1977年和1981年先后清理被盗的七座墓。它们都处在大雾岭东麓,都是砖室墓。1号墓的墓室平面呈凸字形,包括墓门、甬道和墓室,全长4.9米,甬道长1.35米、宽0.98米、高1.05米,墓室长3.55米、宽1.35米、高1.85米,随葬品有青瓷碗、杯、唾壶、钵和四系罐、陶罐和钵、琉璃杯等。3号墓和6号墓的前室短而宽,后室长方形,墓室整体呈中字形,券顶,墓门砌有阑额。3号墓随葬四系陶罐、陶

---

① 林志德等:《集安出土的高句丽瓦当及其年代》,《考古》1985年第7期。
② 法门寺考古队:《扶风法门寺地宫发掘简报》,《考古与文物》1988年第2期。

碗和陶钵等。6 号墓随葬四系陶罐、陶钵、绳纹红陶釜,青瓷碟、瓶和提梁壶,铜镜、钵和玉笄等。2 号墓和 7 号墓由墓门、前后甬道、前后室构成,后室两侧有壁龛。墓室平面呈"干"字形。2 号墓只见陶器碎片、铜器残片和铁器残件以及金箔钱币。7 号墓只见漆器残片和"开元通宝"钱。4 号墓和 5 号墓为双室墓,平面呈长方形,双室平行,大小相同。随葬品集中在前室前端,十二生肖镜被破为两半分别置于两室,左室镜面朝上,右室的镜面朝下。陶瓷器有四系罐、碗、盂等,还有铜镜、五铢钱、铁剑、铁刀、铁锅和金发钗等。从墓葬形制和随葬品看,它们都是隋至初唐石器墓葬。①

(3) 河南洛阳隋唐东都夹城

1981 年发掘了夹城区域,搞清楚了夹城东墙和西墙的结构、修筑方法、时代关系,以及夹城内的排水设施、郭城外的护城壕沟等遗存,发现的遗迹包括东西城墙的早期遗存,西墙外的散水、砖路、壕沟和城内的排水沟等,夹城在宫城之西,其南北长度与宫城的南北长度可能是一致的,夹城主要是与宫城的安全有关。夹城内出土遗物十分丰富,有生活用品、建筑材料和铜钱等三大类。②

(4) 黑龙江克东浦峪路故城

1979 年第二次发掘。20 世纪 30 年代日本人在此发掘过,70 年代黑龙江省文物考古工作队也多次发掘过。克东古城呈椭圆形,东西长径 1100 米、南北短径 700 米,城墙由夯土筑成,城墙上每隔60～70 米有一个马面,城墙上共有马面 40 处。城墙外 10 米处有护城壕。古城只有南北二座城门。南城门是过梁式单洞结构。门洞正中立有挡门石,门洞内路面由卵石和沙子铺成。门洞两壁立有 15 根排叉柱,其左右两侧设有木地伏。门洞前后两侧转角处均立有石角柱。故城内东

---

① 广西壮族自治区文物工作队:《广西壮族自治区钦州隋唐墓》,《考古》1984 年第 3 期。

② 洛阳市文物工作队:《1981 年河南洛阳隋唐东都夹城发掘简报》,《中原文物》1983 年第 2 期。

北角有官衙遗址,它建筑在一个东西走向的土台上,前面筑有露台、后面是正殿,殿的东侧为居住址,发现火炕,是官吏起居处。殿的西北角发现灶址、庖厨址。出土遗物有陶罐、盆、瓮、灯、纺轮和雕花砖、瓦当、板瓦、螭首等,瓷器有碗、盘等,还有黑釉罈等。铁器有甲片、锅、合页、钏、镰、削等。还有骨镞、板、石弹、望柱等。这次发掘外研究金代城市提供了重要的实物资料。[①]

（5）江苏武进湖塘乡隋墓

1984 年发现并发掘。两座砖室墓并列在同一个墓坑内,墓坑呈长方形,坑内填土中有少量完整和残破的楔形砖。墓坑北壁打破一座小型汉墓,墓室外壁与墓坑相距 10～35 厘米。该墓平面呈腰鼓形,由甬道和墓室构成。墓室长约 5 米、宽约 2 米,残高近 2 米。墓室左右壁和后壁皆有小型壁龛,有的壁龛内有青瓷盏,有的壁龛下方地面上有青瓷盏。墓室后部有砖棺床,墓室及甬道铺人字砖,中间高、四周低。两座墓各有 10 件随葬品,它们是青瓷盏、盘口壶、双唇罐等,有铜镜一面。根据墓葬形制和随葬品,两座墓定为隋代墓。[②]

（6）吉林延边龙头贞孝公主墓

1980—1981 年发掘,该墓早年被盗。墓南北向,用砖和石板建造,由墓道、墓门、甬道、墓室和塔组成。塔身已倒毁无存,仅剩塔基。墓室长约 15 米、宽约 7 米。甬道后部东西两壁和墓室的东西北三壁上会有壁画,横排竖列人物共 12 人,系用铁线描画轮廓,然后用朱、红、赭、青、绿、黑和白等色涂染并用墨笔勾勒完成。人物有门卫、侍卫、伎乐、侍从和内侍。出土遗物有圭形墓碑一通,通高 1.05 米、宽 0.58 米、厚 0.26 米,正面镌刻志文,共 728 字。陶俑残片、鎏金铜饰件和铜帽钉、铁钉、铁片和砖等。还发现两个成人男女人骨,属贞孝公主夫妇

① 黑龙江省文物考古研究所:《黑龙江克东县金代浦峪路故城发掘》,《考古》1987 年第 2 期。
② 常州市博物馆等:《江苏武进县湖塘乡发现隋唐墓》,《考古》1990 年第 6 期。

二人。[①] 该墓的发掘为研究渤海历史提供了非常重要的实物资料。

五、宋元明清考古

与唐代之前的考古相比，宋至清的考古完全不受重视。宋至清的考古调查与发掘基本上集中在窑址、墓葬和城址方面。一些地区虽然发掘清理了不少明清墓葬，但是很少有整理发掘资料，很多专业期刊也基本上不刊登明清墓葬发掘简报，偶然见到的补白的明清墓葬报道也不甚完整。

1. 考古新发现

(1) 浙江丽水龙泉窑址

1979—1980 年调查发掘。这个地区瓷土资源丰富，森林茂密，多山的地貌为修筑龙窑、近水的环境为产品运输，创造了良好的外部条件。南宋龙泉窑因政府为增加财政收入而鼓励陶瓷等外销、越窑衰落等原因而得到迅速发展。从安福发现的龙泉窑窑场的布局看，瓷土粉碎、淘洗、练泥、陈腐、烘坯到烧窑是一环接一环。这个时期瓷器种类很多，有碗、盘等饮食器，灯盏、香薰等日用器，花瓶、人物等陈列器，笔洗、笔架等文房用品等。纹样有荷叶、莲花、飞雁、凤鸟、游鱼和水草等。优美多样的造型、晶莹的釉色使得龙泉窑成为历史上的名窑。[②]

(2) 江西吉安永和吉州窑

1980 年发掘，发掘面积 1291 平方米。重点发掘窑床和作坊各一处，还对其余 23 处废窑堆积作了调查和小型探沟试掘。窑址总面积 8 万多平方米，最大窑岭堆积高达 21 米。在本觉寺岭发掘一条窑床，它

---

① 延边朝鲜族自治州博物馆：《渤海贞孝公主墓发掘清理简报》，《社会科学战线》1982 年第 1 期。

② 中国社会科学院考古研究所浙江工作队：《浙江龙泉县安福窑址发掘简报》，《考古》1981年第 6 期。

是建立在窑址堆积上的,顺堆积斜坡建成"龙窑"状,平面呈船形,斜长36.8米、宽0.42~3.95米,窑头很窄。窑床堆积中出土遗物有匣钵、支座、碾槽、瓷土、柴炭屑、"熙宁通宝"钱、酱褐釉粗胎碗、双系罐、灯盏等。根据出土遗物分析,该窑是建在晚唐五代堆积之上的。发掘一处作坊遗迹,发掘面积200多平方米。作坊建在平地之上,屋内为砖铺地。遗迹中段有两道散水槽,其东面为淘洗瓷土、练泥和拉坯的操作区,其西面为制坯的大操作场,屋内有贮泥池等。作坊遗迹出土的器物有匣钵、擂钵器、轮轴帽、坩埚、瓷土、石质拍子、陶坛、陶罐、乳白釉碗、盏、芒口印花碟、高足杯等,还有"圣宋元宝""元丰通宝""建炎通宝"钱等。结合调查资料,吉州窑始烧于晚唐,中经五代、两宋,至元末终烧。①

（3）内蒙古奈曼旗陈国公主墓

1986年发掘。辽是契丹族建立的政权,它位于西部草原游牧、东部山岭渔猎、南部平原农耕三个不同类型的交汇处,成为连接中亚、直通欧洲的草原交通枢纽,从而形成了独特的民族文化。辽陈国公主与驸马的合葬墓,是多室壁画墓,画面内容有三足金乌太阳、玉兔桂树月亮及男女仆役、侍卫等。公主和驸马都是"穿金戴银",还佩戴琥珀玉佩等饰件。随葬品达千余件,鎏金银冠、金面具、银枕头、金花银靴、金銙银腰带等金银器制作精美,琉璃器、玛瑙器、琥珀等来自中亚。这些文物证明契丹皇族与西域、中亚等民族和国家有着密切的交往,也是研究辽代契丹民族社会政治经济和历史文化的重要资料。②

（4）西藏阿里古格王国遗址

古格王国是10世纪中叶吐蕃王族后裔在古格地方建立的阿里王系的分裂割据的地方政权,1630年被灭。1979年,西藏自治区文物管

---

① 江西省文物工作队等:《江西吉州窑遗址发掘简报》,《考古》1982年第5期。

② 内蒙古自治区文物考古研究所等:《辽陈国公主墓》,文物出版社,1993。

理委员会(后文简称西藏文物管理局)和新疆文物管理委员会联合考察了古格王国遗址。古格故城遗址占地面积约 18 万平方米,大部分建筑物集中在山的东、西,依山叠砌,层层而上,房屋窟洞星罗棋布,共有 300 余座庙堂房屋和 300 余孔窟洞及 3 座残塔。所有房屋建筑都是土木结构、平顶。建筑群内还有四通八达的地下暗道,各个相通,路线复杂。宫殿区建在山顶上。遗址地势平坦处有土墙,山势险要处依靠天然屏障。有的庙宇内保存有壁画,内容除有神像、天王和其他宗教故事外,还有吐蕃历代赞普和古格王国国王世系画像。这次调查为研究古格王国的历史提供了珍贵的实物资料。[①]

(5) 宁夏灵武磁窑堡窑址

1984—1986 年三次发掘。发掘 700 平方米,清理窑炉 4 座、作坊遗迹 7 处。出土器物包括日用器、雕塑品、娱乐用品、建筑材料和窑具等共 2500 余件。这里的地层分五层,分上下两大层,上层为西夏-元代地层,下层属于西夏地层。在发掘的四座窑炉中,Y4 属于西夏时期,平面呈椭圆形,长 3.6 米、宽 1.84 米,火门两侧有砖壁保存,火膛壁无存,残存窑床保留烧结面。作坊遗迹有房屋、存料池、淘洗池、淘洗大缸、轮基、烘坯火炕等。下层出土的典型器物有褐釉撇沿曲腹碗、仅内施青釉的斜壁小碗、白釉高圈足碗、仅内施青釉的折沿盘、黑釉小杯、白釉梅瓶、剔刻花梅瓶、剔刻花扁壶等。上层出土的典型器物有褐釉曲腹碗、弦纹碗、浅腹盘、玉壶春瓶、剔刻花梅瓶、单耳长腹罐等。这个窑的发掘为了解西夏瓷业提供了资料。[②]

(6) 贵州思南张守宗夫妇墓

1980 年发现并清理。该墓的地面残存石围土冢,冢前有残碑和浮

---

① 西藏自治区文物管理委员会:《阿里地区古格王国遗址调查记》,《文物》1981 年第 11 期。

② 中国社会科学院考古研究所内蒙古工作队:《宁夏灵武县磁窑堡瓷窑发掘简报》,《考古》1987 年第 10 期。

雕人像数块,石华表一根。墓上封土高约1.5米、直径约8米。墓坑内有男女二室,各有一棺一椁,椁长2.2米、宽1米。墓室从外向内有木炭,石灰与碎石混合土,糯米浆、石灰、明矾和碎石等混合物,石灰与碎石混合物密封。随葬品有丝织品、棉织品、墓碑1件,浮雕人像2件,买地券1件,镇墓符砖4件,金环2件,银发簪2件。丝织品质地有绢、罗、纱、绫、绸、缎等,包括衣裳、裙子、袖套、鞋等37件,还有被子13件,其他织物11件。棉织品包括交领单衣7件,交领衬衣2件,裤子3件,棉布5匹。墓碑上可见"明赐进士出身户部山西司员外郎诏晋中宪大夫□□□张老先生之墓"等,对照康熙《贵州通志·选举志》可知,墓主为张守宗,女性则为其妻,女尸保存非常好。① 该墓的发掘为研究贵州地方史、墓坑密封与尸体防腐、纺织品等提供了不可多得的重要实物资料。

2. 专题研究

考古发掘以陶瓷窑址为主,除龙泉窑外,福建省博物馆和厦门大学历史系等先后发掘了福建省德化县屈斗宫窑址;1980年,江西省文物队等在吉安县发掘了宋元时期吉州窑;1984年,中国社会科学院考古研究所浙江队、浙江省考古研究所和杭州市园林管理局发掘了南宋官窑;1987年,河南省考古研究所发掘了宋代汝窑。其他方面的遗迹调查发掘不多,发表的资料更少。

(1) 漆器

漆器是宋代重要的手工业产品。常州宋墓出土的漆器为研究宋代手工业提供了实物资料。陈晶对北宋墓出土的一批漆器制作工艺做了专题研究。银里漆盖罐,分内外两层,内层器壁为银质平底筒形罐,外层漆罐,木胎,素面、黑漆、退光,银筒罐口高于漆罐外壁,形成子口。这种器形常见于江浙地区宋墓中普遍随葬的器物,不过内壁为银

---

① 刘恩元:《贵州思南明代张守宗夫妇墓清理简报》,《文物》1982年第8期。

胎的前所未见。这类银里漆器器表都是黑漆退光,其底部透过漆层可以看出是选用年轮紧密的木材,由横竖数片闭合拼成圆形平底,这种方法拼底可以防止收缩变形。内壁银里制作工艺如下:器壁与器底用嵌接法,即底面为一圆形银片,周壁为一圆筒,筒与底面有嵌接缝。也有的口部银里口沿外翻,外层口沿向内包合处有包边缝。这个发现与明初《格古要论》《金玉琐碎》等文献中的记载相符。[①]

（2）丝绸

宋代和明代墓葬偶尔会出土保存较好的丝织品。福州市西禅寺附近发掘了明代户部尚书马森的墓,墓中出土了一批保存非常好的丝织品,福州的丝绸专家应邀对这批丝织品做了研究。研究结果表明,出土的 23 件丝织品中有纱、罗、绢、绅、绫、缎和锦,工艺有生织匹染、色织、彩画和刺绣,多数为提花丝织物。出土的纱经纬密度 30×15f/cm左右,采用一绞一的纱罗组织制织。罗是采用的组织为一绞一亮的纱,花组织为平纹,利用绞综与提花束综装置相配合制织。绢的经纬密度大多与汉宋、宋时期的略有不同,既不相等也不是倍数关系,而是经密稍大于纬密。绅的外观较为粗糙而质地厚实。绫、缎和刺绣等也有特色。[②]

（3）瓷器

考古学上开展的瓷器研究主要是瓷窑调查发掘,根据地层关系与器物类型分析,结合墓葬出土瓷器,从而对瓷窑和瓷器进行断代和分期,有条件的会开展制瓷工艺研究。张仲淳根据福建安溪青花的踏查等资料对瓷器进行了探讨。他总结出安溪青花的基本特点,胎质分精、粗两种。粗胎器重质杂,色呈灰黄,火候低;细胎质白而薄,火候

---

① 陈晶:《常州北环新村宋墓出土的漆器》,《考古》1984 年第 8 期。

② 郭箮伯:《明代户部尚书马森墓出土丝织品的研究》,《丝绸》1985 年第 10 期;《丝绸》1985 年第 11 期;《丝绸》1985 年第 12 期。

高,胎釉结合好。施釉方式有三种:全器薄釉,足沿刮釉;涩圈削足,垫烧时蘸拌以细砂,余皆满釉;底主露胎,内外壁全釉。釉色白中泛青、泛黄、泛灰等,几无纯白色釉。多数青花着釉均匀,也有厚薄不均的。青料有的暗淡晦沉,也有的鲜艳明亮。烧法有单件匣钵和层格匣钵单烧、沙足叠烧、涩圈叠烧几种。器形有碗、盘、盏、杯、瓶、炉、盂、灯座等。青花纹样有牵牛花、菊花等植物,山水、舟楫等景色,童叟等人物,狮鹿等动物,福、禄、寿等字,还有协盛等款识。安溪青花烧造源自景德镇,烧造时间上限为明初,下限为民国。其产品不仅能满足当地需要,还外销东南亚、日本等地。①

第四节　理论方法与课题

这一时期,考古学家开始注重陶器、玉石器和青铜器的制作工艺研究;有的学者探讨农业起源,积极寻求地质和地理学家、理化专家的帮助,对出土遗物如动物骨骼、孢粉等进行鉴定和分析,为综合分析研究古文化提供了依据。

一、理论与方法

20 世纪 80 年代之前,中国考古学界很少讨论理论问题,只有《史前考古》1984 年第 4 期上刊登的纪念恩格斯《家庭、私有制和国家的起源》出版 100 周年的相关文章算是与考古学理论沾上边的。这些文章有石兴邦的《学习〈起源〉,开创史前文化研究的新局面》,佟柱臣的《学习〈起源〉促进史前考古学的科学研究》,李仰松的《谈〈起源〉对于我国新石器时代考古研究的指导作用》,刘士莪的《科学原始社会史的伟大奠基人》,张忠培的《实事求是,推进史前史研究》,严文明的《史前考古

---

① 张仲淳:《明清时期的福建安溪青花瓷器》,《考古》1989 第 7 期。

学的理论基础》,宋兆麟的《开创史前史研究的新局面》,何介钧的《〈家庭、私有制和国家的起源〉在理论上的伟大贡献》等。进入 20 世纪 80 年代中期,探讨考古学理论的气氛日渐浓厚,不少期刊开始刊登考古学基本方法介绍和探索相关论文。

1. 基本理论

(1) 考古类型学

20 世纪 80 年代发表的一些考古发掘简报和发掘报告中的类型分析不尽如人意,以苏秉琦为首的几位学者撰文详细解说了类型学研究方法。

苏秉琦、殷玮璋发表文章介绍了类型学的作用、原理及其重要性,为推动类型学在中国考古学的应用和发展做出了贡献。[①] 张忠培很具体地讲解了如何进行类型学研究,及其作用和重要意义。[②] 俞伟超组织了一批年轻学者撰写类型学研究文章集结出版。[③] 严文明把类型学称为标型学,解说了如何应用标型学对墓葬和遗址进行分期。[④] 林沄也从另一个角度讨论类型学问题。[⑤]

(2) 考古层位学

考古层位学是保证考古发掘科学性的重要保证。张忠培撰文详细地解说了地层以及墓葬、房屋等遗迹层位的划分方法。他明确指出:

> 从类型学年代观来看,一般不能将遗迹的建筑时代和使用年代区分开来;在多数情况下,也难以区分使用堆积和废弃堆积的年代;有时甚至也不能辨析废弃堆积和废弃后的堆

---

① 苏秉琦等:《地层学与器物形态学》,《文物》1982 年第 4 期。
② 张忠培:《地层学与类型学的若干问题》,《文物》1983 年第 5 期。
③ 俞伟超主编:《考古类型学的理论与实践》,文物出版社,1989。
④ 严文明:《考古资料整理中的标型学研究》,《考古与文物》1985 年第 4 期。
⑤ 林沄:《考古学文化研究的回顾与展望》,《辽海文物学刊》1989 年第 2 期。

积的年代。但类型学年代观和层位学年代观是两个不同的概念……如因类型学年代观而忽略划分层位关系的话，不仅难以弄清楚遗存的兴废过程，也将失去类型学借以观测年代的许多机遇。①

2. 文明起源观

（1）一源说

随着全国各地普遍发现史前遗址和新的考古学文化，中国文化西来说不攻自破。中国已经发现很多类型的新石器文化，它们有着不同的来源和发展谱系，如何看待这些考古学文化与夏商周之间的关系，学者之间出现分歧。安志敏从细石器传统的产生与发展、中原早期遗存的新发现，谈到仰韶文化的类型和变体以及龙山文化后，结合江汉地区、长江下游、东南和西南的有关考古学文化，以及各个地区考古学文化的序列，认为以细石器为代表的中石器遗存是以黄河流域为中心的，黄河流域是农业起源地之一，适应于黄土的粟类作物是我国最早的发明，制陶工艺是中原地区最发达，指出黄河流域是我国古代文化的中心。② 这个观点后来被认为是中国文明起源一源说。

安志敏根据摩尔根有关社会发展阶段的学说和恩格斯关于"国家是文明社会的概括"的论述，认为文明和史前文化不能混为一谈，辽宁省牛河梁和大地湾遗址缺乏像城市、文字、金属器等基本要素，文明的曙光、文明黎明或者原始文明等提法难以成立，"黄河流域的中原地区，无疑是中国文明的发祥地，并且很快地扩展到长江中下游以及更广阔的地带，但周围的某些地区直到较晚的时候才逐渐结束氏族制度"。③

---

① 张忠培：《地层学与类型学的若干问题》，《文物》1983 年第 5 期。
② 安志敏：《略论三十年来我国的新石器时代考古》，《考古》1979 年第 5 期。
③ 安志敏：《试论文明的起源》，《考古》1987 年 5 期。

　　苏秉琦在多次会议上发言谈了他对中国文明起源模式的认识。1984 年在嘉兴市召开的"太湖流域古动物古人类古文化学术座谈会"上,他从文化区系角度谈了太湖流域考古的内容和方法。①

　　1985 年,苏秉琦在辽西做了题为《辽西古文化古城古国》的讲话,把早在 1975 年从文物保护角度提出的重视古城古国的概念和古文化联系起来,提出把古文化(指原始文化)、古城(指城乡最初分化意义上的城和镇)、古国(指高于部落之上的、稳定的、独立的政治实体)联系起来的目的,是把考古学区系类型的理论转化为实践的中心环节。这个观点就是后来所说的文明起源三历程。②

　　1985 年,苏秉琦再次从理论上对文明起源三历程做了高层次归纳,提出了中华文明起源有三种形式:裂变,撞击,熔合。③ 这些观点为今后用考古重建古代历史、诠释古代历史打下了良好的基础。

　　(2) 多源说

　　1977 年,夏鼐根据各个史前考古学文化的测年数据,结合考古学文化内涵和地层学依据,全面分析了各个考古学文化之间的时代早晚和相互关系,指出在中原地区和长江中下游地区各有一个年代经过树轮校正后超过公元前 5000 年的文化:

　　　　这也使我们重新考虑我国新石器文化的起源是否一源的这个考古学上的重要问题……文化类型不同,表明它们有不同的来源和发展过程,是与当地的地理环境适应而产生和发展的一种或一些文化。当然这并不排除与黄河流域的新石器文化可能有互相影响,交光互影。这种看法似乎比那种

---

① 苏秉琦:《太湖流域考古问题》,《东南文化》1987 年第 1 期。

② 苏秉琦:《辽西古文化古城古国——试论当前考古工作重点和大课题》,《辽海文物学刊》1986 年创刊号。

③ 苏秉琦:《文化与文明》,《辽海文物学刊》1990 年 1 期。

将一切都归之于黄河流域的新石器文化的影响的片面性的
传播论,更切合于当时的真实情况,更能说明问题。①

这个看法应该是较早提出来的中国文明起源多源说。

1987年,苏秉琦就中国文明的起源问题接受采访时,对中国文明
起源做了进一步说明,提出"中国文明的起源,恰似满天星斗。虽然,
各地、各民族跨入文明门槛的步伐有先有后、同步或不同步,但都以自
己特有的文明组成,丰富了中华文明,都是中华文明的缔造者"②。这
个看法后来被很多地区的考古工作者接受。

(3) 文明的概念与标志

1983年,夏鼐说"文明"是指"一个社会已由氏族制度解体而进入
有了国家组织的阶级社会的阶段",提出文明的标志有都市、文字和青
铜器等。③

1986年,苏秉琦在接受新华社记者采访时说,中国之大,并不只有
中原和北方两个古文明中心。中国古文化起源很难说什么地方有,什
么地方没有,恰似满天星斗一样分布在我国960万平方公里的土地
上。安志敏不同意此说,他对世界主要古代文明的特征做了分析,归
纳出若干个文明的基本标志,包括文字、城市、复杂的礼仪中心、青铜
铸造等,提出凡具备了上述诸因素的大多数的应该视为进入文明时
代,不具备上述因素或者只具备某一项非主要因素的就不能称之为文
明,并认为文明诸因素的起源早于文明时代的诞生,据此认为红山文
化还没有进入文明时代。④

---

① 夏鼐:《碳-14测定年代和中国史前考古学》,《考古》1977年第4期。

② 苏秉琦:《从中国文化起源到中国文明起源》,载《华人·龙的传人·中国人——考古寻根
记》,辽宁大学出版社,1994。

③ 夏鼐:《中国文明的起源》,文物出版社,1985。

④ 陈星灿:《文明诸因素的起源与文明时代——兼论红山文化还没有进入文明时代》,《考
古》1987年5期。

童恩正就文明起源争论中涉及的几个重要概念,如文明和文化、文明和野蛮的词源、含义进行了辨析,指出西方学者在使用这些术语时也存在差异,以国家作为文明的标志时,有必要考察国家的具体内容。[①]

有关文明起源的争论及相关论文的公开发表,首先体现了"百家争鸣"的方针,其次基本明确了中国文明的起源问题不仅是考古发现的实践问题,还是基础理论和基本概念问题。这次争论为从实践上和理论上深入讨论文明起源揭开了序幕。

(4) 龙山时代

严文明对各地龙山文化内涵分析后,归纳出了龙山文化的若干特征,包括绝大多数陶器轮制、黑陶和素面,炊器中多鬶和鼎,饮器中多薄胎的黑陶高柄杯,居民生前有拔牙习俗。从陶器的颜色、制作方法、纹样、器形等方面,把豫北和冀南的以往被归入龙山文化的后冈二期文化、造律台类型、王湾三期文化、陕西渭河流域的客省庄二期文化、湖北的桂花树三期文化、郧县大寺三期等与龙山文化做了比较,指出它们是和龙山文化同一时代并与龙山文化发生过不同程度联系的一些考古学文化,辽东半岛、陕西北部、湖南北部和江西北部等地方还有许多同一时代的遗存。虽然它们分别属于不同地区的考古学文化,但是它们所具有的共同特征和相互联系不应被忽视,建议使用"龙山时代"作为一个共同的名称。龙山时代的文化特征是学会了制造铜器,在一些地区分别发现了穿孔小铲、铜锥等,制陶业已经普遍使用陶轮,漆黑发亮的蛋壳黑陶高柄杯是空前绝后的精品,纺织业有极大的进步,人们学会打井,开始用夯土筑房基,并且建造了夯土筑城墙。[②]

龙山时代是龙山文化研究不断深化的反映,这个概念已被不少考

① 童恩正:《有关文明起源的若干问题——与安志敏先生商榷》,《考古》1989 年第 1 期。
② 严文明:《龙山文化和龙山时代》,《文物》1981 年第 6 期。

古工作者接受使用,由此引发了另一个概念——"仰韶时代"的提出。

(5)中国史前文化的统一性和多样性

严文明提出了中国史前文化具有统一性和多样性的观点。他认为,中国史前文化的特点可以归纳为以下几点:①

> 第一,中国史前文化基本上是在本土生长和发展起来的,只是在某些边境地区同邻境的史前文化发生过一些联系。这种联系对中国史前文化的主体来说,却从来没有影响到它的基本特征和发展方向。第二,中国史前文化并非出于一源,这在旧石器时代即可窥其端倪,到新石器时代就显得更加明显。不但如此,在漫长的发展过程中有时还会出现新的分化,从而使文化面貌显得十分丰富多彩。第三,中国史前文化的发展是不平衡的。在相当长的时期内,中原的文化比较发达,其次是它的周围地区,再次是边境地区。第四,由于各史前文化相互邻接,长时期相互影响和渗透,所以在一定范围内和一定程度上存在着一些共同因素,这一情况在中原及其周围文化之间表现得特别明显。这就是说,中国史前文化既是多样的、不平衡的,又是有内在联系和相对统一的。

严文明还认为,从旧石器时代开始,中国史前文化就是多元的和不平衡的,大体可分为华北和华南两大谱系,而以华北地区的文化较为发达。到新石器时代,文化发展的内容远比以前复杂,经济活动的方向也有很大差别,逐渐形成了许多地方文化传统,使得文化发展的多样性和不平衡性更加突出。

(6)中国考古学派

1959年编写"十年考古"座谈会上提出的中国考古体系的口号进

---

① 严文明:《中国史前文化的统一性与多样性》,《文物》1987年第3期。

入落实阶段。[1] 1981年,苏秉琦正式提出"在国际范围的考古研究中,一个具有自己特色的中国学派开始出现了",具体内容是:

> 第一是以马克思列宁主义、毛泽东思想为指导,从考古材料出发,运用考古学的方法,仔细观察与分析考古现象所呈现的矛盾,具体地研究中国境内各考古学文化所反映的包括生产力和生产关系、经济基础和上层建筑这些内容的社会面貌及其发展阶段性。第二是在科学发掘基础上,运用由我国学者所发展了的考古类型学方法,分区、分系、分类型地研究各考古学文化的发展过程,通过考察我国考古学文化的谱系来研究中国这一以汉族为主体的多民族国家的形成过程,研究这一总过程中各考古学文化的相互关系及其发展的不平衡性。第三是这种研究以揭示历史本来面貌作为目的,对促进人民群众形成唯物主义历史观,激发他们的爱国主义、国际主义和民族团结思想,有着重要的作用。[2]

俞伟超认为,60年来的中国考古学成果已经大致构筑起来了一个中国考古学体系的框架,但是中国考古学目前还处在以考古地层学及类型学为方法论支柱的传统考古学的阶段,一系列考古学的新方法、新概念尚未在中国考古学使用和理解,甚至还很不被了解。中国考古学虽然具有国际水平的田野能力和器物分期能力,但是"中国学派"的真正内涵(或其特征)仍未确立或被认可。[3]

---

[1] 中国科学院考古研究所编辑室:《编写新中国十年考古座谈会在京召开》,《考古》1959年第2期。

[2] 俞伟超等:《苏秉琦考古学论述选集》,文物出版社,1984,编后记。

[3] 张爱冰:《考古学是什么——俞伟超先生访谈录》,载《考古学是什么》,中国社会科学出版社,1996年。

3. 研究方法

(1) 民族考古

民族考古学是采用与人类学家相同的田野调查方法,到民族地区调查搜集资料,把考古遗存与民族地区尚存的类似文化因素进行类比,从而为解决考古遗存的使用方法和功能提供线索。在中国,民族考古学不受重视,只有少数考古学家懂得正确运用民族调查资料和民族志从事民族考古研究。

汪宁生长期在云南从事民族学调查和民族考古学研究。盘状器是旧石器时代遗址常见的石器,被认为是砍砸器。但是汪宁生查阅民族志后发现,澳大利亚土著用藤或软树枝捆绑环绕器身,余下的部分用藤等缚扎成手握的柄,用它砍劈植物的筋、切割树皮、敲打野蜂窝、爬悬崖时砍出立足点等,他认为盘状石器不是手持使用的石器,而是捆绑的多用途石器。①学者宋兆麟也致力于民族考古研究,他根据民族志对新石器时代鱼镖——带索标做了分析研究,为人们理解史前社会生产活动提供了新资料。②

有一些学者参考民族志研究史前社会形态。比如张忠培在研究陕西省华县元君庙仰韶文化半坡类型墓地的社会结构时,也曾参考民族志。他梳理了考古资料后发现:居住地和墓地是分开的,墓地布局规整有序并分为两个墓区,男女使用不同的劳动工具。他在解读考古资料时参考了民族志中的有关记载,认为该墓地反映了元君庙氏族-部落的社会性质是氏族制时代的母权制度,该氏族-部落社会具有以下特征:第一,妇女在当时的生产中起着主要的作用;第二,妇女的社会地位一般高于男子;女孩的地位高于男孩;第三,氏族组织虽然还是

① 汪宁生:《汪宁生论著萃编》上卷,云南民族出版社,2001,第158页。
② 宋兆麟:《带索标——锋利的渔猎工具》,载《中国考古学会第一次年会论文集》,文物出版社,1979。

牢固的,但是已经分离为若干母系家族;第四,以姻亲关系联结起来的两个氏族,其家族数量和经济情况也存在着相当的不平衡性,不过部落组织依然很坚固。① 这项研究是当代考古研究中难得的透物见人的实例,是民族考古研究的典范之一。

(2) 聚落考古

聚落考古是从空间角度研究人类生活环境的方法。我国学者从20世纪80年代开始尝试这方面的研究。周星汇总了黄河中上游地区新石器时代遗址中揭示出来的居住遗迹,从文献入手,对史前"穴居"的种种形式,及其如何变为"宫室"的过程做了探索。② 姜寨遗址的发掘是一次聚落考古实践,比较完整地揭露了居住址、墓地和制陶作坊等,为研究该遗址所反映的社会结构和它所处的社会发展阶段,提供了比较完整的资料。③

严文明对中国新石器时代聚落形态做了综合研究。④ 他认为,新石器时代早期是聚落遗址的发生期,遗址以洞穴和贝丘为表现形式,经济主要是狩猎、捕鱼和采集,洞穴聚落居民的社会组织为可能是以氏族为基础的小型公社,贝丘聚落居民的社会组织形式可以与此类似。新石器时代中期是聚落遗址的扩大时期,农业普遍发展并逐步成为当时占支配地位的经济成分。聚落分布广泛,规模比早期的要大。北方有半地穴式房屋和地面建筑,有的聚落外部有环绕聚落的壕沟;南方有干栏式建筑。新石器时代晚期是聚落遗址的发展时期,农业工具显著增加,农业在整个经济生活中的比重有所提高,聚落规模有所

① 北京大学历史系考古教研室:《元君庙仰韶墓地》,文物出版社,1983。

② 周星:《黄河中上游新石器时代的住宅形式与聚落形态》,载《中国考古学研究论集——纪念夏鼐考古五十周年》,三秦出版社,1987。

③ 半坡博物馆等:《姜寨》,文物出版社,1988。

④ 严文明:《中国新石器时代聚落形态的考察》,载《庆祝苏秉琦考古五十五年论文集》,文物出版社,1989。

扩大,聚落内部开始发生初步分化。居住区、生产区和墓葬区紧密地结合在一起,彼此之间有明确的界限。铜石并用时代早期是聚落遗址的分化时期,不同的聚落之间以及聚落内部开始分化。聚落之间的分化一方面是大小逐渐向两极分化,以至出现中心聚落和半从属的聚落;另一方面是聚落功能分化,除有居民点外,还出现专业性经济中心和宗教中心。铜石并用时代晚期是早期城址的出现时期,前一时期聚落遗址的分化,到这时进一步发展为城市或城堡与一般聚落的对立。

张忠培指出,只有借助民族学研究成果,我们才可能在马克思主义的指导下,透过村落布局和房屋结构形态的区别,看到它们所体现的不同社会组织形态。① 聚落考古对不少考古工作者来说,还是一个比较陌生的领域,对聚落考古应该研究的项目和具体的研究方法了解还不够充分,研究聚落的手段、方法还不够丰富,这些问题有待今后逐步解决。

(3) 水下考古

1987 年 11 月,中国历史博物馆考古部内部设立了"水下考古学研究室",负责全国水下考古工作。邀请日本专家来华讲学,派人到荷兰参加沉船调查,派考古专业人员到广东省潜水学校学习,与澳大利亚阿德莱德大学东南亚陶瓷研究中心合办了"水下考古专业人员培训班",为我国新生的水下考古事业培养了基础力量。

1987 年,交通部广州海难救捞局与英国海洋探测公司合作在广东省台山县川山岛附近海面作业时,意外打捞出 200 多件宋元时代瓷器和银锭、铜钱等遗物。国家文物事业管理局得到报告后,因为我国缺乏水下考古的实际经验,希望通过国际合作调查发掘这艘沉船,最终促成了中国和日本合作调查发掘这艘沉船,揭开了中国水下考古的序幕。②

---

① 张忠培:《地层学与类型学的若干问题》,《文物》1983 年第 5 期。
② 俞伟超:《十年来中国水下考古学的主要成果》,《福建文博》1997 年第 2 期。

（4）文化因素分析法

安特生、梁思永和李济等人曾不自觉地运用文化因素分析法研究仰韶文化、龙山文化。不过，从理论上归纳整理这个方法则要到 20 世纪 80 年代。

李伯谦认为，文化因素分析是指对考古学文化构成因素的分析。考古学文化作为对考古遗存的最基本概括，作为特定的文化共同体，是由在同一时间、同一地域内具有共同特征的一群遗迹、遗物构成的。它的形成和发展，既有对其先行文化的变革与继承，又有对同时期周围其他文化的借鉴、吸收和融合，同时还会受到自然地理环境的影响和制约。这就决定了某一特定的考古学文化尽管整体面貌基本相同，但局部特征又会有这样那样的差别；就其形成渊源而言，更不会单一化，而往往极其复杂。这正是文化因素分析方法得以成立的科学依据。[①]

俞伟超认为，文化因素分析法的核心内容是分析一个考古遗存内部包含多少属于不同文化的因素，帮助我们认识该文化属性。他提出在具体研究中要注意以下两点：第一，用定性、定量的方法，来确定同一文化中各种文化因素的主次位置；第二，要在同时期的不同文化中作比较，以确定各遗迹、遗物所代表文化因素的属性。[②]

文化因素分析法是我国考古学家提出的新方法，推动了文化关系研究。从研究实践看，文化因素包含了不同层次的单位，既有以考古学文化为单位的，也有以单个遗物为单位的，还有以遗物中的某个属性为单位的。今后有必要深入研究如何区分不同层次的文化因素，每个层次的文化因素分析手法是否一致等新问题。

---

① 李伯谦：《文化因素分析与晋文化研究——1985 年在晋文化研究座谈会上的发言》，载《中国青铜文化结构体系研究》，科学出版社，1998。

② 俞伟超：《楚文化的研究与文化因素的分析》，载《考古学是什么》，中国社会科学出版社，1996。

（5）计量考古

这是西方学者 20 世纪 60 年代开发的运用数理统计方法处理大量考古遗物的新方法。这个方法 80 年代传入我国，有学者利用概率的方法对史家墓地①进行分析②。但这个尝试并没有被普遍认可，原因在于，"有许多数学方法实际上是类型学研究的深入和继续，数学方法是在上述两种方法基础上产生和发展起来的，它决不能离开地层学和类型学的研究而独立存在，离开了这一基础，决不会产生出适合田野考古学研究的数学方法"③。

有学者用自行设计的计算机考古年代序列分析系统对江陵雨台山楚墓中的日用器和礼器组合齐全的墓葬进行了年代序列分析。分析结果与原报告吻合率极高，各种器物型式排比顺畅，早期墓葬被排列在晚期墓葬后面的所谓倒排现象被降低到最低限度。每个参与比较的单位和因素都能够有根据地在序列中确定最佳具体位置。他们对该分析系统与原报告不一致的情况做了比较分析，提出如果把器物年代跨度比较大的墓葬单独分期就可以解决这个问题，按照这个思路，把原报告中划分的四期增加到六期，即在三、四期和四、五期之间各增加一期，这样的分期把组合关系复杂、器物型式多样等具有承前启后的面貌特点充分反映了出来，取得了与传统类型学排比方法相同的结果。④

二、专题研究

1. 陶器

陶器是古遗址出土数量很多的遗物之一，制陶技术探索方面有了

---

① 西安半坡博物馆等：《陕西渭南史家新石器时代遗址》，《考古》1978 年第 1 期。

② 朱乃诚：《概率分析方法在考古中的初步运用》，《史前研究》1984 年第 1 期。

③ 贾伟明：《数学方法在考古学研究中应用的探讨》，载《考古学文化论集》（一），文物出版社，1987。

④ 裴安平等：《雨台山楚墓 CASA 年代序列分析与相关问题讨论》，《考古》1991 年第 5 期。

重要进展,发现了轮制陶器的工具,通过实验发现了黑皮陶制作技巧,了解到秦兵马俑的制作技法,利用陶器成分分析结果研究陶器产地的尝试也获得成功。

瓷器研究有两大成果,一是调查发现了大批瓷窑遗址,二是考古学家与硅酸盐专家合作出版了《中国陶瓷史》。

(1) 陶坯制法

20 世纪 70 年代后期,牟永抗和俞伟超在研究新石器时代早期遗址出土陶器制作工艺时,都发现了一种以往没有认识到的制陶技法——贴塑法(也称贴筑法)。这种技法见于湖北石门皂市下层、柳林溪等遗址出土的陶器,它们是用多层薄泥片先粘贴成一片较厚的泥片,再用同样的方法依次粘贴,逐渐扩大成全器的,其本质上还是一种模制法。牟永抗发现,河姆渡遗址出土的陶器质地松软,普遍以粗砂、植物杆秸或其炭末作为羼和料,器表为黑色或者斑驳的红褐色,胎心颜色较深。他认为在贴塑法之后才出现泥条法。[①] 俞伟超根据对甑皮岩下层出土的陶片观察,认为在泥片贴筑法之前还存在一个直接成型法,即对一团放在模具中的黏土从不同位置对它锤击。他提出中国史前陶器制作技术大致经历了如下过程:最迟在 9000 年以前人们已经使用直接成型法制陶,最晚在 7000 多年前发明了泥片贴筑法,在6000 多年前出现泥条盘筑法。[②]

不少学者根据陶器上遗留的痕迹和陶器形态分析,提出新石器时代已经出现轮制技术,但是一直没有找到轮制证据。禚振西在西安半坡和长安马王村新石器时代遗址出土的陶器中发现,陶质斜腹翻唇盘

---

① 牟永抗:《关于我国新石器时代制陶术的若干问题》,载《考古学文化论集》(四),文物出版社,1989。

② 俞伟超:《中国早期的"模制法"》,载《文物出版社成立三十周年纪念　文物与考古论集》,文物出版社,1986。

可能是轮制陶器必不可少的转盘,她利用出土实物作的模拟旋转测试证明这类陶盘完全可以作为轮制陶器的转盘,很多陶器上出现的同心圆也证明了当时已经出现了轮制技术。①

（2）秦兵马俑制法

考古工作者在研究陶制兵马俑时发现陶俑胎壁一般分内层和外层,内层外面有绳纹。陶俑内层可分下肢（脚、腿）、体腔（躯干）、上肢（臂、手）、头、足踏板等几部分。陶俑制作从足踏板开始,足踏板模制,而脚（包括鞋或靴）属手制。腿有手制实心和模制空心两种,体腔手制,臂有手制空心和实心两种,手有模制和手制两种。头和颈多用模制法制成。陶俑各分件制作好之后将它们粘结起来,最后把俑头安插到体腔上,有的是烧前套合,有的是烧后安装。②这个发现不仅使我们了解到秦俑制作工艺,而且也为与汉代陶俑制作工艺进行比较提供了资料。

（3）黑皮陶制法

钟华南通过实验研究大汶口—龙山文化黑陶杯制作工艺而进行模拟试验,发现:第一,在制作黑陶杯体的过程中,必须使用支撑修刮器表刀具的刀架,仅仅用手是无法固定刀具。第二,磨光方法有两种,一种是在坯体成型后,先在坯体上刷水或者精致的稀泥浆,然后用手或软皮毛类物品摩擦;第二种是黑陶杯焙烧之后再摩擦。第三,在焙烧过程中为了保证坯体避免火焰直接舔烧坯体、避免在降温阶段坯体表面的金属物氧化形成氧化层而使用专业匣钵,把陶瓷制造中利用匣钵的历史提前到大汶口文化时期。③ 钟华南的这些发现为研究手工

① 禚振西:《我国制陶转盘的起源及早期的应用》,《考古与文物》1989年第4期

② 始皇陵秦俑坑考古发掘队:《秦始皇兵马俑出土的陶俑陶马制作工艺》,《考古与文物》1980年第3期。

③ 钟华南:《大汶口—龙山文化黑陶高柄杯的模拟试验》,载《考古学文化论集》,文物出版社,1989。

业技术水平和分工提供了线索。

（4）制陶实验

李文杰通过多项实验确认陶色成因,认为陶色与胎土中铁的含量的多少、烧成温度的高低以及在窑炉中位置等要素有关。他根据实验结果合理地解释了红陶、灰陶和黑陶的形成机理。结合陶器胎土、颜料等化学组成的分析结果,他的研究成果使人们对先民的制陶技术有了比较多的了解。[1]

（5）产地研究

陈铁梅等利用中子活化分析方法研究烧制陶器的黏土原料成分异同,对青海省民和县阳山墓地的 14 件陶片与兰州市徐家山遗址的 5 件陶片做了测试分析,结果表明阳山墓葬出土的一些陶器可能不是本地烧造的,与考古学家对陶器造型分析得出的意见一致,说明利用制陶黏土成分探讨陶器产地是有效的。[2]

2. 瓷器

大批基层考古工作者在文物普查过程中新发现了大批陶瓷窑址。《文物》月刊编辑部遂委托故宫博物院冯先铭和李毅华从大量陶瓷器稿件中遴选了部分稿件,编辑出版了《中国古代窑址调查发掘报告集》,收录了窑址调查发掘报告 41 篇、专题研究 4 篇、文献资料 1 篇。时代上起春秋,下迄明代,包括苏浙、闽赣、两广、两湖、晋冀鲁豫、川、辽等古代陶瓷产地。[3] 该报告集对深化陶瓷考古起到了促进作用。

（1）中国陶瓷史

中国硅酸盐学会于 1975 年提议编写一本反映我国陶瓷的专史,当时限于条件而未能实现。1977 年,随着政治形式的改变,中国硅酸

---

[1] 李文杰:《中国古代制陶工艺研究》,科学出版社,1996。

[2] 陈铁梅:《阳山墓地陶器中子活化分析》,载《阳山墓地》,文物出版社,1990。

[3] 文物编辑委员会:《中国古代窑址调查发掘报告集》,文物出版社,1984。

盐学会发挥学科跨部门、跨行业、跨地区的特点,广泛发动国内各方面的专家参与到中国陶瓷史的编写工作之中,邀请了国内知名专家冯先铭、安志敏、安金槐、朱伯谦和汪庆正作为主编小组成员,并组成编写协作小组和工艺、美术专题研究小组,统筹规划,在专家们的努力下,终于在1982年推出了我国第一部权威性陶瓷史专著——《中国陶瓷史》。该书分为10章,论述范围从新石器时代一直到清代,涵盖了我国陶瓷器发展的全部进程,综述了陶瓷器及其所涉及的物质文化与精神文化多个领域,是中国陶瓷器研究成果的综合体现。①

（2）唐英与唐窑

在景德镇瓷器中唐窑的成就相对突出。唐窑即清代督窑官唐英来景德镇所督造的官窑。唐窑瓷器仿古、创新,器物之繁复,釉色之齐全,技艺之精湛都是空前的。为此陶瓷研究者对唐英及唐窑进行了比较系统的研究。

首先,梳理清楚了唐英生平及其瓷务始末。他生于清康熙二十一年(1682年)、卒于乾隆二十一年(1756年),雍正六年(1728年)奉使景德镇御厂,先佐理陶务后到景德镇专任督陶使,唐英督窑之始即"唐窑"的诞生。乾隆元年(1736年)奉命榷淮,乾隆四年(1739年)调查九江关监督兼管窑务,乾隆十四年(1749年)奉命移粤海关监督,乾隆十七年(1752年)复返九江兼管窑务,乾隆二十一年卒。其次,搞清楚了唐英在制瓷方面的成就。唐窑瓷器在釉色、绘画、造型、制瓷工艺等方面皆有创新,唐窑瓷器白度超过75％,烧成温度达到1319℃,瓷质达到现代硬瓷的各项标准。他奉旨编写的《陶冶图编次》是景德镇制瓷业积累的制瓷知识和生产经验总汇。②

叶佩兰通过对故宫的镂雕瓷如天蓝地镂空转心大套瓶和访古铜

---

① 中国硅酸盐学会:《中国陶瓷史》,文物出版社,1982。

② 甄励:《唐英与景德镇》,《景德镇陶瓷》1982年第7期。

金彩夔纹三足炉等瓷器的制作工艺、造型与纹样的分析,指出唐窑制作仿品既有继承又有创新,纹饰方面采用"洋为中用"的方式实现纹样创新。她还对唐窑取得新成就的原因做了剖析,唐英督造瓷器管理有方,实行"赏勤儆怠"的奖惩方法,激发了工匠们的生产热情。① 其实,唐窑的成就也与唐英较高的艺术修养有着不可分割的密切关系。有研究者指出,唐英还"工山水人物,能书、工诗、长于篆刻""其画无体不工;兼擅分隶书"。在戏曲方面,唐英也有成就,留下了戏曲类专著《古柏堂传奇》。②

3. 石器

（1）治石工艺

王建、王益人注意到,旧石器时代发掘报告和有关论文重视石片形态的描述与对比,而很少涉及石片上所体现的人类智能状态和规律性的问题。他们从旧石器时代遗址最常见的石片入手探讨这类遗物的研究方法,从人类打制石片的技术演化探讨人们思维的发展,③这样的研究实践令人耳目一新,值得大力提倡。

佟柱臣致力于磨制石器研究,以仰韶文化和龙山文化石器为对象,从力学角度对石器选料、选形、截断、打击、琢、磨、作孔 7 个方面探讨了斧、锛等石器制作工艺。④ 在只重视石器形态的大环境中,其研究方法令人耳目一新。

（2）功能与用途

佟柱臣对仰韶文化和龙山文化石斧、石锛、石铲、石刀、石镰上的使用痕迹做了观察与分类,结合石器作用力分析,试图解决上述石器

---

① 叶佩兰:《从故宫藏品看乾隆时期"唐窑"的新成就》,《故宫博物院院刊》1987 年第 1 期。
② 罗学正:《略论唐英在景德镇督陶期间的戏曲创作》,《故宫博物院院刊》1987 年第 2 期。
③ 王建、王益人:《石片形制探究——旧石器研究的一种新的理论和方法》,《考古与文物》1988 年第 4 期。
④ 佟柱臣:《仰韶、龙山工具的工艺研究》,《文物》1978 年第 11 期。

使用和装柄方法的问题。①

郑绍宗对分布于我国北方地区的有孔石锤斧进行了形态分类,根据形态,对它们的功能进行了推测。② 尽管当时没有对石斧进行使用痕迹的微观分析,但是他能注意到这类造型特殊的石器并进行专题研究实属难能可贵。

张英等人对新石器时代和青铜时代的环状石器做了形态分析,根据材料力学和理论力学原理,认为它们的作用等同于今日的纺轮、纺锤。③ 无论这个观点能否为大家接受,这种结合自然学科研究出土遗物的做法值得提倡。

杨鸿勋在研究河姆渡遗址出土石器的过程中发现,一些所谓石斧是用于纵裂木材的石楔,石楔的特征是刃钝而较窄、背厚、身长。他还认为,一些石锛实际上是木材加工的原始刨光工具——石扁铲,④他的研究思路为深化石器研究开了个好头。

4. 玉器

1973 年,南京博物院在苏州草鞋山遗址发现原来被认为是周汉、实际是新石器时代晚期良渚文化的玉器后,学术界逐渐开始重视玉器研究。1986 年,浙江余杭良渚文化墓地发掘出土了大量精美玉器后,国内外出现了玉器研究热潮。多数学者重视玉器的形态与玉器所包含的社会意义,少数学者重视玉器的加工制作技法,还有学者从什么是玉、玉的产地等角度展开研究,玉器研究不断走向深入。

(1) 玉是什么

我国现代矿物学家多沿用法国德穆尔的做法,把翡翠与和田玉分

---

① 佟柱臣:《仰韶、龙山文化的工具使用痕迹和力学上的研究》,《考古》1982 年第 6 期。

② 郑绍宗:《有孔石锤斧之研究》,载《中国考古学会第四次年会论文集》,文物出版社,1983。

③ 张英等:《试论环状石器及其用途》,载《中国考古学会第五次年会论文集》,文物出版社,1988。

④ 杨鸿勋:《石斧石楔辨——兼及石锛与石扁铲》,《考古与文物》1982 年第 1 期。

别称为硬玉和软玉。硬玉是一种钠和铝的硅酸盐矿物组成,纯净者无色或白色,硬度 7 度,我国古代借用鸟名把硬玉称为翡翠。软玉是由角闪石族矿物中透闪石-阳起石矿物组成的致密块体,透闪石是一种含水和氟的钙镁硅酸盐,其成分中有 4％以下的铁,当铁含量超过 4％时即过渡为阳起石。软玉的各个品种主要是按颜色不同划分的,在我国有白玉、青玉、碧玉、黄玉和墨玉等品种,多数不透明,个别半透明,玻璃光泽。有人因此把辽宁岫岩玉纳入软玉当中,但是它与软玉不同。[1] 中国科学院地质研究所闻广认识到,把玉分为软玉和硬玉不十分准确。[2] 多数学者还没有意识到这一点。

（2）玉质鉴定

南京博物院的考古专家认识到,玉器研究必须重视玉质,邀请南京地质矿产研究所郑建对江苏苏州吴县张陵山崧泽、良渚文化墓葬出土的玉石器进行鉴定。郑建利用油浸法鉴定了这批玉石器。[3] 这种鉴定方法有缺陷,现在一般都不采用。

闻广采用偏光显微镜观察样本薄片结合 X 射线衍射数据综合分析的方法鉴定安阳殷墟妇好墓出土的多件玉石器,结果发现其中有不少属于闪石玉,还有绿松石、玛瑙、孔雀石等质料的玉器。[4]

（3）玉器功能

玉器功能是玉器研究的重点课题。夏鼐参照古代文献记载,把商代玉器分为"礼玉"、武器和工具(包括日用品)、装饰品三大类,其中礼玉专指东汉人所说的"六瑞",具体是璧、圭、璋、琮、璜、琥六种瑞玉。而商代武器分五大类:尖头端刃器,如矛、镞,用以刺杀,戈可以归入此

---

① 栾秉璈:《怎样鉴定古玉器》,文物出版社,1984,第1—2页。

② 闻广:《中国古玉的考古地质学研究——玉:中国古代文化的标志》,载《国际交流地质学论文集 6——为二十七届国际地质大会撰写》,1985。

③ 郑建:《吴县张陵山东山遗址出土玉器鉴定报告》,《文物》1986 年第 10 期。

④ 张培基:《安阳殷墟妇好墓中玉器宝石的鉴定》,《考古》1982 年第 2 期。

类;平头端刃器,如斧、锛、凿、铲等,用于砍击;斜直端刃小型器,如刻刀,用于雕刻;长条边刃器,如刀类;刀形端刃器。装饰品,都是小型的,有孔的为佩戴用,无孔的是陈列品。它分两大类,一类是实用品,另一类是艺术品。① 夏鼐的研究成果对其他时代玉器研究具有很重要的参考和借鉴意义,为如何运用古文献研究先秦时期的出土文物做了很好的榜样。

王巍从形态入手分析了中原商文化中玉器来源,认为商代玉钺、玉刀、玉琮和柄形器都与长江下游的薛家岗文化、良渚文化有着一定的联系,良渚文化曾给商文化以一定的影响。② 其观点至今仍然被大家认可。

(4) 玉料来源

玉料来源是玉器研究必须解决的一个重要问题。杨伯达根据《史记》《汉书》等记载,认为"早在春秋战国至秦统一六国时,新疆软玉已经从昆仑山北麓和田诸地源源不断地输向内地"③。从彩石和和田玉的出土、分布入手,结合殷墟妇好墓出土和田玉的事实,杨伯达认为,商代出现了将和田玉输入中原的"玉石之路",和田是中心,向东通过罗布淖尔、罗布庄、库车等中转站到达安阳。这三个中继站恰好在汉代丝绸之路上距其不远。新疆原始文化玉器出土地点与后来的丝绸之路是相吻合的,在丝绸之路以前已有"玉石之路",后来发展成为丝绸之路。和田玉又利用此路向东西两个方向输出。④这是个很有创意的观点,受到关注。

---

① 夏鼐:《商代玉器的分类、定名和用途》,《考古》1983 年第 5 期。

② 王巍:《商文化玉器渊源探索》,《考古》1989 年第 9 期。

③ 栾秉璈:《怎样鉴定古玉器》,文物出版社,1984,第 7 页。

④ 杨伯达:《中国古代玉器面面观》,《故宫博物院院刊》1989 年第 1 期、第 2 期。

5. 农业考古

农业起源本是考古研究的重点课题之一,然而考古学家没有主动把农业起源作为考古研究对象。当考古遗址发现大量水稻遗存后,考古工作者才逐渐开始收集水稻遗存,并开始初步探索。

(1) 稻作起源

河姆渡遗址出土了大量稻谷实物,农史专家对它们做了鉴定,广东石峡遗址也出土不少稻谷实物并被做了研究。当时我国考古界没有把水稻起源作为一个重大学术课题给予足够的重视,直到日本民俗学者和陈文华合作编辑中国出土水稻遗物的考古报告和论文时,稻作农业起源才引起中国学者的重视。此后,考古遗址发现水稻遗物的报道屡屡见诸《农业考古》等刊物。中国学者开始从全球农业起源与发展的角度探讨稻作农业在中国的起源,以及向外传播的时间、路径和方式等。

(2) 高粱起源

在大家关注稻作农业之际,北方的考古遗址发现了高粱。文献记载说高粱种植始于晋代或者元代以后,但是考古资料表明,高粱种植远远早于晋代。辽宁三道壕西汉时期村落遗址发现的炭化谷物标本属于高粱。广州汉墓出土了高粱、稻谷和小米等农作物;洛阳汉墓出土的陶仓中贮藏的粮食标本中包括高粱;石家庄市庄村战国遗址中发现了炭化高粱;江苏省新沂县三里墩古文化遗址的西周文化层中发现了高粱秆和叶子;陕西省长武县碾子坡遗址出土的先周的炭化高粱为未去皮的炭化高粱;郑州大河村新石器时代遗址出土了高粱。[1] 这些发现把高粱在中国种植的时间提前到新石器时代晚期。

6. 冶金考古

冶金考古涉及铜器和铁器两大项。铜器研究主要集中在青铜器

---

[1] 李毓芳:《关于高粱在我国的栽培时代及名称辨析》,《考古与文物》1987 年第 2 期。

铸造技术和铜镜方面,铁器研究集中在汉代出土铁器的锻打和淬火技术方面。

(1)青铜器铸造工艺

20 世纪 80 年代初期,自然科学家利用 X 光透视等方法研究司母戊大方鼎铸造工艺,指出司母戊不是原来所认为的先铸鼎耳,再和鼎身铸接,而是鼎耳是在鼎身铸后再在之上安模、翻范、浇铸成型的。[①]为研究青铜铸造技术提供了新材料。

(2)透光铜镜

汉代有一种铜镜能够透光。"文革"晚期,周恩来总理下达研究西汉铜镜透光的科研任务,这个任务后来被作为"开门办科研"的项目之一,由上海交通大学物理系承担。他们成立了西汉古铜镜研究组,在故宫博物院、621 所、北京钢铁学院、上海博物馆等单位的协助下,对西汉透光铜镜原理做了研究。

据说隋朝已经有人发现了西汉铜镜透光,至于透光的原因,沈括认为,铸造铜镜过程中壁厚薄不一造成的冷却速度不同、收缩不一使得镜面隐然有与镜背相对应的痕迹。元代人认为它是由于铜镜表面材料不同导致透光。清代人认为,透光是由于镜面有凸凹痕迹,导致光的聚散不一造成的,并从磨镜工艺中压力随镜背面图文的凸凹而产生轻重来解释镜面具有与镜背相对应的凸凹之迹。19 世纪,国外学者通过研究日本制作的透光铜镜,认为通过对镜背的刮磨可以获得魔镜。当时国内其他一些单位通过试验后提出,采用热处理可以获得透光铜镜。

研究小组的专家们采用磨刮法和加热法实际制作了铜镜,铜镜虽然透光,但是与西汉铜镜相比有不少差异,因此西汉透光镜不是用上

---

① 汤文兴:《淅川下寺一号墓青铜器的铸造技术》,《考古》1981 年第 2 期;冯富根、王振江、白金荣、华觉明:《司母戊鼎铸造工艺的再研究》,《考古》1981 年第 2 期。

述工艺制作的。随后他们在对西汉透光铜镜进行化学成分和组织分析的基础上,复制了铜镜并对铜镜进行研磨后获得了可以透光的铜镜。他们的结论是,镜背有合理的铭文、图案结构,这种结构在铸磨过程中造成了铸造残余应力和结构的差异,镜面磨薄又为铸造残余应力的弛豫、镜面变形、结构刚度的明显差异创造了必要的条件。当铜镜表面被研磨到一定厚度时,这些因素共同作用,使镜面有与背面结构相对应的曲率差异而透光。参与研究的专家曾接受委托,仔细研磨了西汉同类不透光的铜镜表面后,结果使该铜镜能够透光。这个事实说明上述结论是可靠的。[①] 这个例子说明,依靠现代科技可以解决由于技术失传而困扰人们近千年的问题。

(3) 黑漆古铜镜

黑漆古是一种表面漆黑的铜镜。20 世纪 30 年代开始陆续有国外学者利用自然科学的方法研究其形成机制。我国学者从 80 年代开始研究这个课,他们发现,黑漆古铜镜截面由表层、渗透层和本体组成,含锡量高达 40% 以上,硬度也比本体高 16% 左右,具有极高的抗腐蚀能力。它能够抗除硝酸和氢酸以外的一切腐蚀剂的腐蚀,而高抗腐蚀能力来自含锡量高、氧化膜改密等。他们认为,黑漆古是镀锡表层自然腐蚀的结果,黑色是由于黑漆古镜表面镀层中二氧化锡为主的缘故,锡主要来自镀料,镜面光泽与打磨较好有关,黑漆古表层的形成与古镜合金成分、金相组织没有明显关系。[②] 实验也证实,黑漆古形成的机制是古人有意识外镀的结果,可以通过把锡与水银合金涂擦在铜镜表面获得黑漆古镀层。[③]

① 上海交通大学西汉古铜镜研究组:《西汉"透光"古铜镜研究》,《金属学报》1976 年;严燕来、孔令达、梁华翰:《西汉古铜镜"透光"奥秘解析》,《大学物理》第 20 卷第 10 期,2001 年。

② 何堂坤:《几面表层漆黑的古铜镜之分析研究》,《考古学报》1987 年第 1 期。

③ 陈玉云、黄允兰、杨永宁、陈皓:《模拟"黑漆古"铜镜试验研究》,《考古》1987 年第 2 期。

（4）铁器加工

北京科技大学冶金与材料史研究所和徐州汉兵马俑博物馆合作，对徐州狮子山西汉楚王陵出土的铁器做了金相实验研究。他们发现，一件铁矛是通过渗碳处理提高刃部硬度，还发现了折叠锻打现象。这些现象说明，汉代人已经熟知通过折叠锻打、表面渗碳和局部淬火等工艺技术，分析结果表明，墓葬出土铁器中至少有五件炒钢制品，它们是迄今为止发现的最早的炒钢制品。①

7. 动物考古

这时动物考古走上了发展期。中国科学院考古研究所配备了一位动物学专家从事出土动物鉴定研究。周本雄，毕业于四川大学生物系动物学专业，研究生毕业于古脊椎所，在考古研究所配合各考古队从事动物骨骼、史前遗址动物骨骼鉴定，对家鸡进行驯化研究。② 周本雄在《考古工作手册》中系统论述了兽骨研究的重要性、常见哺乳动物的骨骼和牙齿的解剖学特征、年龄与性别鉴定、家畜的特征与驯化起源、骨骼的采集、测量、记录与统计方法，为推动动物考古起到了宣传和指导作用。

（1）国外资料译介

这类工作包括动物骨骼图谱的翻译和国外动物考古研究方法和成果的译介，同样推动了中国动物考古学的建设。以国外动物考古学理论方法、技术规范的引介与探索为特征。美国学者在动物考古学讲座讲授的哺乳动物骨骼学基础、史前人类食物结构及其活动的季节性、动物屠宰方法、骨骼表面各种痕迹的辨认和分析、骨骼破损规律及

---

① 北京科技大学冶金与材料史研究所等：《徐州狮子山西汉楚王陵出土铁器的金相实验研究》，《文物》1999年第7期。

② 罗运兵等：《中国动物考古80年》，载《中国考古学年鉴2014》，文物出版社，2015。

风化等内容,使得年轻的考古人员耳目一新。[①]

(2) 骨骼鉴定

从事古生物研究的专家对不少遗址出土的动物骨骼进行了种属鉴定。比如黄文几对江苏常州圩墩遗址出土的动物骨骼做了比较全面的鉴定分析。[②] 还有学者运用最小个体数的统计方法对动物遗存进行了量化分析。有学者对家鸡起源做了研究。

考古人员发掘中注意收集动物遗骸。比如大汶口文化时期的灰坑内的鱼骨和龙山文化时期地层中的鱼鳞,中国科学院海洋研究所专家鉴定了这些遗骸,发现其中有梭鱼、黑鲷、鲚鱼和蓝点马鲛等。

> 这些鱼体长较现代生活鱼类的个体为大,说明当时生产工具原始,捕捞量较小,因此鱼类可得到充分的生长期……从出土类鱼类的分布和洄游来看,除有河口性和沿岸近海者外,还有外海性洄游性鱼类……能捕捞外海游泳迅速的鲚鱼和蓝点马鲛鱼,捕捞工具中一定有先进性者……鱼鳞不是与上述骨骼共存在一起,而是在地层或废坑中集压成一层。这一事实可以说明在新石器时代,人们吃鱼前已知加工去鳞。[③]

这个研究成果加深了人们对史前人类活动方式的认识,是自然科学工作者与考古学者共同解读考古遗存的良好范例。

8. 环境考古

这个阶段还没有正式提出环境考古学的概念,有个别学者注意到国外的研究动态,节译了美国 1980 年出版的《田野考古学》第二章中有关环境考古学的内容。译文主要谈人地关系对考古研究的重要性,具体谈到土壤分析与气候的关系、环境复原、古代遗址用途或功能以

[①] 罗运兵等:《中国动物考古 80 年》,载《中国考古学年鉴 2014》,文物出版社,2015。
[②] 黄文几:《圩墩新石器时代遗址出土动物遗骨的》,《考古》19789 年第 7 期。
[③] 成庆泰:《胶县三里河》,文物出版社,1988,附录。

及动态地分析了人工制品使用的重要性。① 这篇译文对不了解国外环境考古的考古工作者而言,具有一定的启发作用。

9. 植物考古

这个阶段尚未正式开展植物考古研究。熟知外国考古的少数学者把国外植物考古方法译介到国内,比如黄其煦介绍了提取植物遗存的灰橡法②和泡沫浮选法③。个别学者在陕西扶风案板遗址灰土中辨识出了稻和豆类灰像。④ 此外,一些学者宏观地从植物遗存讨论稻作农业起源⑤、粟作农业起源问题⑥,以及其他食用植物遗存的问题。⑦

1975 年,江苏常州武进出土一艘汉代残木船。木材专家对古船的材质做了鉴定,他们对船底板、船舷、底舷相接用的斜榫和固定斜榫用的木梢做了切片后在显微镜下观察,结果发现,船底板的木材为樟属树种,船舷木材是柿科柿属,底舷相接用的斜榫木材是柏科花柏属树种,固定斜榫用的木梢木材是榉属树木。⑧ 木船用材的鉴定结果为探讨造船用材及间接探讨当时的环境提供了资料。

10. 其他专题

(1) 遥感考古

1987 年开始,镇江市博物馆与华东师范大学地理系联合进行镇江商周遗址、土墩墓遥感考古调查研究。他们针对镇江地区台形遗址和

① 玛莎·朱可斯卡:《环境考古学》,徐忆先译,《东南文化》1988 年第 6 期。

② 黄其煦:《灰橡法在考古中的应用》,《考古》1982 年第 4 期。

③ 黄其煦:《考古发掘中回收植物遗存的方法之一——泡沫浮选法》,《农业考古》1986 年第 2 期;熊海堂:《考古发掘中水洗选别法的应用》,《农业考古》1989 年第 2 期。

④ 谢伟:《案板遗址灰土中所见到的农作物》,《考古与文物》1988 年第 5、6 期。

⑤ 严文明:《中国稻作农业的起源》,《农业考古》1982 年第 1、2 期。

⑥ 佟伟华:《磁山遗址的原始农业遗存及其相关问题》,《农业考古》1984 年第 1 期。

⑦ 任式楠:《我国新石器—铜石并用时代农作物和其他食用植物遗存》,《史前研究》1986 年第 3、4 期。

⑧ 吴达期等:《江苏武进县出土汉代木船的木材鉴定》,《考古》1982 年第 4 期。

土墩墓突出地表的形态特点,应用现代航空照片等普查,编制土墩墓的分布图,进而探讨其分布规律。该项成果在 1990 年召开的镇江商周遗址、土墩墓遥感考古研究鉴定会上受到专家们的好评。①

(2)丝绸考古

考古发掘中常常发现丝织品,从新石器时代到清代墓葬都有丝织品出土。考古工作者关注的是丝织品的有无,对丝绸的地理分布等问题关注不多。从事丝绸研究的赵丰比较系统地分析过丝绸与考古学的关系。他提出,统计丝绸出土地点有助于当时丝绸地理的研究。考古发现丝绸促使李希霍芬把贯通欧亚大陆的古代通道命名为"丝绸之路"。从丝绸实物的组织结构、图案风格可以研究中西文化的交流和相互影响,援引夏鼐关于唐代多见的联珠图案是受波斯影响的结论提出丝绸外交的重要性。对马王堆汉墓出土丝绸实物研究,有学者发现了碱剂印花方法。在考察丝绸美术的社会背景、成形原理的研究中研究者发现,战汉时期丝绸图案设计方法中有一种"打散构成"方法,它造就了当时几何纹锦的绚丽多姿。当然,丝绸考古也还有很多问题有待进一步探讨,比如:甲骨文中是否有"蚕"字,湖北江陵出土的战国时期的针织绦的工艺是什么,马王堆出土的绒圈锦是用起绒组织还是用一般组织加起绒干挑织的,它是不是古文献中的"糸毛(合成一字)",史籍中的"绮"究竟是哪类丝织品,经锦织造技术是如何起源的,又是如何向纬锦转变的等。②

(3)"白灰面"再研究

这个问题 20 世纪 50 年代探讨过。80 年代,自然科学家再次从物理学和材料科学的角度对秦安大地湾仰韶文化房屋 F901 和 F405 地

---

① 林留根:《镇江商周遗址、土墩墓遥感考古研究鉴定会》,载《中国考古学年鉴 1991》,文物出版社,1992。

② 赵丰:《丝绸史与考古学》,《丝绸》1987 年第 9 期。

面建筑材料及其工艺做了研究,发现两处地面结构分为四层:第一层原浆和加浆磨面,第二层是以人造黏土陶粒为集料、料礓石烧制的水泥为胶结材料的混凝土,第三层是红烧土,第四层是夯土。人造黏土陶粒和料礓石水泥的化学全分析、偏光显微镜岩相鉴定、X射线衍射分析、扫描电镜分析及相应的测试结果表明,人造黏土陶粒是以大地湾出产的料礓石和红黏土为原料,用水调和搓制后烧制而成的。料礓石水泥也是采用料礓石煅烧后得到的。这两处房屋所发现的建筑材料的性能和成分都近似于18世纪的罗马水泥,这个发现在自然科学史上具有深远的意义。①

(4)古人类研究

从中央到地方的考古研究机构普遍缺少体质人类学专家,出土人骨多由中国科学院古脊椎动物与古人类研究所专家代为鉴定研究。比如张银运对广西甑皮岩新石器时代人骨,张振标对山东邹县野店遗址的大汶口文化人骨,张振标、陈德珍对河南淅川下王岗新石器时代人骨的研究,张振标、尤玉柱对我国史前时期人类头骨人工变形习俗的研究,陈德珍对我国新石器时代居民体质特征及其继承关系的研究,吉林大学考古专业(后改为考古系)朱泓对河北蔚县夏家店下层文化人骨的研究等,复旦大学夏元敏等对陕西临潼姜寨遗址出土人骨资料进行的研究。

韩康信、潘其风共同探讨了古代中国人种成分②,他们提出的我国新石器时代居民种系分布情况大致如下:在公元前5000年—前4000年左右,生活在渭河流域的人们依文化性质称为"仰韶人",他们大概与古史传说中的"华夏"集团居民有密切的关系;至黄河下游今鲁南苏北地区的居民依文化性质可称为"大汶口人",他们大概与古史传

---

① 李最雄:《我国古代建筑史上的奇迹》,《考古》1985年第8期。
② 韩康信等:《古代中国人种成分研究》,《考古学报》1984年第2期。

说中的"东夷"集团有关;河姆渡人很可能代表了有别于中原的古代种族,广东河宕、福建昙石山等地的居民比较接近,他们大概和传说中的苗蛮集团有关。① 这个认识被认为是发展了颜訚早年关于在中国旧石器时代晚期人类与新石器时代人类之间存在着形态学上的独到见解。②

20世纪80年代从台湾回大陆定居的杨希枚与韩康信、潘其风合作,对殷墟当年发掘出土的人头骨以及大司空村、孝民屯等地的中小型墓葬出土的人骨研究成果做了汇总。③ 研究成果丰富而富有争议,争议围绕西北岗出土人骨属于非同种系还是同种系展开。前者以李济、美国哈佛大学孔恩、杨希枚为代表,他们认为虽然这些人骨以蒙古人种为主,但是含有尼格罗人种和北欧人种。后者以美国人类学家豪厄尔斯、张光直、韩康信、潘其风等为代表,他们承认有些头骨反映出类似某些赤道人种的成分,可能有种系差异,不过这些人仍然属于蒙古人种系。

张振标探讨了新石器时代人类体质类型④,潘其风探讨了我国古代居民种系类型分布⑤问题。李济运用体质人类学资料对殷人群的种系构成做了分析⑥,臧振华对殷墟人骨的铲形门齿做了分类统计和比较分析⑦。

1989年10月,中国科学院古脊椎动物与古人类研究所在中国科学

---

① 潘其风等:《我国新石器时代居民种系分布研究》,《考古与文物》1980年第2期。

② 朱泓:《中国古代居民种族人类学研究的回顾与前瞻》,载《1999年西陵国际学术研讨会文集》,科学出版社,2000。

③ 中国社会科学院历史研究所等:《安阳殷墟人头骨研究》,文物出版社,1985。

④ 张振标:《我国新石器时代居民体征初探》,《古脊椎动物与古人类》第1期。

⑤ 潘其风:《中国古代居民种系分布初探》,载《考古学文化》(一),文物出版社,1987。

⑥ 李济:《关于殷商人群的体质人类学概述》,载《安阳殷墟人头骨研究》,文物出版社,1985。

⑦ 臧振华:《安阳殷墟头骨箕形门齿的研究》,载《安阳殷墟人头骨研究》,文物出版社,1985。

院的支持下,在房山举行纪念北京猿人第一个头骨发现 60 周年古人类学国际学术讨论会。来自亚、欧、美三大洲 9 个国家和国内 19 个省市自治区 37 个单位的 69 位学者参加了会议。会上的学术报告涉及直立人、早期和晚期智人以及关于人类共同祖先的研究,还有中国、德国、朝鲜和马来西亚等的旧石器文化以及年代测定、古哺乳动物、古环境等。这些报告使国内外同行对我国的古人类学和有关学科的发展和现状有了比较全面的了解,也使我国同行开阔了视野。①吴汝康在会上做了报告,认为根据人类发展的主要阶段在中国都有代表的化石,提出中国发现的人类化石,从直立人到现代人,有着明显的形态上的连续性,支持现代人的多地区起源说。②

　　1989 年,山西省文物局、临汾行署文化局在襄汾召开了"丁村遗址发掘 35 周年纪念座谈会",来自山西省考古研究所、山西师范大学、丁村文化工作站的有关专家、学者等参加了会议,贾兰坡给座谈会发来了贺信和贺电。会议充分肯定了丁村人、丁村文化的发现在人类发展史上和人类物质文化发展史上所处的单位及其重要意义,以及所取得的重大成绩,并就今后遗址的保护和深入研究,以及中外交流等进行了探讨。③

第五节　交流与合作

一、来访与出访

　　随着我国改革开放政策的落实与推进,中国考古界开始与外国学术界接触与交流,外国学者为了解决他们在研究中遇到的问题而主动

---

① 林圣龙:《中国考古学年鉴 1990》,文物出版社,1991,第 342 页。
② 吴汝康:《中国古人类研究在人类进化史中的作用:纪念北京猿人第一头盖骨发现六十周年》,《人类学学报》1989 年第 4 期。
③ 陈丁:《中国考古学年鉴 1990》,文物出版社,1991,第 342 页。

来华。来华访问的既有个人又有团队,我国出访的也是既有个人也有团队,不过多数情况下限于知名学者和部门领导。也有少数中国学者应邀出国讲学,比如南京大学考古专业教授蒋赞初及夫人1989年受教育部委托赴墨西哥学院研究生院亚非研究中心讲学。[①]

这里以《中国考古学年鉴1984》和《中国考古学年鉴1989》的统计资料为例,来说明中外考古界人员来往交流的情况。

1. 外国学者来访

(1)1983年

1983年,有四个国家的学者来访。

日本东洋陶瓷学会常任委员长三上次男教授带领日本中国陶瓷研究者访华团一行,到中国社会科学院考古研究所和故宫博物院访问,还去了太原、西安、洛阳、郑州和邯郸等地访问。

英国旧石器考古专家玛·利基博士1983年10月来访,先后在北京和西安考察并进行学术交流,在北京做了题为《莱托里和奥杜威峡谷》的学术报告,扼要地介绍了东非旧石器研究现状和存在的一些问题。利基博士的夫人、英国考古学家凯瑟琳·沃森博士也在北京做了学术报告。

朝鲜考古代表团来访,他们先后访问了中国社会科学院考古研究所和中国科学院古脊椎动物与古人类研究所,还到北京、西安、沈阳参观了博物馆和考古发掘现场。

苏联考古学家杰列维扬科来访。

(2)1988年

1988年,共有九个国家的学者来访。其中,以美国最多,先后有八批学者来访,例如美国戴安娜·吉福德-冈萨雷斯来访,齐姆还访问了中国社会科学院考古研究所、陕西省考古研究所,做了五场关于动物

---

① 卢海鸣:《蒋赞初等赴墨西哥讲学》,载《中国考古学年鉴1990》,文物出版社,1991。

骨骼考古及埋藏学方面的学术报告。

日本有两批学者来访。

民主德国科学院的彼德·齐姆来华访问,先后到兰州、敦煌、乌鲁木齐、吐鲁番和库车等地参观访问。齐姆还访问了中国社会科学院考古研究所、世界史研究所、中央民族学院、中国历史博物馆和北京大学等。

伊朗文物代表团 1987 年 12 月～1988 年 1 月来访,先后参观了北京、上海、南京、西安等 30 多处文博单位和名胜古迹。

伊拉克文物代表团来华访问,先后参观了北京、西安、成都和重庆等地的各类博物馆和文物保护单位。

其他的还有苏联、波兰、英国和巴基斯坦学者来访。

2. 中国学者出访

(1) 1983 年

1983 年我国学者出访的国家有四个国家,各有两批学者访问日本和美国。

夏鼐应日本广播协会会长邀请,前往日本作为期两周的访问,并作学术和广播电视演讲,他先后做了《中国考古学的成就与展望》《丝绸之路——东西文化交流的验证》《中国文明的起源》等演讲和对谈,演讲稿后来汇编为《中国文明的起源》,并由日本广播协会出版,后翻译成中文由文物出版社出版。[1]

北京大学邹衡除了与哈佛大学教授张光直合作研究外,还做了多场演讲,题目有《夏文化》《商代早期都城》《中国文明的起源和发展》《商代文明》等。

夏鼐 6～7 月应邀访问了联邦德国和瑞典。

---

[1] 夏鼐:《中国文明的起源》,文物出版社,1985。

（2）1988 年

1988 年出访的国家有四个，各有三批学者访问美国和日本。

李昆声、张兴永应邀赴美国访问，在加州大学伯克利分校做了题为《云南古代青铜艺术》《云南元谋古猿新发现》的学术演讲。

孙机、魏存成出席日本橿原考古学研究所在奈良召开的藤之木古坟国际科学讨论会。孙机做了题为《藤之木古坟出土马具的系统和产地》的报告，魏存成做了题为《中国北方地区 4～5 世纪的墓葬中出土的马具》的报告。

新疆文物考古研究所的王明哲应邀到法国访问，做了题为《新疆青铜器文化和游牧民族考古文化的重大发现及研究》的学术报告。

上海博物馆黄宣佩、郑银兰访问联邦德国。

3. 外国考古研究

（1）越南考古

赵建国等简介了 1982 年越南考古学论文报告会第 17 次年会的情况。旧石器时代方面值得注意的是，在北太省武崖县神鄂姆石洞发现了以砾石片为主的近一件砾石工具和一些动物骨骼。新石器时代方面是在沿海地区从广宁省到平治天省发现新遗址并发掘了花园遗址。金属时代，在北方新发现遗址，如永福省的布恩丘墓葬、清化省的东奎遗址、河山平省的春罗船墓等，在春罗船墓发现了船棺葬，随葬品中有大泉五十和五铢钱等。在调查和发掘中还发现了很多铜鼓，河内发现的一面铜鼓内还装有 88 件铜犁头、32 件铜斧、16 件矛、许多镞以及铁器等。封建时代的研究集中在李、陈时期，在河内的多巽发现陶器、中国唐宋的铜钱以及日本的宽永通宝等。①

（2）日本考古

李峰根据《日本考古学年报》39 号、40 号之《外国考古学动向·中

---

① 赵建国编译，梁志明校：《越南考古简讯》，《印支研究》1983 年第 6 期。

国》,以及《史学杂志》(97-5)之《1987 年的历史学界·中国》和《史学杂志》(98-5)之《1988 年的历史学界·中国》等相关文章,介绍了日本学者所做的中国考古学研究及其成果。①

旧石器时代考古方面,比如山中一郎重新研究了当年法国人德日进和桑志华在宁夏水洞沟发掘的石器群,认为它们属于旧石器时代晚期,并认为水洞沟的石器,特别是小型石器上,能够看到某些表明制作意图的特征。新石器时代考古方面,比如小川诚探讨了中原与周边地区考古学文化的关系,对冀、鲁、豫三省交界地区的斝、鬲等器物做了分类,认为这个地区的文化受到了河北西北部和内蒙古中南部新石器时代文化的影响。

商周考古方面,如饭岛武次对陕西扶风刘家墓地陶器做了研究,认为它们的年代相当于殷墟后期,墓主是周人。再如,小泽正人对古代墓中的晗做了系统地研究,提出晗所用物品随时代而变化,汉中期以后倾向于使用蝉形玉为晗。汉唐考古方面,如秋山进午把渤海贞孝公主墓与其他墓葬做了比较研究,还认为渤海王室墓的建塔虽然受到唐朝佛教文化影响,但是主体仍然具有渤海自身的特点。漆器研究方面,如佐藤武敏对秦汉漆器上烙印的文字和针刻铭记资料进行了分析,认为个体漆器生产者是当时漆器生产的主体。中国外销瓷方面,如池崎讓二和森本朝子对福冈博多遗址群出土的北宋陶瓷做了分类研究。佛教考古方面,如长谷川道隆认为江苏连云港孔望山摩崖造像的年代为东汉末年。其他专题研究方面,如林巳奈夫对中国古代莲花的象征意义做了探讨,认为它象征着闪光的天体即最高的神灵——上帝。

---

① 李峰:《日本对中国考古学的研究(1986～1988)》,载《中国考古学年鉴 1990》,文物出版社,1991。

（3）苏联考古

李卫东概述了苏联旧石器时代考古成就。19世纪后半叶在第聂伯河流域和西伯利亚、顿河流域、高加索等地发现若干旧石器时代遗址并开始系统发掘。20世纪二三十年代,为了说明原始人类的生活和生产以及社会组织而加强旧石器时代居址的发掘与研究,他们特别注意居址的平面布局及遗物的空间分布,采用绘图、照相和拍电影的方式把居址的详细情况记录下来。重视把旧石器时代考古与原始文化史、社会学相结合。第二次世界大战以后,苏联发现上千处旧石器时代遗址,经过仔细发掘研究整理的含有动物化石并保存有明显地层关系的遗址和洞穴有上百处。他们运用自然科学方法如用古生态学说明旧石器时代的生活环境。他们还注意石器和骨器类型学研究,根据石器的制作技术特点和修理加工技术,对不同类型的石块、石片和石核进行详尽的分析,基本上形成了自己的一套分类、排序和描述的系统类型学方法和概念术语。20世纪30年代开始,苏联创造了痕迹学研究。根据使用痕迹来断定原始人是如何使用工具并利用工具加工制作物体。苏联学者也把痕迹学的研究称为"功能学"的研究。这种研究实际上属于实验考古学范畴。集大成者就是谢苗诺夫,他在《原始技术》一书中全面地阐述了痕迹学的研究方法、石器的加工制作技术,结合具体遗址石器和骨器上的使用痕迹观察,解释了各种工具的使用方法和用途。[1]

（4）日本考古专题研究

王仲殊20世纪80年代初期再次对日本高松冢年代和墓主做了

---

[1] 布尔金等:《苏联考古学的成就和问题》,刘茂译,黄纪苏校,楼宇栋审校,《史前研究》1985年10月。

研究。① 他从造型、纹样等方面对铜镜纹样做了对比,两者仅直径相差 2 毫米,当时认为是测量误差,所以认为高松冢古坟的海兽葡萄镜与西安市发现的唐代独孤思贞墓的海兽葡萄镜是同范镜,认为该古坟的年代与独孤思贞墓的年代相近。后来他再次测量了独孤思贞墓的海兽葡萄镜,发现该铜镜若除锈后则与高松冢古坟的铜镜相同,两者无论是同范镜还是同型镜,都是源于同一个模子。独孤思贞死于武周万岁通天二年(697 年),于神功二年(698 年)迁葬于铜人原墓中,无论该铜镜是哪年随葬的,两者只相差一年。他通过比较唐墓出土的类似铜镜,认为海兽葡萄镜铸造年代不会比独孤思贞墓早很多,极有可能是 7 世纪末。因此,高松冢古坟的年代为最早也只能是 7 世纪末,更有可能是 8 世纪初。王仲殊通过梳理日本遣唐使的活动,认为该铜镜是粟田真人为首的日本第七次遣唐使带回到日本的,并进一步从海兽葡萄镜的铸造年代和东传年代出发,赞同日本学者认为高松冢古坟墓主为刑部亲王的看法。

中国旧石器时代专家邱中郎比较关注日本旧石器研究的状况,及时介绍了赤泽威、小田静夫和山中一郎合著的《日本旧石器之类型学研究》一书。他们编著此书的目的是统一日本旧石器类型,并提出新分类方法,希望通过分类研究,为日本旧石器的起源、发展以及它与邻近地区的关系获得新看法。②

二、各类研讨会

1. 中国考古学会

(1) 中国考古学会成立

考古学会虽然不是行政管理机构,但是它实际上起到了指导各地

---

① 王仲殊:《关于日本高松塚古坟的年代问题》,《考古》1981 年第 3 期;《关于日本高松塚古坟的年代和被葬者——为高松塚古坟发掘十周年而作》,《考古》1982 年第 4 期。
② 邱中郎:《〈日本旧石器之类型研究〉介绍》,《人类学学报》第 2 卷第 1 期,1983 年 2 月。

考古工作大方向的作用。部分学者早在 1959 年就倡议成立中国考古学会,因为"文革"而被搁置。① 1979 年 4 月,中国考古学会终于在西安成立了。来自 29 个省市自治区的 60 多个单位的 100 多位考古工作者,以及南京史学会会长韩儒林、陕西史学会会长史念海和西北大学考古专业的师生等参加了成立大会。筹委会召集人夏鼐在开幕式上做了题为《我国考古工作的巨大成就和今后努力的方向》的报告,筹备委员裴文中对学会的章程草案做了说明。会议一致通过《中国考古学会章程》,章程规定,考古学会的基本任务是"团结全国考古工作者,在马克思列宁主义、毛泽东思想的指导下,发扬实事求是的优良作风,提高考古研究的科学水平,为推动我国考古事业的发展,实现新时期的总任务而积极努力"。

学会规定,会员分团体会员和个人会员,个人会员的业务条件规定为"相当于助理研究员、讲师"。大会在反复酝酿的基础上,用无记名投票的方式,选举王冶秋、容庚、于省悟、徐中舒、商承祚、陈邦怀 6人为名誉理事,夏鼐等 64 人为第一届理事会理事(另外为台湾省的考古工作者保留若干名理事名额)。理事会选举夏鼐为理事长,裴文中、尹达、苏秉琦为副理事长,王仲殊为秘书长。理事会还就审查和接受第一批会员、编印成立大会论文集、征求会徽图样、1980 年年会的内容和开会地点等问题进行了讨论,并做出相应的决定,学会秘书处暂设考古研究所。

这次会议同时还是中国考古学会第一次年会,提交学术论文有 80多篇,时间上起原始社会、殷周秦汉下到唐宋元明,地区上从黄河流域、长江流域到遥远的边疆,内容不仅有考古遗存分析,还有甲骨、金

---

① 中国科学院考古研究所编辑室:《编写新中国十年考古座谈会在京召开》,《考古》1959 年第 2 期;殷玮璋:《中国考古学会》,载《中国考古学年鉴 1984》,文物出版社,1984。

文、简牍、碑刻、陶瓷、壁画和石窟。[1] 中国考古学会通过年会的形式交流研究成果，从业务上引导各地考古研究走向深入。[2] 会后出版的论文集收录了半数论文，比较集中地体现了当时考古研究的趋势和水平。此后，每年在不同省市召开年会。

（2）中国考古学会年会

1980年11月，中国考古学会第二次年会在武汉召开，参会代表95名，会议增选两名理事。大会主要议题是楚文化，会后出版的论文集除收录了部分讨论楚文化、楚地古文化地论文外，还收录了若干其他地区新石器时代、青铜器时代等方面的论文。[3]

第三次年会于1981年12在杭州举行，与会代表120多人，收到论文128篇。会议议题是"中国东南沿海地区的新石器时代文化"和"中国古代的青窑和青瓷窑址"。

第四次年会于1983年5月在郑州举行，与会代表116人，收到论文106篇。中心议题是"商文化的研究与夏文化的探索"和"中国各地的青铜文化"。围绕这两个问题的论文有近80篇。代表们还对1979年通过的《中国考古学会章程》进行了讨论和修改。将理事会的理事任期由3年改为5年，选举产生了64名理事，为台湾省的考古学者保留两个理事名额。截至1983年底有团体会员单位83个，包括中央和省级考古、文博机构、大学考古教研室及地方考古、文博学会；个人会员712人，绝大多数都是业务水平已相当于助理研究员和讲师的人员。

第五次年会于1985年3月在北京大学举行。这次年会的主要议题是中国古代都市问题，出席会议的有来自28个省、市、自治区的考

---

[1]《我国考古学界一次空前的盛会》，《考古》1979年第4期。

[2] 中国考古学会编《中国考古学会第一次年会论文集1979》，文物出版社，1980。

[3] 中国考古学会编《中国考古学会第二次年会论文集1980》，文物出版社，1982。

古单位和 15 所高等院校的代表共 120 人。中国考古学会理事长夏鼐做了题为《考古工作者需要有献身精神》的讲话,号召广大考古工作者不怕吃苦,不计较个人的经济利益,一心一意为提高中国考古学的科学水平而奋斗。代表们就中国城市的起源、历代都市的形制、结构及其特征,古代都城的规划及其演变规律,若干城址的年代和性质等问题,广泛地发表了各自的看法。①

2. 地方学术会议

(1)地方考古学会

中国考古学会成立后,一些省市纷纷成立了省考古学会,陕西、河南和江苏等省先后成立了考古学会,组织会员展开活动,有效地促进和推动了各个基层单位的考古调查发掘和研究工作。

1980 年 9 月,南京市召开了江苏省考古学会和博物馆学会成立大会。来自江苏省内文物考古、博物馆、纪念馆和高校历史考古专业的代表 110 人参加大会,会上对江苏旧石器时代文化、吴越楚文化、汉与六朝文化和扬州唐城历史等问题进行探讨。代表们认为,考古工作不能只限于挖宝,还要进行专题和综合研究,实行发掘与科研结合,重视发掘工作的科学记录等。中国考古学会给大会发来贺信。②

1982 年 12 月,陕西省成立考古学会,同时召开第一届年会,参加会议的代表来自 47 个单位,代表着全省 284 名会员。与会代表对新中国成立以来陕西考古工作进行了认真总结,对今后如何在考古学领域开创新局面,进行了热烈讨论。大会通过了《陕西省考古学会章程》,选举出第一届理事会。理事会举行了第一次会议,就聘请名誉会长、顾问、发展会员,编印第一届年会论文集,出版会刊,1983 年学术活动,第二届年会的内容和开会地点等问题,进行了讨论。大会决定,陕

---

① 殷玮璋:《中国考古学会举行第五次年会讨论中国古代都市问题》,《考古》1985 年等 6 期。
② 《江苏省考古学会、博物馆学会成立大会纪要》,《江苏社会科学》1980 年第 1 期。

西省考古学会秘书处暂设在陕西省考古研究所。①

（2）中国古外销陶瓷研究会

1980 年 7 月,在福建德化县举行德化窑学术讨论会期间,成立了中国古外销陶瓷研究会。来自北京、上海、南京、广东、广西、福建等省、市、自治区的 38 个单位的 60 多名代表出席了研讨会,收到论文 20 多篇。经选举产生了第一届理事会和名誉理事,夏鼐当选为名誉会长,冯先铭当选为会长。会上根据德化窑的考古收获,对它的起源、年代、发展历史,德化窑瓷器的外销及其在国际上的地位和影响,展开了热烈的讨论。

1981 年在广东新会召开了首届年会,68 位学者出现了会议,提交论文 51 篇和资料 15 种,主要讨论了中国古外销陶瓷输出的地区范围、输出产品种类、生产外销瓷的窑口和输出港口等问题。1982 年,中国古外销陶瓷研究会与中国古陶瓷研究会联合在江西吉安召开了年会,153 人出席会议,收到论文 108 篇,会上着重讨论了广东石湾陶器、吉州窑瓷器和浙江龙泉窑瓷器的外销地区、范围、港口,以及我国古外销陶瓷对输入国社会文化的影响等。1981 年编辑出版了《中国古外销陶瓷研究资料》第一、二辑。截至 1983 年底,研究会共有会员 143 人。②

（3）中国古陶瓷研究会

1981 年 10 月在广东新会县举行中国古外销陶瓷研究会首届年会时成立了中国古陶瓷研究会,大会选举了 43 人组成了第一届理事会,夏鼐为名誉会长,冯先铭为会长。1982 年 10 月,中国古陶瓷研究会与中国古外销陶瓷研究会联合在江西吉安市召开 1983 年年会。两个研究会又共同编辑出版了不定期的内部刊物《古陶瓷研究》。截至 1983 年底,研究会有会员 331 人。③

----

① 《陕西省成立考古学会》,《考古与文物》1983 年第 1 期。

② 叶文程:《中国古外销陶瓷研究会》,载《中国考古学年鉴 1984》,文物出版社,1984。

③ 叶文程:《中国古陶瓷研究会》,载《中国考古学年鉴 1984》,文物出版社,1984。

（4）楚文化研究会

考古工作者共同发起的楚文化研究会，于 1981 年 6 月在长沙举行成立大会暨第一次学术讨论会，与会代表 36 人，收到论文 25 篇。会上选举产生 9 人组成的第一届理事会，又推选了常务理事和秘书长。会上决定研究会的年会一两年举行一次，轮流在湖北、湖南、河南和安徽四省召开，由四位常务理事轮流行使主席职权。会议又决定四省共同编撰《楚文化考古大事记》一书。① 1982 年 10 月，在河南郑州举行第二次年会。

（5）中国文物学会

1984 年 6 月 21 日，中国文物学会成立。1994 年 10 月 20 日，中国文物学会成立 10 周年庆祝会在京举行。国家文物事业管理局和北京文博部门的领导、学会的专家学者及热心文博事业的人士 100 多人参加了庆祝会。10 年间，中国文物学会的组织不断完善，设立有中国传统建筑园林、文物修复、文物摄影、玉器研究、民间收藏和国际文物经济开发、文物保护宣传等 7 个委员会。②

3. 演讲与研讨会

20 世纪 80 年代以后，中国考古界渐渐有机会与来访的外国学者交流，也有机会走出国门参观学习。无奈绝大多数考古工作者的外语水平不高，很难与西方学者直接沟通，美国人也看不懂我们自己翻译的《苏秉琦考古学论述选集》编后记英文摘要。③ 学习和引进外国的考古学理论成为部分学者的愿望，著名华裔美籍考古学家张光直成了解西方考古界情况的便捷窗口。

（1）张光直演讲

张光直在台湾大学完成本科教育后到哈佛大学留学，先后在耶鲁

---

① 刘彬徽：《楚文化研究会》，载《中国考古学年鉴 1984》，文物出版社，1984。

②《中国文物报》1994 年 10 月 30 日。

③ 俞伟超：《考古学是什么》，中国社会科学出版社，1996。

大学和哈佛大学执教,被选为美国国家科学院院士、美国文理科学院院士,致力于考古学理论与中国青铜时代考古研究。1984 年,他回国参观,在西安访问时应邀在陕西省考古研究所做了报告。他介绍了英美考古学定位以及课程设置,比如新石器时代研究,在欧洲不放入考古学而放入史前学。考古学的课程主要是历史、神话、民俗等,史前学的课程主要是社会人类学、自然科学、各种环境科学、动物学、植物学、地质学以及有关的科学试验等。张光直还介绍了西方特别是美国 20世纪考古学思潮变化的概况,以及 20 世纪 30 年代末英美人类学界都希望怎样把研究目标从对器物的研究转变到对人的研究,进而研究了解社会进化的一般法则。他还介绍了 50 年代以后聚落考古在美国的兴起以及聚落考古研究的内涵,当前世界史前学和考古学的主要研究课题等。他的演讲令听众耳目一新。陕西省考古研究所、陕西省文物管理委员会、西安半坡博物馆、西北大学考古专业、西安市文物园林局等单位的近百位考古研究人员和师生聆听了演讲。①

(2) 日本考古方法

一些学者把日本考古研究新方法介绍到国内。比如残存脂肪分析法,其原理是古代遗址中的陶片、兽骨、骨角器和墓葬填土中可能包含动植物体内的微量脂肪,脂肪主要由脂肪酸等构成的,把残存脂肪的构成和现生动植物所固有的脂肪构成进行比较,就可能对遗存动植物的种属进行判别。日本学者曾用这个方法认定北海道出土的石器、刮削器主要用于象和鹿等中型兽的屠宰。美国学者采用类似方法确认了阿拉斯加卡瓦利遗址出土的化石碎片为北美驯鹿和山猫。② 这些方法和研究成果的介绍为我国学者研究中国的考古资料拓展了思路。

---

① 张光直:《当前美国和英国考古概况》,《考古与文物》1985 年第 3 期。

② 佐原真等:《残存脂肪分析法和原始古代的生活环境复原——关于残存脂肪分析法的实际应用和存在的问题》,徐天进译,《考古与文物》1988 年第 1 期。

（3）东亚考古专题

我国学者研究外国考古成果的有：杨泓对朝鲜半岛、日本列岛出土马具的研究，以及王仲殊对日本出土三角缘神兽镜的研究。

杨泓在韩国古新罗时期的王墓"天马冢"发现残存马具后，把中日韩三国出土的马具实物与文献结合起来，按鞍具、镫、辔头、胸带、鞦带、寄生等六部分，对"天马冢"出土的马具做了复原探讨。他指出，通过古新罗"天马冢"出土的马具及其渊源，以及它与东邻日本古坟时代马具的关系的探讨，可以看出古代中国大陆、朝鲜半岛和日本列岛之间密切的文化联系。[①]

日本出土文物中有一种被称为三角缘神兽镜的铜镜，其特征是：内区的主纹是"东王父""西王母"等神像和龙虎等兽形，花纹带内有时有铭文，纹样都是浮雕式的，富有立体感。镜缘隆起很高，顶端是尖的，断面为三角形，故称为三角缘神兽镜。20世纪20年代，日本学者认为这种铜镜是中国魏朝皇帝赠给日本邪马台国女王卑弥呼的礼物，这个观点成为学术界的主流看法。这种铜镜被称为魏镜。日本出土魏镜不断增加而朝鲜半岛一直没有发现，有些学者遂提出，魏镜是东渡日本的中国工匠制作的。由于日本史学和考古界对卑弥呼的邪马台国在畿内还是在九州一直存在不同意见，因此魏镜的产地与日本当时的政治中心在畿内还是在九州有关。因为中国根本没有发现这类铜镜，所以中国学者王仲殊在1981年访日时观察三角缘神兽镜实物后，根据中国文献和考古资料分析后提出，所谓魏镜是中国吴国的工匠东渡日本后制作的，这个看法在日本引起很大反响。[②]

1984年3月，王仲殊应邀在全日空、朝日新闻社和日中文化交流协会联合在东京召开的日本第七次古代史讨论会上，又提出更多证据

---

① 杨泓：《新罗"天马冢"马具复原研究》，《考古与文物》1985年第2期。

② 王仲殊：《关于日本三角缘神兽镜的问题》，《考古》1981年第4期。

证明自己提出的三角缘神兽镜是吴国工匠东渡日本后铸造的观点。①

（4）铜鼓国际学术会议

铜鼓是中国南方地区和东南亚出土数量较多的古代文物。1989年云南省博物馆和中国古代铜鼓研究会联合主办了"中国南方及东南亚地区古代铜鼓和青铜文化国际学术讨论会"，来自美国、日本、澳大利亚、新西兰、联邦德国、法国、马来西亚，以及我国香港地区和内地的学者共70多人出席了这次会议，提交论文60多篇，对中国南方和东南亚地区的古代铜鼓和青铜器的起源、造型、分类、功能、铸造、冶金、花纹和民族等问题做了广泛的讨论。②

4. 荣誉称号

中国多位考古学家对考古研究做出杰出贡献而被国外考古机构授予荣誉称号。

夏鼐1982年被联邦德国考古研究所授予通讯院士。1983年12月，他被瑞典皇家文学、历史、考古科学院授予外国院士。该院创建于1753年，是瑞典这方面的最高学术机构。夏鼐获得此项殊荣对于进一步促进中瑞两国之间的学术交流、增强两国学者之间的相互了解和友谊有着积极的作用。③

安志敏1985年12月被德意志考古研究所选为通讯院士。④

1988年12月，王仲殊和张长寿被德意志考古研究所选为通讯院士。⑤

---

① 王仲殊：《日本三角缘神兽镜综论》，《考古》1984年第5期。

② 李昆声：《中国南方及东南亚地区古代铜鼓和青铜文化国际学术讨论会在昆明召开》，载《中国考古学年鉴1989》，文物出版社，1990。

③《夏鼐接受瑞典皇家文化、历史、考古科学院授予的外国院士称号》，载《中国考古学年鉴1984》，文物出版社，1984。

④《安志敏荣获德意志考古研究所通讯院士称号》，《中国考古学年鉴1986年》，文物出版社，1988。

⑤《王仲殊、张长寿被选为德意志考古研究所通讯院士》，《中国考古学年鉴1989》，文物出版社，1990。

三、学术期刊

1. 中央期刊

(1)《考古学参考资料》

1977年10月创刊,中国科学院考古研究所试编了三期,赠送给有关领导机构和兄弟考古单位。后应读者要求,从第四期起改为不定期内部刊物,每期内容约10万字,由文物出版社发行。刊物以全译、摘译和综述等方式,并选载我国台湾等地人士和外籍华人的部分中文原作,反映国外考古界的动态,特别是对我国考古学的观点与反映;帝修反利用考古学进行反华的方面材料;我国港澳台地区的考古发现;世界各地考古学的重大发现,特别是邻境各国各地的考古资料;外国考古学上采用的自然科学新技术与新方法;其他有参考价值和值得注意的考古文章、资料和动态。

1978年,第1期《考古学参考资料》出版发行,刊登的文章有:美籍华人张光直的《关于中国文明起源的继续探索》、苏联学者刘克甫的《东亚古代文化的起源》、日本学者伊藤道治的《西周文化的起源和宗周》、苏联学者诺芙哥罗多娃的《蒙古的考古发现与古代史问题》、日本学者三上次男的《朝鲜半岛的考古学》、日本学者斋藤忠的《日本考古学的动向与课题》、越南学者杜文宁的《发自底下的声音:四千年的文化》、苏联学者切斯诺夫的《东南亚——古代的文化中心》。

(2)《文物天地》

这是第一份面向一般读者的介绍文物和考古知识的普及性刊物。其前身是《革命文物》,1981年改为《文物天地》(双月刊),由文物出版社主办。刊物把全国各博物馆馆内的珍品、馆外的胜迹以及私人收藏的珍贵文物,以图文并茂的方式定期介绍给大众读者,使他们从中汲取历史知识和文物知识,获得美的享受,扩大视野,涵养情操,同时受到历史唯物主义、爱国主义和革命传统教育。[1] 1986 年起,《文物天地》改由古文献研究室主办。杂志采用大专家写小文章的方略,多学科、多角度,全面普及介绍文物知识与最新研究成果,文章语言活泼生动,内容深入浅出,寓教于乐,雅俗共赏,深受广大读者的喜爱与欢迎。

(3)《中国考古学年鉴》

为了及时反映我国考古发现与研究的基本情况和动态,给全国广大考古工作者及从事其他有关学科研究人员提供一些信息,中国考古学会常务理事会决定,从 1984 年开始,由中国考古学会秘书处编辑《中国考古学年鉴》,由文物出版社公开出版。

此处以 1984 年出版的《中国考古学年鉴 1984》为例介绍年鉴的主要内容。年鉴设有 7 个栏目。① "考古学研究"栏目下设 6 个专题:古人类学(张森水执笔),新石器时代考古(严文明执笔),商周考古(王世民)执笔,秦汉考古(叶小燕执笔),魏晋至明清考古(段鹏琦执笔),科技考古(孙机执笔),附有专稿夏文化探索和早商文化研究(曹淑琴执笔)。各专题的执笔者多是相关领域的一流学者,他们对 1983 年度考古发掘研究收获做了综述,为读者全面了解上年度考古学进展提供了极大的便利。② "考古文物新发现"栏目,按照现在的行政区划分别介绍各地考古发掘简讯。③ "考古研究文博机构简介"栏目,按照从中央到地方的顺序,分别介绍省和直辖市考古机构的地址、电话、负责人,以及机构成立和发展经过,下设部门的数量和名称,人员数量及其构成,承担的任务和研究项目,以及研究成果。④ "文物保护工作"栏目,全文登载《文物保护法》,介绍了国家文物委员会组建情况,以及文化部文物事业管理局召开的全国性文物考古工作会议的情况。⑤ "对外学术交流"栏目,详细记载了我国文物考古对外交流的情况,包括中方人员名单、出访地点、时间、学术活动情况。⑥ "本年逝世考古学家"栏目,发

---

[1]《编者的话》,《文物天地》1981 年 1 期。

布了容庚和尹达两位全国知名学者去世的消息。⑦"考古学文献资料目录"栏目,分考古学书目、考古学论文资料索引、新发表古代铭刻简目三个部分,介绍上年度文物考古研究成果。尽管中国考古学下限被定为明末,但是年鉴仍然收集了不少清代考古学研究成果。

"考古文物新发现"栏目中的"古人类研究"(旧石器时代考古)、"新石器时代考古""商周考古""秦汉考古""魏晋至明清考古"专题成为固定专题,只有不同年份有关专题的名称有微调。

《中国考古学年鉴1985》的"考古学研究"栏目中,原来的"古人类学"专题被改名为"古人类学与旧石器时代考古",1986年再次改名为"旧石器时代考古",把重点放在旧石器文化介绍方面。1985年把1984年的"文物保护工作"栏目改名为"文物工作展览学术会议",内容分"文物工作""国内展览""国外展览""学术会议"四个部分。

《中国考古学年鉴1986》的"考古学研究"栏目,把"商周考古"综述更名为"夏商周考古",1989年把"夏商周考古"综述改回"商周考古"。1986年把1985年的"魏晋至明清考古"综述更名为"魏晋南北朝时期至明清时期考古",没有"科技考古"专题。

《中国考古学年鉴1988》的"考古学研究"栏目增加"甲骨文研究""金文研究""简牍研究""古代陶瓷研究""古代玻璃器研究""古代纺织品研究""音乐考古"七个专题,突显这个时期研究领域不断扩展,多学科合作研究出土文物的盛况。

《中国考古学年鉴1989》的"考古学研究"栏目把"甲骨文研究"和"金文研究"合并为"甲骨金文研究",没有简牍、古代陶瓷、玻璃器和纺织品和音乐考古专题,增加了"冶金考古"专题,说明冶金考古成果丰硕。变化最大的是增加了"考古教学"栏目,分别介绍了北京大学考古系、吉林大学考古系、南京大学等高校历史系考古专业的基本情况,以及中国社会科学院研究生院考古系历年毕业的本科生人数、历年毕业的研究生姓名、专业方向、论文题目、被授予学位和指导教师,1988年所开专业课程的科目、授课教师和学时等方面的情况。

年鉴最值得称道的是"考古学文献资料目录"栏目,它为读者提供了非常详尽的考古研究信息。

(4)《人类学学报》

1982年8月,为了反映我国人类学和旧石器时代的考古研究成果,加强国际学术交流,中国科学院古脊椎动物与古人类研究所创办了《人类学学报》,发表如下论文报告:

①《人类和非人灵长类的形态、生理、生态以及起源和进化的研究》;②《有关古人类和旧石器考古遗址的发掘和研究》;③《古人类的生活环境和病理学的研究》;④《现生人类的体质调查和体质类型及其形成规律》;⑤《应用人类学的研究》;⑥《与人类学研究有关的新技术和新方法的应用及其成果》。

该刊为季刊,吴汝康任主编,读者对象主要是国内外人类学、考古学、民族学、地质学、古生物学、医学、生物学工作者、大专院校和博物馆等部门的专业人员,由科学出版社出版。①

(5)《中国文物》

原名《文物精粹》,1959年创刊,不定期发行。复刊后改为现名,8开本,不定期发行。主要介绍新发现的重要历史文物和全国各地博物馆、文物保管单位的珍贵藏品,以及全国重点文物保护单位有代表性的遗物遗迹,宣传祖国古代优秀的文化艺术遗产和科学技术研究的杰出成就,作为今天建设社会主义文化艺术的借鉴。杂志以图为主,并刊登一部分有关的介绍文章,以供读者研究参考。由文物出版社编辑出版。②

---

① 《人类学学报》编辑部:《〈人类学学报〉创刊》,《考古》1982年第7期。

② 《中国文物》1979年第1期。

2. 地方期刊

鉴于考古调查和发掘日益增多,调查发掘简报和研究文章日益增多,而已有刊物难以满足及时刊布发掘资料和研究成果的需要。一些文物大省自己创办了文物考古类期刊,如《考古与文物》《农业考古》《南方民族考古》《东南文化》等,台湾地区也新办了一份考古专业期刊。除杂志外,河南省还创办了专业报纸《文物报》。下面介绍几种影响较大的地方期刊。

(1)《考古与文物》

它是地方主办的第一份考古文物期刊,1980年创刊,由陕西省考古研究所主办,每季度末出刊,陕西人民出版社出版。它重点发表陕西地区、西北地区以及邻省的田野考古调查、发掘简报,还发表中国考古学理论与研究、田野考古技术与文物保护、美术考古、宗教考古、民族考古、科技考古、考古与文物的各类专题研究,博物馆藏品介绍、国外考古与文物以及新书评介等。它以考古和文物工作者、美术工作者、大中院校历史教师、业余考古文物爱好者以及旅游者为读者。

(2)《农业考古》

它是地方主办的第一份从历史学、考古学、人类学、民俗学等方面研究农业历史、农业科学的专业杂志,1981年创刊,1981—1990年为半年刊,1991年改为季刊。1981—1984年由江西省博物馆、江西省中国农业考古研究中心主编,1985年改由江西省中国农业考古研究中心与江西省社会科学院历史研究所主办,1990年第2期起改由江西省社会科学院历史研究所主办。该刊宗旨为研究中国农业的悠久历史,发扬中国农业的优良传统,总结中国农业的历史经验,探索中国农业现代化道路。该刊首创农业考古学,并以此为中心,兼及探讨农史学术问题,探索为农业现代化服务的途径,反映少数民族农业史研究、外国农业史及中外农业史的比较研究,以及农业现代化、农业历史研究、农业考古发现与研究、农业工具、农田水利、园艺、林业、蚕桑、畜牧兽医、渔业、少数民族农业、农学家与古农书、资料索引等主要栏目。该杂志的出版为推动我国农业考古,特别是稻作农业起源研究做出了贡献。

（3）《东南文化》

它是江苏省考古学会、博物馆学会、民俗学会主办的学术期刊,由江苏古籍出版社发行。其前身是1978年创刊的南京博物院主办的内部刊物《文博通讯》,1985年改为现名,从1985年到1986年共出版三辑,从1987年起改为双月刊,由南京博物院主办。该刊开设的栏目有:文博、艺术、民族与民俗、文化史论、地方史志、名人名胜、中外文化交流、文博科技、文博动态等,刊登与上述方面有关的资料、论文、综述和文章评介、报道等。以文博、艺术、民族与民俗、历史、艺术、地方志、人类学等社会科学工作者,高校有关专业师生,各地旅游、园林的工作人员,以及美术爱好者为读者对象。①

（4）《南方民族考古》

它是四川大学博物馆和中国古代铜鼓研究学会联合主办的学术刊物,1987年出版了第一辑。该刊以发表华南和东南亚民族学、考古学、人类学的研究论文,田野考古资料和调查报告等为主,还刊登理论方法方面的论文、译介等文章,突显该刊重视人类学研究的特色。

（5）《中国文物报》

它是我国文博考古学界目前唯一一份专业性报纸,其前身是1985年8月16日创刊、由河南省文化厅等单位主办的《文物报》。开辟的栏目有:文博新闻、专访、博物馆之窗、国外文博、文物研究(每月出一期)和五花土副刊。自1988年7月起向海外公开发行,自1987年10月1日起更名为《中国文物报》,由国家文物委员会主办。

---

① 《发刊词》《稿约》,《东南文化》第一辑,1985年。

3. 专题研讨会

（1）长江下游新石器时代文化

《文物》月刊复刊以来，文物出版社不仅发表了大量考古发掘简报和专题研究文章，还与有关省市博物馆合作召开学术讨论会等，对探讨考古新发现和重大的学术问题起到了一定的推动作用。1977 年，文物出版社与南京博物院联合在南京召开了"长江下游新石器时代文化学术讨论会"，苏浙皖鲁粤等省市博物馆（院）以及北京大学、南京大学等大学、中国社会科学院考古研究所、中国历史博物馆等 35 个单位的代表参加了讨论会。会议代表充分讨论了长江下游地区新石器时代文化的内涵、分布及其相互关系等问题，会后以《文物集刊》(1)的名义出版了与会者提交的论文，推动了长江下游地区新石器时代考古工作向前发展。[①]

（2）江南地区印纹陶

20 世纪 50 年代以来，南方各地很多遗址和墓葬出土了大量印纹陶，其时代从新石器时代到汉初，学者们开始探讨其特征、起源、发展、与中原文化的关系、族属，以及其能否作为一个考古学文化等问题。在这个背景下，在国家文物事业管理局和江西各方面的支持下，江西省博物馆和文物出版社联合发起，于 1978 年 8 月底到 9 月初在江西庐山召开了"江南地区印纹陶问题学术讨论会"。中国社会科学院考古研究所、中国历史博物馆、故宫博物院、长江流域规划办公室考古队、江浙沪赣闽粤等省市博物馆以及北京大学等十几所高校历史系考古专业等共计 22 个省市的 55 个单位的近百位代表参加了会议。

专家们对以下几个方面的问题进行了讨论。第一，什么是印纹陶及其特征是什么。印纹陶原料主要有瓷土和黏土，把印纹陶划分软硬未必合适，印纹陶上的纹样除绳纹、蓝纹外，主要是几何形图案。与会

---

① 文物编辑委员会：《文物集刊 长江下游新石器时代文化学术讨论会文集》，文物出版社，1980。

者认识到,印纹陶无法作为南方地区古文化的代表,赞成废止"几何印纹陶文化"或者"以几何印纹陶为代表的文化"的称呼,代之以各地的考古学文化名称,如广东新石器时代有石峡文化、福建新石器时代文化有昙石山文化、江西青铜时代有吴城文化。第二,印纹陶起源问题。大家都认识到最初是由于泥条盘筑法制作的陶坯需要拍打成型、使其致密而留下的印纹,后来才由于美观的需要,印纹逐渐规整化、图案化,由工艺需求变为装饰需要。第三,有些代表提出把古代南方划分六个或者四个地区。不少代表论述了所在地区古文化的发展序列,探讨了江南地区与中原文化的关系、几何印纹陶发展盛行时期的社会性质和族属等问题。① 各地代表给会议带来了上千件文物标本,这次讨论会采取看标本、听介绍、谈认识的方法,这种形式活跃了会议气氛,被以后的一些研讨会借鉴。提交给大会的 33 篇论文,会后以《文物集刊》(3)的形式结集出版。

　　(3) 磁山文化

　　1976 年发现河北磁山文化遗址,1977 年发现河南新郑裴李岗遗址,两者的文化面貌既有相似或者相同的部分,又有不同的部分,它们早于仰韶文化,但都与仰韶文化早期阶段有一定的联系,引起了学术界的关注。在磁山文化发现 10 周年即 1987 年,河北省文物考古部门在邯郸召开了磁山文化学术讨论会。会上,多数学者同意把以往的磁山·裴李岗文化分别命名为"磁山文化"和"裴李岗文化",明确了在仰韶文化之前河北有磁山文化、河南有裴李岗文化、甘肃有大地湾文化,这些认识一定程度上推动了新石器时代研究。会上还有代表讨论了磁山文化石器、陶器、丧葬习俗和农业等问题,会后还编印了论文集。②

---

① 本刊通讯员:《江南地区印纹陶问题学术讨论会纪要》,《文物》1979 年第 1 期。

② 河北省考古学会、河北省文物考古研究所等编《磁山文化论集》,河北人民出版社,1989。

（4）亚洲地区（中国）考古

1983 年 8 月，中国考古学会、中国社会科学院考古研究所和联合国教科文组织在北京联合举办了"亚洲地区（中国）考古讨论会"，参加讨论会的有来自印度、印度尼西亚、日本、朝鲜、马来西亚、尼泊尔、巴基斯坦、斯里兰卡、泰国和中国的代表，来自英国、美国、瑞典和日本、朝鲜的观察员，以及联合国教科文组织的代表。会议代表就亚洲各国的考古工作，特别是中国考古工作的现状进行了讨论，促进了亚洲地区考古工作的发展，增加了亚洲各国考古学家之间的交往和友谊。会议经过 9 天的热烈讨论，完成了一系列参观活动后，圆满结束。①

四、研究成果

1. 考古研究

（1）考古学论著丛刊甲种

研究性著作有 10 部，其中个人署名的 7 部，集体署名的 3 部。个人署名的分别是：郭沫若的《卜辞通纂》(1983)、《石鼓文研究、诅楚文考释》(1982)，夏鼐的《考古学和科技史》(1979)，陈梦家的《汉简缀述》(1980)，王仲殊的《汉代考古学概说》(1984)，安志敏的《中国新石器时代论集》(1982)，王振铎的《科技考古论丛》(1989)。

集体署名的分别是：中国社会科学院考古研究所的《新中国的考古发现和研究》(1984)和《中国古代天文文物论集》(1989)，中国社会科学院历史研究所、中国社会科学院考古研究所合作的《安阳殷墟头骨研究》(1985)。

（2）考古学论著丛刊乙种

资料性著作共 11 部。其中，署名中国社会科学院考古研究所的有 9 部：《居延汉简乙编》（二册）(1980)、《中国古代天文文物图集》

---

① 《亚洲地区(中国)考古讨论会在我国举行》，载《中国考古学年鉴 1984》，文物出版社，1984。

（1980）、《小屯南地甲骨（上）》（二册）（1980）、《小屯南地甲骨（下）》（三册）（1983）、《殷墟玉器》（1982）、《中国考古学中碳-14 年代资料集（1965—1981）》（1983）、《新出金文分域简目》（1983）、《殷墟青铜器》（1985）、《定陵掇英》（1989）、《宁夏灵武窑》（1988）。其余两部是个人署名：张彦生的《善本碑帖录》（1984）、徐苹芳的《明清北京城图》（1986）。

（3）考古学论著丛刊丙种

通论性著作仅一部，即中国社会科学院考古研究所的《考古工作手册》（1982）。

（4）考古学论著丛刊丁种

田野考古报告共 18 部，只有一部是个人编写的，即黄文弼的《新疆考古发掘报告（1957—1958）》（1983）。集体署名的报告中，8 部由中国社会科学院考古研究所编写：《唐长安城郊隋唐墓》（1980）、《殷墟妇好墓》（1980）、《宝鸡北首岭》（1983）、《殷墟发掘报告（1958—1961）》（1987）、《胶县三里河》（1988）、《武功发掘报告　浒西庄与赵家来遗址》（1988）、《夏县东下冯》（1988）、《洛阳发掘报告　1955—1960 年洛阳涧滨考古发掘资料》（1989）。

9 部报告由其他单位编写：中国社会科学院考古研究所、河北省文物管理会共同编写的《满城汉墓发掘报告》（二册）（1980），广州市文物管理委员会、广州市博物馆共同编写的《广州汉墓》（二册）（1981），北京大学历史系考古教研室的《元君庙仰韶墓地》（1983），湖北省荆州地区博物馆的《江陵雨台山楚墓》（1984），青海省管理处考古队、中国社会科学院考古研究所共同编写的《青海柳湾　乐都柳湾原始社会墓地》（1984），大葆台汉墓发掘组的《北京大葆台汉墓》（1989），湖北省博物馆的《曾侯乙墓》（二册）（1989），西藏文物管理委员会、四川大学历史系共同编写的《昌都卡若》（1985），河南省文物研究所的《信阳楚墓》（1986）。

（5）其他

吴汝康等把 1978—1981 年间对北京猿人遗址所作的综合研究成果汇编成专著，这些成果包括地层、古人类、动物化石、孢粉、岩溶洞穴、沉积环境、古土壤、年代学八个方面，这些论文既独立，又互有关联，互相补充或互相论证，这项研究获得的成果是多方面的，是我国第四纪地质研究方面的一项重要综合性成果。[①]

有些地区为了展示研究成果以及方便综合研究而汇编了相关论文集，比如河南省考古学会和河南省博物馆把探讨夏文化的 26 篇论文汇编成《夏文化论文选集》，由中州古籍出版社于 1985 年出版。国内学术界迅速兴起了用考古材料，特别是大汶口文化的材料，来诠释私有制和国家起源的热潮，大大促进了对大汶口文化社会性质的研究。参加讨论的学者不仅有考古学家，还有许多历史学家、古文字学家和民族学家。对大汶口文化这样一支史前文化进行研讨，参加人员之广泛，撰写文章之踊跃，在中国考古学史上是十分罕见的。[②] 山东大学历史系考古专业择要汇集了部分论文出版了《大汶口文化讨论文集》，从中可以看到有关大汶口文化讨论之热烈和深入。

2. 科普作品

这个时期没有单行本的考古科普书籍出版，但是《文物》月刊利用不定期栏目"小辞典""文物丛谈"，刊登文物考古知识，起到了普及文物考古知识的作用。

《文物》1980 年第 1 期"小辞典"刊登了笔名为"故宫博物院陶慈"撰写的"弦纹""篮纹""剔刺纹""席纹""布纹""人面纹""鱼纹"名词解释；第 7 期的"小辞典"刊登了"窑变""仿古瓷""象生瓷""脱胎瓷""镂雕"等名词解释；12 期的"小辞典"刊登了"磁州窑龙凤扁壶""德化窑达

① 吴汝康等编：《北京猿人遗址综合研究》，科学出版社，1985。
② 高广仁等：《大汶口文化》，文物出版社，2004。

摩渡海白瓷塑""永乐白瓷执壶""康熙青花松竹梅纹壶""康熙五彩蝴蝶纹瓶"等名词解释。

《文物》1980年第1期"文物丛谈"栏目刊登了周南全撰写的"松花石砚"名词解释;第7期刊登了徐孝宓撰写的《"善本"小议》的普及性小论文;第12期刊登了孙机写的《有刃车　车上口下（做字）与多戈戟》的小论文。

五、其他

1. 公共考古

1989年12月14日,北京科学教育电影制片厂和山东省文物局等在济南市举办了"文物考古科教电影展览活动"。文物考古研究所在为期一周的时间内,放映了北京科学教育电影制片厂拍摄的《中国文明曙光》组片,包括短片《红山文化——坛、庙、冢》《良渚文化——玉器时代》《长岛古文化》《马家窑文化——彩陶宝库》。国家文物局及有关单位大力支持,苏秉琦担任《中国文明曙光》影片的科学顾问。影片编导鲁明说,这部影片就是要揭去这层神秘的面纱,让人们看到那遥远的地平线上的曙光。用科教电影来反映我国考古学的成就,向广大群众普及文物考古知识,是一项十分有意义的工作。近几年,北京科学教育电影制片厂拍摄了《中国古建》《云南青铜文化》《契丹考古》《克什克腾岩画》《揭开古文明之谜——模拟实验制陶工艺》等。①

2. 荣誉称号

经中国社会科学院批准,中国社会科学院考古研究所设立了"中国社会科学院考古研究所考古学研究成果奖金",制定了《中国社会科学院考古研究所考古学研究成果奖金章程》。章程规定,奖金授予对中国考古学做出成绩的中国境内的中国籍学者。近期内评奖时可适

---

① 何洪:《〈中国文明曙光〉等影片获得巨大成功》,《中国文物报》1990年5月31日。

当照顾中青年学者。夏鼐担任评奖委员会主任委员,王仲殊担任副主任委员,聘请知名学者苏秉琦、贾兰坡等担任评奖委员会委员。[①]在夏鼐去世后两周年,中国社会科学院考古研究所把以夏鼐捐赠的3万元人民币作为基金的"中国社会科学院考古研究所考古学研究成果奖金",改名为"中国社会科学院考古研究所夏鼐考古学研究成果奖金"。[②]

1986年8月,评奖委员会根据奖金章程规定,评出首批获奖的著作五项。在1986年召开的中国考古学会第六次年会闭幕式上由评奖委员会发奖。

一等奖两项,各获人民币1000元。它们是:中国社会科学院考古研究所编著,文物出版社1984年出版的《新中国的考古发现与研究》;北京大学、新疆维吾尔自治区文物管理委员会、拜城县克孜尔千佛洞文物保管所合著,文物出版社和日本平凡社1983—1985年共同出版的《中国石窟·克孜尔石窟》(三卷)。

二等奖有二项,各获人民币500元。它们分别是:青海省文物管理处考古队、中国社会科学院考古研究所合著,文物出版社1984年出版的《青海柳湾》;山东省文物考古研究所、山东省博物馆、济宁地区文物组、曲阜县文物管理委员会合著,齐鲁书社1982年出版的《曲阜鲁国故城》;湖北省荆州地区博物馆编著、文物出版社1984年出版的《江陵雨台山楚墓》。

第六节　人才培养

改革开放带动经济发展,随之而来的抢救性考古发掘任务繁重,能够承担田野发掘工作的人才匮乏这一问题突显出来。为此,高校培

---

① 《中国社会科学院考古研究所设考古学研究成果奖金》,《考古》1985年第6期。
② 《中国社会科学院考古研究所夏鼐考古学研究成果奖金首次评定》,《考古》1987年第7期。

养考古人才系列化,不仅培养本科生还培养硕士生以及博士研究生,并招收少量外国留学生。少数地方通过联合办学和培训班的办法培养速成人才。双管齐下的方法为考古文博机构输送了急需的人才。

一、高校人才培养

1. 本科教育

恢复高考前后,国内多所学校在历史系增设考古专业,有的高校在历史系设置了文物博物馆专业。1980 年,南开大学历史系恢复博物馆专业,主要培养文物及博物馆方面的专业工作者。1981 年,杭州大学历史系设置文物及博物馆专业。考古学人才培养开始走多元化的道路。1980 年,复旦大学分校历史系设置考古与博物馆学专业。随着复旦大学分校独立成为上海大学,该专业于 1983 年改为上海大学文学院历史系考古与博物馆学专业。

（1）学科建设

20 世纪 80 年代,少数高校谋求考古专业进一步发展,设立了考古学系。北京大学考古专业在 1983 年 7 月从历史系独立出来,成立了我国高校第一个考古学系,考古学系下设考古学和博物馆学两个本科生专业。1988 年,吉林大学把考古专业扩充为考古系。

1981 年 4 月,中山大学接受梁钊韬教授的建议,仿照美国人类学体系,建立了我国高校第一个人类学系,把历史系考古专业划归人类学系,新组建了民族学专业。人类学系下设考古学与民族学两个本科生专业,设置文化人类学、考古学、民族学和体质人类学共四个研究生专业。考古专业的本科生除了学习考古学外,还履修民族学、语言学、体质人类学等课程。有着人类学传统的厦门大学稍后也成立了人类学系,下设考古学和民族学两个本科生专业。

（2）培养要求

"文革"结束后,根据社会上对考古人才的需求,高校调整了考古专业本科生的培养要求,例如北京大学要求毕业生理解和掌握马克思主义关于历史科学的基本理论,具有本专业的基础知识和基本技能,能够从事田野考古工作和博物馆工作,掌握一种外国语,达到能够阅读专业书刊的程度,具有初步的科研能力,具有健全的体魄。其他高校的考古专业本科生培养要求基本上与此相同。

(3)学制和师资

在恢复高考后,多所高校招收了考古专业本科生,学制四年。

北京大学历史系考古专业经过了 20 多年的建设,拥有了一支优秀的教师队伍,开设旧石器时代一直到宋元时代的断代考古课程,很多教师成了国内各个领域的顶级专家。

(4)课程设置

各个高校要求四年制本科生准予毕业必须修满的总学分不一致,一般要求必须获得 140 学分以上才可以毕业。北京大学考古专业要求修满 150 学分方可毕业,其中全校公共选修课 41 学分,专业必修课70 学分,限制性选修课 20 学分,任意选修课 13 学分,生产劳动虽然没有学分但是属于必修课,时间为一周。

尽管课程名称不完全一样,所有高校考古专业的课程都由四个部分构成:全校性公共选修课如“大学英语”等,专业必修课如“世界上古史”,指定选修课如“中国古代建筑”,以及任意选修课。各个高校考古学系或专业一般都能够开设若干门断代考古学作为必修课,而选修课是根据师资力量和科研重点的具体情况,开设各具特色的考古课程。有些高校规定任意选修课必须包含外系的课程,如北京大学考古学系要求选修理科课程 4 学分,艺术类课程 2 学分。一般高校规定在三年级结束时,需要提交一篇学年论文,毕业时需要提交一篇毕业论文或者实习报告。这里列举四所高校开设的考古专业必修和指定选修课,从中可以看出考古学教育的基本面貌。

北京大学考古系在 1992—1993 年度开设的专业指定选修和任意

选修课21门(见表5-1),凸显其师资队伍整齐和庞大,远非其他高校考古专业所能比。

表5-1　北京大学考古系专业课程名称和课时

课程名称	学时	课程名称	学时
考古学导论	54	现代科技与考古	36
中国考古学(上)	72	原始社会与民族志	36
中国考古学(下)	80	中国佛教建筑	36
旧石器时代考古	36	中国古代建筑	36
新石器时代考古	54	文物保护技术	40
夏商周考古	60	动物考古	40
战国秦汉考古	60	环境考古	100
魏晋南北朝考古	30	印度与中亚佛教	40
中国考古学史	36	中国古代青铜器	40
宋元考古	40	博物馆学概论	80
科技考古	36		

其他新设置考古专业的高校都借鉴北京大学考古专业的办学经验和做法,结合本专业师资力量和本地区的特色,开设考古专业的专业课程。四川大学历史考古专业是1972年创办的新专业,截至1984年有教师11人,其中副教授3人,讲师5人。1992—1993年度开设的专业课有9门(见表5-2)。

表5-2　四川大学历史系考古专业专业课名称和课时

课程名称	学时	课程名称	学时
旧石器时代考古	60	田野考古概论	36
新石器时代考古	70	简牍研究概论	36
商周考古	72	古钱币研究	36
魏晋至宋元考古	76	考古文献目录	36
博物馆概论	54		

南京大学历史系考古专业 1972 年创立,截至 1984 年有教师 13 人,其中副教授 3 人,讲师 5 人。1992 年度开设的考古专业必修课和指定选修课见表 5-3。

表 5-3 南京大学历史系考古专业专业课名称和课时

课程名称	学时	课程名称	学时
旧石器时代考古	80 学时	考古照相	20 学时
新石器时代考古	80 学时	考古绘图	60 学时
商周考古	60 学时	古代货币	40 学时
战国秦汉考古	60 学时	古代建筑	60 学时
六朝考古	60 学时	考古学史	40 学时
隋唐考古	60 学时	石器时代考古研究	40 学时
田野考古	20 学时	古文字学	60 学时
环境考古学	80 学时		

杭州大学历史系文物与博物馆专业 1981 年创立,1982 年设置教研室,截至 1984 年有教师 5 人。1992—1993 年度开设的专业课有 9 门(见表 5-4)。

表 5-4 杭州大学历史系文物与博物馆专业专业课名称和课时

课程名称	学时	课程名称	学时
考古学与史前考古概论	60	中国古建筑	120
中国文明史考古	60	中国古陶瓷	60
博物馆学概论	60	古文字学	60
中国钱币学	60	中国美术史	60
人类学	60		

高校考古专业课程设置还有两个特点。一个特点是,很多高校严重缺乏从事宋代以后考古研究的教员,宋以后的考古课程多以专题研究为主,比如陶瓷器、丝绸、寺院、壁画和都城研究。另一个特点是,各

高校考古专业课程设置中普遍缺少考古学理论与方法课程,原因是考古学界理论和方法研究不足,对欧美考古学理论方法的研究成果和动态了解不够。

理论和方法研究一直是中国考古学界的薄弱环节,由于外语能力的限制、缺少外文资料,高校考古专业教师很少有机会与欧美考古界交流,考古学理论和方法的教学显得力不从心。有条件的高校如北京大学利用外国著名学者来访的机会邀请他们举办讲座。1985年,邀请了美国宾夕法尼亚大学人类学系教授谢瑞尔在北京大学考古系讲授了中美洲考古学,主要内容有:①引论,②美洲的早期移民,③中美洲文明的起源,④古代城邦,⑤玛雅文明,⑥古代玛雅的文化艺术,⑦古代玛雅的文化艺术,⑧西班牙征服以前的中美洲。高年级学生、研究生和部分年轻教师以及其他考古单位的年轻学者参加了听课。①

1986年,北京大学又邀请美国哈佛大学人类学系教授张光直做考古专题讲座,讲座内容分六个专题:①中国古代史在世界史上的重要性,②从世界古代史常用模式看中国古代文明的形成,③泛论考古学,④考古分类,⑤谈聚落形态考古,⑥三代社会的几点特征。讲座内容后来被整理成《考古学专题六讲》出版。②

张光直提出,研探中国文明起源要从三个方面进行:第一,中国古代文明在世界历史上有多大的重要性? 是土生土长的,还是外面传入的? 吸收了外面多少影响,以及对外产生了多大的影响? 第二,应该是探讨世界史关于文化、社会变迁模式与中国丰富的历史材料之间的关系。第三,用从中国古代史和从中国古代史发展本身看到的法则,来丰富一般社会科学的理论。他还指出,中国文明起源是中国学者和

① 严文明:《美国考古学家谢瑞尔教授来我国讲学》,载《中国考古学年鉴1986》,文物出版社,1986。
② 张光直:《考古学专题六讲》,文物出版社,1986。

知识界一直关心的问题,但是很少把它与世界史结合起来考虑,很少或者没有提出要从中国古史研究的成果去丰富一般社会科学的理论。他的看法让中国考古学者开阔了视野,明确了肩负的历史重任,他介绍的西方考古学基本概念对中国考古界尤其是青年学者和在校学生而言,非常新鲜。

2. 教学实习

(1) 观台磁州窑遗址

1987 年,北京大学考古系与河北省文物研究所合作发掘河北省磁县观台磁州窑遗址。发现窑炉九座,加工原料的大型石碾槽一座,出土各种完整或可复原瓷器 2000 多件,瓷片数十万片。这次发掘的重大收获是根据各探方地层的叠压关系、出土器物类型的同异和演变,以及烧制工艺、釉色、胎质和装饰技法的发展变化,将这次发掘所获得的遗迹和遗物分为四期七段,观台窑创烧于北宋初或稍早,停烧于元末到明初。[①]

(2) 昌都卡若遗址

1978—1979 年,四川大学与中国社会科学院考古研究所、云南省博物馆、西藏文物管理委员会合作,先后多次发掘昌都卡若遗址。他们清理出房址 29 座、石墙 3 段,圆石台 3 座、石围圈 3 座、灰坑 4 处,出土大量石器、陶器和骨器,发现大量粟粒。推测卡若先民处于以农业为主、狩猎和采集为辅的经济形态。遗址年代距今 5000~4000 年。完成发掘工作后,几家机构合作编写了发掘报告《昌都卡若》,除两个附录,全书分五章:第一章,"自然环境和工作概况";第二章,"文化堆积";第三章,"建筑遗迹";第四章,"生产工具和生活用具";第五章,"结论"。[②]

[①] 北京大学考古系、河北省文物研究所:《河北省磁县观台磁州窑遗址发掘简报》,《文物》1990 年第 4 期。

[②] 西藏自治区文物管理委员会、四川大学历史系:《昌都卡若》,文物出版社,1985。

3. 研究生教育

（1）学位点

恢复高考后的第二年开始，高校考古专业逐步获权招收研究生。北京大学于 1978 年 9 月恢复招收硕士研究生。1981 年，国务院学位委员会确定北京大学考古专业为博士点，批准宿白为第一批博士生导师。截至 1999 年，吉林大学、南京大学、四川大学等高校考古专业都设立了考古学与博物馆学博士点，成为培养高级人才的基地。中山大学人类学系从 1983 年起，招收文化人类学专业方向的硕士，设立了人类学博士点，梁钊韬作为国务院聘任的人类学博士生导师开始招收博士研究生，他培养的第一个博士就是知名藏学家格勒博士。

师资力量不同，各高校开设的研究生课程也不同。北京大学考古学系 1996 年修订的研究生培养计划中，规定招收从旧石器时代考古到宋辽金元考古研究 6 个断代考古研究方向，以及佛教考古研究等 9 个专题考古研究方向的硕士研究生。

（2）课程设置

北京大学规定，所有硕士研究生必须修满 40 学分，除全校公共选修课"科学社会主义力量与实践""马克思主义原著选读""第一外国语"外，各个研究方向具体要求各不相同，所需修满的必修课学分数不同，大致在 20 学分。以秦汉考古研究方向为例，必修课除上述三门公共选修课外，还要修读："考古学理论与方法"（2 学分）、"秦汉考古研究"（3 学分）、"简帛文书"（2 学分）、"秦汉史专题研究"（2 学分）等，共 18 学分；限选课 10～15 学分，课程有："秦汉文献"（2 学分）、"汉画研究"（2 学分）、"战国文字研究"（3 学分）、"夏商周考古研究"（3 学分）、"中外文化交流史"（3 学分）、"两晋南北朝隋唐考古研究"（3 学分）、"秦汉时期周边地区考古学文化研究"（2 学分）；任选课可选 2 学分，考古实习 10 学分，教学实习 2 学分。

北京大学对培养博士研究生有明确的要求，博士研究生必须掌握扎实的基础理论、研究方法和系统深入的专业知识;具有一定的相关学科知识;具有独立从事学科创造性科学研究、高等院校教学,以及在一些文博系统实际工作的能力;熟练掌握第一外国语。课程由导师或指导小组教师制定。研究生入学后第三学期进行一次综合考试,考试成绩达到优良者继续攻读博士学位,考试成绩不合格者不予补考,予以退学。

撰写博士论文首先要作选题报告,由不少于 5 名的专家组成评审组。博士论文基本完成并正式申请答辩之前(一般 3～5 个月)要举行预答辩,由博士生指导小组提出审核意见。没有达到水平的论文不能举行答辩。另外还要求申请博士学位的研究生在学习期间要在国内外核心刊物上发表或接受论文两篇,否则一般不予答辩。博士生学制一般为三年,在职博士研究生学习年限为四年。

北京大学从建立考古专业开始就接受来自日本、法国、美国等国的留学生进修或者攻读学位。1983 年毕业的外国留学生有 20 余人,在校外国留学生 8 人。

4. 教材建设

(1) 教材

北京大学在修订自编培养工农兵学员期间编写的铅印教材的基础上,公开出版了部分教材。有些教材被其他高校作为教材使用。邹衡执笔的考古专业教学参考书《商周考古》1979 年由文物出版社出版;俞伟超执笔编写的北京大学考古专业《战国秦汉考古》讲义,对秦汉时期的考古进行了全面的梳理,基本建立了中国考古学中秦汉考古断代学科框架。[①]

有的高校开始自编教材,如南京大学历史系考古专业自编了《旧石器时代考古》《新石器时代考古》《秦汉考古》《三国两晋南北朝考古》《隋唐考古》《考古绘图》等教材,基本上满足了课堂教学需要。

---

① 赵化成:《秦汉考古》,文物出版社,2002,第 4 页。

（2）参考书

有的高校还为学生编写参考书，比如四川大学青年教师联合编写了《世界考古学概论》。在当时绝大多数人根本不了解外国考古的大背景下，他们利用极为有限的参考资料，把内容浩瀚庞杂的世界考古发现和成果浓缩在一本篇幅很小的参考书中，实属不易。书中存在一些不足在所难免，作为第一本综合性世界考古参考资料，使学生们开阔了眼界。该书的内容设置为：第一章"欧洲古代文化"，第二章"西亚古文化"，第三章"非洲古代文化"，第四章"南亚古代文化"，第五章"中亚、北亚古代文化"，第六章"日本古代文化"，第七章"朝鲜古代文化"，第八章"美洲古代文化"，第九章"东南亚、大洋洲古代文化"。

5. 研讨会

高校教师不仅从事教学，还根据教学需要积极开展科研活动，并通过举办各类学术会议提升科研水平。

（1）人类学国际性学术讨论会

1985年12月，中山大学人类学系在本校召开了第一次人类学国际性学术讨论会，美国、日本、加拿大及我国学者（包括香港地区）共80多人出席了会议。会议收到论文70多篇，包括考古学、民族学、语言学和体质人类学四个方面，考古组有31位专家参加会议，提交论文26篇。提交的论文重点讨论了我国南方文化的特点，与会者学者一致认为，由于考古工作的广泛开展，使大家进一步了解到中国文化起源的多元性。河姆渡等遗址的发现说明南方文化自有其渊源，在以后的发展中逐渐形成了各有特点、丰富多彩的不同系统的文化，这些文化互相影响、渗透和融合，为后来的中国文明打下基础，并推动了我国统一的多民族国家的形成、发展和巩固。[1]

---

[1] 商志𩷰：《人类学国际性学术讨论会》，载《中国考古学年鉴1985》，文物出版社，1985。

（2）周秦汉唐考古与文化国际学术会议

1987 年 10 月，西北大学为纪念创建 75 周年、重建 50 周年，在西安举办了"周秦汉唐考古与文化国际学术会议"。来自美国、英国、苏联、日本、加拿大和我国的学者共 50 多人参加了会议，提交论文 40 多篇，内容涉及历史考古、文物保护等方面。历史考古组讨论的中心议题是先周文化的起源以及西周文化，文物保护组讨论了古遗址的风化机理及保护研究等。①

二、地方人才培训

地方文物管理部门和考古业务部门受到"文革"的冲击，人员变化大，不少新补充来的人员不具备必要的文物考古知识和田野发掘技术，难以胜任业务工作。少数发掘任务重的地区举办了业务培训班培训文物考古人才。

1. 文物干部训练班

1983—1984 年，在河南省共举办三期"文化部文物局郑州文物干部训练班"，每期学习时间为 4～6 个月，学员来自 27 个省、市、自治区，共约 50 人。主要学习有关文物政策法令和文物考古、博物馆等方面的业务知识，并进行一个月左右的田野考古发掘实习。由河南省文物研究所、河南省博物馆和郑州大学及省外的学者承担教学任务。

2. 文物干部考古专修班

文化部文物事业管理局与吉林大学合办经国家教委正式批准的大专班，目的和任务是培养德智体全面发展的文物考古工作者和初步研究人才。1984 年秋季招生，1985 年春季入学，1986 年 12 月结业。

---

① 杜征：《周秦汉唐考古与文化国际学术会议》，载《中国考古学年鉴 1988》，文物出版社，1989。

教学分两个阶段。第一阶段是校内课堂教学,两个学期先后开设了哲学、考古学通论、中国考古学、中国古代史、中国历史文选、古文字学和考古专题、考古技术等近20门课程。第二阶段是田野考古实习和编写报告(毕业论文)。学员们被分别派遣到黑龙江、湖北和山西的一些考古工地,在学校指导教师和外请教师指导下,经过发掘、整理和编写报告全过程的严格训练,掌握了田野考古技能,具备了整理发掘资料和进行分析研究的一定能力。[①]

3. 文物干部培训班

河南省举办了不同类型的培训班,培养了不少文物考古人才。[②]比如,1979年8月~11月,在河南文物局的领导下,举办了河南省文物干部训练班,训练班的培训工作由原河南省博物馆文物工作队负责。训练班首先是理论学习,然后到淮阳平粮台遗址进行田野考古实习,学员结业后,都回到原单位工作。

4. 考古干部专科学校

1984年,经河南省人民政府批准,把"文化部文物局郑州文物干部训练班"改为"郑州考古干部专科学校",1985年面向全国招生,共招收到大专班(两年制)学员27名,分别来自辽宁、河北、山东、河南、宁夏、江苏等9个省、自治区。教学内容按照大学考古专业两年制的课程安排。课堂学习一年半,分基础课和专业知识。河南省文物研究所、湖北和北京大学等单位的专家学者来郑州授课。田野考古发掘实习与整理为半年时间,每个学员通过发掘实习都拿出考古发掘报告草稿,有些学员的毕业论文会在刊物上发表。学员们都很好地完成了学习任务,领到了由河南省教委颁发的大专合格毕业证书。[③]

―――――――――――――――――

① 魏存成:《我校全国文物干部考古专修科圆满毕业》,《史学集刊》1987年第3期。
② 安金槐:《河南省文物研究所四十年发展历程回顾》,《华夏考古》1992年第3期。
③ 同上。

第六章　走向黄金时代的考古学(1990—2020)

随着国家改革开放政策进一步落实,考古事业不断发展壮大,考古管理和科研机构不断调整与完善,有关考古的法制建设有了长足进步,国家文物局通过召开各类会议指导全国各地的考古工作,协调配合三峡工程和南水北调工程的抢救性考古工作顺利完成。各地把抢救性考古调查发掘与学术研究相结合,课题意识增强。每年不仅都有震惊世界的考古新发现,而且反映考古跨学科特点的多学科研究成为考古学研究主流,且研究水平不断提高,中外学术交流日益频繁。

党和国家领导人关心和支持考古事业,社会经济发展为考古事业发展创造了前所未有的良好条件,社会对考古学的关注不断提升,中国考古学走向真正的黄金时代。

第一节　管理与法制建设

为了更好地管理文物考古工作,国务院调整了国家文物局的职能。国家文物局随之调整内部机构,并组建中国文物研究所等研究机构。一些省区市也以不同方式提升主管考古工作机构的级别,加强对考古工作的管理。

国家加大考古法规建设力度,在修订《文物保护法》的基础上颁布一系列考古工作法规，为考古工作顺利进行提供了法律保障。国家文物局通过召开全国文物工作会议、考古工作汇报会等形式，指导各地开展文物考古工作。

一、职能和机构调整

1. 国家文物局

根据党的十九届三中全会审议通过的《深化党和国家机构改革方案》、国务院第一次常务会议审议通过的《国务院关于部委管理的国家局设置的通知》等，[①]作为文化部管理的负责国家文物和博物馆方面工作的行政机构国家文物局的主要职责有所调整，其中与考古有关的职责是：(1) 研究拟定文物、博物馆事业的发展方针、政策、法规和规划，制定有关的制度、办法并监督实施。(2) 指导、协调文物的管理、保护、抢救、发掘、研究、出境、宣传等业务工作。(3) 依照有关法律法规审核或审批全国重点文物的发掘、保护、维修项目。

国家文物局内设机构为：办公室(政策法规司、外事联络司)、文物保护司、博物馆司、直属机关党委、机关服务中心等，有关考古发掘等事项由博物馆司负责。

为了全面推动考古事业，国家文物局新设或调整了相关直属研究机构。

(1) 中国文物研究所

它是从事文化遗产保护科学和技术研究与应用的国家级公益性科研机构，其前身是 1935 年创建的旧都文物整理委员会及其执行机构北平文物整理实施事务所，后几经更名。1990 年，与文化部古文献研究室合并组建为中国文物研究所。[②] 其任务是：根据国家文物保护

---

① 《国务院关于部委管理的国家局设置的通知》(国发〔2018〕7 号)。
② 郭桂香：《中国文物研究所喜庆 70 华诞》，《中国文物报》2005 年 12 月 9 日。

科学技术发展规划,整合文物保护科技资源,承担国家重大文物保护科研课题和文物保护项目,具有综合攻关能力,指导全国的文物保护工作。研究所下设古代建筑与古迹保护中心、文物保护科技中心、古文献与文物研究中心、文物资料信息中心、文物保护修复培训中心、文物保护基础理论研究室。中国文物研究所的创建表明,国家文物局不仅重视考古调查发掘和研究,还重视出土文物的研究与保护,把文物的保护与永续利用落到实处。后经中央机构编制委员会办公室批准,中国文物研究所从 2007 年 11 月 20 日起更名为"中国文化遗产研究院"。①

(2)中国文化遗产研究院

中国文化遗产研究院是国家级文化遗产保护科学技术研究机构,由国家文物局直接领导。其主要职责是:开展国家文化遗产资源的调查、登录工作;承担文化遗产科学的基础研究、专项研究,开展文化遗产保护应用技术研究,推广科学技术研究成果;承担国家重要文化遗产保护项目的有关具体工作;开展文化遗产保护科学技术的国际合作、学术交流和教育培训工作等。②

(3)外国考古研究中心

2017 年 3 月 2 日,中国社会科学院成立外国考古研究中心。研究中心聘请王巍为主任、考古研究所李新伟为常务副主任、加拿大学者荆志淳为负责人,聘请考古研究所刘庆柱、徐光冀和吉林大学林沄为学术顾问,聘请来自相关机构和高校的 20 余位专家学者担任学术委员与客座研究员。与会学者认为,外国考古研究中心的成立为促进世界文明核心地区与"一带一路"关键节点的考古发掘和研究工作搭建了良好的合作与交流平台,为"人类命运共同体"理念和"一带一路"倡

---

① 黄小驹:《中国文物研究所更名为中国文化遗产研究院》,《中国文物报》2007 年 11 月 22 日。
②《中国文化遗产研究院简介》,《中国文物科学研究院》2008 年第 2 期。

议提供了强有力的学术支撑,为加强中国学者在世界文明研究中的话语权、树立文化大国形象创造了新的契机。

（4）考古研究中心

2020年11月30日,国家文物局在原水下文化遗产保护中心的基础上组建考古研究中心,它主要承担分析监测技术、空间及微观测量技术、新材料技术和数字化技术等技术考古科研,考古标准技术规范研究,组织水下考古、边疆考古、科技考古、中外合作考古等工作。①

（5）考古研究所增设研究中心

中国社会科学院考古研究所于1995年5月组建了考古科学技术实验研究中心和考古资料信息中心,2008年成立文化遗产保护研究中心。

考古科学技术实验研究中心由环境考古、动植物考古、体质人类学以及原实验化验室、技术室在内的研究技术力量组成。主要工作有:年代测定与研究,环境考古与体质人类学研究,物质结构分析研究,探测与绘图,影像与修复,计算机的应用与开发等。该中心主要配合考古研究所各田野队做好各种数据的测试和技术工作,加强同兄弟单位的联系合作,广泛开拓与国外相应研究机构的交流和合作,建成开放型的实验研究中心。

考古资料信息中心由图书馆、博物馆和信息组三部分组成。其主要任务是发挥考古研究所图书、资料和文物标本的优势,除承担所内的业务辅助工作外,逐步创造条件,开展对外服务,结展交流渠道,在考古学界更好地发挥资料信息中心的作用。②

文化遗产保护研究中心在2004年考古研究所创建的非实体科研

---

① 李瑞:《国家文物局考古研究中心成立》,《大众考古》2020第24期。
② 本刊记者:《中国社会科学院成立考古科学技术实验研究中心和考古资料信息中心》,《考古》1996年第4期。

机构"大遗址保护研究中心"的基础上，2008年转为实体科研机构。其任务是开展文化遗产保护理论和法律法规研究、文化遗产保护科学与技术研究、承担文化遗产保护规划和保护方案编制、古代遗址考古发掘工作中的文化遗产保护工作等。①

2. 地方管理与考古机构

部分省、区、市政府对文物考古工作重要性的认识不断加深，把文化厅文物处升格为副厅级的文物局，有些省区进一步明确了文物局的职责。管理文物考古工作的组织机构不断完善，有力促进了文物考古事业的发展。

(1) 省区文物局调整

1992年，甘肃省根据全国文物工作会议精神设立了文物局，1994年任命局领导成员，1995年被正式确定为省政府主管全省文物工作的职能部门，批准设立办公室、综合处、文物保护处、博物馆处和机关党委五个职能处室，核定行政和事业人员编制，保留原长城博物馆(筹)和文物管理委员会办公室的几个事业编制。从1996年起，财务工作和部分人事管理工作相对独立，各有关处室按各自的职责和分工开展工作。②

2000年起，陕西省文物局机关内设7个处(室)：办公室、政策法规处、文物保护处、博物馆处、外事处、人事处和公安处，文物局机关行政编制33名。其中，公安处的职责相对比较全面：制定全省文物系统的人防、技防、消防、物防工作规划并监督执行；检查指导全省文物安全工作；对文物安全经费进行管理和监督；配合公安机关打击文物犯罪活动，对违反《文物保护法》的行为进行查处。③

---

① 杜金鹏：《中国人在行动——中国大遗址保护五年回顾》，《东方考古》2016年第8集。

② 文殊：《一段山路十年辉煌》，《丝绸之路》2002年第9期。

③ 《陕西省人民政府办公厅关于印发陕西省人民政府研究室(陕西省发展研究中心)职能配置内设机构和人员编制规定的通知》(陕政办法〔2000〕74号)，《陕西政报》2000年第17期。

（2）地方研究部门调整

有些省区市文物考古研究所为了拓展研究方向、增加研究手段，增设了研究部门。比如浙江省文物考古研究所经浙江省文化厅批准，于 2002 年 10 月成立科技考古室，研究室将采用现代自然科学的研究方法对出土文物进行科学分析，获取更多信息，为揭示人类和自然的共生关系等提供依据。①

值得关注的是，原来为考古研究提供检测分析的科研机构认识到科技手段对考古研究的重要作用，专门成立了相关研究部门。比如，上海光学精密机械研究所是中国建立最早、规模最大的激光专业研究所，成立于 1964 年，是以探索现代光学重大基础及应用基础前沿研究、发展大型激光工程技术并开拓激光与光电子高技术应用为重点的综合性研究所。它从 2000 年开始集中研究中国古代玻璃技术的发展，此后逐步把研究领域扩展到古代玉器和其他硅酸盐质文物的检测分析上。着重利用质子激发 X 射线荧光、能量色散 X 射线荧光分析和激光拉曼光谱分析等手段，研究古代硅酸盐质文物的化学成分、指纹元素和物相组成等。2008 年 11 月，设立科技考古中心，并先后与复旦大学、新疆文物考古研究所、河南省文物考古研究所等合作开展研究，采用无损分析方法对 700 多件古代玻璃和玉器样品进行科技分析，助力各地考古研究走向深入。②

二、法制建设与规划

这个阶段有关考古的法制建设取得重大成果。国务院批准了《中

---

① 郑云飞：《浙江省文物考古研究所成立科技考古室》，载《中国考古学年鉴 2003》，文物出版社，2004。
②《上海光学精密机械研究所科技考古中心简介》，《广西民族大学学报（自然科学版）》2009年第 4 期。

华人民共和国考古涉外工作管理办法》(以下简称《考古涉外工作管理办法》),国家文物局颁布了若干个考古调查发掘等的管理办法,为有效管理和开展考古工作提供了法律依据。同时,国家文物局还根据国家文化事业发展需要制定了相关计划。

1. 法律法规

(1)《考古涉外工作管理办法》

1990年12月31日,国务院批准《考古涉外工作管理办法》,办法的公布为中外合作考古提供了法律依据。该条例对考古领域涉外工作做了原则性规定:

> 中外合作进行考古调查、勘探、发掘活动,应当遵守下列原则:(一)合作双方共同实施考古调查、勘探、发掘项目,并组成联合考古队,由中方专家主持全面工作;(二)合作双方应当在中国境内共同整理考古调查、勘探、发掘所获取的资料并编写报告。报告由合作双方署名,中方有权优先发表;(三)合作考古调查、勘探、发掘活动所获取的文物、自然标本以及考古记录的原始资料,均归中国所有,并确保其安全。

(2)经费预算定额管理办法

国家文物局征得国家物价局和建设部同意,1990年4月20日公布了《考古调查、勘探和考古发掘经费预算编制管理办法》。它是为科学研究和配合建设工程及其他动土工程而制定的管理办法,依据考古调查、勘探和发掘以及特殊项目等不同情况制定的经费收费标准,对考古部门与建设单位协商解决调查勘探和发掘经费,以及加强考古经费管理,保证考古工作正常进行起到了重要作用。

(3)《文物保护法实施细则》

1992年5月5日,国家文物局经过国务院批准,颁布《中华人民共和国文物保护法实施细则》(以下简称《文物保护法实施细则》)。其中,"考古发掘"这一章从三个方面对考古活动做了规定。第一,如何配合建设工程特别是跨省区市的建设工程,开展考古调查、勘探、发掘和文物保管。第二,工程建设单位和施工单位如何配合考古单位做好考古工作。第三,明确考古发掘单位和项目领队人员资格认定、考古勘探单位和领队人员资格认定制度。

(4)《田野考古奖励办法》

1993年8月1日,《国家文物局田野考古奖励办法(试行)》(〔93〕文物文字第545号)颁布。它是国家文物局应1992年召开的全国文物考古研究所所长座谈会代表的建议而制定的奖励田野考古的办法。办法明确规定,这是为了奖励在我国田野考古工作中做出突出成绩的考古研究单位和个人,鼓励田野考古工作人员的积极性和创造性,促进田野考古发掘及研究工作的进步与发展。

(5)加强和改善文物工作

1997年,国务院颁布《关于加强和改善文物工作的通知》,要求各级政府贯彻落实"五纳入":

> 要努力建立适应社会主义市场经济体制要求、遵循文物工作自身规律、国家保护为主并动员全社会参与的文物保护体制。各地方、各有关部门应把文物保护纳入当地经济和社会发展计划,纳入城乡建设规划,纳入财政预算,纳入体制改革,纳入各级领导责任制。财政预算中安排的文物保护经费应逐年有所增加,同时要制定相应的政策鼓励,引导并广泛吸收有关部门和企事业单位及个人参与文物保护事业。

通知为各地文物考古部门从地方政府争取多方面的支持、改善文物保护工作人财物不足的情况提供了依据。

(6)《考古发掘管理办法》

1998年4月,经过国家文物局局长办公会议通过,并经文化部同意,以国家文物局令第 2 号的形式颁布《考古发掘管理办法》。办法规定,考古发掘实行团体和个人领队负责制。由国家文物局组织有关部门和专家组成国家文物局考古发掘资格评议委员会,负责考古发掘资格审定。对发掘项目申请和审批也做了规定,申请考古发掘项目必须填写《中华人民共和国考古发掘申请书》,由考古发掘单位经发掘所在地的省、自治区、直辖市文物行政管理部门向国家文物局提出申请。考古发掘单位和主持发掘项目的领队人员,应严格执行《田野考古工作规程》,严格执行国家文物局批准的考古发掘项目计划,确保发掘质量和文物安全。该办法对考古资料与发掘报告也做了规定,要求考古发掘领队人员在该项考古发掘工作结束后,应及时、认真地做好出土文物、各类标本、有关资料(包括文字记录、各种登记表格、照片、图纸)的整理工作。考古发掘报告的编写工作要在发掘结束后的 3 年内完成。年度发掘报告应在当年完成编写工作。最后还明确了奖励与惩罚措施。不过有些机构因为种种原因没有很好地执行该办法。

(7) 团体和领队资格

根据《文物保护法》的精神,国家文物局 1990 年颁布了《考古发掘资格审定办法》,它规定考古发掘资格分为团体资格和个人领队资格,还规定提出申请团体资格的单位必须有 3~5 人以上具备个人领队资格的作业人员,申请领队资格的个人必须具备大学考古专业毕业、从事田野考古工作 5 年以上,并具备中级及中级以上专业技术职称等。

办法还规定了申报考古发掘项目的一般流程。具有团体领队资格的单位可申报考古发掘项目,具有领队资格的个人经具有团体资格的单位指派,担任考古发掘项目的领队。最后,国家文物局考古发掘资格评议委员会评议,会同中国社会科学院审核,公布了国家文物局批准的第一批 42 个获得考古发掘团体资格的单位名单。其中包括省级文物考古研究所、少数市级博物馆或文物(考古)研究所,以及北京大学考古系等高校考古教研室。① 该办法的颁布，很好地规范了考古发掘组织单位，促进了各地考古机构的建设和田野考古人才的培养工作。

国家文物局同时发布《考古发掘团体资格审定公告》和《考古发掘领队资格审定公告》。《考古发掘团体资格审定公告》指出，经过国家文物局考古发掘资格评议委员会评议，会同中国社会科学院审核，国家文物局批准第一批 42 个单位获得考古发掘团体资格，其中包括北京市文物研究所、天津市历史博物馆和河北省文物研究所等省区市的文物考古研究所和博物馆，以及 9 所高校考古系或考古教研室。《考古发掘领队资格审定公告》指出，经过国家文物局考古发掘资格评议委员会评议，会同中国社会科学院审核，国家文物局批准第一批 448人获得考古发掘领队资格。

(8)《田野考古工作规程》

为促进考古事业快速发展，国家文物局对田野考古工作提出新要求，针对《田野考古工作规程》的试行结果，2002 年委托北京大学考古系组织人员修订规程。他们把通过规范和提高田野考古操作技术及其产生的资料质量水平，支持中国考古学的发展作为修订目的。他们广泛收集各方面的意见和建议，参照了日本、英国等颁发的诸如《地下文物发掘调查手册》《考古遗址工作手册》等田野考古技术与方法，在2006 年完成规程的修订工作。② 2009 年，国家文物局通过文物出版社出版了《田野考古工作规程》。

(9) 文化遗产保护

针对文化遗产保护面临的问题，国务院就加强文化遗产保护问题

---

① 中国考古学会编：《中国考古学年鉴 1991》，文物出版社，1992，第 2—3 页。

② 赵辉、秦岭、张海、孙波：《新形势　新要求　新规程：新修订〈田野考古工作规程〉的相关说明》，《南方文物》2009 年第 3 期。

发出通知。通知对改进和完善重大建设工程中的文物保护工作提出要求,凡涉及文化保护事项的基本建设项目,必须依法在项目批准前征求文物行政部门的意见,在进行必要的考古勘探、发掘并落实文物保护措施以后方可实施。①

(10)文物保护行业标准

国家文物局组织中国国家博物馆、敦煌研究院、西安文物保护修复中心、荆州市文物保护中心等单位陆续编写、制定了多种行业标准。其中与田野考古直接相关的标准有《田野考古钻探记录规范》(WW/T 0075—2017)和《田野考古制图》(WW/T 0035—2012)。这些行业标准的制定和公布能够规范田野考古记录并有助于提高田野考古水平。

2. 保护规划

国家文物局根据国家文化事业规划和文物事业发展要求,制定了多项发展和保护文化遗产的规划,切实指导省区市的考古事业发展。

(1)大遗址保护

“国家大遗址”是苏秉琦最早提出的概念,②国家文物局按照《国家“十一五”时期文化发展规划纲要》的要求开展大遗址保护的工作。2005年8月25日,财政部、国家文物局发出《关于印发大遗址保护专项经费管理办法的通知》(财教〔2005〕135号),通知中首次把“大遗址”定义为“主要包括反映中国古代历史各个发展阶段涉及政治、宗教、军事、科技、工业、农业、建筑、交通、水利等方面历史文化信息,具有规模宏大、价值重大、影响深远特点的大型聚落、城址、宫室、陵寝墓葬等遗址、遗址群及文化景观”。还规定“专项发掘”是指中央财政安排用于大遗址保护和开展相关管理工作的补助经费,重点支持中央政府推动的大遗址本体保护示范工程。

---

① 国务院:《关于加强文化遗产保护的通知》,国发〔2005〕42号。

② 张忠培:《中国大遗址保护的问题》,《考古》2008年第1期。

2006年11月，国家文物局、财政部发出《关于印发"十一五"期间大遗址保护总体规划的通知》(文物办发〔2006〕43号)。通知对"十一五"期间大遗址保护做了总体规划，启动100处重要大遗址保护管理体系建设，编制总体保护规划纲要等。①

2007年7月，中国社会科学院考古研究所和中国科学出版集团科学出版社和内蒙古文物考古研究所共同发起和组织的"中国大遗址保护研讨会"在呼和浩特召开。国内26个省区市近60个单位的120位代表出席会议。会上就大遗址的概念、面临的问题和保护理念，考古工作与文化遗产保护、考古学学科建设，经济发达地区大遗址保护的实践等问题进行了探讨。② 这个会议被认为具有里程碑意义，标志着我国考古学和大遗址保护都将进入一个新阶段。

2013年，国家文物局、财政部颁布《大遗址保护"十二五"专项规划》，规划提出的总体目标是，以实施重大保护示范项目、建设大遗址保护示范园区为着力点，构建"六片、四线、一圈"为重点、150处大遗址为支撑的大遗址保护新格局；主要任务是完成新增150处重要大遗址测绘工作等。③

2016年11月，国家文物局印发《大遗址保护"十三五"专项规划》，规划提出的专题目标是，基本实现大遗址本体和环境安全，完善大遗址保护规划和管理体系等；主要任务有开展考古工作等。④

2021年10月，国家文物局印发《大遗址保护利用"十四五"专项规划》，规划提出的总体目标是，到2025年大遗址保护总体格局基本成

---

① 孟宪民：《梦想辉煌——关于中国大遗址保护思路的探讨》，《东南文化》2001年第1期；《温故求新：促进大遗址保护的科学发展——大遗址保护思路再探》，《东南文化》2009年第3期。

② 王学荣：《"中国大遗址保护研讨会"纪要》，《考古》2008年第1期。

③ 国家文物局、财政部：《大遗址保护"十二五"专项规划》(文物保发〔2013〕11号)。

④ 国家文物局：《大遗址保护"十三五"专项规划》(文物保发〔2016〕22号)。

型;主要任务有加强大遗址考古工作等。①

(2)"十二五"规划

2008 年,国家文物局启动"国家文物博物馆事业发展'十二五'(2011—2015 年)规划"编制工作。2009 年全国文物局局长会议专题审读了规划(建议稿),2011 年颁布。② 其中与考古直接相关的主要有以下几条。

第四章"主要任务"的"(九)考古":

提升考古在文物保护利用中的基础地位。形成基本建设考古项目为主的工作格局。积极做好基本建设工程和各类经济开发区建设区域的文物抢救保护工作,增强基本建设项目中考古工作的主动性、计划性、科学性和规范性。……开展中华文明探源工程等重大学术课题研究,确立中国考古学文化系列和编年框架,构建中华文明表达体系,促进考古学科发展。加强大遗址、边疆考古、区域考古、石窟寺考古、科技考古、公众考古、中外合作考古工作。加强考古业务管理,研究编制考古规划,完善考古技术标准。……加强考古资料整理和考古报告出版工作。

第四章"主要任务"的"(十二)水下文物保护":

……形成国家主导、以沿海海域为主、兼顾内陆水域的水下文物保护格局。健全水下文物保护管理的部门协作机制。开展沿海海域和部分内陆水域水下考古调查……

第五章"重大工程"的"十三、重大基本建设考古与文物抢救工程":

---

① 国家文物局:《大遗址保护利用"十四五"专项规划》(文物保发〔2021〕29 号)。

②《国家文物局局长单霁翔就〈国家文物博物馆事业发展"十二五"规划〉答记者问》,《中国文物报》2011 年 6 月 24 日。

积极做好南水北调、西气东输、高速铁路与公路、大型水库等国家重大基本建设工程的考古，加强基本建设工程考古管理，开展基本建设工程的考古研究，提供基本建设考古工作质量。①

(3)"十三五"规划

2017年2月22日，国家文物局公布了《国家文物事业发展"十三五"规划》，主要阐明了"十三五"时期文物事业的发展目标、主要任务、重大工程和重大举措，是各级文物部门履行职责、推动工作的重要依据。其中，"二、切实加大文物保护力度"的(二)中提出：提升考古在文物保护中的基础性地位和作用。开展"考古中国"重大研究工程，对古文化遗址有重点地进行系统考古发掘，继续重视基本建设考古，做好北京城市副中心考古和文物保护工作。研究建立文物影响评估制度，推动地下文物埋藏区的认定与公布。加强水下文化遗产保护。开展西沙群岛、南沙群岛及沿海重点海域水下文化遗产调查和水下考古发掘保护项目。②

三、指导考古工作

国家文物局通过召开全国性工作会议从业务上指导各地开展考古工作，明确工作目标和任务。其中最主要的工作会议是国务院组织的全国文物工作会议。此外，国家文物局还组织协调全国考古力量配合三峡库区和南水北调工程的考古调查和发掘工作。

1. 全国性工作会议

文物考古工作历来得到党和国家领导人的重视，他们多次拨冗参加全国文物工作会议，并在会上发表讲话，为文物考古事业发展指明方向。

①《国家文物博物馆事业发展"十二五"规划》，《中国文物报》2011年6月24日。
②《国家文物局局长刘玉珠就〈国家文物事业发展"十三五"规划〉答记者问》，《中国文物报》2017年2月24日。

(1) 全国文物工作会议

全国文物工作会议是国务院不定期召开的确定文物工作方针政策的工作会议,中共中央政治局常委或委员多次出席国家文物局主持召开的全国文物工作会议,并在会上做了重要讲话,确定并强调文物工作的方针。文物工作会议就进一步做好包括考古工作在内的文物工作做了具体部署。

1992 年 5 月 6～9 日,全国文物工作会议在西安召开。时任中共中央书记处书记李瑞环和国务委员李铁映出席会议。会议明确提出"保护为主、抢救第一"的新时期文物工作方针,着重研究讨论"八五"期间文物抢救性维修保护等方面问题。党中央和国务院决定从 1992 年起,将中央用于文物抢救保护的经费在原有 500 万元的基础上增加到 7000 万元,从 1993 年起每年增加到 8000 万元。①

2002 年 12 月 19～21 日,全国文物工作会议在北京召开。② 国务院副总理李岚清在会上说,全国人大常委会修订通过的《文物保护法》,是我国文物事业发展史上的里程碑。《文物保护法》确立的"保护为主、抢救第一、合理利用、加强管理"的文物工作方针,新时期文物工作要在任何时候、任何情况下都要坚持"保护为主",要确定合理利用文物的内涵、途径、手段和办法,要坚持在保护文物的前提下进行基本建设和生产建设,要深化改革,要在继承优秀传统技术、材料、工艺的基础上,积极审慎地采用现代科技成果保护文物,不断提高文物保护水平。③ 文化部长孙家正、国家文物局长单霁翔做了工作报告,公安

---

① 李铁映:《一定要把文物保护好 ——李铁映同志在全国文物工作会议上的讲话》,《中国博物馆》1992 年第 2 期。

② 朱威:《吹响春天的号角——全国文物工作会议和全国文物局长会议速写》,《中国文物报》2002 年 12 月 25 日。

③ 李岚清:《认真学习贯彻十六大精神 努力开创文物工作新局面——在全国文物工作会议上的讲话》,《中国文物通讯》2004 年第 1 期。

部、建设部、海关总署、国家工商行政管理总局和国家旅游局的负责同志发了言。

2012年7月10日,全国文物工作会议在北京召开,这是国务院时隔10年召开的重要会议,指明了当前及今后文物工作方向。时任中共中央政治局常委李长春,中共中央政治局委员、国务委员刘延东,全国人大常委会副委员长路甬祥,全国政协副主席郑万通等领导会见会议代表,李长春作重要指示,刘延东在会上发表讲话。会议要求,深刻认识和把握当前形势,切实增强保护文化遗产的责任感和紧迫感,切实肩负起建设文化遗产强国的历史责任。①

（2）田野考古工作规程座谈会

田野考古质量和水平是关乎考古事业能否顺利开展的关键性因素,是所有考古工作的基础性。国家文物局非常重视规范考古工作方法,为了制定田野考古工作规范专门组织了部分专家座谈。

1992年3月,国家文物局召集了全国20多个省区市的考古研究所和博物馆考古部负责人在山东淄博市座谈,就深入贯彻《田野考古工作规程（试行）》,提高考古发掘质量,在配合基本建设中抓课题研究等问题进行座谈并取得共识。与会代表针对当前考古工作中存在的问题如未经申请擅自发掘、片面追求文物的开放利用和轰动效应,以及发掘质量、人员素质等问题进行了讨论,一致认为田野发掘是文物保护、科研及宣传教育的基础,抓好田野工作对发展中国考古学具有深远的意义。会议还就各地在配合基本建设的发掘中如何抓重点、抓课题、将学科课题同文物保护工作有机结合进行了研讨。②

（3）全国考古工作汇报会

为了更好地指导各地考古工作,国家文物局通过召开考古工作汇

---

① 彭跃辉:《2012年全国文物工作会议述略》,《中国文物科学研究》2012年第3期。
② 《国家文物局召集会议座谈贯彻〈田野考古工作规程〉提高发掘质量》,《中国文物报》1992年4月25日。

报会的形式掌握省区市每年的考古工作情况,并针对存在的问题提出指导意见。

1993 年,全国考古工作汇报会在珠海召开。30 个省区和直辖市文化厅(文化局)、文物考古研究所及大学考古专业等方面代表 110 人出席了会议。会议主要总结交流了两年来各地考古工作的成果和经验,并就落实"保护为主、抢救第一"的方针,进一步加强考古发掘工作的管理,做好文物保护特别是大遗址保护等问题展开了深入探讨。①

2001 年 12 月,国家文物局和江苏省文化厅在南京举办"2000—2001 年度全国考古工作汇报会"。② 来自全国省区市的文物主管部门领导和有关科研单位、高等学校专家学者 100 多人参加会议。大会发言包括:考古发掘与大遗址保护、城市建设中的考古工作、现代科技在考古学中的应用等内容,20 多家考古研究所以各种形式介绍了两年来考古新发现的情况。黄景略、徐苹芳、严文明、张森水、徐光冀等分别就考古工作和如何配合基本建设、参与大遗址和历史义化名城保护、提高考古工作水平和质量、旧石器考古与三峡考古做了专题发言。

(4)全国文物局长会议

全国文物局长会议是国家文物局部署工作的重要途径之一,中央国家机关有关部门负责同志,各省区市文化厅(局)、文物局(文物管理委员会)负责同志,文物系统老同志及专家代表参加会议。

1997 年 1 月 16 日至 18 日,全国文物局长会议在北京召开,中宣部副部长、文化部长刘忠德出席会议并讲话。全国人大教科文卫委员会主任委员赵东宛,文化部党组成员、国家文物局长张文彬等出席会议。刘忠德在讲话中指出,服从和服务于社会主义精神文明建设大局

---

① 《全国考古工作汇报谈会在珠海召开》,载《中国考古学年鉴 1994》,文物出版社,1997。

② 束有春:《全国考古工作汇报会在宁召开　张文彬局长讲话　江苏省副省长张桃林致辞》,《中国文物报》2001 年 12 月 28 日。

是文物工作的根本任务。张文彬在会上做了工作报告,回顾了一年来的工作,对 1997 年的工作提出了六方面的要求,其中包括继续做好文物的抢救保护工作和深化文物事业。①

2009 年 12 月 22 日,全国文物局长会议在北京召开,文化部党组成员、国家文物局长单霁翔做工作报告,国家文物局副局长张柏、董宝华和童明康出席会议。单霁翔总结了 2009 年的工作,布置了 2010 年工作。他提出,要做好"十二五"规划编制工作,扎实开展第三次全国文物普查,推进文物立法工作,稳步推进重大文物保护工程和考古工作等。②

2016 年 12 月 23 日,全国文物局长会议在北京召开。文化部长雒树刚出席会议并发表讲话,国家文物局长刘玉珠做工作报告,故宫博物院院长单霁翔,国家文物局副局长顾玉才、宋新潮、关强和刘曙光出席会议。雒树刚充分地肯定了 2016 年文物工作取得的显著成绩,强调 2016 年是我国文物事业发展进程中具有重要意义的一年,习总书记的重要批示为文物事业发展指明了前进方向。他要求全国文物系统要把握发展机遇,坚定文化自信,完善责任体现,统筹保护利用,配合国家大局,动员各方力量,形成全社会参与文物保护利用的新格局。刘玉珠也对今后工作提出要求。③

2. 协调三峡库区考古

(1) 项目缘起

为了配合三峡水库建设工程,1958 年 10 月,四川省博物馆、重庆市博物馆和四川大学历史系组成的四川省长江三峡水库文物调查队,

---

① 《全国文物局长会议召开》,《文化月刊》1997 年第 2 期。
② 黄小驹:《2009 年全国文物局长会议召开》,《中国文化报》2009 年 12 月 23 日。
③ 王征、郭晓蓉:《凝心聚力　改革创新　努力开创文物工作新局面——2016 年全国文物局长会议在京召开》,《中国博物馆通讯》2017 年第 1 期。

在水库范围内发现新石器时代至战国时代遗址等古遗址和古墓葬近百处。[①] 在三峡大坝一期观察开始时,中国科学院考古研究所成立的长江流域考古工作队到西陵峡淹没区进行考古调查试掘。[②] 1992 年第七届全国人大第五次会议通过兴建长江三峡水利枢纽工程的决议后,国家文物局于当年夏与四川和湖北两省组成三峡工程文物保护领导小组,并在四川万县和湖北宜昌设立了两个工作站,统一领导、部署、协调三峡库区文物的保护工作。[③] 1992 年 11 月 10～12 日,国家文物局在北京召开三峡工程淹没区文物保护规划工作会议,会议决定,国家文物局组织全国有关文物考古单位和大专院校的考古力量,采取分县包干的办法,到淹没区进行地下文物的调查和试掘,并要在明年雨季到来之前完成地下文物的抢救保护规划制定工作。[④] 1993年,全国政协三峡文物考察团 39 人在政协副主席钱伟长带领下,考察沿途的文物古迹并多次进行座谈讨论。钱伟长强调指出,抢救三峡文物就是抢救我们民族的历史文化,要以高度的爱国主义来抢救三峡文物。[⑤] 调查结束当天,三建委就向河北、四川两省三峡库区各级移民部分下发了《关于做好三峡工程情况文物保护前期工作有关问题的通知》,对三峡淹没区和安置区文物的保护工作提出 9 条要求。

1994 年,按照三建委的要求,国家文物局批准由中国历史博物馆和中国文物研究所,共同组建三峡工程库区文物保护规划组,俞伟超任组长,负责制定规划。

---

① 四川省博物馆:《四川省长江三峡水库考古调查简报》,《考古》1959 年第 8 期。

② 杨锡璋:《长江中游湖北地区考古调查》,《考古》1960 年第 10 期。

③ 阿源:《世界文物保护史上的"天字号"工程》,《瞭望新闻周刊》1994 年 1 月;卫元琪:《钱伟长与历史文物保护》,《光明日报》2012 年 11 月 24 日。

④ 四川省人民政府办公厅:《关于做好三峡工程淹没区地下文物调查试掘工作的通知》(1993 年 11 月 27 日,川办发〔1993〕89 号)。

⑤ 阿源:《世界文物保护史上的"天字号"工程》,《瞭望新闻周刊》1994 年 1 月。

（2）规划与调查试掘

1985 年 9 月下旬开始,宜昌地区博物馆和文化部文物局邀请中国历史博物馆和南京大学历史系考古专业师生等多家单位一起,在宜昌县中堡岛、下岸、秭归县朝天嘴、银街、杨泗庙等地点进行发掘,发现相当于龙山阶段至商代前后的遗存。① 1993 年上半年,三峡工程文物保护领导小组完成了大规模的文物考古调查,在此基础上制定出《三峡工程淹没区文物保护规划大纲》。根据该大纲的要求,考古勘探采用包括遥感、物探在内的现代化手段进行,为以后的考古发掘奠定基础;选择占总面积约 10% 左右的遗址,30% 左右的墓葬进行重点发掘保护;对遗址和墓葬的出土文物进行修复、统计、测试、整理及研究,及时发表发掘简报,对重要的考古资料编写专题发掘报告。②

1994 年 11 月 12 日,国家文物局三峡工程文物保护领导小组与中国社会科学院考古研究所、北京大学等 14 家科研单位和大学签订了《制定三峡淹没区及移民安置区地下文物保护规划工作委托书》;12 月 9 日,又与清华大学、湖北省考古研究所等 11 家科研单位及大学签订了《制定三峡淹没区及移民区砥石文物保护搬迁规划工作委托书》。为了贯彻“保护为主,抢救第一”“重点保护,重点发掘”“最大限度地抢救、力争把损失减小到最小”的原则,规划组动员全国 30 所大学、科研机构参加库区考古调查和发掘工作。考古发掘采取全面发掘、重点发掘、一般发掘和小面积发掘四个等级。对 723 项地下文物实施发掘,揭露近 190 万平方米,勘探面积达 1200 万平方米。遗址类型有城址、居址、墓葬群、冶铸、盐业、窑址等。发掘收获丰硕,除发现古人类化石外,还发掘 40 多处旧石器时代遗址、80 多新处石器时代考古遗址,以

① 湖北省宜昌地区博物馆:《三峡大坝前期准备工作中的考古发掘初见成果》,《江汉考古》1986 年第 2 期。

② 阿源:《世界文物保护史上的“天字号”工程》,《瞭望新闻周刊》1994 年 1 月。

及其他历史时期的大批墓地等。①

从 1997 年正式启动三峡文物抢救保护工作到 2002 年底,来自全国各地 70 余家文物科研院所、大专院校的文物工作者到三峡库区进行文物考古发掘和保护,直接参与工作的专家、学者和专业技术人员累计 7000 余人。②

(3)成果与遗憾

三峡工程淹没区考古发掘工作取得丰硕成果。随着三峡水库 175 米试验性蓄水的顺利推进,湖北省三峡库区考古发掘工作完成全部规划任务,完成地下 217 处文物点、45.8 万平方米的发掘任务和 190.6 万平方米的勘探工作。出土各类文物标本超过 6 万件。③ 此次保护工作在我国南北方旧石器文化研究、江汉平原、三峡以西至四川盆地的东西两大新石器时代文化系统研究、古代巴人历史文化研究,以及中原文化、楚文化和巴文化的发展融合研究等方面,取得重要成果。考古学者提出了诸如"楠木园文化""哨棚嘴文化"等考古学文化命名,丰富了三峡地区历史文化认识。④

《长江三峡工程文物保护项目报告》为总标题的考古报告丛书从 2001 年开始陆续出版,截至 2020 年 4 月,共出版了 66 种 81 册,6420 余万字。

令人遗憾的是,约占总面积 90%的遗址和 70%的墓葬未能进行发掘发掘。参加三峡工程淹没区考古发掘的部分高校考古系(专业)本科生没有得到系统的田野考古技术和技能培训。

---

① 王川平、刘豫川:《重庆库区考古报告集卷 1997》,科学出版社,2001,前言。

②《新闻资料》,《瞭望新闻周刊》2003 年第 28 期。

③ 陈卫军:《三峡库区考古取得阶段性成果》,《中国文化报》2009 年 1 月 9 日。

④ 刘亢、黄豁、王松涛:《三峡文物抢救得与失》,《瞭望新闻周刊》2003 年第 28 期。

3. 协调南水北调考古

(1) 项目缘起

南水北调工程始于毛泽东主席 1952 年视察黄河时提出的构想，从 1958 年开始到 2000 年进行规划、论证，2002 年国务院正式批复《南水北调总体规划》。规划方案将工程分东、中和西三条线路，东线工程起点位于扬州江都水利枢纽，中线工程起点位于汉江上游丹江口水库，西线工程尚在规划阶段。中线工程和东线工程沿线有大量文物古迹、墓葬和遗址。[①] 2002 年 12 月 27 日，由长江下游扬州段取水自流至天津的东线开工；2003 年 12 月 31 日，由丹江口水库取水至北京的中线工程开工。

2003 年 6 月 16 日，国家文物局、水利部联合下发通知，要求水利部淮河水利委员会和长江水利委员会应当分别要求东线第一期和中线第一期工程沿线各省（直辖市）水利部门和南水北调工作机构及时向各省文物行政部门提供准确的过程及辅助设施范围，如果无法避开不可移动文物的，应该按程序申报，各省级文物行政部门组织开展配合工程的文物保护和考古发掘工作。[②] 2004 年，国家发展改革委员会、国务院南水北调办公室、水利部、国家文物局共同组建"南水北调工程文物保护工作协调小组"，共同确定南水北调工程文物保护前期工作程序、文物保护原则和范围、保护方案编制审查和投资。[③] 2005 年 11 月 17 日，国家文物局在郑州召开"全国支援南水北调工程文物保护工作动员大会"，水利部调水局、项目法人单位、工程沿线 7 省市文物行政部分、全国 51 家具有考古发掘资质单位的代表等参加了会

---

① 张忠培：《在"南水北调中线工程考古发现与研究学术研讨会"上的讲话》，《华夏考古》2010 年第 3 期。

② 国家文物局、水利部《关于做好南水北调东、中线工程文物保护工作的通知》（文物保发〔2003〕42 号）。

③ 高立洪、肖丹：《林春：做水利工程文物保护代言人》，《中国水利报》2006 年 1 月 12 日。

议。国家文物局长单霁翔在会上说,2005 年 10 月国家发展改革委员会批准 5000 万元的年度概算,投资计划下达给项目法人单位,国家文物局从自有事业经费中垫支 900 万元用于抢救性考古发掘工作。根据南水北调工程文物抢救保护的工作量和工场的实际进展情况,国家文物局参照三峡文物抢救保护工作模式,调集全国力量进行会战。单霁翔要求,统一思想、提高认识、抓好工作,建章立制、规范程序、加强管理,树立课题意识、坚持质量第一、提高工作水平,加强防范、消除隐患,做好工地安全工作,把握大局、实事求是,做好南水北调工程文物保护宣传工作。①

(2) 项目进展

南水北调中线工程涉及湖北省、河南省、河北省和天津市、北京市,涉及文物考古项目 600 多个,2005 年首批控制性文物保护项目启动。截至 2009 年,已经完成 276 个文物考古项目的发掘工作,累计发掘面积近 86 万平方米。

2009 年 11 月 17 日～29 日,国家文物局和中国考古学会主办的"南水北调中线工程考古发现与研究学术研讨会"在郑州举行。国家文物局与中线工程涉及的湖北省、河北省、天津市、北京市、江苏省和河南省文物局,参加考古工作的北京大学考古文博学院、吉林大学边疆考古研究中心、山东大学东方考古研究中心等高校,中国社会科学院考古研究所、湖北省文物考古研究所、荆州博物馆、中国文物报社、科学出版社等参加考古工作等的科研机构,国务院南水北调办、南水北调中线建设管理局等管理协调机构共 80 余位代表参加了会议。会上介绍和讨论了新石器时代、夏商、两周、秦汉、北朝及唐宋时期文物保护项目,以及长江中游与黄河中游史前文化交流、先商

---

① 单霁翔:《全国动员　团结协作　努力做好南水北调工程文物保护工作　在全国支援南水北调工程文物保护工作动员人会上的讲话》,《中国文物报》2005 年 11 月 23 日。

文化、楚文化来源和北朝皇族墓地等重要学术问题。①

（3）项目成果

南水北调中线工程文物考古取得重大成果。截至2013年，南水北调中线文物考古项目有8项入选"全国十大考古新发现"。它们是：河南鹤壁刘庄遗址（2005年度"全国十大考古新发现"）、湖北郧县辽瓦店子遗址（2005年度"全国十大考古新发现"）、河南新郑唐户遗址（2007年度"全国十大考古新发现"）、河北磁县东魏元祐墓（2005年度"全国十大考古新发现"）、河南荥阳关帝庙遗址（2007年度"全国十大考古新发现"）、河南安阳固岸东魏北齐墓地（2007年度"全国十大考古新发现"）、河南荥阳娘娘寨遗址（2008年度"全国十大考古新发现"）、河南新郑胡庄墓地（2008年度"全国十大考古新发现"）。②

山东省南水北调东线工程第二批控制性文物保护项目的七个点在2008年开工，完成发掘面积两万平方米，取得重要成果。比如在寿光双王成发掘中发现三处商周时期制盐遗址，制盐作坊、蒸发池、盐井、盔形器等保存完好；在高青县胥家庙遗址发现隋唐时期大型寺院遗迹，以及西周时期的城址。③

湖北省文物局等相关部门联合编著的《湖北南水北调工程考古报告集》（第一卷）于2013年出版。报告收录了17篇发掘简报和1篇论文。④《中国南水北调工程·文物保护卷》集中了南水北调中、东线一期工程文物保护工作，全面回顾文物保护工作历程，详细记述了文物

---

① 张志清、梁法伟：《"南水北调中线工程考古发现与研究学术研讨会"纪要》，《华夏考古》2010年第3期。

② 唐红丽：《南水北调中线工程文物考古成绩显著》，《中国社会科学报》2013年11月22日。

③ 李涛等：《山东南水北调工程文物保护工作取得重要成果》，《中国文物报》2009年2月27日。

④ 湖北省文物局、湖北省移民局、南水北调中线水源有限责任公司联合编著《湖北南水北调工程考古报告集》（第一卷），科学出版社，2013。

保护工作主要成果,系统总结了文物保护工作经验等。[1]

南水北调工程涉及的文物抢救问题在工程开始阶段就引起众多专家学者的极大关注。但是在南水北调工程前期论证阶段,文物部门没有能够充分参与,导致文物保护工作经费不落实、时间过于紧迫。比如,南水北调豫北段在前期田野考古调查初步确认涉及墓地和古文化遗址 117 处、古代建筑 3 处和碑刻 1 处,2004 年 10 月要开工,但是该段的文物勘探和发掘工作几乎没有开始。南水北调河北段的前期文物普查中发现古遗址 102 处、古墓葬 53 处,截至 2004 年,考古工作尚未进入发掘解读,而按照工程总体设计,河北段建设要在 2006 年底全部完成,2005 年 12 月要完成石家庄以北段的考古勘探和发掘工作,2006 年 7 月完成石家庄以南段考古勘探发掘工作,结果导致水利工程和文物勘探在时间上和空间上重合,考古工作困难重重。[2]

4. 第三次全国文物普查

(1) 工作缘起

2006 年 7 月 28 日,国家文物局发出通知部署第三次全国文物普查的准备工作。通知说,根据《国务院关于加强文化遗产保护的通知》和国务院批准的《国家“十一五”时期文化发展规划纲要》,征得有关部门同意,国家文物局自 2007 年起用大约五年时间开展第三次全国文物普查,目的是进一步掌握我国不可移动文物的基本情况,特别是第二次全国文物普查以来的变化情况。[3] 2006 年 12 月 20 日,国家文物局在北京召开第三次全国文物普查工作会议,国家文物局长单霁翔在会上对开展第三次全国文物普查进行了动员和部署。为了保障这次

---

[1]《南水北调工程》编纂委员会:《中国南水北调工程·文物保护卷》,中国水利水电出版社,2018。

[2] 单纯刚、王文化:《南水北调催生文物大抢救》,《瞭望新闻周刊》2004 年第 27 期。

[3]《国家文物局发出通知部署第三次全国文物普查准备工作》,《中国文物报》2006 年 8 月 2 日。

文物普查工作顺利进行,国家文物局除了少数重点工作和重大基本建设的文物保护和考古工作外,暂停审批以科研为目的的考古发掘等,要求各地集中人、财、物各种资源优先保障普查工作。① 2007 年 4 月 4 日,国务院印发《关于开展第三次全国文物普查的通知》,国务院决定从 2007 年开展第三次全国文物普查。文物普查是国情国力的重要组成部分,是确保国家历史文化遗存安全的重要措施,是我国文化遗产保护的重要基础工作。普查的范围是我国境内(不包括港澳台地区)地上、地下、水下的不可移动文物,普查的内容以调查、登录新发现的不可移动文物为重点,同时对已经登记的近 40 万处不可移动文物进行扶持。2007 年 4 月至 9 月为普查第一阶段,重要任务是确定技术标准和规范,开展培训、试点工作;2007 年 10 月至 2009 年 12 月为普查第二阶段,主要任务是以县域为基本单元,实地开展文物调查;2010 年 1 月至 2011 年 12 月为普查第三阶段,主要任务是进行调查资料的整理、汇总、数据库建设和公布普查成果。国务院成立第三次全国文物普查领导小组,负责普查工作的组织和领导,协调解决重大问题。领导小组办公室设在国家文物局,负责普查工作的日常组织和具体协调。②2007 年,国家文物局与国土资源部、水利部、国家林业局、国家测绘局和国家宗教事务局联合下发通知,要求做好第三次全国文物普查工作。③ 2007 年 8 月,国家文物局与交通部、民政部、商务部联合下发通知,要求做好第三次全国文物普查工作。交通部、民政部、商务部三部门根据自身行业的职能和特点,提出了做好这项工作的一些具体措施和要求。④

① 李静:《第三次全国文物普查本月启动　长达五年》,《中国文化报》2007 年 1 月 10 日。

② 《国务院关于开展第三次全国文物普查的通知》(国发〔2007〕9 号)

③ 李艳:《国家文物局与国土资源部、水利部、国家林业局、国家测绘局和国家宗教事务局联合下发通知,要求做好第三次全国文物普查工作》,《中国文物报》2007 年 8 月 8 日。

④ 李艳:《国家文物局与交通部、民政部、商务部联合下发通知,要求做好第三次全国文物普查工作》,《中国文物报》2007 年 8 月 17 日。

（2）工作进展

2007 年 5 月 16 日至 25 日，由国家文物局主办、中国文物研究所承办的第三次全国文物普查培训班在郑州举办。来自全国 31 个省区市文物系统和全军环保绿化委员会办公室的学员共 103 人参加培训，这标志着第三次全国文物普查已经正式进入实施阶段。2007 年 6 月，第三次全国文物普查领导小组批准了领导小组办公室上报的《第三次全国文物普查实施方案及相关标准、规范》《第三次全国文物普查宣传工作方案》，两个方案对文物普查的意义、工作目标、范围和内容、技术路线、组织、时间与实施步骤、数据和资料整理、经费、宣传和总结等方面，做了详细的阐述。①

2008 年 3 月 19 日至 21 日，国家文物局在四川省成都市组织召开第三次全国文物普查试点情况座谈会，交流各地的普查进展情况，了解和解决各地在普查试点中发现的普遍性问题。② 国务院第三次文物普查领导小组副组长兼办公室主任、国家文物局长单霁翔于 2008 年 5 月 27 日在北京召开第二次办公会议，专人汇报了当前各地区普查工作进展比较顺利，不过也发现存在实地文物调查启动率偏低、各地工作进展不平衡、缺乏对新增文化遗产品类的评估认定能力等情况，会上决定采取措施解决上述问题。③

2009 年 2 月 17 日至 18 日，国家文物局第三次全国文物普查办公室在西安召开第三次全国文物普查质量控制专题座谈会。会上提出，普查质量控制贯穿于普查的组织、管理、调查、数据采集和录入、验收等各个环节，各地在建立符合本地区特点工作方法和管理模式时，应

---

① 普宣：《第三次全国文物普查工作有序展开》，《中国文物报》2007 年 8 月 10 日。

② 普查办：《第三次全国文物普查试点情况座谈会在成都召开》，《中国文物报》2008 年 3 月 28 日。

③ 局普查办：《国务院第三次全国文物普查领导小组办公室第二次会议在京举行》，《中国文物报》2008 年 5 月 30 日。

服从于全国统一的工作规范和指标体系。① 国家文物局为了落实第三次全国文物普查办公室主任工作会议的要求,进一步宣传第三次文物普查工作的重要性等,2008 年底,启动全国文物普查征文活动,《中国文物报》承办了这次活动。截至 2009 年 1 月 31 日,征文活动办公室共收到 600 位作者的近 700 篇投稿,最终评选出 205 篇优秀奖。②

　　在各地文物普查工作结束之际,国家文物局于 2009 年在四川省三台县召开第三次全国文物普查实地文物调查阶段验收试点会议,验收专家组对三台县提交的普查材料,并按普查规范逐一审核,还询问了材料中反映的问题,专家组宣布三台县第三次文物普查通过国家文物局验收。③ 2009 年 11 月 20 日至 21 日,国家文物局在江苏省太仓是组织召开第三次全国文物普查实地文物调查阶段验收工作东中部片区座谈会。会上与会省市汇报了各自的普查工作进展、实地文物调查阶段验收工作情况和存在的问题,国家文物局普查办和中国文物信息咨询中心负责人和专家现场解答了有关问题。④

　　2010 年 3 月 31 日,国务院第三次全国文物普查领导小组办公室在北京召开第三次办公会议,来自国家发改委、民政部、财政部、国土资源部、住房和城乡建设部、交通运输部、水利部、商务部、文化部、国家统计局、国家林业部、国家测绘局、国家文物局、解放军总后勤部、中央党史一年级室等成员单位的联络员出席会议,就前一阶段的普查工

---

① 李艳:《第三次全国文物普查质量控制专题座谈会在西安召开》,《中国文物报》2009 年 2 月 25 日。

② 李让:《第三次全国文物普查征文评选活动结束》,《中国文物报》2009 年 5 月 15 日。

③ 四川省文物局普查办:《第三次全国文物普查实地文物调查阶段验收试点会议在四川省三台县举行》,《四川文物》2009 年第 6 期。

④ 傅广军:《第三次全国文物普查实地文物调查阶段验收工作东中部片区座谈会召开》,《中国文物报》2009 年 11 月 27 日。

作进行总结和交流,并就 2010 年的普查工作计划展开讨论。①

全国各省区市县按照要求,积极筹划认真开展第三次全国文物普查工作。比如西安市第三次全国文物普查领导小组总领西安市第三次全国文物普查工作,市政府与下辖 13 个区县政府分别签订"目标责任书",明确各区县上至政府下至相关单位部门的职责,保障第三次全国文物普查工作顺利实施。2010 年 4 月 18 日,组建西安市文物普查队,先后有 536 人次鉴于普查工作。这次普查共登录文物点 3246 处,其中新发现 1862 处、复查 1384 处、消失 414 处,其中古遗址 986 处、古墓葬 1287 处。② 再比如,广东省从 2007 年 8 月正式启动第三次全国文物普查工作,2009 年 12 月结束,之后省普查办先后对各县区进行验收,2010 年完成全省 123 个县工作单元的省级验收。2010 年 12 月通过国家普查办验收专家组的验收。登记不可移动文物共 37156 处,与第二次全国文物普查不可移动文物登记数量 5442 处相比,增加了将近 6 倍;其中,古遗址 2462 处、古墓葬 20566 处。③

(3) 普查成果

2011 年 12 月 29 日,国家文物局长单霁翔在第三次全国文物普查成果发布会上宣布,历时 5 年、覆盖全国 2871 个县级普查基本单元的第三次全国文物普查已全面完成,共登记不可移动文物 766722 处,包括新发现文物 536001 处,占到登记总量的 69.91%。我国不可移动文物的"基本家底"是:古遗址 193282 处,古墓葬 139458 处,古建筑 263885 处,石窟寺及石刻 24422 处,近现代重要史迹和代表性建筑 141449 处,其他 4226 处。其中,保存状况较差的占 17.77%,保存状

① 孙漪娜:《国务院第三次全国文物普查领导小组办公室第三次会议召开》,《中国文物报》2010 年 4 月 2 日。
② 《聚四年众人之力铸古都文物丰碑》,《中国文物报》2013 年 5 月 24 日。
③ 陈以琴:《广东文物特色的展现——浅析广东省第三次全国文物普查成果》,《客家文博》2016 年第 2 期。

况差的占 8.43％。这对于完善文物保护法规,增强文物保护意识,加大文物保护投入,强化文物保护机构,提升文物保护能力等方面都提出了新的更高的要求。①

5. 文化遗产日

(1) 缘起

20 世纪 90 年代,我国一些有识之士开始呼吁设立中国的"文化遗产日"。2005 年,故宫博物院院长单霁翔在全国政协十届三次会议上提交《关于设立"文化遗产日"的提案》,提案虽然经政协提案委员会审核通过,并提请国务院有关部门承办,不过未能实施。2005 年 7 月,郑孝燮、宿白等 11 位知名学者联名致信党中央、国务院领导同志,倡议设立"文化遗产日",领导就来信做了重要批示。通过各方面协调,2005 年 12 月 22 日,在国务院下发《关于加强文化遗产保护的通知》,决定从 2006 年起,每年 6 月的第二个星期六为我国的"文化遗产日"。通知要求认真举办"文化遗产日"系列活动,提高人民群众对文化遗产保护重要性的认识,增强全社会的文化遗产保护意识。②

2017 年起,国务院把"文化遗产日"调整为"文化和自然遗产日"。

(2) 文化遗产日活动

2005 年 11 月 26 日、27 日,河南省率先举办省级文化遗产日活动,6 市 67 处免费景点遗产日两天中游客人数高达 460 余万人次。这次活动引发了巨大的消费需求,交通、餐饮等行业收入骤增,非免费景点也迎来了大量游客,旅游接待收入大增。这次文化遗产日活动推动国家制定文化遗产日,增强了人们的民族自豪感和文物保护意识。③

---

① 重庆考古网:《第三次全国文物普查成果正式对外发布》,www.cqkaogu.com。

② 单霁翔:《"文化遗产日"诞生的故事》,载全国政协提案委员会编《情系国计民生——政协提案的故事丛书》第 2 卷,新世界出版社,2009。

③ 郭立珍:《略论首届河南文化遗产日产生的社会经济效益》,《生产力研究》2007 年 12 期。

2006 年 6 月 10 日迎来了中国第一个"文化遗产日"。国家文物局为此制定了"文化遗产日"活动方案,接下来周密部署,同时要求各地文博单位做好"文化遗产日"的宣传活动。① 全国各地举办了各种形式的宣传活动。国务委员陈至立在文化部副部长周和平、国家文物局长单霁翔陪同下,到中国国家博物馆参观《文化遗产日特别展览——国家珍贵文物征集成果》。

虽然第一个"文化遗产日"多数是围绕非物质文化遗产的活动和文物展览,基本上没有关注到古遗址和墓葬等考古发掘方面的工作,但是从第二个"文化遗产日"开始,出现了与考古直接相关的活动。比如,山西省在"文化遗产日"活动中,评选出"新世纪山西省文博事业十大成就""新世纪山西省文物保护十大突出贡献人物",并公布了"山西省违反文物保护法警示案例"。② 2008 年,山东省文物考古研究所举办了"汶上南旺大运河保护暨公共考古实践"③,公共考古成为"文化遗产日"的活动项目之一。2010 年 6 月 11 日,国家文物局把向媒体公布 2009 年度"全国十大考古新发现"的名单作为第五个"文化遗产日"的献礼。④ 考古新发现和研究成果逐步成为"文化遗产日"活动的主要内容。

第二节　史前考古

在这 30 年间,95 个史前发掘项目入选"全国十大考古新发现",这个数据说明其中近 1/3 项目的史前考古在中国考古具有重要地位。

---

① 《第一个中国"文化遗产日"精彩纷呈》,《中国文化遗产》2006 年第 3 期。

② 孙永红:《我省通报"文化遗产日"三项重要活动》,《山西政协报》2007 年 6 月 13 日。

③ 山东省文物考古研究所等:《汶上南旺:京杭大运河南旺分水枢纽工程及龙王庙古建筑群调查与发掘报告》,文物出版社,2011。

④ 苏雁等:《十大考古发现献给"文化遗产日"》,《光明日报》2010 年 6 月 12 日。

这些考古新发现以及没有入选的很多考古新发现,都是研究古人类起源和文明起源的不可多得的实物资料。

一、旧石器考古

27 个旧石器考古发掘项目入选"全国十大考古新发现",占总数 310 项的 8.7%。从旧石器遗址发现比较困难,以及旧石器时代考古人才严重不足的角度看,入选项目之多出人意料。27 个新发现项目分别见于以下省区市:河南 5 个,贵州 3 个,广东、云南、湖北、福建和重庆各 2 个,河北、黑龙江、湖南、江苏、宁夏回族自治区、山西、江西、陕西和新疆维吾尔自治区各 1 个。当然,没有发掘项目入选十大考古新发现的省份也不是没有开展工作,只是因各种原因而未入选而已。比如,2002 年开始,中国科学院古脊椎动物与古人类研究所和浙江省文物考古研究所合作调查发掘旧石器时代,短短几年就发现近 60 处旧石器地点,对浙江省旧石器时代考古而言是重大突破。[①] 27 个项目中,旧石器时代早期有 6 个,旧石器时代中期有 5 个,旧石器时代晚期或末期有 16 个,这些数据大体上反映了学术界重视调查和发掘旧石器时代晚期向新石器时代早期过渡阶段的遗址,并在这些方面取得了预期成果。下面择要介绍几个考古发掘项目,以说明旧石器时代考古发现的基本面貌。

1. 考古新发现

(1) 云南江川甘棠箐旧石器遗址

1984 年发现,2014—2015 年发掘。出土石制品 25153 件,包括石核 658 件、石片 564 件、初级砸击断块 102 件、石器 192 件、废品 23637 件。出土骨制品 28 件、木制品 10 多件,以及丰富的动植物化石。其中木制品在我国是首次发现,用火遗迹似篝火遗存在我国旧石器早期

---

① 徐新民:《浙江旧石器考古综述》,《东南文化》2008 年第 2 期。

遗址中也是首例。动物组合与元谋动物群极为相似,该遗址的地质年代应为早更新世。① 该遗址是继元谋人遗址后发现的又一个重要的旧石器时代早期旷野遗址,为东亚地区古人类本地起源的学说提供了新的佐证,再次证明滇中高原是人类起源的关键区域。目前世界上时代最早的木制品的发现,充分说明了人类加工使用木器的历史悠久,对探讨木器的起源、加工技术、功能和演化具有重大意义。②

(2)江苏南京汤山古人类头骨化石

1990 年发现,1993 年发掘。先后发现两件直立人头盖骨化石和一枚直立人牙齿化石,发掘及拣选出哺乳动物化石 2000 余件。动物化石堆积异常密集,动物群的时代属中更新世,性质与北方的北京人—肿骨鹿动物群相近。对头骨化石本身的体质特征、性状进行观察与研究后发现,两具古人类头骨化石是比较典型的直立人头骨化石标本。头骨的总体性状和著名的北京直立人头骨基本相似。初步测试其脑容量为 1000 毫升。头骨化石在有些方面体现了较强的自身特征,明显不同于北京直立人等其他直立人头骨的特征。南京人在体质特征发展阶段应属于人类演化过程中的直立人阶段,从体质人类学特征来分析,其在我国古人类演化序列中的位置相当于周口店北京猿人第一地点偏晚的阶段,而早于安徽和县人。初步认定,南京人生活的地质年代为中更新世中期,绝对年代约为距今 35 万年。汤山遗址的发现对研究当时古人类及动物群的迁徙和发展不平衡性等问题,具有很好的启发作用。同时,该遗址的系统研究,对认识、探索古人类的起源,特别是现代人的起源,提供了一种更为广泛、更为可靠的研究

---

① 李政:《云南江川甘棠菁旧石器遗址发现木制品　系国内首次发现》,《中国文物报》2015 年 11 月 20 日。
②《2015 年度全国十大考古新发现揭晓》,《文物天地》2016 年第 6 期。

途径。①

（3）湖北江宁荆州鸡公山遗址

1992年发掘。该遗址分上下两个文化层。下文化层时代为旧石器时代中期，在该层发现活动面，平面上布满砾石、石核、石片等各类石器。活动面上的遗迹可分两类。一类是由石制品的密集区形成的"石堆"，在这类区域内偶尔可见制作石器石锤、石砧等工具，加工失败、中途放弃的大尖状器、砍斫器和其他石器的半成品，基本不见加工好的石器，说明该区域是石器加工场所。另一类是几个中间有少量加工好的石器或完全是空白区的"石圈"组成。石圈主要有两种。一种是石圈的直径较小，中间集中放着两件砍斫器和一件修理好的尖状器。空白区外围是密集的砾石或石核、石片、碎屑等分布带。另一种的直径较大，没有文化遗物。可能与制作石器有关，或者与居住有关。石器的类型主要有大尖状器、砍斫器和刮削器。上文化层出土的300余石制品，绝大多数都是小型的石片石器，属于旧石器时代晚期。②

（4）福建漳平奇和洞遗址

2008年发现。2009—2011年，福建博物院、龙岩市文化与出版局及漳平市博物馆组成联合发掘队，发掘该遗址。发现三处旧石器时代晚期向新石器时代早期过渡阶段的人工石铺活动面，新石器时代早期居住面、火塘和灶等。出土石制品1500余件、陶片18000余件，以及人骨和哺乳动物骨骼等。奇和洞遗址地层连续、清楚，碳-14测年数据与文化特征表明遗址的年代为距今17000～7000年，是一处旧石器时代晚期向新石器时代早期过渡的洞穴遗址，也是目前福建省发现的最早的新石器时代遗址，为研究海峡两岸古人群的迁徙和文化交流，以及对南岛语族的起源与扩散等课题的研究，都具有重要的意义。奇和洞遗址的发现

---

① 吴汝康等主编：《南京直立人》，江苏科学技术出版社，2002。

② 王幼平、刘德银：《鸡公山遗址发掘初步报告》，《人类学报》2001年第2期。

不仅填补了福建乃至中国东南区域在旧石器时代晚期向新石器时代早期过渡阶段的空白,为探讨新旧石器过渡阶段人类体质演化、生计模式转变、技术发展等提供了珍贵而翔实的材料。它对探索农业起源、陶器起源和早期燃煤历史等都具有十分重要的学术价值。①

2. 专题研究

关于古人类和旧石器考古,学者们不仅重视石器形态学分析和研究,越来越多的学者认识到实验考古的重要性,为了解决出土遗物的制作和使用等问题开展了实验考古,取得了可喜的成果。石器研究中重视出土石器拼对,以求通过石器打片顺序来复原打制技术。比如湖北省郧县的学堂梁子遗址发掘出土的 45 件石片中,找出 9 件石片构成 4 组拼对关系。② 河北省的旧石器专家在泥河湾盆地岑家湾遗址石制品拼合方面取得重大进展。这些成果把旧石器时代考古研究推上新台阶。

(1) 模拟实验

功能是旧石器时代出土遗物研究的重点课题之一。有学者通过实验来探讨旧石器时代遗物的制作和使用问题。这里举两例略作说明。辽宁海成小孤山旧石器时代遗址出土了一件骨制品,发掘者认为,它是鱼叉,鱼叉尾部削薄便于插入鱼叉杆内,长时间系绳使其被磨得很光滑。③ 有专家提出这件骨制品是带索标,带索标投出后,插入鱼体,因为鱼挣扎游动,使标尾部在脱离标杆时被折断。④ 那么它究竟是叉还是镖? 有专家根据复制和使用实验结果提出,该鱼镖应该是

---

① 福建博物院、龙岩市文化广电新闻出版局编著:《漳平奇和洞遗址》,科学出版社,2018。

② 李天元主编、冯小波副主编:《郧县人》,湖北科学技术出版社,2001。

③ 黄慰文、张镇洪、傅仁义等:《海城小孤山的骨制品和装饰品》,《人类学学报》第 5 卷第 3 期,1986 年 8 月。

④ 安家媛:《小孤山发现的骨鱼镖——兼论与新石器时代骨鱼镖的关系》,《人类学学报》第 10 卷第 1 期。

用鹿角为原料的叉鱼复合工具。①

石球是旧石器时代分布比较广泛的石器,我国旧石器时代早中期的石球体量大,平均质量为 984 克。学者运用实验方法探讨石球的加工与使用方法,根据石球的技术特征与使用实验,他们提出古人是直接用手抓握投掷使用的。②

2004 年 7 月~8 月,中国科学院古脊椎动物与古人类研究所举办了"2004IVPP 微痕分析培训研讨班",美国塔尔萨大学欧戴尔教授和加拿大多伦多大学沈辰研究员授课,中国社会科学院考古研究所王小庆博士、北京大学考古文博学院王幼平教授等为指导教师,来自高校考古专业研究生和考古研究机构的青年科研人员共 20 人参加培训。学员们尝试了不同石器类型和不同加工对象的实际操作,对石器上的使用痕迹特征进行观察记录和统计分析,解读石器功用。培训班的实验结果和研究报告汇编成书出版。③

(2) 石器拼合

拼合是研究打制技术特征的重要手段,拼合出的石器数量越多对研究等越有利。学者们根据岩石类型、原料的质地、颜色、结构、构造和包含物等是否一致来拼合的,分类越细拼合越容易。河北省考古研究所的旧石器专家从 1986 年开始对岑家湾遗址出土的 486 年石制品做了拼合,拼合率达到 9.5%。1992 年发掘的近 500 件石制品中有 46件可以拼合为 20 组,拼合率将近 10%。④ 1993 年对 108 件石制品进行了拼合,其中 19 件可以拼合或拼接成 9 个拼合组,拼合率高达17.9%。最典型的一个拼合组有 35 件石片和断块,成功复原了一件

① 吕遵谔:《海城小孤山仙人洞鱼镖头的复制和使用研究》,《考古学报》1995 年第 1 期。

② 卢立群、董兵、陈胜前:《中国旧石器时代石球的实验研究》,《人类学学报》2021 年第 40 卷第 4 期。

③ 高星、沈辰:《石器微痕分析的考古学实验研究》,科学出版社,2008。

④ 谢飞、李珺:《岑家湾遗址 1986 年出土石制品的拼合研究》,《文物季刊》,1995 年第 1 期。

石核的大部分,为探讨石器制作技术和人类行为模式提供了重要依据。[①]

(3) 石器分类

中国旧石器时代考古中的分类研究。卫奇提出,要遵循形式逻辑上的原则对石制品进行分类,这个原则包括:每次划分的根据必须统一,每次划分的根据只许有一个,不得有双层标准;划分后各子项外延之和须等于母项,实际分类中有的子项常常缺失;同一层面划分的子项互不兼容;划分应当按层次逐级进行,不能越级,层次必须分明。他以石片台面分类和石器分类为例指出了以往分类中存在的问题,提出术语建名要慎重。他主张分类的关键是按照形式逻辑划分原则进行操作,术语实行多重性结构是科学订名的权宜之策;学习和引进国外先进思想和方法时要鉴别而不可照搬照抄;旧石器研究需要规范化等。[②]

(4) 外国方法译介

我国青年学者敏锐地注意到国外旧石器研究开发的新方法和提出的新概念,他们热衷于把它们介绍给国内同行。其中值得关注的主要有以下研究方法和概念。

石制品热处理研究成果。20 世纪 60 年代,国外有学者在旧石器遗址出土石器上发现加热痕迹,他们发现热处理有助于石料质地更加均匀、降低石料的强度并提高其延展性,整体上提升石料的剥片性能,同时他们开发出利用肉眼在石制品上辨识热处理留下的痕迹,还通过实验了解石料在热处理过程中的变化规律。[③]

---

① 谢飞、李珺、成胜泉:《飞梁遗址发掘研究报告》,载《河北考古文集》,东方出版社,1998。

② 卫奇:《旧石器分类探讨》,载《考古学研究》七,科学出版社,2008。

③ 周振宇、关莹、高星:《旧石器时代石制品热处理研究:回顾与展望》,《人类学学报》2013 年第 32 卷第 1 期。

石器时代遗址常常发现被火烧过的动物骨骼，国外学者对这类遗物有一套研究方法。他们的做法是对骨骼表面破裂形态作宏观和微观观察分析、对黑碳类物质和羟基磷灰石结晶度进行测定，对烧骨作组织学观察，然后解读烧骨与古人类用火行为之间的关系。①

有学者把旧石器研究中使用微痕观察（高倍法）方法介绍到国内，并还提出石器微痕分析研究的目的绝不仅仅是石制品使用方式、用途等的认定，应该以这种分析所获得的信息为基础，对当时人类的生活的各个层面做出完整和准确的复原。②

"操作链"是旧石器研究中十分重要的概念之一。鉴于国内学者对这个概念的认识模糊，有学者专题介绍了这个概念的来龙去脉、内涵和应用案例。③

（5）发掘方法

旧石器遗址发掘中存在划分"文化层"和"水平层"两种方法。鉴于有些学者未能正确地看待这两种划分地层方法之间的关系，有关学者结合实例探讨文化层与水平层之间的关系，指出尽管按照水平层发掘，但是考古地层描述和资料报道时，仍然以地层为单位，水平层不是地层划分的依据而是发掘时控制层位和记录单位的手段。为此他们建议把"水平层"改名为"考古操作层"。同时他们还就如何采用三维空间坐标记录遗迹和遗物做了探讨，并明确地指出"生土"不生。④

鉴于旧石器时代遗址发掘中需要详细地记录遗址周边地形和地貌、遗物分布图和平剖面图，以及标本精确空间位置和原始产状信息，

---

① 黄超、张双权：《旧石器遗址出土烧骨的技术及其考古学应用》，《人类学学报》2020年第39卷第2期。

② 王小庆：《石器使用痕迹显微观察（高倍法）的研究》，《农业考古》2005年第2期。

③ 陈虹、沈辰：《石器研究中"操作链"的概念、内涵及应用》，《人类学学报》2009年第28卷第2期。

④ 李峰等：《试论"水平层"与旧石器时代遗址考古发掘方法》，《考古》2019年第1期。

有学者比较系统地介绍了多视角三维重建技术的特点和使用方法,以及在旧石器时代遗址发掘中的运用方法。[①]

二、新石器考古

30 年间共 68 个新石器考古发掘项目入选"全国十大考古新发现",占十大考古新发现项目总数(310)的 22%,由此可见,新石器时代考古在中国考古研究中占有重要地位。22 个省级行政区都有项目入选,入选项目数量最多的前三位是:河南 11 项,江苏和浙江各有 8 项,陕西和山东各有 5 项。尚有近 1/3 的省份没有项目入选,不过这并不说明这些省区新石器时代没有考古新发现,只是因为各种原因而未入选而已。

按照项目类别看,聚落有 43 项,占总数 2/3。这个数据反映了新石器时代考古重点放在构建区域文化时空框架,为了探寻文明化进程而有意识地发掘重要遗址。入选的城址达 15 项,数据说明各地考古部门重视直接反映社会结构的考古资料,他们的努力得到评委高度认可。入选的墓地有 10 项,它们为解决社会结构和社会发展阶段问题提供了直接证据。

内蒙古兴隆洼文化发现了世界上最早的真玉,江苏吴县草鞋山遗址首次发现水田遗迹,城头山遗址发现目前年代最早的水田遗迹,推动了稻作农业考古研究。华南地区的几个洞穴遗址中发现距今 1 万年前后的陶器,并检测到水稻的植物硅酸体,聚落考古也取得重要进展。

1. 考古新发现

(1) 广西百色革新桥新石器时代遗址

2002 年 4 月发现,同年 10 月发掘。揭露面积 1600 平方米。地层堆积分为五层,三至五层为新石器时代文化层。遗迹现象主要有一处

---

① 周振宇:《多视角三维重建技术在旧石器时代遗址田野考古中的应用》,《考古》2016 年第 7 期。

大型的石器制造场和两座同时期的墓葬。出土的万件遗物中石制品占90％以上。石器制造场成片分布在发掘区的东南部,石制品有石料、石砧、砾石和石锤等工具以及大量不同制作阶段的产品与废料。器形主要有砍砸器、刮削器、切割器、研磨器、斧、锛、锤、凿、璜、砧和砺石,还有石核、石片和石斧、石锛毛坯、半成品和成品。陶器有夹砂陶罐、釜碎片,胎较薄,纹饰有绳纹。动物骨骼有象、猴、熊、鹿、野猪、野牛、竹鼠、龟、鳖、鱼、鸟等十多种,有的骨骼上偶有火烧、砍痕和切痕等。两座墓葬的葬式葬俗与顶狮山、甑皮岩一致。该遗址是广西发现的唯一一处石器制造场,其规模之大、遗物之丰富和保存之完好,在全国也是罕见的。

(2) 江西万年大源仙人洞和吊桶环遗址

万年仙人洞遗址在20世纪60年代经过两次发掘,①1993—1995年北京大学考古系、江西省文物考古研究所和美国安德沃考古基金会联合组成中美农业考古队,对万年仙人洞和附近的吊桶环遗址进行了两次发掘;1999年江西省文物考古研究所与北京大学考古系再次发掘。吊桶环遗址应为仙人洞居民狩猎的临时性营地和屠宰场,时代在距今2万~1.5万年的旧石器时代末期及距今1.4万~9000年的新石器时代早期。② 出土遗物有727件石器、245件骨器、158件蚌器、890件原始陶片,4片人头骨和人骨标本20多件,以及近10万件兽骨残片。稻属植硅石和早期原始陶器的发现将稻作农业的历史向前推到1.2万年,陶器发明的历史向前推到1.7万年。③

---

① 郭远谓、李家和:《江西万年大源仙人洞洞穴遗址试掘》,《考古学报》1963年第1期;李家和:《江西万年大源仙人洞洞穴遗址第二次发掘简报》,《文物》1976年第12期。

② 彭适凡、周广明:《江西万年仙人洞与吊桶环遗址——旧石器时代向新石器时代过渡模式的个案研究》,《农业考古》2004年第3期。

③《〈人类陶冶与稻作文明起源地——世界级考古洞穴万年仙人洞与吊桶环〉出版》,《农业考古》2011年第1期。

（3）内蒙古赤峰兴隆洼遗址

1982 年发现该遗址,1983 年发掘中发现该遗址出土的陶器只有夹砂陶而无泥质陶,陶器组合以及石器地域性特征明显,被命名为兴隆洼文化。[①] 1992 年在该遗址的第五次发掘获得重大新发现,清理兴隆洼文化半地穴式房址 66 间、窖穴与灰坑 173 个、居室墓葬 11 座,环绕房址的环壕。同时出土了大量的陶器、石器、玉器、骨器、蚌器及动植物遗骸资料。兴隆洼文化玉器的分析为红山文化玉器群找到了直接源头。[②]

（4）山东章丘城子崖遗址

该遗址 1928 年和 1930 年经过两次发掘。1990 年山东省文物考古研究所勘探发现,城子崖是由龙山文化城址、岳石文化城址和周代城址三城重叠的。龙山文化城址平面近方形,东、南、西三面的城垣比较规整,北面城垣弯曲并向北外土,城垣拐角呈弧形。城内面积约 20 万平方米。岳石文化城址的平面与龙山文化城址基本一致,城内面积约 17 万平方米。城垣修筑在龙山文化城垣之上。周代城垣修筑在岳石文化城垣的内侧。[③] 该遗址的再次发掘既为重新认识第一次发掘成果提供了机会,也为进一步研究典型龙山文化的地域性特点和文化分期提供了材料,搞清楚了第一次发掘遗留的城子崖城墙所处时代这个长期悬而未决的问题。

（5）浙江杭州余杭玉架山遗址

从 2008 年 10 月起,对该遗址进行了全面的钻探调查与发掘。在该遗址第一次发现了由 6 个相邻环壕围沟组成的良渚文化完整聚落

① 杨虎、朱延平:《内蒙古敖汉旗兴隆洼遗址发掘简报》,《考古》1985 年第 10 期。
② 杨虎、刘国祥:《内蒙古敖汉旗兴隆洼聚落遗址 1992 年发掘简报》,《考古》1997 年第 1 期。
③《城子崖遗址又有重大发现,龙山岳石周代城址重见天日》,《中国文物报》1990 年 7 月 26 日。

遗址。这些环壕的平面形状均大致为圆角方形,略呈正南北方向。环壕内部各有墓葬、房屋等分布,实际上是 6 个结构完整的聚落单体。环壕Ⅰ内发现两个石渣铺垫的居住面,以及南北三排墓葬,居住面上的房屋与墓葬相对应,它们是研究当时社会结构的重要资料。①

(6)湖北天门石家河遗址

该遗址 1954 年发现,1955 年开始至今做了多次调查发掘。该遗址总面积约 8 平方千米,由以石家河城为核心的 40 多个遗址组成。这个遗址群形成于大溪文化时期,经过屈家岭文化发展到石家河文化。石家河城修建于屈家岭文化时期,主要使用时期是石家河文化早中期。在城内发现大面积居住区,墓地和埋藏有数千件陶塑小动物、小陶人的土坑两个。地层、遗迹和墓葬中发现大量石器、陶器和玉人头像、龙形环、凤形环等。②该遗址群的调查发掘为全面认识长江中游地区史前社会提供了良好的资料。

(7)海南东南部沿海新石器时代遗存

2012 年 12 月至今,先后发掘了陵水县桥山、莲子湾以及三亚英墩三处遗址,并对万宁、陵水至三亚三市(县)沿海地区开展田野考古调查,发现了陵水岗山、走风等 30 余处遗址。英墩遗址堆积大致可分为早、晚两期。早期堆积出土夹粗砂的平底盘形釜器和夹细砂的罐、钵、杯以及双肩石器和骨器等遗物,其中平底盘形釜器形较大,是英墩遗存的典型器物。晚期堆积出土磨光红衣陶片,可辨器形有卷沿罐等。莲子湾遗址陶器分夹粗砂红褐陶与磨光泥质陶两系。夹粗砂红褐陶多为平底盘形釜,磨光泥质陶有折沿罐、卷沿罐、尊、钵、碗等,以及大

---

① 王宁远:《从村居到王城》,杭州出版社,2013,第 146—150 页。

② 北京大学考古学系、湖北省文物考古研究所、湖北荆州博物馆石家河考古队:《石家河遗址调查报告》,《南方民族考古》第五辑,1992 年;湖北省文物考古研究所、北京大学考古学系、湖北荆州博物馆石家河考古队:《邓家湾》,文物出版社,2003;孟华平等:《湖北天门石家河谭家岭城址 2015~2016 年发掘简报》,《江汉考古》2017 年第 5 期。

量双肩石器和水陆生动物遗骸。桥山遗址第三层所出遗物与莲子湾
遗址和英墩晚期所出遗物相近。该地区史前文化序列为"英墩早期文
化遗存"到"莲子湾文化遗存"直至"桥山文化遗存"。[1]

(8) 香港马湾岛东湾仔北遗址

该遗址 1997 年发掘,有三个时期的堆积。第一期年代为公元前
3700—前 2900 年,发现少量装饰绳纹的釜或罐、筒形器座,相当于珠
江三角洲第二期文化。第二期年代为公元前 2400—前 1500 年,发现
19 座墓葬,死者与华南地区特别是珠江流域的新石器时代居民在体质
上有明显的共性。陶器以夹砂陶为主,次为泥质软陶,留下圈底器、带
流器、折肩折腹器和凹底器,纹饰有拍印曲折纹、方格纹、叶脉纹和复
线菱格凸点纹等。第三期年代为公元前 1500—前 500 年,发现一些印
纹陶片和一座墓葬。[2] 马湾岛东湾仔北遗址的发掘对研究香港古代
文化具有重要意义。

2. 专题研究

新石器时代考古在构建各地考古学文化序列方面取得重要进展,
关于出土遗物的专题研究也随着新方法的运用而不断深入,研究成果
丰硕。这里略举数例给予说明。

(1) 玉器

玉器研究除了类型分析外,玉料产地、玉器加工技术、玉器功能和
社会意义等的研究成果很丰富。新石器时代玉器研究进展主要体现
重申"玉器时代"的提法以及玉料来源等方面。

章鸿钊 1922 年提出玉器时代,闻广 1983 年提到玉器时代,苏秉
琦 1989 年也提到玉器时代,都没有引起异议。牟永抗和吴汝祚 1990

---

[1] 傅宪国等:《海南东南部沿海地区新石器时代遗存》,《考古》2016 年第 7 期。

[2] 香港古物古迹办事处、中国社会科学院考古研究所:《香港马湾岛东湾仔北史前遗址发掘简报》,《考古》1999 年第 6 期。

年11月发表文章重申提出玉器时代的必要性和重要性,指出玉器器
类复杂化、多样化、器形规范化,器表出现有特殊意义的花纹,它体现
了玉和神的无所不在和无比高大,显示了社会出现了分化,出现了等
级。玉器制作是从农业中分离出来的独立手工业部门,是社会生产力
发生深刻变化的重要标志之一。他们把玉器时代放在新石器时代与
青铜器时代之间,即绝对年代在距今5000～4000年前。他们认为,以
石器、铜器和铁器来划分人类社会发展阶段,并不仅仅因为三者工具
的天然属性存在着高低、优劣和先进、落后的差别,更主要的是获取这
三种质态的生产工具的劳动者所具备的技术水平不同,所以习惯上一
般都将工具的自然质态作为生产力的标准,是一种不完整的概念。他
们以后又陆续发表了多篇文章进一步阐述他们的观点或者回答其他
学者的质疑。①

　　这个观点引来一些学者质疑。有的提出,考古学根据生产工具的
变革,将人类古代的历史分为石器、铜器和铁器时代。玉器的主要功
能不是用来当作生产工具使用的。玉器在我国属于一种区域性的分
布,即便在玉器分布区域内,大量的玉器也只出自少数大型墓葬中。
这些情况都表明玉器并不具有代表性和普遍意义,所以玉器时代不成
立。② 有的人认为,玉器时代与三期法是不同的概念,不能相提并论;
中国史前文化的年代框架清楚,提玉器时代没有意义;在中国不存在
以玉为制作生产工具和兵器主要原料的阶段。③ 陈星灿比较中肯地

---

① 牟永抗:《试论玉器时代——中国文明时代产生的一个重要标志》,《考古学文化论集》,文物
　出版社,1997年;《水稻、蚕茧和玉器——中华文明起源的若干问题》,《考古》1993年第6期;
　《中国历史上的玉器时代》,《明报周刊》1997年4月号;《关于〈试论玉器时代〉一文的若干说
　明——答谢仲礼、张明华诸同志》,《中国文物报》1999年12月29日、2000年1月5日。
② 高一兵:《"玉器时代"说商榷》,《文物研究》第8辑,1993年。
③ 谢仲礼:《"玉器时代"——一个新概念的分析》,《考古》1994年第9期;张明华:《关于"玉
　器时代的再讨论"》,《中国文物报》1999年5月19日。

分析了石、铜和铁三期说的由来,以及我国考古界将其视为法宝的缘由。

围绕玉器时代提法是否合适的争论,说明中国考古学研究不断深入,已经到了必须思索和探讨诸如三期法的理论依据是什么等考古学基本理论问题的时候了,说明我国新石器时代考古学文化具有复杂性和多样性,以及地区不平衡性的特点。如何归纳各地区考古学文化的特点是值得深思的问题。

玉料来源是玉器研究乃至出土玉器的考古学文化研究的重要课题之一。矿物学家积极参与出土古玉的鉴定和古玉产地的分析,并探讨如何利用现代科技手段准确地判断玉器的质地。科学家们利用室温红外吸收光谱、X 射线粉晶照相确定出土玉器的矿物成分,采用扫描电子显微镜研究其显微结构。这个方法用于测试分析上海福泉山遗址的 24 件良渚文化玉器、1 件崧泽文化玉器和青浦崧泽遗址的 6 件文化玉器,结果发现其中绝大多数为真玉,属于透闪石类玉。[1] 他们还用此方法对陕西长安沣西西周玉器做了同样的分析。[2]

还有学者基于不同产地玉料中含有的稀土元素有所不同,利用分析古玉中包含的微量稀土元素等,来探寻玉料产地。他们用这个方法对浙江省余杭瑶山墓地墓葬出土的 4 件样品和长命乡采集的 1 件样品做了测试,为了很好地对比测试结果,他们同时测试了 3 件现代新疆玉料。从矿物组成来看,这 8 件样品都属于真玉,但是像李约瑟所说的那样,这些玉料都来自新疆。根据分析结果,瑶山墓葬的 4 件样品的稀土元素配分型式十分接近,与长命乡的 1 件略有差异,而 3 件新疆样品的稀土元素配分型式与上述 5 件有很大差异,表明瑶山墓地的 4 件样品不是来自新疆和田,可能是良渚文

---

① 闻广、荆志淳:《福泉山与崧泽玉器地质考古学研究》,《考古》1993 年第 7 期。

② 闻广、荆志淳:《沣西西周玉器地质考古学研究》,《考古学报》1993 年第 2 期。

化所在地区。[①]

黄建秋等开创了玉料切割实验,探讨玉器玉料开料和钻孔以及抛光等方法。他们的做法是,在出土玉器上仔细辨识遗留在玉器上的切割痕迹,并分析各类切割痕迹成因,随后根据文献记载和其他学者的推测开展玉器切割实验。实验表明,有些良渚文化玉器是采用诸如石片的片状工具加水加砂开料的,用竹管加水加砂钻孔是可行的,竹管、竹片也是良好的抛光工具。实验结果发现,砂是切割玉料的重要因素,水是降低因摩擦而产生的热又是把散砂聚合起来的介质。[②]

(2)磨制石器

磨制石器研究逐渐受到重视,特别是进入 21 世纪后,复制实验探讨制作工艺、微痕观察分析石器功用以及石器工业模式等专题研究方兴未艾。

黄建秋等注意到,不少遗址出土的磨制石器上有更新刃面和改制痕迹。他开发了把痕迹观察与石器改制结合起来的研究方法,即从使用部位是否存在风化程度不一、刃面是否平滑连续面,以及石器造型是否异常等,来判断磨制石器是否改制过。[③] 他们的尝试为深化磨制石器研究提供了新思路。

有研究者采用石器微痕观察与石器上的残留物分析方法研究石器功能。刘莉等采用 PVS 取模法从山西武乡县牛鼻子湾石磨盘和磨棒上取样,然后在金相显微镜下用 100× 等不同倍率观察石器上的光泽亮度、光泽区联结形态、光泽区地形、线状痕迹、线状痕剖面等微痕,

① 程军、杨学明、杨晓勇、王昌燧、王巨宽:《良渚文化玉器的稀土元素特征及其考古学意义》,《稀土》第 21 卷第 4 期,2000 年。

② 黄建秋、陈杰、姚勤德、陆文宝、钱浚、周公太:《良渚文化治玉技法德实验考古研究》,载《史前琢玉工艺技术》,台北,台湾博物馆,2003。

③ 黄建秋、林留根:《磨制石器痕迹研究初探——以骆驼墩遗址出土的部分石器为例》,载《中国考古学会第十四次年会论文集》,文物出版社,2012。

把它们与斯坦福大学等机构收藏的标本进行对比后发现,石磨盘和磨棒上的微痕与加工植物尤其是与加工块根和种子近似。在这两件石器上发现的淀粉粒中可鉴定的种属有栎属橡子、小麦族、黍族、恬楼根及豇豆属。他们得出的结论是,使用这两件工具的先民采集、加工、食用多种植物,采集野生植物仍然是当时食物的主要来源。[1]

采用模拟实验方法研究磨制石器是这个阶段石器研究的特点之一。翟少冬对陶寺遗址出土石制品的复制[2],黄可佳等对东莞村头遗址玉石器制作的技术研究[3],加深了人们对治石工艺的理解。

(3) 陶器

关于陶器的专题研究集中在陶土分析、陶器产地、焙烧温度和制作工艺几个方面。

陆巍采用中心距离系数法和相关系数法两种方法对北辛文化和山东龙山文化陶片化学组成中的二氧化硅、三氧化二铝、三氧化二铁等 7 种主要成分,以及灼失量等进行了分析。结果发现,细泥蛋壳黑陶与其化学成分无大关系,[4]这个结论与钟华南对大汶口-龙山文化黑陶高柄杯的分析结果是一致的。

池锦祺以及日本河西学等中日学者采用 X 射线衍射作长石定量分析法和岩相法,对良渚文化风格的黑陶器进行了分析,根据检测数据提出,这些陶器胎土的成分与良渚文化分布广大地域的地质状态相似。[5]

---

[1] 刘莉等:《山西武乡县牛鼻子湾石磨盘、磨棒的微痕与残留物分析》,《考古与文物》2014 年第 3 期。

[2] 翟少冬:《陶寺遗址石制品复制实验与磨制工艺》,《人类学学报》第 34 卷第 2 期,2015年 5 月。

[3] 黄可佳、张海威:《东莞村头遗址出土玉石器的片切割工艺研究》,《南方文物》2019 年第 4 期。

[4] 陆巍:《北辛文化和山东龙山文化陶器成分的聚类分析》,《考古》1996 年 11 期。

[5] 池锦祺等:《中国新沂市新石器时期古陶器的产地分析研究》,载徐湖平主编《东方文明之光》,海南国际新闻出版中心,1996。

　　王荤等采用电感耦合等离子体发射光谱和质谱方法对安徽蚌埠禹会遗址出土的薄胎磨光黑陶与普通陶器的微痕量元素进行了化学分析,对测试数据进行了主成分分析和稀土元素配分模式分析,结果显示薄胎磨光黑陶不是禹会遗址本地生产的。他们还综合运用热膨胀仪、X 射线荧光光谱仪(XRF)、X 射线衍射仪(XRD)测定了禹会遗址出土陶器的焙烧温度。热膨胀仪分析结果表明,禹会遗址出土的 10 件陶器标本以焙烧温度低于 900℃ 的陶器为主;XRF 测试分析结果表明,8 件陶器标本的原料为易溶黏土;XRD 测试分析结果表明,7 件陶器标本均以石英和长石为主,没有高温相矿物。三种方法测试分析结果一致,禹会遗址出土陶器的焙烧温度普遍较低,这个结果支持禹会遗址是一处以祭祀为主的礼仪性遗址的推论。[①]

　　李文杰对新石器时代不同阶段制陶工艺做了全面分析,通过复制实验关于制陶工艺的猜想,其研究成果体现在《中国古代制陶工程技术史》。[②]

　　(4) 古人类

　　我国古代居民种族人类学研究工作跨入新阶段,把欧美学者开发的分子生物学引入到我国,从古人类遗骸中提取 DNA,用于研究人类起源、演化和群体间以及群体内部的种系遗传关系。刘武等采用 PCR (聚合酶链式反应)技术对古代人骨进行了个体鉴定、家系鉴定和种系鉴定。利用人类牙齿的非测量形态特征受遗传因素控制并具有明显的群体分布差异的特性,刘武等人对庙子沟新石器时代人骨牙齿非测量特征做了研究。[③] 中国科学院古脊椎动物与古人类研究所赵凌霞

① 王荤等:《禹会遗址出土陶器的烧成温度测定》,载《中国国家博物馆文物保护修复论文集》,北京时代华文书局,2019。

② 李文杰:《中国古代制陶工程技术史》,山西教育出版社,2017。

③ 刘武、朱泓:《庙子沟新石器时代人类牙齿的非测量特征》,《人类学学报》1995 年第 2 期。

等与德国格廷根大学专家合作,从我国下王岗和大地湾等遗址出土人骨和人牙中提取了 DNA。[1]

朱泓在谈到古代种族类型与现代人种类型之间的关系时提出,我国古代人种可以分为"古华北类型""古东北类型""古西北类型""古中原类型""古华南类型"的观点[2],并阐述了"古华北类型"和"古东北类型"的种系特征和分布范围[3]。

潘其风等通过对先秦时期我国居民种族类型的地理分布进行研究,认为中国大陆是蒙古人种的主要发祥地之一,从旧石器时代、新石器时代乃至更晚的青铜时代和历史时期,中国古代居民群体体质上种系特征的延续性及其发展序列比较清楚,所呈现的差异基本上是单一蒙古人种下的地域性人种差别,与西方人种即使有过交流也没有留下明显的痕迹。中国古代文明是在与其他人种相对隔绝的基础上产生的。[4]

中国社会科学院考古研究所的韩康信与日本九州大学的中桥孝博合作,研究了古代居民拔牙习俗等以及日本弥生人的来源问题,取得了一定的成果。[5]

第三节　历史考古

1990—2020 年,共评选出 310 个项目。入选"全国十大考古新发

---

① 赵凌霞等:《新石器时代人骨遗骸中古代 DNA 的提取及 X-Y 染色体同源基因片段的 PCR 扩增》,《人类学学报》1996 年第 3 期。

② 朱泓:《建立具有自身特点的中国古人种学研究体系》,载《我的学术思想》,吉林大学出版社,1996。

③ 朱泓:《中国东北地区的古代种族》,《文物季刊》1998 年第 1 期。

④ 潘其风、朱泓:《先秦时期我国居民种族类型的地理分布》,载《苏秉琦与当代中国考古学》,科学出版社,2001。

⑤ 韩康信、中桥孝博:《中国和日本古代仪式拔牙的比较研究》,《考古学报》1998 年第 3 期。

现"的历史考古发掘项目 215 个,占总数(310 个)的将近 2/3。如果去掉入选的 77 个夏商周考古发掘项目,那么其余历史考古发现项目 138 个,约占总数的 44.5%。这个数据比较客观地反映了中国考古界逐步重视历史考古,"古不考三代以下"的传统观念已经有了很大的改变。

一、夏商周考古

77 个夏商周考古发掘项目入选"全国十大考古新发现",占总数的 24.8%,它清楚地反映了考古界重视三代考古研究的实际情况。有入选项目的省级行政区的数据反映了夏商周遗址分布地域,其中河南 18 项,山东 13 项……贵州、内蒙古、宁夏回族自治区、西藏自治区、云南、重庆、浙江、广东和河北各有 1 项入选。共有 23 个省区入选,1/3 省区没有项目入选。

从入选项目类别看,墓葬类项目 36 项,占总数的将近一半。数据表明,无论是申报单位还是评委都比较认可墓葬发掘项目,这与墓葬提供的信息量大而且比较容易说清楚其内涵和意义有关。而聚落类项目 18 项,仅占墓葬类项目的一半,而城址类项目 9 项,仅占墓葬类项目的 1/4。聚落和城址发掘耗时耗力甚巨而获得的信息量小而且零碎,有时很难说清楚所发掘地块的性质和功能,尽管如此,聚落和城址发掘在构筑考古学文化时空框架以及文明化进程中的作用不容低估。其他如建筑、祭祀类、窖藏、窑址、玉矿、矿冶类项目共 14 项,它们是从某个方面为历史研究提供实物资料。

1. 考古新发现

(1) 河南新郑望京楼遗址

2010 年 9 月调查、勘探和发掘,发掘 4000 平方米,发现了二里岗文化城址、二里头文化城址,找到二城址外廓城的线索。二里岗文化城址保存较为完整,城墙均掩埋于地表之下,平面近方形,面积约 37

万平方米。城墙由基槽、主体城墙及护坡组成。城墙的建造方法是先在生土上挖基槽,然后填土逐层向上夯筑,主体城墙建成之后,对其边缘进行修整后再夯筑护坡。东城墙上每隔20米均匀分布有墙墩,一般为2×3米,用途应为加固城墙。护城河紧贴城墙,城墙上共发现城门三座,东城墙两座,南城墙一座,东城墙在城门处向内拐折形成"凹"字形,初步具备了瓮城的功能。城址内有城内宫殿区、居住生活区、作坊区等功能区,"井"字道路网将各个功能区贯通起来。城内出土遗物包括铜器、原始瓷器、陶器、石器、蚌器、骨器等。望京楼二里岗文化城址和二里头文化城址的发现为寻找史载夏商古国提供了线索。它们对于探讨二里头文化晚期与二里岗文化早期两种文化的更替及王朝更迭,对于研究夏代晚期与商代早期的社会政治、经济、文化交流等方面,均具有重要的学术意义,为认识夏商都城的军事防御体系、城址布局及中国早期城池建设等提出新问题及新认识。①

(2) 福建浦城猫耳弄山商代窑群

2005年发现,10月～12月发掘面积250平方米,共发现商代窑炉6座,火膛、分焰柱、窑室、烟囱等基本保存,且分布密集,窑炉形式多样,其中长条形窑炉经估算可一次烧成近百件陶器。窑尾设有烟囱,属平焰窑,具备龙窑的一些基本要素。猫耳弄山商代窑群是以生产黑衣陶器为主的窑群,为研究黑衣陶类型的年代、分期、产地、窑炉构造、装烧工艺等学术问题,提供了珍贵的实物依据。猫耳弄山商代窑群发现有圆形、椭圆形、龙窑三种窑炉并存,证明南方商代窑炉多种多样,已经发展出了独立的窑业系统。三种类型的窑炉之间存在着叠压关系。其中长条形龙窑压着椭圆形窑,椭圆形窑压着圆形窑,说明圆形

---

① 郑州市文物考古研究所编著《新郑望京楼:2010～2012年田野考古发掘报告》,科学出版社,2016。

窑、椭圆形窑、长条形龙窑之间存在着传承、发展、演变的关系。①

（3）山西曲沃晋侯墓

有学者根据文献考证和实地调查认为这里是春秋五霸之一的晋国故地。1991年开始发掘，清理出8组17座大墓，墓坑内填塞木炭和石块防潮，墓中发现、璧、璜、琮、圭等玉器钟、鼎等铜器，还发现金、石、牙、角骨和陶器等。很多铜器带有长篇铭文，内容涉及八代晋侯的活动，可以确定这批大墓主人为晋侯。铭文对西周铜器断代、西周历法和方国史研究都具有极高的价值。晋侯墓的发现证明晋国早期都邑就在遗址附近，为探索晋国始封地问题提供了重要依据。②

（4）陕西西安新旺村制骨作坊

1990年发掘，出土骨料150多斤，经过鉴定的骨骼中有近70%的牛骨，超过10%的鹿骨以及少量猪骨和马骨。研究发现骨器制作工序如下：首先是截取大型动物的四肢骨，如肱骨、股骨、尺骨、胫骨等，及鹿角、少量的肩胛骨、肋骨；然后锯掉四肢骨两端的骨结部分，取其中间的顺直部分，锯掉鹿角尖端或枝权及根部，取其中间部分等。这次发掘没有发现制骨工具，但从骨料、骨器上的痕迹观察，至少应有刀、锯和磨石。骨器有笄、针、镞、铲和骨片饰等。③ 这些发现为研究骨器制作工艺提供了难得的资料。

---

① 福建博物院、蒲城县博物馆：《蒲城县猫耳弄山聚落遗址考古调查勘探报告》，《福建文博》2019年第1期；郑辉等：《福建蒲城县仙阳镇猫耳弄山发现商代窑群》，《中国文物报》2006年5月31日。

② 北京大学考古系、山西省考古研究所：《1992年天马-曲村遗址墓葬发掘报告》，《文物》1993年第3期；《天马-曲村遗址北赵晋侯墓地第二次发掘》，《文物》1994年第1期；《天马-曲村遗址北赵晋侯墓地第三次发掘》，《文物》1994年第8期；《天马-曲村遗址北赵晋侯墓地第四次发掘》，《文物》1994年第8期。

③ 中国社会科学院考古研究所沣镐工作队：《陕西长安县沣西新旺村西周制骨作坊遗址》，《考古》1992年第11期。

（5）河南殷墟花园庄甲骨窖藏

1991年,在花园庄村东地发现一个商代晚期的甲骨坑 H3,坑口距地表1.2米,平面近长方形,南北残长1.5米、东西宽1米,坑壁整齐,坑口以下 0.2～1.3米,在坑的东西二壁各有三个脚窝。坑内堆积分四层。第一层浅灰土,厚0.6米,出数量陶片、兽骨和木炭屑;第二层黄色夯土,厚0.6米,不出器物;第三层深灰土,厚0.9米,出少量碎陶片,中下部发现甲骨堆积;第四层厚0.4米,为甲骨层。坑内发现甲骨1583片,卜甲1558片,上有刻辞的574片;卜骨25篇,上有刻辞的5片。甲骨出土时有的竖立,有的平躺,有的斜置。一般每版数十字,多者达200余字。卜甲与卜骨、龟腹甲与背甲、大块的与小块的、有字的与无字的相杂处,甲骨堆中几乎没有什么空隙,H3是一个专门埋藏甲骨的窖穴。刻辞的内容主要涉及祭祀、田猎、天气和疾病等方面,特别是祭祀祖先的卜辞数量最多。① 这批甲骨属武丁时期,它们是商代晚期甲骨的又一次重要发现,是研究武丁时期历史不可多得的文字资料。

（6）浙江绍兴印山越国王陵

20世纪80年代发现,1996年8月～1998年4月发掘。印山大墓是一座有长墓道的甲字形竖穴岩坑木室墓,由隍壕、封土、墓坑、墓道、墓室等部分组成。隍壕分布在印山四周,系人工挖掘而成。包括隍壕在内的陵园总面积8.5万平方米。封土平面为东西向椭圆形,墓坑凿岩而成,墓道为东西向长条形,墓室为狭长条形"人"字坡的木屋结构,界面呈等腰三角形,内设前、中、后三室,木棺东西向顺置于中室。墓葬中室出土石剑、玉镞、玉镇、龙首形玉件、长方形玉饰、微型玉管珠、漆木杖、残漆木器等精美随葬品30多件。墓坑青膏泥填土中出土的木质夯具为了解当时的夯筑工具提供了宝贵的实物资料。结合《越绝

---

① 刘一曼、郭鹏:《安阳殷墟甲骨出土地及其相关问题》,《考古》1997年第5期。

书》和出土遗物分析,墓主可能是允常。[①]

(7) 甘肃敦煌旱峡玉矿遗址

2014年发现,2015年9～10月发掘。旱峡玉矿遗址东西长3000米、南北长1000米,共发现地面遗迹145处,其中矿坑114处、矿沟8条、岗哨12处、房址8座、选料区3处。矿坑均为露天开采。调查采集标本主要有陶器、石器和玉料等。根据陶器分析,旱峡玉矿为公元前一千纪内,是国内目前年代最早的玉矿遗址。上述发现也为深入认识早期"西玉东输"提供了新的突破口,开展对新发现古玉料系统的岩石地球化学和同位素测试,建立其地球化学"指纹"等,追溯其迁徙路径对揭示汉代以前该地区玉料工业和丝绸之路,以及早期华夏玉石文明的形成,乃至揭示中原传统古玉供应体系等意义重大。[②]

(8) 河南新郑郑韩故城铜器坑

1996—1998年发掘。文献记载春秋战国时期的郑和韩先后在新郑建都,故称这里为郑韩故城。在城内发现了春秋青铜礼乐器坑17座,马坑45座,出土了以348件郑国宫室青铜礼乐器为代表的大批珍贵文物,其中206件为编钟,还有钟架和陶埙。对研究春秋时期礼乐制度、郑国青铜器分期断代,以及当时的音乐等提供了实物资料。但是这些坑周围没有发现相应墓葬,它们的功能有待今后探讨。[③]

(9) 河南偃师商城小城

20世纪90年代发现其中的小城,位于大城的西南部,南北长1100米、东西宽740米,年代要早于大城,大城利用了小城的西墙、南墙和东墙的一部分。小城内有宫城,宫城面积达4万平方米,是已知

---

① 田正标等:《浙江绍兴印山大墓发掘简报》,《文物》1999年第11期。
② 陈国科、丘志力等:《甘肃敦煌旱峡玉矿遗址考古调查报告》,《考古与文物》2019年第4期。
③ 蔡全法、马俊才:《"郑卫之音"重光于世》,载《中国十年百大考古新发现》,文物出版社,2001。

商代早期规模最大的宫殿单体建筑之一,内有水井、完善的供水和排水系统,宫城北面还有长方形水池。还发现商代前期城内使用双轨车留下的车辙印痕,以及中小型商代墓葬。小城的发现将偃师商城的建城年代提前一步,是夏商分界研究上的突破之一。偃师商城宫城居中而且建筑格局保持对称性的建城原则,开创了中国后世都城建设的先河。[①]

2. 专题研究

自然科学手段被更加积极和广泛地应用在夏商周考古当中。考古学家与测年专家密切协调,共同探讨夏商周三代的年代,应用遥感和探地雷达技术寻找古代城、宫殿和墓群;利用动物和植物遗存,复原某一地区古代的自然环境;利用地质学、动植物、考古学等手段,对一条河川的流域内聚落群进行调查,研究各时期聚落数量的多富和规模的大小等方面的变化,并分析其自然的和人文、社会的原因与背景;通过金属成分分析,研究商代青铜器的原料产地与金属成分的配比变化,为研究夏商周王朝与周边方国关系提供了一个新的视角;特别是对殷墟家族墓地出土的人骨进行遗传基因的分析,开了我国遗传基因考古的先河。[②] 随着基本建设大规模展开,在各地开展的抢救性考古中也有不少重要发现,推动了夏商周考古研究。这里仅列举陶器、玉器、青铜器、甲骨文、金文等专题研究,以此说明夏商周专题研究的基本情况。

(1) 陶器

陈铁梅和何弩等先后通过中子活化技术对湖北省江陵荆南寺遗址、郑州市二里岗遗址、湖北省黄陂盘龙城遗址、岳阳铜鼓山遗址和江西省清江吴城遗址等商代遗址出土的陶、原始瓷、印纹硬陶共 93 件标

---

① 王学荣、杜金鹏、岳洪彬:《河南偃师商城小城发掘简报》,《考古》1999 年第 2 期。
② 王巍:《夏商周考古五十年》,《考古》1999 年第 9 期。

本做了测试分析,结论指出,商代各遗址出土的原始瓷器很可能是由南方某地区生产的,吴城及其邻近地区可能是当时原始瓷器的生产中心。[①]

何弩等利用中子活化技术对湖北荆南寺遗址陶器进行了分析,并且将分析结果与文化因素综合起来,因为传统的文化因素分析法不能对器物进行可靠的产地分析。传统的文化因素分析法同陶器中子活化产地分析法有机结合,一方面可以检验文化因素分析法之分析结果的准确程度,另一方面可以从微观领域深入认识文化间互动关系的形式,完善了考古学上的文化因素分析法,并成为分析文化间互动关系的有力武器。[②] 中子活化分析陶瓷器成分的技术和考古学文化研究密切结合起来,能够解决考古学文化的问题。

（2）玉器

郑振香通过对殷墟妇好墓出土的大量玉器的观察与研究,发现殷人有利用圆形玉料雕琢多种玉饰的倾向。玉璜是利用玉璧、玉环和玉瑗分割而成的,有的以直径为中心分成两件地,也有的分为三件,各占圆周的三分之一。殷代管钻技术比较发达,有些玉璜、玉瑗的边缘留有管钻痕迹。殷人利用璜形外突的弧线,作为兽、畜或禽鸟的头部和胸腹部,将内凹的弧线作为背部,运用圆周的特点雕琢动物的轮廓,在此基础上进行加工就比较容易。以璜形料为基础巧妙设计成兽、畜、鸟、鱼以及人形等玉饰,经过精心设计和琢磨出的多种动物形象,给人以美感。不过正因为利用璜、瑗设计各种动物形象,就难免图案化,受圆形弧度的限制,一些动物造型比较呆板。[③]

---

① 陈铁梅等:《中子活化分析对商时期原始瓷产地的研究》,《考古》1997 年 7 期。
② 何弩、小乔治·瑞普·拉普、荆志淳、陈铁梅:《湖北荆南寺遗址陶器中子活化技术与文化因素综合分析》,《考古》1999 年 10 期。
③ 郑振香:《殷人以圆为雏形雕琢玉饰之探讨》,《考古》1993 年第 10 期。

（3）青铜器

三代考古离不开青铜器研究,除了青铜器分期断代、使用、功能和社会意义外,从其他角度研究青铜器也取得很多成果。

张懋镕对学界关于西周青铜器演化过程是均衡的观点提出异议。他认为由于朝代的更替,政治文化背景的差异,青铜器主人族属的不同,造成在同一时期内青铜器形制、纹饰和铭文非同步演进,呈现出不同的面貌,即西周青铜器演变具有非均衡性特点。它的发现有助于准确地判断西周青铜器的年代,有利于青铜器的辨伪工作。①

陈铁梅在综合研究了我国出土的早期铜器后指出,我国齐家文化早期出现红铜冶炼,晚期进入青铜时代。至于属于马家窑文化的东乡林家出土的青铜刀是铜锡共生矿冶炼的结果,这个看法得到共存碎铜渣的佐证。陈铁梅认为,不应该把马家窑文化看作青铜时代开始时期。这个做法充分体现了考古工作者实事求是的科学精神。②

有专家对殷墟青铜器进行了细致入微的观察和分析,发现浮雕和立雕的兽头状附件主要是采用分铸法和焊接技术连接起来的。分铸法又分榫卯式后铸法、铆接式后铸法、榫卯式先铸法、包裹式先铸法,这种方法出现在早商向中商过渡时期,在殷墟二期得到普遍运用。③

（4）甲骨文·金文

甲骨文和金文研究一如既往地取得丰硕成果。甲骨文方面,研究主要集中在甲骨文资料整理和甲骨使用与契刻方面,比如沈建华和曹锦炎以香港中文大学中国文化研究所甲骨文电子资料库为基础,编著了甲骨文检索工具书,④为甲骨文研究提供了方便。对甲骨文字形及

---

① 张懋镕:《再论西周青铜器演变的非均衡性问题》,《西部考古》第12辑,2016年。

② 陈铁梅:《九十年代科技考古的发展》,载《中国考古学年鉴》,文物出版社,2000。

③ 刘煜:《试论殷墟青铜器的分铸技术》,《中原文物》2018年第4期。

④ 沈建华、曹锦炎:《甲骨文字形表》(增订版),上海辞书出版社,2017。

考释以及卜辞与商史等方面的研究,也取得一定成果。又比如,不少学者对甲骨文字契刻工具和操刀手法做了实验研究,深化了甲骨文研究。[①]

金文方面,研究主要集中在文字释读及其历史研究方面。比如严志斌对存世的 5454 件商代铭文青铜器做了全面的清理,对包括族氏、职官、诸子等金文称谓及其所反映的商代社会结构、宗法制度等做了深入研究。[②] 又比如,有学者对青铜器上的族氏铭文进行分类与解读,通过单一氏名研究总结了族氏铭文的出土地与该家族分布地之间的关系,分析了复合氏名产生的原因,以及安阳殷墟各家族聚居状态等问题。[③]

二、秦汉考古

入选"全国十大考古新发现"的项目中秦汉考古发掘共 43 项,约占项目总数的 14%,可见汉代考古深受重视并屡屡有震惊世人的新发现。河南和陕西各有 8 项、山东 6 项、新疆维吾尔自治区 4 项,入选 3 项的有江苏,湖南、广东、云南、甘肃各有 2 项,北京、吉林、四川、江西、辽宁和安徽各有 1 项,超过半数的省区没有 1 项入选。

入选的项目中 25 个是陵墓或墓葬类项目,6 个是城址或与之相关的项目,其余项目分别是函谷关、三杨庄聚落、雍山血池祭祀、秦直道、陶俑官窑、漕运建筑、宫苑等共 12 项。以上数据显示,墓葬发掘是各地秦汉考古的重点工作,也是秦汉考古的特点,学术界高度认可墓葬提供的信息。城址和其他遗迹的发掘属于秦汉考古中专题研究课题。

---

① 侯乃峰:《商周时期契龟刻字专用刀稽考》,《殷都学刊》2011 年第 2 期。

② 严志斌:《商代青铜器铭文研究》,上海古籍出版社,2017。

③ 何景成:《商周青铜器族氏铭文研究》,齐鲁书社,2009。

1. 考古新发现

（1）辽宁绥中石碑地秦汉遗址

1993—1995 年发掘。发现了秦、汉两个时期的不同建筑遗迹，均为倒塌后的基础部分。其中秦代建筑基础保存较完好，有类似沐浴室的建筑，出土了筒瓦、板瓦、瓦当、地面砖、空心砖、井圈、排水管、础石等建筑构建，遗址中少见生活用遗物。秦代建筑所用的圆瓦当与半瓦当在每一个单元建筑中的每一面屋檐上，绝不混用，圆瓦当和半圆瓦当的使用主要不是年代上的差别，而体现在建筑规格与外观的不同。汉代建筑所用均为"千秋万岁"文字瓦当一种，但是从字体、规格及形状看应有所区别。①

（2）湖南里耶古城及出土秦简牍

2002 年发掘。古城为战国晚期楚国修筑，后经重修，经历了秦和西汉早期，绝对年代为距今 2200 年前后。城内发现通道、作坊、官署建筑和古井等遗迹，墓地位于城北 1000 米处，墓葬年代在战国中期至战国晚期。里耶古城为研究战国晚期、秦至汉初中原中央政权对湘西地区的行政管理和区域政治提供了资料。古城内一号井内出土 3.6 万多枚秦代简牍。简牍绝大多数为木质，极少数为竹质，均为毛笔墨书。内容涉及邮传、历术、法律、军事等各个方面，是当时的官署档案，为研究秦代政治、经济、法律和社会制度提供了极为难得的文献资料，极大地丰富了对秦代政治经济制度的认识。②

（3）广东广州南越国宫署遗址

1995 年发现并发掘。发现的重要遗迹有石筑方形蓄水池、曲流水渠、回廊散水、砖砌水井等。蓄水池南北长 19 米、东西宽 20 米，池南

---

① 辽宁省文物考古研究所姜女石工作站：《辽宁绥中县石碑地秦汉宫城遗址 1993～1995 年发掘简报》，《考古》1997 年第 10 期。

② 湖南省文物考古研究所：《里耶发掘报告》，岳麓书社，2007。

界旁边有石构临池建筑。曲渠由弯月形石池、渠陂、石板斜口和排水的木质暗槽等构成。回廊已经塌毁,只存部分散水。砖砌水井是用扇形砖砌壁,底铺石板。遗址出土各种砖瓦、石构建,瓮、釜、盆、壶、提筒和碗等陶器,还有铁桶、铁门轴枢、铁斧和铜钱,以及封泥和玉衣片等。根据出土遗物、遗迹以及石板上刻的"蕃"、砖瓦上戳印的"居室""左官奴兽""工官""万岁"等字样分析,这是南越国时期的宫署建筑。它的发现为探查番禺城的范围和布局提供了重要线索。[①]

(4)江苏徐州狮子山楚王陵

1995 年发掘。尽管该陵被盗掘了,但仍然出土了 2000 多件器物。有金银铜铁玉石漆陶骨器等,金镂玉衣所用玉料是迄今发现的玉质最好的和田玉。出土印章 200 多枚、封泥 80 多枚,封泥内容分为楚王官吏、军队武官、地方职官三类。楚王陵的发掘为研究西汉早期楚国官制、区域地理、印信制度等提供了重要的实物资料。[②]

(5)陕西西安长安城北宫及砖瓦窑

1994 年发掘。考古人员在桂宫以东、武库以北和长乐宫以西发现了一座汉代宫城,对照《三辅黄图》记载的规模、位置,该宫城应该就是汉代北宫。在北宫以南发现 11 座砖瓦窑,砖瓦窑形制相同,由前室、火门、火膛、窑室和排烟设施构成,出土了素面砖和花纹砖、板瓦、筒瓦和瓦当,以及支垫等窑具。砖瓦产品应该是供修建北宫、未央宫和武库等皇室建筑的"官窑"。[③]这些发现对研究汉长安城的布局和砖瓦制作业增添了新资料。

---

① 冯永驱、陈伟汉、全洪、李灶新:《广州南越国宫署遗址 1995～1997 年发掘简报》,《文物》2000 年第 9 期。

② 狮子山楚王陵考古发掘队:《徐州狮子山西汉楚王陵发掘简报》,《文物》1998 年第 8 期。

③ 中国社会科学院考古研究所汉城工作队:《汉长安城北宫的勘探及其南面砖瓦窑的发现》,《考古》1996 年第 10 期。

2. 专题研究

与秦汉考古有关的专题研究主要集中在简牍、漆器和铜镜等方面。

(1) 简牍

简牍是秦汉专题研究的主要领域,并且研究基础工作很扎实。1997 年,西北师范大学历史文化学院等机构联合主办《简牍学研究》,①编撰简牍学大辞典的课题为 2014 年国家社会科学重大项目立项。②

简牍从发现至今一直都有外国学者参与研究,比如,日本学者在这方面着力甚多。国内外简牍学者研究成果交流也很频繁。比如,1991 年 7 月,为纪念敦煌汉简、居延汉简发现 85 周年和 60 周年,加强简牍研究的学术交流与合作,甘肃省文物考古研究所、甘肃省博物馆、中国文物研究所、中国社会科学院历史研究所联合在兰州举办"中国简牍学国际学术研讨会"。来自日本以及包括我国香港、台湾地区和大陆的百多位学者提交论文 80 多篇。会上就云梦睡虎地、长沙马王堆、居延、敦煌等地发现的简牍,从语言、文字、历史考古、文献、书法等多个角度进行了广泛而认真的讨论。这次会议是简牍学者的一次国际盛会,对简牍学研究走向世界是一个促进。③

简牍取得的研究成果非常丰富。王素通过讨论纠正了误读走马楼木牍中"亿"的字义,再次论证了"私学"和"私学弟子"皆为逃亡户口产生,以及"若"即"诺"的问题。④

---

① 《〈简牍学研究〉征稿启事》,《简牍学研究》(第十辑),2014 年。

② 《国家社会科学基金重大项目介绍　简牍学大辞典》,《吉林大学社会科学学报》2014 年第 2 期。

③ 何双全:《中国简牍学国际学术研讨会召开》,载《中国考古学年鉴 1992》,文物出版社,1994。

④ 王素:《长沙走马楼简牍研究辨误》,《考古学研究》(五),2003 年。

（2）漆器

漆器因其精美造型和富有创意的纹样而备受关注。不仅考古工作者研究漆器，美术工作者也投入漆器研究工作，比如有学者认为漆器纹饰的"用笔"可分为直线"用笔"和曲线"用笔"，直线"用笔"在漆器装饰当中具有界定和定向之作用，网纹是直线"用笔"在经纬发现的连续排列。曲线"用笔"分为C形蜷曲和S形扭曲两种，其他"用笔"只是在蜷曲或扭动之幅度上有所不同。C形蜷曲主要体现了一种旋转或伸展的感观效果。S形扭曲给人一种流动或曲折的感观效果，并且还归纳出漆器纹饰中"用笔"之方式有同点散发和同向反复两种。①

考古工作者对漆器的研究延伸到漆器手工业的管理等方面。有学者根据睡虎地秦简中有秦国管理漆园的法令提出，秦时国家经营漆园生产漆液并设专官管理，秦汉漆器手工业分为官府经营的手工业、私人经营的手工业以及官府手工业监制的私人手工业作坊承制三种形式。②综合研究也取得重要成果，《战国秦汉漆器研究》首先对漆器做了类型分析并对漆器做了分期，然后研究漆器的内部结构和制作工艺，还对漆器上的文字功能做了分析，接着讨论了漆器的生产与管理、使用与流通等问题。③

（3）铜镜

2012年，中国社会科学院考古研究所对临淄齐故城阚家寨遗址进行发掘。发掘中清理出铜剑铸造作坊址与铸镜有关的坑状遗迹，发掘者推测它可能是铸镜时使用的"铸坑"。为此，科技考古学者对铸镜作坊中的砂以及作为对照样品的附近古河砂进行了检测。结果表明，铸坑砂中含有古河砂中没有检测到的磷、铜、铅、氯、锌和溴等元素，恰好

---

① 于献堂：《战国秦汉漆器纹饰之"用笔"》，《美术观察》2015年第7期。

② 宋治民：《汉代手工业》，巴蜀书社，1992。

③ 郑岩：《评〈战国秦汉漆器研究〉》，《考古》2008年第10期。

是熔炼过程中容易挥发的元素，从而从科技方面验证了田野考古认为该遗迹为铸镜作坊的判断。[1]

　　汉代很多铜镜都有铭文，照理来说这些文字理应都是现代人认识的，而且文句也是现代人能够读懂的，却出现误读的情况。究其原因，正如曹锦炎所指出的那样，两汉三国的镜铭文字，构形上的最主要特点是简省，不仅有声旁的简省，也有义旁的简省，构形上的减笔比比皆是，以及制作过程中范模的热胀冷缩和铜汁流融的不到位，造成文字笔画挤压、模糊或缺失，加上工匠的疏忽、随意或文化水平低等原因，造成笔画甚至偏旁上的讹误，以及存在异体字、通假字等情况。[2] 有古文字研究者就发现了临淄出土汉代昭明铭文镜释文出错的情况，为此专门进行了校释。[3] 还有书法研究者注意到，镜铭是悬针篆铭文，它与同期铜器和钱币上的悬针篆不同，其中有的文字结体更加修长而且笔画更为圆润，有的悬针壁画跟随铜镜的弧度而变化，更有甚者夸张为云纹的，有的与隶书相融合，有的与简化字相承辅。悬针篆具有飘逸的风格、灵动的线条、无意间对字形的改造以及整体布局的和谐，具有重要的美学价值。[4]

三、魏晋南北朝考古

　　这一时期有 19 项考古发掘项目先后入选"全国十大考古新发现"。陵墓和墓葬类的有 10 项，宗教类的有 5 项，城址 2 项，还有窑址与简牍各 1 项。这些数据显示，这个时期考古工作以专题研究为主，发掘主要集中在墓葬和宗教遗迹方面。入选项目中，山西 4 项，江苏、

① 赵春燕：《临淄齐故城秦汉铸镜作坊遗址砂样的检测与分析》，《考古》2014 年第 6 期。

② 曹锦炎：《两汉三国镜铭文字整理与研究中的若干问题》，《文物鉴定与鉴赏》2013 年第 5 期。

③ 赵岩：《临淄出土汉代昭明铭文镜释文校释》，《古文字研究》33，2020 年。

④ 马明宗：《汉代铜镜铭文中的悬针篆及其书法艺术》，《中国书法》2021 年的第 4 期。

山东、新疆维吾尔自治区各 2 项,辽宁、西藏自治区、浙江、河南、湖南和陕西各 1 项,等等。尚有 2/3 的省区没有项目入选。这个数据显示了这个时期考古项目分布的地域性特点。

1. 考古新发现

(1) 山东青州龙兴寺佛像

1996 年发现并发掘。在一个土坑中发现叠放在一起的大小造像 400 多尊,比较完整的石制身躯放在土坑中间,各种头像多放在坑壁边缘,陶、铁、彩塑泥质和木质造像放在坑底部。其中佛头像近 150 件、菩萨头像近 50 件、造像身躯 200 多件等。有造像碑和单体造像两种形制。造像碑大小悬殊,大者高 320 厘米,小者仅高 50 厘米。造像分一佛、二菩萨、二弟子等。单体造像有佛像、菩萨、罗汉和供养人像等,大者高 200 厘米,小者仅高 20 厘米。造像保留有原来的彩绘和贴金。这批造像的时代起自北魏,历经东魏、北齐、隋唐,直至北宋年间。这次发现的窖藏位于北部大殿之后,估计该寺院始建于北魏之前。①

(2) 黑龙江凤城凤林城址

1984 年发现并测绘。1994 年发掘主城区,共清理房址 8 座、灰坑 23 座,出土器物近 300 件,并提取较多的动物骨骼、木炭、炭化农作物颗粒及孢粉样本。文化堆积分为早、晚两个时期。遗存包括房址和灰坑,出土了较多陶器、石器、骨角器、铜器、铁器等。它们是有别于三江平原以往发现的考古学文化,是一种全新的考古学文化。这种新考古学文化的年代要晚于团结文化和滚兔岭文化,属魏晋时期。②

(3) 湖南长沙走马楼简牍

1996 年,人们在一口东汉至孙吴中期的古井中发现了叠放两层的

---

① 山东省青州市博物馆:《青州市龙兴寺佛教造像窖藏清理简报》,《文物》1998 年第 2 期。
② 黑龙江省文物考古研究所:《黑龙江友谊县凤林城址 1998 年发掘简报》,《考古》2000 年第 11 期。

简牍。估计总数有 10 枚左右,以长 22～25 厘米的竹木简为主,还有一些长 50 厘米的大木简,以及少量竹、木牍、签牌、封检和封泥匣等。简文用墨书写,书体有介乎隶书、楷书、行书之间,也有一些草书。简文内容包括赋税、户籍、仓库管理、物质调拨、军民屯田等记录和账簿,还有官府之间往来文书、名刺和书信等,反映了当时的社会、经济、政治、法律等多方面情况。这批简牍的发现将填补三国时期特别是吴国史料的不足。这座古井原来可能是贮藏粮食的窖藏,废弃后被用来存放官府档案文书,它对研究当时的档案管理制度也有意义。①

(4)青海都兰热水墓群 2018 血渭一号墓

1982 年发现,2018—2020 年清理被盗的"2018 血渭一号墓"。墓葬由地上的茔墙、祭祀建筑及封土回廊构成,地下有墓道、殉马坑、照墙、甬道、墓门、墓圹、二层台、殉牲坑、三层台、砾石层、四层台、墓室构成。出土文物包括金银器、铜器、铁器、玉石器、玻璃器、漆木器、纺织品、陶器、象牙器等。根据印章的印文,可知墓主阿柴土是吐谷浑王。该墓是热水墓群乃至青藏高原地区发现的布局最完整、结构最清晰、形制最复杂的高等级墓葬之一,地上墓园、祭祀建筑、棺床和斗拱等带有明显的中原文化特征,来自中原的丝织品和五色石充分证明了丝绸之路青海道的重要作用,反映了中华文化多元一体的历史演进过程。②

(5)新疆民丰尼雅遗址

1995 年中日合作发掘,发现了各种规模的建筑遗址、古城址、佛塔、佛寺、制陶冶铸作坊、畜厩、桥梁、储水池、灌溉渠、道路、农田、果园和贵族墓等。各遗迹的分布基本上是以佛塔为中心,小聚落为单位呈

---

① 长沙市文物工作队、长沙市文物考古研究所:《长沙走马楼 J22 发掘简报》,《文物》1999 年第 5 期。

② 中国社会科学院考古研究所、青海省文物考古研究所:《青海都兰县热水墓群 2018 血渭一号墓》,《考古》2021 年第 8 期。

南北向规律散布在尼雅河古道两侧的阶地上,主要分布有民居、官署建筑、宗教建筑、古城遗迹和墓地等,遗址内还有手工作坊区、供水系统、窑址和炼炉遗迹。出土遗物有陶器、木器、毛毡或地毯、丝织品、漆器、铜器、玻璃器等,以及东汉、魏晋时期的汉文文书、佉卢文书等。尼雅地处中西交通要道,既有汉文化、西域文化,又有佛教等外来文化,呈现出多元文化特点。[①]

(6) 河北临漳曹魏邺城

1983—1996 年勘探发掘,发现邺城由北南两座相连的城组成。邺北城先后作为曹魏、后赵、冉魏和前燕的都城。公元 534 年,东魏从洛阳迁到邺城,兴建新城,是为邺南城。北城为东西长的长方形,南城沿用了北城的南墙。每面城墙都发现数量不等的城门。城址正南门与宫殿区的主要宫殿衔接形成中轴线,它标志着中国都城发展到一个新阶段,这种规制对东魏、北齐和隋唐都城的建设都产生了重要影响。[②]

2. 专题研究

这个阶段专题研究主要有石窟寺、瓦当和瓷器等方面,各项也都取得一定成果。

(1) 石窟寺

石窟寺分期研究有不少重要成果。温玉成对龙门北朝纪年小龛做了分类、分期与洞窟排年,据龙门北朝纪年小龛的类型推断了北朝洞窟的年代。晁华山将克孜尔石窟的洞窟分成佛堂、讲堂、僧房等类型,分析了洞窟组合的特点,推断一组五佛堂洞窟可能就是一所五佛堂寺院。

---

① 《中日共同尼雅遗址学术报告集》,(日本)法藏馆,1995。

② 中国社会科学院考古研究所、河北省文物研究所邺城考古工作队:《河北临漳邺北城遗址勘探发掘简报》,《考古》1990 年第 7 期;《河北临漳县邺南城遗址勘探与发掘》,《考古》1997 年第 3 期。

石窟寺研究取得的最大成果是宿白的《中国石窟寺考古》①,论文集比较全面地反映了宿白研究佛教考古的重要成果。他把石窟分为三期。在《平城实力的集聚和"云冈模式"的形成与发展》中,他将石窟的发展阶段与北魏历史发展相结合,证实云冈的分期正是北魏历史的具体表现,并提出"云冈模式"的概念,强调了云冈石窟在中国石窟寺研究中的特殊地位。在《凉州石窟遗迹与"凉州模式"》一文中,他指出凉州窟龛造像主要源于新疆,而靠东的炳灵寺石窟则更多地受到了长安的影响。宿白阐述了中国石窟寺的分区与分期,将石窟寺分为新疆、中原北方、南方和西藏四个地区,每区石窟寺各具特色,但又互相影响。各地石窟寺尽管都有地方特色,但都不同程度地受到全国政治或文化中心所盛行内容的影响。

(2)瓦当

南方六朝地区不仅出土了大量云纹瓦当,还出现了前所未见的人面纹瓦当、兽面纹瓦当和莲花纹瓦当。贺云翱等对云纹瓦当的造型特点做了归纳,对人面纹瓦当的起源和分布地区做了初步探索,基本上搞清楚了兽面纹瓦当起源于东汉末的中国南方,同时指出莲花纹瓦当的出现与从南亚传入中国的佛教文化有关。②

汉魏洛阳城的发掘出土了大量遗迹遗物,其中的瓦当很有特色。钱国祥对洛阳城出土的瓦当做了分析和研究。根据当面纹饰图案不同,对瓦当做了类型分析,其中包括文字瓦当、云纹瓦当、兽面纹瓦当和莲花纹瓦当四大类,把它们分为三期并总结了各类瓦当的发展过程。③

(3)白瓷

白瓷是中国古代瓷器中的重要品种,最早出土于北齐范粹墓。关

---

① 宿白:《中国石窟寺考古》,文物出版社,1996。
② 贺云翱:《"六朝瓦当"研究回顾及对若干问题的探讨》,《东南文化》2011年第2期。
③ 钱国祥:《汉魏洛阳城出土瓦当的分期与研究》,《考古》1996年第10期。

于白瓷出现的原因,学界进行了探讨。赵宏等认为,北朝白瓷与后来的白瓷相比,胎体粗糙、含有杂质并且孔隙普遍,釉色虽然呈乳白但泛青黄色,因此北朝的白瓷是从青瓷中发展而来的。①

四、隋唐考古

这一时期有22个项目入选"全国十大考古新发现",分布在12个省区,入选数量最多的前三位是江苏、陕西、青海各3项,河南、四川、江西和黑龙江各2项,贵州、浙江、山西、吉林和安徽各1项,2/3的省区没有项目入选。22个项目中墓葬发掘项目8个、城址项目4个、瓷窑项目3个、运河码头桥项目3个,其他的有街坊仓储宫殿与石刻。虽然各地发现的隋唐时期墓葬数量不多,但是墓葬发掘成果备受关注,瓷器考古也是重点项目之一。

1. 考古新发现

(1)陕西西安灞河古桥遗址

1994年8月发现并清理。发掘共清理出三孔桥洞、四座桥墩。桥墩长约9.5米、宽2.5米,是用石条砌筑而成,造型为船形,东西方向排列,南北两端均呈尖状,有分水尖,其上部安装有石雕龙头装饰,雕刻精美,很有气势。四座桥墩的造型和大小基本一致。从发掘情况看,估计隋唐灞桥总长约400米。出土隋唐时期的瓦、唐代琉璃瓦、宋、金、元瓷片,以及北宋维修桥身时利用的唐碑等。这座多孔石拱桥是我国现存时代最早、规模最宏大、桥面跨度最长的大型多孔石拱桥。② 2004年河水回落后,灞河河道中间露出11座桥墩,桥墩为块石砌筑而成,块石之间以铆钉连接。11个桥墩之间共有10个桥洞,洞宽5.15米~5.76米,东西横跨灞河80多米。这座古桥建造年代略早于

① 赵宏:《北朝、隋代白瓷考》,《陶瓷研究》第10卷第2期,1995年6月。

② 薛桥:《西安发现隋代灞河古桥遗址》,《中国文物报》1994年7月10日。

赵州桥,为研究我国桥梁史、科技史等提供了实物资料。①

(2) 山西太原隋代虞弘墓

1999 年清理,唐代末年被盗。该墓由墓道、甬道、墓门和墓室等组成,出土石人物俑、灯台、白瓷碗、钱币和墓志等遗物。从墓志铭得知,墓主虞弘,鱼国人,曾在波斯、吐谷浑、北齐、北周和隋朝做过官,葬于隋开皇二十年(592 年)。葬具为汉白玉石椁,内有两具尸体,为墓主夫妇。椁为仿木结构,由椁座、壁和顶三部分组成。壁四周内外有雕绘,图案内容有宴饮、乐舞、射猎、家居、行旅图等,很多场面里的人物都是深目高鼻、胡须浓密的地中海高加索人种,他们的服饰、器皿、乐器、舞蹈、花草、动物等无不显示出波斯、中亚文化的特色。位于丝绸之路上的虞弘墓,展示了以往我们所不了解的西域文化面貌,它的发现应该是中西文化融合的体现,为研究当时的社会文化交流提供了实物资料。②

(3) 河南洛阳回洛仓与浚县黎阳仓遗址

2011 年发掘隋代黎阳仓遗址。黎阳仓城依山而建,平面近长方形,东西宽 260 米,南北残长 300 米。仓城城墙为夯土筑成。护城壕位于东墙东侧。在仓城北中部发现一处漕运沟渠遗迹,南北向,口宽约 8 米,在渠西北侧,勘探出一东西长 40 米、南北宽 25 米的夯土台基,应为粮仓漕运和管理机构所在位置。已探明储粮仓窖 84 个,口大底小,皆为圆形,窖底距现地表最浅 3.8 米左右,最深约 7 米。总体上看,仓窖排列基本整齐有序。已发掘清理的 3 座隋代仓窖,经过对窖内近底部残存的粮食遗存进行初步检测分析,其为带硬壳的粟、黍等谷物。隋代黎阳仓废弃于唐初。叠压在废弃的隋代仓窖遗存之上的,可能是五代和北宋时期的著名官仓——黎阳仓所在地点。

---

① 侯卫东等:《瀍河再现隋唐古桥》,《文博》2004 年第 8 期。

② 太原市文物考古研究所:《隋代虞弘墓》,文物出版社,2005。

隋代回洛仓遗址南距隋唐洛阳城外郭城北城墙 1200 米,向南与隋唐大运河通济渠相连。经过钻探调查和考古发掘确认,回洛仓城平面呈长方形,东西长 1140 米、南北宽 355 米。分为中部的管理区、东西两侧的仓窖区、道路和渠几部分。仓窖成组分布,整齐排列,已确定的仓窖数量达到 220 座。仓窖的形制结构相同,均呈口大底小的圆缸形。推测窖口直径约 10 米、底径 7 米、窖深 7 米。根据对仓窖底部采集的样进行浮选和植硅石检测,确定 143 号仓窖存储的粮食品种为单一的黍。隋代回洛仓废弃不晚于初唐。两处仓储遗址的发掘相互补充地提供了关于隋代地下储粮技术的各个环节新的考古资料,对研究和复原隋代大型粮食仓储全过程具有前所未有的重要价值。[①]

(4) 甘肃敦煌莫高窟北区洞窟

敦煌鸣沙山东麓的莫高窟东西长 1700 多米,分为南北两个区,南区长 1000 多米,原有近 500 个洞窟。北区东西约 700 米长,也开凿石窟。但是以往对此并不了解。1988—1995 年,考古人员对北区进行了发掘清理,发现近 250 个洞窟。这些洞窟主要分为僧房窟、禅窟、僧房窟附设禅窟、礼佛窟、廪窟,以及功能不详的石窟和未完工石窟。其中僧房窟是供僧人生活起居的石窟,有 60 多个。禅窟是供僧人禅修诵经的地方,共有近 80 个,其中有单室还有多室。僧房窟附设禅窟是僧房和禅房的结合,不仅供僧人起居,而且供僧人坐禅,这种设施数量少不足 10 个。礼佛窟是供佛教徒从事观像、巡礼和举行其他佛事活动的场所,其中有佛坛、塑像和壁画。廪窟就是仓库。初步研究发现,北区的开凿是从南向北逐步推进的。北区南段石窟属南北朝时期,中段属唐朝时期,北段属元朝时期。[②]

---

① 王炬、刘海旺:《隋代回洛仓与黎阳仓大型粮食仓储遗址》,载《中国考古学年鉴 2015》,文物出版社,2016。

② 彭金章、沙武田:《敦煌莫高窟北区洞窟清理发掘简报》,《文物》1998 年第 10 期。

（5）吉林延边西古城城址

2000—2002 年发掘。西古城城址由内外两重城墙组成，外城周长 2700 米，内城周长 1000 米。发掘在内城宫殿区清理出三组建筑基址及其附属建筑，其相对独立又彼此相接成为同一建筑布局的有机组成部分。在内城中出土了大量具有渤海都城流行特点的建筑构件，其中板瓦、筒瓦上戳印刻划的文字及符号，檐头筒瓦六瓣莲纹主题的瓦当，构成了西古城城址建筑用瓦的鲜明特色。建筑的整体布局和带有明确等级含义的建筑构件，为"西古城渤海中京说"提供大量佐证，同时也为渤海文化研究这一国际性的学术课题，带来诸多新的研究视角。2007—2009 年再次发掘，发现在城址南北向中轴线上确认了外城南北垣城门、内城南垣城门、内城隔墙城门等，内外城垣及内城隔墙墙体皆有地下基槽。在垫土中发现渤海文化标志性的倒心形花瓣莲花纹瓦当，它的出土表明西城的始建年代应该早于渤海上京城。[①]

（6）浙江慈溪上林湖秘色瓷窑址

2015 年发掘。发掘面积近 1000 平方米，揭露出龙窑炉、房址、贮泥池、釉料缸、挡墙和排水沟在内的作坊遗迹，清理了厚达 5 米多的废次品堆积。这次发掘摸清了以后司岙窑为代表的唐宋时期最高质量的越窑青瓷窑场的基本格局。龙窑炉是由窑头、窑床、窑尾排烟室、窑门和窑炉两侧的多道挡墙、挡墙外侧的排水沟和窑炉两侧的柱础石等组成。窑炉有改筑痕迹，沿用时间比较长。同时确认唐五代时期秘色瓷的基本面貌。秘色瓷以碗、盘、钵、盏和盒为主，还有执壶、瓶、罐、碟、炉和枕等，它们胎质细腻，釉色天青，釉面肥厚。这次发掘还确认

---

① 宋玉彬：《西古城——2000～2005 年度渤海国中京显德府故址田野考古报告》，文物出版社，2007；宋玉彬、全仁学：《吉林和龙西古城城址 2007～2009 年发掘简报》，《文物》2016 年第 12 期。

了秘色瓷的生产工艺和兴盛过程。窑址发现多个"官"字款的匣钵。①

（7）贵州遵义老城海龙囤遗址

20世纪70年代开始进行考古调查，1999年试掘，2012—2013年正式发掘。海龙囤曾是宋、元、明时期西南播州（遵义古称）杨氏土司文化的重要遗存，南宋宝祐五年（1257年）由南宋朝廷与播州的土司杨氏共同营建，后来毁于1600年对抗明朝廷的战争。海龙囤的囤东有铜柱、铁柱、飞虎、飞龙、飞凤、朝天六关，西有后关、西关和万安三关。囤西三关之间围合成的两座瓮城分别称为土城和月城。囤顶平阔，"老王宫"和"新王宫"是海龙囤两组最大的建筑群。此外还有"金银库""四角亭"、采石场、校场坝和"绣花楼"等遗迹。新王宫有明确的中轴线，是明代建筑群。海龙囤集关堡山城与土司衙署于一身，是中国西南地区规模最大、保存最好、延续时间最长的土司城堡，它的建筑利用地形、融入地形，对中国西南同期以及以后的同类建筑产生了深远影响。②

2. 专题研究

这个阶段的考古专题研究主要集中在陶器和金银器方面。

（1）陶器

苗建民等发现，热释光测定陶器真伪方面存在问题，改用测定器物的微量元素的方法对从河南、陕西采集的不同时期的三彩残片进行了分析，获得了一批重要数据。③为今后研究其他地区出土唐三彩的产地以及鉴别唐三彩真伪提供了重要依据。

绞胎器是一种非常有特色的釉陶。20世纪80年代，有人认为常见的绞胎工艺是用两种不同颜色的瓷土分别制成泥条，然后像拧麻花

---

① 郑建明：《浙江慈溪上林湖后司岙唐五代秘色瓷窑址》，《大众考古》2017年第3期。

② 李飞、周必素、彭万：《贵州遵义市海龙囤遗址》，《考古》2013年第7期。

③ 苗建民等：《唐三彩真伪测定研究》，《文物》1991年第6期。

那样把它们拧在一期，制成新的泥料待用，或直接拉坯成型，或切成片状作镶嵌使用。[1] 实际情况比较复杂，李文杰通过仿制方法验证了关于绞胎器不是快轮拉坯成型的，而是采用模制法成型的。同时还指出，绞胎器工艺具有 5 个特殊要求：所用泥料特殊，坯体成型方法特殊，坯体修整和磨光方法特殊，对清洁的要求特殊，对釉的颜色要求特殊。[2]

李鑫等不同意白瓷起源于北朝的看法，范粹墓出土的白瓷实际上不是白瓷而是铅油白陶，以往误判白瓷起源于北朝的主要原因是对"白瓷"的概念认识不清造成的。他根据河南安阳隋代瓷窑的发掘资料，提出了白瓷起源于隋代以河南相州窑和河北邢窑为代表的豫北冀南的观点。[3]

（2）金银器

自从陕西西安何家村、江苏丹徒丁卯桥和陕西扶风法门寺等出土大批金银器后，一些学者从不同角度对唐代金银器进行了专题研究。

武玮从金银器中看到道教文化，认为何家村窖藏金银器中的金银盒、罐等器物中装有丹砂、石钟乳、白石英、金屑和金箔等，这些是金砂派炼丹时最看重的药物，而何家村窖藏金银器中还有煎药的银双耳锅、温药的金流锅和炼丹的银石榴罐。唐代金银器上的动物纹中常见瑞兽祥禽，它们自带仙缘灵气或寓意长寿吉祥。植物纹中的桃、石榴和葡萄等寓意长生不死、延年轻身。上述金银器的流行与唐朝皇帝崇奉道教、唐人执迷于益寿延年、升仙不死关系密切。[4]

鉴于国内外市场上出现的唐代金银器赝品，韩伟提出了鉴别真伪

---

[1] 杨静荣：《谈陶瓷装饰工艺——绞胎》，《故宫博物院院刊》1983 年第 7 期。

[2] 李文杰：《中国古代制陶工程技术史》，山西教育出版社，2017，第 405—410 页。

[3] 李鑫：《白瓷起源问题研究再思考》，《华夏考古》2018 年第 4 期。

[4] 武玮：《唐代金银器中的道教文化》，《殷都学刊》2006 年第 2 期。

的方法。他通过观察和分析,把唐代金银器赝品分为复制类和仿制品类,前者外形、花纹均与原器酷肖,但是赝品存在诸如鎏金技术不过关、錾子使用方式错误而容易被识别出来。至于仿制品,虽然制作工艺精良,器形和纹样也都有所根据,但是仿制时经过改绘或改型,然后拼凑成的新器物,漏洞明显而很容易识别。①

齐东方对唐代出土金银器做了综合研究,对唐代金银器的发展和演变过程做了分期,阐述了不同时期金银器的造型、纹样和特征,探讨了金银器的渊源及其与西亚的文化交流等问题。②

五、宋元明清考古

该时期共有 54 项目入选,从时代看,五代十国有 2 项、宋辽金 35 项、元代 5 项、明代 8 项、清代 4 项。共有 20 个省区有项目入选,其中入选数量最多的前三位是浙江 8 项、内蒙古 6 项、河北 5 项,江西、辽宁和四川各 4 项,广东与河南各 3 项,北京、湖南、吉林、上海与重庆各 2 项,陕西、山西、山东、宁夏、贵州、江苏和黑龙江各 1 项,尚有 1/3 省区没有项目入选。

项目类型种类多:墓葬项目 10 个、窑址项目 8 个、寺庙古塔类 7 个、衙署 3 个、沉船项目 5 个、酒坊项目 3 个、水利项目 3 个、城址 4 个、矿冶 2 个,其他的有造纸作坊、宫殿、街道等。发掘项目中有少数是为了解决学术问题的主动性发掘,其他多是配合基本建设而实施的抢救性发掘。墓葬发掘依然是研究的重点,瓷窑项目多反映了这个时期古代瓷窑发展的盛况。酒坊项目入选而且数量不少是从以往视而不见的角度关注古代社会生活的体现。

---

① 韩伟:《唐代金银器辨伪举例》,《考古与文物》1997 年第 2 期。
② 齐东方:《唐代金银器研究》,中国社会科学出版社,1999。

1. 考古新发现

（1）浙江杭州老虎洞南宋官窑

1985 年在乌龟山发掘发现的官窑即郊坛下官窑。[1] 1998—2001 年在老虎洞发掘，清理了 3 座龙窑窑炉、4 座小型馒头窑、10 座作坊、4 个澄泥池、12 个辘轳车基座坑、2 口釉料缸、2 处采矿遗迹、24 处瓷片堆积，出土了大量可以拼合为完整器的瓷片和窑具。复原器物 800 多件、器形达 20 多种。瓷器以支烧为主。从窑址位置、器形、釉色、烧造方法等进行分析，老虎洞窑址就是南宋修内司官窑。[2]

（2）四川成都水井街酒坊遗址

1998 年发现，1999 年发掘，发现的遗迹包括晾堂、酒窖、炉灶、灰坑及路基（散水）、木柱、酿酒设备基座等。遗迹分明代、清代、现代三个时期。明代遗迹包括晾堂及其外部的路面（散水）等，晾堂是酿酒生产过程中用来晾晒酒糟的场地。清代遗迹保存较为完整，包括晾堂、酒窖、灶坑、酿酒设备基座等。酒窖是酿酒过程中贮藏、发酵的场所，有的酒窖经过增修、改建后长期使用。灶坑仅存底部，采用青灰色砖及红砂石板铺成。酿酒设备基座为砖石混砌的圆筒形，底部平铺环状石盘，其上起砌两圈立壁，推测是酿酒过程中蒸馏器的基座部。出土遗物包括碗、盘、钵、盆、杯碟、勺、灯盏、罐、壶、缸、砖、瓦、瓦当等。初步认为，水井街酒坊遗址上起明代发展至今，是一部中国浓香型白酒酿造工艺的无字史书。本次发掘是首次发掘古代酒坊遗址，是中国较晚历史时期考古的重大发现，为考古学研究领域拓宽了研究范围。[3]

---

[1] 中国社会科学院考古研究所、浙江省文物考古研究所、杭州市园林文物局：《南宋官窑》，中国大百科全书出版社，1996。

[2] 杜正贤：《杭州老虎洞窑址瓷器精选》，文物出版社，2002，前言。

[3] 成都市文物考古研究所、四川省文物考古研究所：《四川成都水井街酒坊遗址发掘简报》，《文物》2000 年第 3 期。

（3）陕西蓝田吕氏家族墓园

2006 年 3 月～2009 年 12 月调查、测绘、勘探和发掘。共清理墓葬 29 座，东、西、北三侧围沟各一处。墓地东西北部有围沟，墓园为长321 米、宽 273 米的长方形，墓群位于墓园正中偏北，家庙位于墓园入口之北。墓园营造于北宋哲宗熙宁七年（1074 年），使用至徽宗政和六年（1116 年）。墓葬自南向北横向分为 4 排，辈分明确、长幼有序，形制有单室、前后双室、并列双室、单前室双后室、主室带侧室五种，顶部近平或略拱。其中，共埋葬吕氏嫡系家族成员 5 代人 29 座墓。遗址及墓葬中共计出土各类文物 3000 余件（组），其中墓葬发掘出土的随葬品 774 件（组），被盗收缴文物 93 件（组），以瓷器、铜器、石器为主。瓷器以陕西铜川耀州窑青釉瓷为主，铜器以铜镜为主，石器以石砚为主，砖、石墓志铭 23 盒。墓志内容丰富，为研究北宋官制、科考制度，以及河南汲郡吕氏家族的起源、分支、迁徙，以及定居陕西蓝田后的家族发展谱系、延续脉络、家族成员在墓地中墓穴的排列制度等，提供了珍贵资料。①

（4）浙江杭州雷峰塔遗址

2000—2001 年发掘，地宫及塔基保存完好。塔基主体为八角形生土台基，每边置方形石础四个，外缘包砖砌石。地宫位于塔心室中央，掩埋在地坪下 2.6 米深的塔基中，为方形竖穴式。根据塔砖上模印"辛未"和"壬申"等纪年文字，推断雷峰塔始见于壬申年（公元 972 年）或稍晚。地宫内出土文物 51 件凿（组），铁函居中，其下方和周边堆放大量铜钱和各种供养品，包括鎏金铜坐佛、鎏金小铜佛、毗沙门天王像，以及鎏金银腰带、银臂钏、铜镜、漆镯、玉、玛瑙和琉璃等象征"七宝"的小件装饰品。雷峰塔是吴越国王钱镠为奉安"佛螺髻发"而建，

---

① 陕西省考古研究院、西安市文物保护研究所、陕西历史博物馆：《蓝田吕氏家族墓园》，文物出版社，2018。

该塔地宫的发掘为研究五代十国时期佛塔地宫、唐宋时期地宫及舍利埋葬制作的演变、南北方地宫形态结构差异等问题提供了重要资料。[①]

（5）辽宁大连庄河海域甲午沉舰遗址

2018年7月至9月，在辽宁大连庄河海域开展水下考古调查工作，搜寻、发现并确认了甲午海战北洋水师沉舰——"经远舰"，发现悬挂于舰舷外壁的木质鎏金"经远"舰名字牌，还发现一块木牌上有"经远"二字。舰体前端有艏柱、锚链、舷板、斜桁、锅炉、舱门等船体构件，毛瑟步枪、左轮手枪子弹、炮弹等武器，以及锉刀、扳手船载工具等。"经远舰"水下考古成果是近现代沉舰水下考古的一次重大发现，对近代史、海军发展史、世界海战史以及海军舰艇史研究，具有重大价值。[②]

（6）江西高安华林造纸作坊遗址

2005年发现，2007年9～10月第一期发掘，2009年10月至12月第二期发掘。两次发掘先后清理了周岭村福纸庙作坊、周岭村石脑头溪两岸7座水碓遗址和西溪村两岸的7座水碓遗址。在福纸庙作坊区发现宋、元、明造纸遗迹，如沤竹麻塘、接水管、储水坑、蒸煮竹麻留下的大片红烧土、堆石灰留下的粗砂土、烧灰碱的灰坑、拌灰与发酵的工作台、清塘形成的尾砂坑、抄纸房。在周岭村和西溪村各清理水碓遗迹7座，水碓结构基本一致，皆由引水渠、水车池和工作间构成，水碓利用水位落差使得水轮回转，给杵臼打浆提供动力。发掘资料显示，华林造纸作坊的时代早到南宋，并发现宋、元、明三个时代的造纸作坊遗迹。这里的发现展示了从伐竹、煮料、腌料、舂料、配药制浆直至抄纸的流程。出土遗物有宋代至明代的青白瓷、青瓷、青花瓷、黑釉

---

① 黎玉馨：《杭州雷峰塔地宫的清理》，《考古》2002年第7期；浙江省文物考古研究所编《雷峰塔遗址》，文物出版社，2005年。

② 文化宣传委员会：《辽宁大连庄河海域发现甲午海战沉舰——"经远舰"》，《中国博物馆通讯》2018年10月总第374期。

瓷、白釉瓷等瓷器，宋代铜钱，元代铜镜、铜盂、石砚，明代烛台等大批文物。①

(7) 黑龙江阿城刘秀屯大型宫殿基址

2002年3月发现，5月～11月发掘。宫殿基址朝向正东南，由主殿（前殿）、过廊、后殿、正门及回廊组成，占地面积5万余平方米。2002年度对主殿、过廊、后廊和东北角回廊进行了发掘，揭露面积1万平方米。正门位于东北回廊正中；主殿与正门对称，位于西北回廊正中；后殿位于主殿之后；过廊为连接主殿和后殿之通道；回廊呈正方形，边长184米。主殿台基全部夯筑且高于地面，四周以多层青砖包砌，墙基宽约1.3米。其规模庞大，面积3823平方米。结构复杂，由正殿、露台、两侧挟屋和后阁组成，总体布局呈对称多边形。正殿呈长方形，面积2100平方米。表面清晰可见、排列有序的刘秀屯宫殿基址是我国传统礼制建筑的罕见实例，它的发现与发掘，对研究宋金时期的政治体制、宗教信仰、风俗习惯以及建筑风格等，提供了不可多得的第一手资料，在中国建筑史上亦占有重要的地位。

(8) 北京右安门金中都水关遗址

1990—1991年发掘。右安门水关遗址距现地表5.1米，其主体呈长方形，南北长40.6米，南北各有"八"字形金刚墙，长度13.35～13.7米，宽度分别为16.1米和12.8米。水关主体结构以石木构成，其基础坐落在沙层上，下层为密集的排桩，排桩上置长方形的巨型衬木，排桩与衬木之间用榫卯联结。衬木之上置石板，构成水关主体。石板之间以铁质银锭锁联结，衬木之间以木质银锭锁联结，石板与衬木之间的关键部位以铁钉联结。地面铺石板，石板下衬粗大的方形横木，地面上靠近入水口的石锛被大铁钉固定在衬石上。衬石方之下是成排的地钉，两者用榫卯结构垂直相连。在水关东西两侧发现夯土，由碎

---

① 江西省文物考古研究所、高安市博物馆：《江西高安市华林造纸作坊遗址发掘简报》，《考古》2010年第8期。

石块、石片层和夹沙黄土组成,在这层夯土之上,有一片规整的夯土层,可能是金中都南城垣的墙基夯土。[①] 水关建筑年代当在金中都修建之时(1151—1153年),据出土遗物推断,应毁于元代中、晚期。金中都水关的发现可以基本复原历史上金中都城内一条重要水系的发源、流经方向和位置。水关遗址是古代都城给排水系统的重要遗存,对于北京历史地理的研究来说,也具有重要意义。

2. 专题研究

这个阶段时间跨度大,无论是发掘还是研究,多是围绕某些问题展开。专题研究中主要有瓷器、石窟寺、铜镜和纺织品等。

(1) 瓷器

郭演仪等对龙泉窑青瓷和瓷石做了组成和工艺测定,发现龙泉地区窑址的北宋、南宋和元明各时期的青瓷所采用的原料矿源都不同。宋代所用瓷石中含有一定数量的多水高岭石;南宋的瓷石淘洗要求高,多水高岭石含量更高;元明时期青瓷制作所用瓷石中云母含量较高,甚至有的用未经高岭化的瓷石为原料。他们还发现,龙泉地区原料主要是含二氧化硅较高的瓷石,以含磷质的草木制备釉药。[②]

(2) 石窟寺

1992年由西藏文物管理委员会和四川大学联合考察时发现。洞窟主要集中在东嘎村和皮央村附近,多达1000余座,是国内最大的晚期石窟寺。该石窟主要窟形有礼佛窟、僧房窟、仓库窟等,开凿于公元11～16世纪,是研究藏传佛教的重要实物资料。

(3) 铜镜

中国历史上汉唐代铜镜制作精美、造型多样。宋代和明代铜镜虽

---

① 祁庆国:《金中都南城垣水关遗址》,载《中国考古学年鉴1991》,文物出版社,1992;王有泉:《金中都水关遗址》,载《中国考古学年鉴1992》,文物出版社,1993。

② 郭演仪、邹泽如:《古代龙泉青瓷和瓷石》,《考古》1992年第4期。

然质地不如汉唐，但是纹样颇有特色。北宋纹样题材丰富，主要有花卉、鸟兽鱼虫、人物故事、神仙吉祥、四神八卦、航海、气功、蹴鞠等。不过到了南宋，铜镜上少见纹饰而常见招牌铭文"湖州真正石家无比炼铜照子"等。宋镜还有一个特点是造型多样，除了圆形外，还有钟形、方形、鼎形、鸡心形、菱边形、花瓣形、葵花形等，纹饰与唐五代相比，风格面貌一新。究其原因，是五代十国分裂割据局面结束后，社会面貌大变，都市经济发达，市民阶层壮大，人们的审美心理和审美情趣有了很大变化。①

明代铜镜铸造业有了很大发展，有学者做了专题研究。研究成果表明，明代铜镜的特点是数量很多，但是造型种类变少，以圆形镜为主。素面镜不少，但是铜镜纹饰题材依然广泛。铜镜纹饰中不仅有龙纹、凤纹、龙凤纹、双鱼纹、花卉纹、神仙人物故事、乐器纹和五岳真形纹等，还有吉祥图案和吉祥文字等。此外，明代还有不少仿古镜，其中仿汉镜最多，其次是仿唐镜。仿古镜上多有工匠戳记或年款，说明仿古镜的目的不在于以假乱真，而是反映人们的怀古情怀。②

（4）纺织品

明代墓葬出土丝绸文物相对比较多，除了从丝绸制作工艺等方面开展研究外，对其修复与保护也有进展。有关专家除综合运用现有湿洗法和干洗法外，还对托网清洗法进行改进，采用斜平台清洗织物和纸敷脱盐方法处理明代古尸身着的丝绸衣物，很好地保护了明代丝绸衣物。③

对棉纺品综合研究结出硕果。曹秋玲等在新疆营盘遗址墓葬填

① 王牧：《试论宋代铜镜纹饰》，《南方文物》1995 年第 1 期。

② 苏强：《明代铜镜概述》，《中国国家博物馆馆刊》2012 年第 4 期。

③ 潘慧琳：《广东东莞出土明代丝绸文物的修复与保护》，载《中国文物保护技术协会第三次学术年会论文集》，紫禁城出版社，2005。

土中发现的附有棉铃壳的籽棉进行了包括测年、铃壳、种粒、纤维特征分析,发现它是宋代的草棉种质。这个发现证实了文献关于草棉的传播自西向东,元代以前止于河西的记载。[①] 曹秋玲和王博根据丝绸之路纺织品的出土、保存情况,选取代表性试样进行分析研究,并结合文献资料,探讨了西域的棉花传播、棉纺织工艺,以图文并茂的形式撰写了一部展现棉花沿丝绸之路的传播和发展情况的专著。[②]

第四节　理论方法与课题

一、理论与方法

中国考古学重视田野考古并且每年都有重大考古新发现,一定程度上忽视了考古学理论与方法的研讨。一些学者对此有着清醒的认识。石兴邦认为:

> 从世界科学发展现状而言,考古学是人类学的一个有机构成部分。文化人类学是一门研究人类文化的系统科学,考古学的每一进步和发展,是和文化人类学上的诸分支学科,如古典进化论、文化相对论、功能结构理论、传播论与文化圈说、新进化论等的发展相关联的,上述这些理论,在考古学中的具体化,将在聚落形态研究,古代社会结构研究,文化发展规律的考察,对考古迹象的解释和应用,都是有助于问题的深化和解决,我们尽可能地采用外国同行新的理论和方法,以弥补我国考古研究连环上的缺失,能如此,便可促使和加

---

① 曹秋玲等:《营盘出土籽棉的鉴定与古代西域的棉花利用》,《纺织学报》第34卷第12期,2013年12月。

② 曹秋玲、王博:《丝绸之路棉纺织考古研究》,东华大学出版社,2017。

速中国史前考古学的繁荣发展和深化变革的节奏。[1]

针对重实践轻理论的情况,少数外语好并且对外国考古情况有所了解的青年学者从外国考古理论方法的译介开始,逐步重视起理论学习和方法研讨。

1. 译介

20 世纪 90 年代,中国田野考古有了飞跃式发展,积累了数量庞大的考古资料,要充分解读这些原始资料并从中提取更多信息,就要在资料解读手段上下功夫,而研究方法是中国考古学的薄弱环节。在这个背景下,我国考古学者一边有选择地译介西方考古学理论与方法著述,一边致力于考古方法乃至考古学理论的提炼,为提高考古研究水平开辟了一个新天地。

(1)论文编译

中国历史博物馆考古部组织力量编写了《当代国外考古学理论与方法》,[2]馆长俞伟超自始至终很关心这项工作,并撰写了序言。该书选译了柴尔德、克拉克、宾福德、张光直、国分直一、科林·伦福儒、霍德等国际知名考古学家的重要著述,内容涉及进化论考古学、新考古学和后过程论考古学、民族考古学等。

中国社会科学院考古研究所也组织人员编译了《考古学的历史理论实践》[3],考古研究所所长任式楠为书作序。他诚恳地告诫读者,对欧美考古学理论流派既不能生吞活剥,也不要一味排斥、不屑一顾,抱着"他山之石,可以攻玉"的态度,对待国外考古学理论、方法和技术。该书分五个专题,第一是"考古学学科史",第二是"考古学的理论建

---

① 石兴邦:《中国新石器时代文化研究的逻辑概括》,载《纪念城子崖遗址发掘六十周年国际学术讨论会文集》,齐鲁出版社,1993。

② 中国历史博物馆考古部编:《当代国外考古学理论与方法》,三秦出版社,1991。

③ 中国社会科学院考古研究所编:《考古学的历史理论实践》,中州古籍出版社,1996。

构",第三是"史前经济和人类的适应",第四是"陶器研究",第五是"有关中国的考古学实践"。

散见于文物考古专业期刊的外国考古译文为年轻学者和在校学子了解欧美考古学理论方法开启了一扇大门,他们从中吸取了不少养分。

(2) 专著译介

中国学者有选择地翻译了部分国际知名学者的考古学专著,美籍华裔考古学家张光直的多部英文专著也被翻译成中文出版,比如《中国青铜时代》和《中国古代考古学》等。

布鲁斯·G.特里格是世界著名考古学家,其著作在学界有很大影响,比如《时间与传统》对新考古学提倡的过程论取向,强调考古学主要应该发挥在重建历史上的作用,新考古学倡导的研究不应取代或者削弱考古学在了解人类历史上的地位,而应该成为互补的两个方面。该书有两个译本,一个是蒋祖棣、刘英的译本①,另一个是复旦大学陈淳的译本。② 两个译本的出版为我国学者从宏观角度了解外国考古学提供了极大的方便。

"外国考古学研究译丛"立项。陈淳承担了国家社科基金重大项目中的外国考古学研究译丛。他们选译兼顾考古学科当代整体知识和重大专题的五本经典著作,分别为:科林·伦福儒、保罗·巴恩的《考古学:理论、方法与实践》(2012 年第 6 版),戈登·威利的《秘鲁维鲁河谷的史前聚落形态》,肯特·弗兰纳利的《圭拉那魁兹:墨西哥瓦哈卡的古代期觅食与早期农业》,埃尔曼·塞维斯的《国家与文明的起源》,希安·琼斯的《族属的考古:构建古今的身份》,内容涉及通识性教科书、聚落考古、农业起源、文明探源和民族身份考古。

---

① 布鲁斯·G.特里格:《时间与传统》,蒋祖棣、刘英译,生活·读书·新知三联书店,1991。
② 布鲁斯·G.特里格:《时间与传统》,陈淳译,中国人民大学出版社,2011。

也有少数学者采用综述或评述等方法介绍外国的考古学理论、方法和研究成果。比如杨建华承担的国家教委"八·五"科研项目"外国考古学史",其研究成果为1999年出版的《外国考古学史》①《国外磨制石斧石锛研究述评》②等。

2. 理论方法研讨

中国考古学一直以来都是以震惊世人的考古新发现著称,一年到头下工地使得绝大部分考古工作人员整日忙于发掘,也难得有时间整理出土资料,也因此几乎无暇思考理论,更遑论开展理论与实践相结合的研究,这是业内业外的共识。刘庆柱说,中国考古学存在不同程度上学科理论的"贫乏"、方法的"滞后"、术语"共识"的"缺失"等问题。而且长期以来存在把方法与理论混为一谈,把一个世纪前已经出现并应用的考古学基本学术概念,视为新的"学说"、新的"概念"、新的"方法"等问题。一些考古研究还处在对考古资料的"描述"阶段,津津有味地陈述"是什么",很少探索"为什么"。对于诸如家庭、家族、氏族、族、族群、民族、国家等不同学科的基本学术概念,缺失"共时性"。③

存在的问题一目了然,进入21世纪后,考古界在反思上述问题的同时,也着手解决考古学理论与方法建设。解决这些问题的切入点是如何给考古学定位。

(1) 考古学定位

2001年9月24日,中国社会科学院考古研究所举行了"考古学的定位"学术研讨会。④ 从笔谈看,多数中外考古学者赞同考古学是一门独立的学科,美国的杰姆·斯多门认为,科学的目标不是寻找真实,

---

① 杨建华:《外国考古学史》,吉林大学出版社,1999。
② 黄建秋:《国外磨制石斧石锛研究述评》,《东南文化》2010年第2期。
③ 刘庆柱:《外国考古学研究译丛》总序,载《考古学:理论、方法与实践》,上海古籍出版社,2015。
④ 曹兵武:《"考古学的定位"学术研讨会综述》,《中国文物报》2001年10月19日。

而是知识,即以客观考察为基础得出的关于世界的观点。不像所谓的"真实",知识不会经常随着新的发现而改变。考古学作为科学规范有其独立性。当年提倡"作为人类学的考古学"的宾福德现在也认可"作为考古学的考古学"的提法,认为考古学成为独立学科的同时并不妨碍其在方法论和技术手段上与其他学科共享。有学者认为,考古学家应该注意考古学与其他学科研究出发点的不同,坚持考古学的立场,坚持从考古资料出发,而不是从历史文献或民族学调查资料出发进行研究,要同其他人文科学和自然科学的学科技加强联系,多学科联合,共同攻关。[①] 2011 年,国务院学位委员会把考古学提升为历史学门类下的一级学科,确认了考古学科地位,深化了社会各界对考古学作用的认识,也为考古学作为独立学科奠定了基础。

（2）文明起源理论

苏秉琦从 1978 年正式提出考古学文化区系类型学后,就辽西地区文明起源的过程时,提出了"古文化—古城—古国"的文明起源三历程。后来这个提法得到共鸣,许多地方都提出本地区的古文化、古城和古国的发展历程。在此基础上,苏秉琦通过华南地区的考古、长江下游地区的考古再实践、山东地区及渤海考古再实践、洞庭湖周围、北方地区的考古再实践和四川盆地考古,明确地提出中国古代文化自成一体,国史的核心是一部立体交叉、多次重复的"古国—方国—帝国"国家形态发展三部曲,[②]其典型例子是北方的红山文化—夏家店(下层)文化—秦帝国。[③]

1992 年,苏秉琦认为国史的核心问题是国家起源(即文明起源)和民族文化传统,我国的国家发展模式有三个类型。A. 原生型,北方,

---

① 王巍等:《"考古学的定位"学术研讨会笔谈》,《考古》2002 年第 3 期。

② 苏秉琦:《迎接中国考古学的新世纪》,载《苏秉琦文集》(三),文物出版社,2009。

③ 苏秉琦:《中国考古文物之美》序,载《苏秉琦文集》(三),文物出版社,2009。

起点最早,距今 6000～5000 年间。典型遗存是红山文化的坛、庙、冢(古国),夏家店(下层)文化(4000 年上下)的原始长城等(方国),2000年前的秦长城、东端山海关内外、绥中与北戴河之间的"碣石宫"等遗迹、遗物(帝国)。B. 次生型,中原,起点晚于前者,距今 5000～4000年间。洪水期及治水事业为特征,与传说"五帝本纪"后半的尧舜禹为其历史背景。C. 续生型。秦汉统一帝国解体后一两千年间,北方草原民族大迁徙、大融合的时代。①

(3) 基本概念

"混合文化"是 20 世纪 40 年代提出来的一个概念,60 年代还在使用。有学者认为,在中原地区彩陶文化先和东海海滨地区的龙山文化接触混合后,成为一种强大的中国古代文化。② 80 年代有学者反思了这个概念,石兴邦认为"这个名词不一定合适,但符合客观事实,其实这就是庙底沟二期文化遗存,两种因素是互相渗透的"。③ 张忠培认为:"裴老的'混合文化论'反映了研究客体的实际,具有前瞻性,是有生命力的。"④由此可见,混合文化是最初被用错的地方的文化概念,它可以用于指称两个文化边区的具有两个文化要素的文化遗存,也可以指称两个连续文化的过渡阶段具有两个文化要素的文化遗存。

"类型"和"文化"是描述考古学文化时常用的两个概念,它们之间的关系却一直没有厘清。早在仰韶文化被分为半坡类型、史家类型、庙底沟类型、半坡晚期类型时,就模糊了"类型"与"期别"的不同。这里的"××类型"是指早晚期,不过半坡类型和庙底沟类型不仅时代有早有晚,而且还有明显的地域性差异,有些学者把半坡类型称为半坡

---

① 苏秉琦:《国家起源与民族文化传统》,载《苏秉琦文集》(三),文物出版社,2009。

② 裴文中:《中国石器时代》,中国青年出版社,1962,第 56 页。

③ 石兴邦:《尽瘁于新中国考古事业的忠诚战士》,载《中国考古学研究论集——纪念夏鼐先生考古五十周年》,三秦出版社,1987。

④ 张忠培:《中国现代化与考古学的里程碑》,《中国文物报》2004 年 6 月 4 日。

文化,把庙底沟类型与庙底沟二期文化合称为庙底沟文化。准确地运用专门术语描述考古学文化期别和地区类型的问题尚未解决。

张忠培提出了"仰韶时代"的概念,它是以老官台文化转变为半坡文化及与其相当的时期为始点,终于鬶、斝这类空三足器所从属的大汶口文化晚期、庙底沟二期文化,以及良渚文化后期及与其相当的时期,年代约在公元前第五千纪前期后段至公元前第三千纪前期后段。① 仰韶时代的提出是中国考古学者对新石器时代晚期考古学文化宏观考察后所作的理论总结。

(4) 中国考古体系

中国考古体系早在 1959 年召开的编写"十年考古"座谈会上就提到过。②

3. 多学科研究

(1) 中国科技考古学会

1991 年 4 月 13 日至 16 日,第三届全国科技考古学术讨论会在郑州召开,其间,正式成立了中国科技考古学会。早在 1989 年在合肥召开第二届全国科技考古学术讨论会时,与会代表就提出要求成立中国科技考古学会,这个要求得到中国考古学会和中国社会科学院考古研究所的支持。苏秉琦和钱临照分别给大会发去贺信。苏秉琦说,中国科技考古学会的建立,标志着这一学科的发展已进入一个新的时期。苏秉琦、钱临照当选为名誉理事长,柯俊当选为理事长,中国社会科学院考古研究所仇士华、中国科学技术大学科技史研究室李志超、北京大学考古系陈铁梅当选为副理事长。③ 学会的成立为促进利用自然

---

① 张忠培:《仰韶时代——史前社会的繁荣与向文明时代的转变》,《故宫博物院院刊》1996
　　年第 1 期。

② 中国科学院考古研究所编辑室:《编写新中国十年考古座谈会在京召开》,《考古》1959 年
　　第 2 期。

③ 王芹:《中国科技考古学会成立》,《中国文物报》1991 年 5 月 5 日。

科学技术手段研究考古遗存创造了良好的氛围,为从事科技考古的专家们提供了一个互相交流的平台。

（2）农业考古

农业考古尤其是水稻起源研究中多学科合作所取得的成果比较突出。稻作农业起源不仅要寻找时代最早的水稻遗存,而且还要探索鉴别稻作起源的新方法。一些专家提出判断农业起源地的标准是,发现中国最古的栽培稻（或遗骸）,发现与古栽培稻共存的野生祖先稻种（或遗骸）,发现驯化栽培稻的古人类群体及稻作工具,该地当时不仅具备野生稻生存、繁衍的气候与环境条件,并且具有驯化野生稻地强烈生存压力。① 这个标准的提出意味着稻作农业起源研究走上新台阶。

20世纪90年代,我国先后两次举办了农业考古国际学术讨论会。第一届1991年8月在南昌市召开,来自国内外的150多位学者参加了会议,代表们从考古学、历史学、人类学、植物学、农学、地学、科技史、生理学和民族学等科学探求农业起源、各种动植物起源和各地域农业发展等问题,讨论了农业起源模式、刀耕火种、嫁接源流、稻作文化传播路线等问题。第二届1997年10月在南昌市召开。会议以稻作起源和稻作文化为主题,来自美国、加拿大、日本、韩国、罗马尼亚和国内的110多位学者出席了会议。有些研究是中美、中日、中韩学者合作完成的,显示稻作研究已经进入到高科技、多学科、跨国研究的阶段。②

（3）动物考古

中国动物考古研究进入成熟发展期,基本上实现了与世界动物考

---

① 王象坤、孙传清、才宏伟、张居中:《中国稻作起源与演化》,《科学通报》1998年第43卷第22期。

② 赵慧芝:《第一、二届农业考古国际学术讨论会述要》,《自然科学史研究》1998年第17卷第3期。

古的全面接轨。动物考古的学科建设取得了突破,2010 年,国家文物局颁布了袁靖等参与制定的《田野考古出土动物标本采集及实验室操作规范》,古 DNA 分析,碳、氮稳定同位素分析,锶同位素分析等方法运用到动物考古研究当中,动物考古人才培养有了比较大的进展。[①]

　　2007 年 7 月 14 日至 16 日,河南省文物局主办、河南省文物考古研究所承办的"动物考古国际学术研讨会"在郑州举办。来自美国、英国、澳大利亚、加拿大、日本和国内的 50 多位专家出席了会议。会上就动物死亡年龄和季节、野猪和家猪的鉴别方法、黄牛起源等问题进行探讨。会后出版了论文集《动物考古》(第 1 辑)。[②] 2013 年 4 月 14 日至 19 日,河南省文物局主办、河南省文物考古研究院承办的"国际动物考古协会第九届骨器研究学术研讨会"在郑州举行,来自美国、匈牙利、英国、法国、西班牙和国内的学者参加了会议,会上就如何使用科技手段从骨料上提取古人类的技术学位信息、骨制品的微痕分析、从图像上分析骨角牙器的制作方法等进行了讨论,会后出版了论文集。[③]

　　马萧林等翻译的《考古遗址出土动物骨骼测量指南》为动物骨骼测量和描述提高了统一方法、标准和术语。[④] 李志鹏等翻译的《动物考古学》及时地介绍了外国学者的主要研究方法理论和研究成果。[⑤]

　　马萧林当选国际动物考古理事表明中国学者在动物考古方面做了大量重要工作,研究成果得到国外同行认可,中国学者在国际动物考古界的影响不断提升。[⑥]

---

① 罗运兵、袁靖:《中国动物考古 80 年》,载《中国考古学年鉴 2014》,文物出版社,2015。

② 河南省文物考古研究所编:《动物考古》(第 1 辑),文物出版社,2010。

③ 河南省文物考古研究所编:《动物考古》(第 2 辑),文物出版社,2014。

④ 马萧林等:《考古遗址出土动物骨骼测量指南》,科学出版社,2007。

⑤ 李志鹏、罗运兵:《动物考古学》,科学出版社,2013。

⑥ 王韬:《马萧林当选国际动物考古理事会理事》,《中国文物报》2010 年 2 月 10 日。

　　田野考古工作者日益重视从出土动物遗存中提取有关信息,尽量收集动物骨骼,为动物考古提供了不可多得的资料。专家们不仅对遗址出土的动物骨骼进行种属鉴定并用统计学方法进行量化分析,而且还深入探讨家马、家猪、家羊和家养牦牛的起源,古代居民获取肉食资源的方式、随葬或埋葬动物习俗等。

　　(4)植物考古

　　这个阶段植物考古走向成熟。① 赵志军正式提出"植物考古学"概念,②系统地介绍了植物考古学的概念、基本研究方法和内容。③ 国外的植物考古学研究方法也被介绍到国内,④刘长江等提出了植物考古研究方法,⑤王永吉等通过对考古遗址出土的陶范和红烧土进行植硅石检测,认为铸范中使用了水稻茎秆或叶子作为掺和料。⑥

　　农作物的植物考古学发展比较迅速。1992 年,中日合作开展"草鞋山古稻田研究"课题,在草鞋山遗址中心区发掘 1000 平方米,在马家浜文化层中发现浅坑、水沟、水口和储水井组成的遗迹,它们是早期水田。水稻植硅石的发现表明这里栽培的水稻不是野生稻,而是接近现代的粳稻。⑦浮选法的推广和运用有力地推动了植物考古学的发展。

　　考古学家根据淀粉粒能够长期保存在各类考古遗存中的特点,而淀粉粒是植物种子、根茎的主要成分,是碳水化合物,通过提取遗物表

---

① 靳桂云、赵志军:《中国植物考古新进展》,载《中国考古学年鉴 2014》,文物出版社,2015。

② 赵志军:《植物考古学概述》,《农业考古》1992 年第 1 期。

③ 赵志军:《植物考古学简史》,《中国文物报》2009 年 12 月 25 日。

④ 吕厚远:《水稻扇形硅酸体的鉴定及在考古学中的应用》,《考古》1996 年第 4 期。

⑤ 刘长江等:《植物考古:种子果实研究》,科学出版社,2008;赵志军:《植物遗骸分析》,载《科技考古方法与应用》,文物出版社,2012。

⑥ 王永吉等:《我国古代铸范、红烧土中的植物硅酸体研究及其意义》,《科学通报》1992 年第 4 期。

⑦《草鞋山遗址发现史前稻田遗迹》,《中国文物报》1995 年 6 月 18 日。

面残存的淀粉粒并对其进行形态分析,可以鉴别出它们属于何种种属的植物。① 青海喇家遗址出土的疑似面条的植硅体和淀粉粒分析结果表明,喇家遗址出土了世界上最早的面条。②

有些遗址出土木制品,以往都是委托木材学者对出土木制品等作种属鉴定。木材的植物考古研究也日益受到考古学者的关注并取得一定成果。③ 王树芝利用柴达木盆地考古遗址出土的树木,建立时间长度达到 2375 年(公元前 1575—公元 800 年)的柴达木盆地树轮年表,该研究还根据树轮恢复了青海都兰县长达 1176 年(公元前 418—公元 758 年)的降水量并发现期间有两个干旱期,为进一步解读当时的社会经济发展提供了重要资料。④

(5) 环境考古

古代人类生活的环境一直是考古学家探讨古代社会必须考虑的重要问题,地理学家和考古学家把环境研究与考古学文化分析有机地结合在一起,出现新的研究领域即环境考古学。在陕西省文物局的大力支持下,在陕西省考古研究所积极参与发起和承办下,在中国第四纪研究委员会、中国考古学会、中国科学院地质研究所、中国科学院西安黄土与第四纪地质研究所以及中国历史博物馆发起、参与和支持下,1990 年 10 月在西安市临潼召开了"中国环境考古学术讨论会"。石兴邦应邀在会上做了题为《论古文化与古环境研究》的讲演。会后把 38 篇论文汇集成论文集出版,论文分"综述""古环境与古文化""研究方法""全新世环境"四个部分,比较全面地阐述了环境考古学的性

---

① 吕烈丹:《考古器物的残余物分析》,《文物》2002 年第 2 期。

② X Ren, L Cai, N Wu, TS Liu, H Lu, X Yang, M Ye, KB Liu, Z Xia, Culinary Archaeology: Millet Noodles in Late Neolithic China, *Nature*, 2005, 437(7061).

③ 王树芝:《考古遗址木材分析简史》,《南方文物》2011 年第 1 期;《木材分析》,载《科技考古方法与应用》,文物出版社,2012。

④ 王树芝:《柴达木盆地考古出土木材的树木年轮研究》,《考古学集刊》2010 年第 18 集。

质、定义、内容、研究手段,以及考古学文化发展与古环境演变的相互关系在某些遗址、某些地区的具体体现。①

1994 年 11 月在广州市召开第六届中国第四纪学术会上,根据刘东生的提议,计划成立中国第四纪研究委员会环境考古专业委员会,并于 1995 年 2 月获准成立。自此,我国成立了全国性的环境考古学术研究机构,负责协调和推动我国环境考古科学发展事宜,使我国环境考古迈入全面发展的阶段。②

(6) 碳-14 测年

1992 年,北京大学在国家自然科学基金委的资助下,建成了加速器质谱碳-14 测年装置,使得利用含微量碳的小样品,例如珍贵的甲骨、陶和铜炊器上的烟炱、考古地层中的单颗种子或植硅石,以及古代铁制品中的微量碳等也可以测定年代。他们对河北省南庄头遗址出土陶片上烟炱做了碳-14 分析,结果与考古学上判断的遗址年代相仿,确定了在距今 1 万年前后人类已经掌握了制陶技术。③

吴小红等对江西万年仙人洞遗址出土的陶器、陶片和碳-14 测年样品层位关系做了地层细微结构分析,结果发现该遗址出土陶片年代为距今 20000～19000 年,这些陶器是在末次冰盛期由采集狩猎者制造的,它可能被用作炊煮器。④ 测年技术手段的提高为考古研究的深化提供了技术保障。

---

① 周昆叔、巩启明主编:《环境考古研究(第一辑)》,科学出版社,1991;丙吾:《环境考古学:九十年代中国考古学的一门显学》,《东南文化》1992 年第 2 期。

② 周昆叔:《中国环境考古学的发展》,《科技考古论丛》第 2 辑,中国科学技术大学出版社,2000。

③ 郭之虞等:《北京大学加速器质普计研究与应用进展》,《自然科学进展》1995 年第 5 卷第 5 期。

④ 吴小红等:《江西仙人洞遗址两万年前陶器的年代研究》,《南方文物》2012 年第 3 期。

（7）遥感考古

中国社会科学院考古研究所在陕西西安调查汉代长安城遗址开展遥感考古①、在河南省安阳调查殷墟遗址②,取得良好结果。安徽省考古研究所与安徽省地质遥感中心合作,利用冬季拍摄的红外航片以及其他不同时期拍摄的卫星照片和黑白航片,开展南陵县千峰山土墩墓群的遥感考古。他们按照解译航片—实地验证—再解译—再验证的工作方法展开遥感考古工作,获得准确率近100％的优异结果。③他们的实践表明,遥感考古是捕捉大范围内的地面考古遗迹现象的有效手段。

2004年10月,中国科学院、科学技术部、教育部、国家文物局和国家自然科学基金委员会共同主办,遥感考古联合实验室承办的首届"国际遥感考古会议"在北京召开。中国科学院、联合国教科文组织、国家文物局的领导出席开幕式并致辞。来自英国、西班牙、法国、德国、意大利、波兰、捷克、俄罗斯、美国、加拿大、尼日利亚、伊朗、印度、日本和联合国教科文组织的代表,遥感考古联合实验室所属各部及10个地方工作站代表百余人参加会议。会议以"历史文化遗产信息的空间认识"为主题,就遥感及相关技术在考古学及文化遗产保护、管理等方面的应用,航天遥感、航空遥感、地面遥感,以及与地区物理、化学及生物工程等学科相结合进行讨论。与会代表一致通过了为进一步加强国际交流合作的《北京宣言》,它肯定了遥感技术在考古学研究中的重要作用。④

黄建秋等利用广义遥感的方法即高密度电阻率方法成功地探测

---

① 刘建国:《环境遥感在城址考古中的应用初探》,《考古》1996年第7期。

② 刘建国:《安阳殷墟遥感考古研究》,《考古》1999年第7期。

③ 宫希成:《南陵千峰山土墩墓群遥感考古研究》,《文物研究》1999年总第12辑。

④ 李刚:《国际遥感考古会议在北京召开》,载《中国考古学年鉴2005》,文物出版社,2006。

出古城墙及相关遗迹和埋在土墩中的古墓葬。[①] 古城墙因为农田基本建设等各种原因而被毁坏,鉴于古城墙与古城墙坍塌堆积、护城河内填充物与护城河两岸原生堆积不同导致各部分的电阻率不同,他们在无锡市阖闾古城墙考古勘探中利用地下电阻率分布差异,成功地找到了阖闾城古城墙构造和护城河范围,探测结果被洛阳铲钻探证明正确无误。[②]

(8) 盐业考古

盐是人类生活必需品之一。中国古代遗留下很多与有关的遗迹以及制盐的记载,不过从考古学角度研究制盐问题始于 20 世纪 90 年代初。北京大学考古学系承接了长江三峡水库淹没区忠县地下文物抢救发掘与保护论证工作。在调查过程中,他们发现了可能与制盐有关的遗址,推测它们可能与早期巴人的制盐业有关,进而写入长江三峡工程淹没区及迁建区文物古迹保护规划报告。

1993 年 3 月,北京大学考古学系与美国加州大学洛杉矶分校联合申请的"中国四川成都平原及周边地区盐业景观考古学研究"合作项目正式启动,它们在四川、重庆做了首次考古调查。1999 年,他们在成都平原周边的浦江、邛崃、自贡以及渝东至三峡一带进行了大规模的考古学与人类学调查。

2002 年,北京大学考古学系又与山东省文物考古研究所合作,在沿渤海南岸莱州湾至胶东半岛展开盐业考古调查,发现大批与制盐业有关的遗址和遗物。

2005 年,中美盐业考古队联合发掘了寿光双王城制盐遗址,有了

---

① 黄建秋等:《高密度电阻率法探测土墩墓——以江苏省无锡市战国土墩墓为例》,《江汉考古》2007 年第 1 期。

② 黄建秋等:《高密度电阻率法在阖闾古城墙探察中的应用》,《物探与化探》2010 年第 34 卷第 6 期。

重要发现。①

2008 年,成都文物考古研究所等单位对四川盐源境内的黑井和白井召开调查,发现盐源制盐始于青铜时代,汉代设有盐官,唐末至宋盐行销外地。② 2014 年,四川省文物考古研究院等单位对自贡的井盐和盐运进行考察,发现东汉至今自贡一带开凿盐井达 1.3 万口。③

2015—2017 年,宁波市文物考古研究所与南京大学等单位合作发掘大榭遗址,在钱山漾文化地层中发现了包括盐灶在内的制作海盐的遗迹,盐灶分一灶一灶眼和一灶多灶眼两种。地层内发现白色钙质结核属于碳酸钙,它与高温下淋滤滩涂的盐泥有关。该遗址的发现非常重要,它是目前已知的我国最早的制盐遗址。④

(9) 音乐考古

音乐考古起步虽然很晚并且从业人员也很少,但是它的发展速度很快,音乐考古研究成果丰硕,理论研究也很有成效。音乐考古研究者正式提出有与考古学的倡议,对其名称、定义和学科属性做了比较详细的论述。⑤ 在考古学的多学科交叉研究中,音乐考古走在前面,音乐学者采用考古类型学研究出土音乐遗存的并不鲜见,⑥音乐考古学已经成为令人瞩目的新的研究领域。⑦

---

① 李水城:《中国盐业考古 20 年》,载《中国考古学年鉴 2017》,文物出版社,2018。

② 凉山州博物馆:《老龙头墓地与盐源青铜器》,文物出版社,2009。

③ 四川省文物考古研究院:《四川自贡井盐遗址及盐运古道考察简报》,《南方文物》2016 年第 1 期。

④ 雷少、梅术文:《我国古代海盐的最早实证——宁波大榭遗址考古发掘取得重要收获》,《中国文物报》2017 年 12 月 29 日。

⑤ 孙玥:《音乐考古学学科价值之我见》,《艺术教育》2011 年第 6 期;方建军:《音乐考古学:名称、定义和学科属性》,《音乐研究》2016 年第 3 期。

⑥ 郑祖襄:《出土磬和编磬的考古类型学分析》,《黄钟(武汉音乐学院学报)》2005 年第 3 期。

⑦ 王子初:《论音乐考古学研究中类型学方法的应用》,《黄钟(武汉音乐学院学报)》2018 年第 3 期。

2002 年 12 月,武汉音乐学院成立"中国音乐考古中心",在成立大会暨学科建设研讨会上,来自音乐学、考古学、历史学、楚学和物理学等领域的专家学者就该中心的建设,以及中国音乐考古学学科理论等问题进行了讨论。①

2014 年 7 月,湖北省博物馆举办了第一期国际音乐考古培训班。来自中韩文博系统的音乐考古研究人员进行了 15 天培训,并就音乐考古学的理论、规范、方法和国际化发展进行了研讨。②

2019 年 8 月,郑州大学举办了"第一届中国音乐考古学高级讲习班"。来自中国艺术研究院、中央音乐学院、沈阳音乐学院、星海音乐学院等 20 余位专家学者和研究生参加了讲习班的活动。讲习班就古乐器、音乐史、音乐图像学和实验方法进行了研讨。③

中国艺术研究院音乐研究所王子初的《中国音乐考古学》面世。该书对音乐考古学定位、研究范围及其与考古学的关系进行了探讨,概述了史前到宋元明清各个时期考古发现的各类出土或者传世乐器及其测音和研究成果,还关注音乐考古学的调查、断代、测音方法,这类文物的命名和分类方法等。④ 该书也指出了我国音乐考古研究存在的不足和问题。

王子初领衔的团队于 2019 年 7 月出版了列入《中国音乐考古丛书》的《先秦吴越音乐研究》《春秋许公墓编钟研究》《箜篌考》《集安高句丽笔壁画的音乐考古研究》《周汉音乐转型实证解析》《两周越地青

---

① 邵小洁:《武汉音乐学院"中国音乐考古中心"成立暨学科建设研讨会在我院召开》,《黄钟(武汉音乐学院学报)》2013 年第 1 期。

② 王歌扬:《首届国家音乐考古培训班研讨会举办》,《乐器》2014 年第 9 期。

③ 訾威:《"第一届中国音乐考古学高级讲习班"在郑州大学举办》,《人民音乐》2019 年第 12 期。

④ 王子初:《中国音乐考古学》,福建教育出版社,2003。

铜编钟研究》六部专著。①

二、重大课题

1. 夏商周断代

（1）项目缘起

夏商周断代工程是国务委员宋健 1995 年 9 月提议进行的,目的是像古埃及那样给世人提供一份准确的古史纪年表。同年 12 月,国务委员李铁映、宋健对夏商周断代工程的组织领导工作进行了部署,成立夏商周断代工程领导小组,由国家科委副主任邓楠任组长,国家自然科学基金会副主任陈佳洱为副组长,国家教育委员会副主任韦钰、中国科学院副院长路甬祥、中国社会科学院副院长滕藤、国家文物局长张文彬、中国科学协会书记处书记刘恕、国家科学委员会社会发展司司长甘师俊为成员,同时聘任中国社会科学院历史研究所所长李学勤、考古研究所仇士华、北京大学考古系主任李伯谦、中国科学院院士席泽宗为夏商周断代工程首席科学家,成立了由相关科学家组成的专家组,李学勤任组长,仇士华、李伯谦和席泽宗任副组长。

夏商周工程的目标是:第一,西周共和元年(公元前 841 年)以前,包括西周早中期和晚期前半各王,确定比较准确的年代。第二,商代后期,从商王武丁到纣,确定比较准确的年代。第三,商代前期,提出比较详细的年代框架。第四,夏代,提出基本的年代框架。首席科学家们六易其稿,写出《"夏商周断代工程"可行性论证报告》。报告提出,历史学家将从历史文献学、历史地理学、古文字学等不同角度开展工作。天文学家将全面总结天文年代学前人已有的成果。② 夏商周断代工程是由历史学、考古学、天文学和测年技术等学科的专家学者

---

① 《中国音乐考古丛书》,《音乐研究》2020 年第 4 期。

② 邢文:《超越疑古迷茫　纲纪三代编年》,《文物天地》1996 年第 5 期。

联合实施的系统工程。研究途径主要有两条：一，对传世文献和甲骨文、金文等古文字材料进行搜集、整理、鉴定和研究；二，对有典型意义的遗址、墓葬资料进行整理和分期研究，并做必要的发掘，取得系列样品，进行常规和 AMS(加速器质谱计)的碳-14 年代测定。最后对各课题通过以上两条以及其他途径得出的结论进行综合，使研究进一步深化，得出尽可能合理的年代学年表。

（2）项目进程

直接参与夏商周断代工程的专家学者 200 余人，主要来自中国科学院自然科学史研究所、生物物理研究所、上海天文台等自然科学研究机构，中国历史博物馆、上海博物馆等博物馆，中国社会科学院考古研究所、河南省社会科学院考古研究所等考古研究机构，以及北京大学、清华大学、北京师范大学等 14 所高校。为了发挥多学科交叉的优势，夏商周断代工程专家组和办公室在各课题组研究的基础上，组织了 52 次多学科的学术讨论会涉及重要考古发现的研讨会。这些会议一般在考古遗址的现场召开，它们对攻克难点、形成共识起到了重要作用。

（3）研究成果

经过多方面科学家 3 年的共同努力，终于在 1999 年 5 月，各课题组预定研究目标基本达到，首席科学家开始主持阶段成果报告的起草工作。在由中国史学会、中国考古学会、中国科技史学会联合举办的"夏商周断代工程阶段成果学术报告会"上，广泛听取来自全国各地的160 多位自然科学与人文社会科学专家学者的意见，经过反复修改，由专家组讨论定稿。①

这项重大学术研究工程的立项和进行，客观上使全社会关注历史

---

① 夏商周断代工程专家组：《夏商周断代工程 1996～2000 年阶段成果报告，简本》，世界图书出版公司北京分公司，2000。

考古研究,推动了测年设备的更新改造。也有一些学者在肯定设立这个工程具有良好愿望之外,对能否实现研究目标以及研究方法等表达了不同看法。依靠文字材料搞三代纪年能够做到的已经做得差不多,要确定夏禹传启等的具体年代困难重重,而在重大科学问题上意见不一致时采取民主集中制原则未必合适。[①]

2. 中华文明探源

(1)项目缘起

中华文明拥有五千年的历史,这是中国史学界的基本共识。不过有些人对此表示怀疑,有些外国学者甚至提出中华文明当始于商代。为了回答这些疑问,中国学者从考古学诞生之日起就在探讨这个问题。夏鼐的《中国文明的起源》、苏秉琦的文明起源"满天星斗"说,是中国学者研究中华文明新阶段的开始。就现有情况看,我们对有关中华文明起源的一些基本问题,如中华文明如何起源的、它经历了怎样的发展历程等问题,难以给出明确的答复。要解答好中华文明起源的问题,需要理论到实践、文理多学科综合研究,夏商周断代工程在 2000 年告一段落,2004 年,科技部正式启动"中华文明探源工程(第一阶段)"。[②]

(2)探源内容

中华文明探源工程分预研究、第一阶段、第二阶段和第三阶段展开。预研究阶段从古代传说和有关夏商时期的文献研究、上古时期的礼制研究、考古遗存的年代测定、考古学文化谱系、聚落形态所反映的社会结构、古环境研究、早期金属冶铸技术、文字与刻符、上古天象、中外古代文明起源的比较等角度设置了九个课题,初步摸索出了一套多学科结合研究文明起源的技术路线和实施方案,各个课题获得了不同

---

① 张忠培:《关于中国考古学的过去、现在与未来的思考》,载《青果集:吉林大学考古系建系十周年纪年文集》,知识出版社,1998。

② 王巍:《追问中华文明五千年　探源工程十年回顾》,《中国文化遗产》2012 年第 8 期。

程度的研究成果,为正式开展中华文明探源工程奠定了坚实的基础。

2004 年夏,科技部正式启动中华文明探源工程(第一阶段 2004—2005 年),内容为"公元前 2500—前 1500 年的中原地区文明形态研究"。设立了 5 个研究课题,公元前 2500—前 1500 年中原地区相关考古学文化分期谱系的精确测年、自然环境研究、聚落形态所反映的社会结构研究、经济和技术发展状况、文明形态。第二阶段(2006—2008 年)研究公元前 3500—前 1500 年的黄河上中下游和长江中下游以及辽河流域的考古学文化年代、环境、经济技术和社会结构。第三阶段(2009—2015 年)开展"中华文明探源及其相关文物保护技术研究",针对中华文明探源研究和文物保护存在的共性、关键技术问题,开展了 3 个研究方向共 18 个课题研究。其中,"中华文明起源与早期发展综合研究"方向 7 个课题,"中华文明探源工程中现代科学技术应用与支撑研究"方向 7 个课题,"文物保护与展示关键技术研究"方向 4 个课题。①

(3) 阶段性成果

中华文明探源工程的各项研究顺利进行,研究成果陆续显现,下面略举数例予以说明。

2007 年 1 月,中国社会科学院考古研究所举办了"中华文明探源工程(第一阶段)成果报告会"。项目主要负责人王巍指出,第一阶段是通过自然科学与人文社会科学的结合,用多种现代科学技术手段对公元前 2500—前 1500 年间中原地区文明形态进行多角度、多层次的考察,以揭示华夏文明形成过程和发展道路。项目在公元前 2500—前 1500 年中原地区的考古学文化分期谱系及系列测年、生态环境、聚落形态所反映的社会结构、经济和技术发展状况,以及对各课题研究成

---

① 王巍:《追问中华文明五千年　探源工程十年回顾》,《中国文化遗产》2012 年第 8 期。

果的综合与总结等五大具体课题中都完成了预期的任务。[1]

2009年7月,国家科技支撑计划项目"中华文明探源工程(二)"已经顺利结项。在社会精神文化、年代、环境、技术与经济等方面都取得了重要进展。在公元前3500—前1500年之间,中原地区已经出现了比较明显的社会复杂化的倾向。同时在淮河流域、长江中下游、西辽河流域也都开始了这个进程。中原和周围地区各个文化圈之间的接触渐渐多起来,出现了文化的汇聚和融合,从这个意义上说,早期中国文明在这时已经初露端倪。公元前3500年,技术状况有了相当明显的进步,表现在:出现了多品种农作物种植技术,有效地利用可耕种土地,出现了多种家畜饲养技术,陶器制作由泥条盘筑向快轮制作转变,制陶开始出现专业化。生产技术的进步促进了整个社会的复杂化,聚落出现分化,墓葬也开始分化。陶寺千余座墓中,约90%的墓里只有一个人,而且没有任何随葬品;而10%的墓里有几十件随葬品;不到1%的墓里有多达上百件随葬品,其中还有龙纹盘等贵重物品。陶寺比以往任何一个社会都复杂,之前的社会相对平等,而到陶寺就慢慢变成了一个鲜明的阶级社会,文明正是在这样一个过程中体现出来了。[2]

2013年3月,中华文明探源工程及其相关文物保护技术研究通过了科技部和国家文物局组织的专家验收。该项目重点推进公元前3500—前1500年中华文明起源与早期发展的研究,采用自然科学与社会科学相结合的方式,在中华文明起源与早期发展综合研究,遥感、GIS(地理信息系统)等现代科学技术的引入,文物保护保存与展示关键技术等三个方面研究取得了重要成果。以都邑性聚落和重点中心性聚落为研究重点,对中华文明形成的时间、地域、过程、原因及机制

---

[1] 李学来、江涛、谷丛:《"第六届中国社会科学院考古学论坛"纪要》,《考古》2007年第7期。

[2] 杨阳:《叩问中华文明起源之谜 "中华文明探源工程(二)"取得重要进展》,《中国文物报》2009年9月15日。

和早期中华文明的重要特征等重大问题进行了深入研究；重点加强了遥感技术、GIS 和 VR 技术在探源工程中的应用研究，建立了相关技术方法及规范标准；通过推进移动实验室在田野考古现场的应用技术体系建设，提高了文物出土现场环境监测技术水平等。重点揭示了长江、黄河、西辽河流域典型考古文化区域的文明形成及早期发展的背景、环境、特征和历史脉络，形成了具有重大科学价值的学术成果，对文明探源的过程、特点等重大问题进行了理论创新与总结。该项目共申请国内专利 30 项，发表科技论文 200 余篇，完成专著 14 部，项目形成 19 项行业技术标准；研制了文物保护与传承专用设备、装制及新材料、新工艺、计算机软件等 17 项；组建了 5 家国家文物局重点科研基地，培养了一批科研后备力量，充实了文化遗产保护科研队伍，有效提升了行业科技创新能力。①

3. 考古中国

（1）项目缘起

"考古中国"重大研究工程在《国家文物事业发展"十三五"规划》②中首次提出，主要以考古和多学科、跨学科合作研究为主要手段，重点组织实施中国境内人类起源、文明起源、中华文明形成、统一多民族国家的建立和发展、中华文明在世界文明史中的重要地位等关键领域考古项目，全面、科学地揭示中华文明的历史文化价值和核心特质，探讨人类社会发展规律，促进文明比较研究，以考古学实证中华文明的发展历程，凝聚民族共识，坚定文化自信。

项目立足考古研究。以考古学理论、方法构建中国境内人类演

----

① 探源：《"中华文明探源及其相关文保技术研究项目"通过验收》，《中国文物报》2013 年 3 月 22 日。

②《国家文物局局长刘玉珠就〈国家文物事业发展"十三五"规划〉答记者问》，《中国文物报》2017 年 2 月 24 日。

化、社会发展、国家形成的百万年漫长历史,依托田野考古实践和考古出土的各类实物资料讲述何以中国、何为中国,为更好地认识源远流长、博大精深的中华文明,提供科学的学术支撑。

聚焦重大问题。这些重大项目紧扣考古事业发展和考古学科建设的关键领域和重点方向,多角度探索古代政治、经济、科技、环境、地理、精神与宗教,深入挖掘考古遗址和文物遗存背后蕴含的中国哲学思想、人文精神、价值理念、道德规范等,从历史的长镜头探寻中华文明形成、发展、壮大的客观规律和内生动力。通过这些项目,促进考古学与自然科学、社会科学的深度融合,发展古 DNA 研究、测年技术、动物考古、植物考古、环境考古等交叉学科、新兴学科,提高考古学的发现、分析和解读能力,加强考古能力建设和学科建设。

(2)项目进展

"考古中国"在"十三五"期间协调国内考古机构、科研院所和高校组织主要开展了"夏文化研究""河套地区聚落与社会研究""长江下游地区文明化进程研究""长江中游地区文明化进程研究""中原地区文明化进程研究""海岱地区文明化进程研究"等 10 项重大项目。河北康保兴隆遗址是考古发现的我国北方地区较早的定居性聚落,距今 8000 多年,为中国北方地区粟黍驯化和旱作农业起源提供了重要证据。距今 9000 年的浙江义乌桥头遗址以及距今 8300～7800 年的浙江余姚井头山遗址,进一步丰富了我们对长江下游地区稻作文明的认识。通过"考古中国",发现夏时期的文化遗存不仅见于豫西和晋南等地,还见于长江中游的湖北天门石家河遗址,通过该遗址考古,初步勾勒出距今 5900～3800 年的石家河遗址群聚落格局及其演变过程,揭示了长江中游地区新石器时代晚期,特别是进入夏时期的肖家屋脊文化的面貌。[1]

----

① 王珏:《"考古中国"不断探索未知——访国家文物局副局长宋新潮》,《人民日报》2021 年 1
月 9 日 5 版。

2021 年 9 月 27 日，国家文物局在北京召开"考古中国"重大项目重要进展工作会，通报旧石器时代重要考古发现和研究进展，即山东沂水跋山遗址、河南鲁山仙人洞遗址和四川稻城皮洛遗址重要考古发现，其中皮洛遗址展示了"砾石石器—手斧组合—石片石器"的旧石器时代文化发展序列。跋山遗址地层堆积厚度近 8 米，目前已经揭露 8 个文化层，出土了石制品、骨牙角制品和动物化石 500 余件，揭露出 1 处人类活动面、3 处用火遗迹。它对于建立我国东部旧石器时代中期文化序列，论证中国—东亚人类连续演化，以及当时人类的技术特点、生活方式等具有重大价值和意义。仙人洞遗址共发现两个紧邻的洞穴，Ⅰ号洞出土了人牙和头骨断块，以及大量动物碎骨、牙齿，还有石制品。其中一件距今 3.2 万年的人类额骨可能属于现代人。动物骨骼鉴定结果显示它们是典型的晚更新世北方动物群，距今 4 万～3 万年。石制品包括石片、刮削器等，剥片方式为锤击法。该洞穴出土的人类化石为研究中国—东亚早期现代人群的演化过程和特点等提供了非常重要材料。①

2021 年 10 月 18 日，国家文物局在北京召开了"考古中国"重大项目重要进展工作会，总结仰韶文化百年考古成果，通报了河南、陕西和山西等省仰韶文化考古与研究的最新进展。河南省在仰韶村、城烟、双槐树等遗址新发现了丝蛋白、淀粉粒和酵母等可能与酒有关的遗存，大型带回廊房屋建筑遗迹以及家蚕牙雕等是仰韶文化社会复杂化的集中体现。山西师村、北橄和德岗等遗址的考古发现，进一步揭示了仰韶文化的聚落形态。②

---

① 徐秀丽：《"考古中国"重大项目重要进展工作会在京召开》，《中国文物报》2021 年 9 月 28 日。
② 薛帅：《"考古中国"重大项目重要进展工作会聚焦仰韶文化考古与研究最新进展》，《中国文化报》2021 年 10 月 18 日。

4. 班村考古

无论是从规模还是遗迹遗物以及社会影响来看,河南省渑池县班村遗址的抢救性考古发掘都算不上重大课题。但是,从它当年确定的指导思想、组织形式和设定的目标来看,它具有前瞻性和实验性,是至今尚未见到如此规模的真正的多学科综合考古的范例。

(1)缘起与目标

班村遗址位于河南省渑池县东北 50 多千米的南村乡班村,背靠黄河、西邻涧河,处于两河交汇处的二级台地上,遗址东西长 300 米、南北宽 150 米,面积约 4.5 万平方米。

1990 年 12 月,中国历史博物馆时任馆长俞伟超召集了几位青年考古工作者开了一个小会,提出他想在河南小浪底水库利用抢救性发掘机会,推出一个考古学"试验田"的设想。在得到与会者响应后,他委托中国科学院地质研究所的周昆叔带几个年轻人到渑池、新安和孟津小浪底库区进行实地考察。1991 年 4 月,周昆叔在综合了参与考察的人员的意见后,正式递交了《小浪底水库南岸遗址综合研究选点调查报告》,提出了以班村为主要发掘点的意见。[①]

该报告经过修改后,提出了项目的指导思想和总体目标。指导思想是:任何古代的聚落遗址……首先是人类社会生活的具体单位,是这种生活各方面信息及其与环境发生相互关系的整体。考古学的发掘与研究不能仅限于遗迹遗物的外部形态特征、年代序列与空间分布,而应立足于"重建"和"复原"古代人类的社会行为,进而探究人类文化的发展规律。为此,尽可能调动一切科学手段与方法,对遗址进行多学科的综合发掘与研究就具有十分重要的意义。总体目标是:探索组织、协调多学科进行考古学的综合发掘与研究的恰当方式,推进对仰韶文化时期社会组织结构、意识形态以及人地关系的理解。

---

① 裴安平:《怀念俞伟超:呼唤"班村"精神》,《文物》2004 年第 12 期;

（2）项目进展

根据规划，发掘队由田野考古工作者、自然科学工作者两部分人员构成，其中自然科学工作者至少应包括地学、生物、环境、计算机等方面的专家。班村考古由中国历史博物馆考古部主持，联合了中国科学院古脊椎动物与古人类研究所、北京师范大学资源域环境科学系、中国社会科学院考古研究所、中国科学技术大学结构分析开放实验室共同进行；聚集了河南省文物考古研究所、湖南省文物考古研究所、西北大学文博学院、中山大学人类学系等单位的考古人员。1991 年 10 月开始发掘，连续 6 年对该遗址进行大规模的综合发掘与研究，发掘面积达 5000 余平方米。①

（3）成果与影响

班村遗址综合发掘与研究取得了多项成果。根据对班村遗存陶器的分析，首先搞清楚了班村遗址的文化内涵，班村遗址的文化内涵从早到晚大体上有五个时期的文化堆积。第一期：前仰韶时代，相当于裴李岗文化时期遗存，被称为班村类型，距今 7000 年左右，从灰坑中浮选出大量半炭化的植物果实遗存。第二期：属于仰韶文化庙底沟类型。其后段可能相当于西王村类型，距今 5500～5000 年。第三期：属于庙底沟二期文化，浮选出大量旱作农作物遗存，距今 5000～4500 年。第四期：战国文化层，其中有一片战国晚期秦人墓地，距今 2500～2200 年，发现甜瓜籽。第五期：唐宋文化层，距今 1300～800 年。②

通过把班村遗址的遗存与枣园、东关一期遗存进行对比分析，可以得出班村遗址的庙底沟类型应该是从豫西晋南仰韶文化早期遗存发展而来的，在庙底沟类型的形成过程中曾受到渭水流域半坡类型文

---

① 班村考古队：《班村考古的思考与体会》，《中国历史博物馆馆刊》1995 年第 6 期。

② 孔昭宸、刘长江、张居中：《渑池班村新石器遗址植物遗存及其在人类环境学上的意义》，《人类学学报》1999 年第 18 卷第 4 期。

化的影响,它们并不是仰韶文化先后发展的两个阶段。①

通过浮选,在裴李岗文化期文化层中浮选出大量朴树、山茱萸的内果皮、栎树的炭化子叶块、紫苏的小坚果、野大豆种子。据此可以推测遗址附近的山地或丘陵当时尚覆盖着暖温带落叶阔叶林,遗址附近呈现森林、灌丛、草地和湿地的自然景观。庙底沟二期文化层中浮选出大量粟和黍的炭化籽实,据此推测附近的黄河阶地更适合粟和黍的生长。②

考古人员对班村遗址出土彩陶的陶彩做了X射线衍射(XFD)、透射电子显微镜(TEM)分析、X射线荧光光谱分析(XRFA)。分析结果表明,白彩是由石英和非晶态的铝土矿物组成,而红彩和黑色的组成比较复杂,除了通常含有石英和方解石外,其显色成分分别为赤铁矿、磁赤铁矿和锌铁矿等多种矿物成分。还发现陶彩层形貌大致分两类。第一类,陶彩和陶胎间界线分明,陶彩厚度分布均匀,陶胎中含有较多石英颗粒,而陶彩中所含的石英颗粒则很少,它可能是在陶胎干燥后将表面打磨后,再施上一层含氧化铁陶彩层的结果。第二类,陶彩和陶胎中都含有较多石英颗粒,其粒径分布也颇接近。其成因有多种解读,陶彩是陶胎尚未晾干时用氧化铁粉末打磨而成,陶胎晾干后刷上一层含有氧化铁的胶体溶液或将陶胎放入这种胶体溶液中浸一下而成。③

班村遗址动物考古研究也有收获。1993年发掘中采集到4000多块动物骨骼,通过鉴定种属,确认当时被食用的动物有草鱼、鲤鱼、鸡、猴、兔、狗、家猪、梅花鹿和鹿科动物等,其中猪在全部动物中所占百分

---

① 王建新、张晓虎:《试论班村仰韶文化遗存的分期及相关问题》,《考古与文物》2001年第3期。

② 孔昭宸、刘长江、张居中:《渑池班村新石器遗址植物遗存及其在人类环境学上的意义》,《人类学学报》1999年第18卷第4期。

③ 王昌燧等:《班村遗址出土彩陶的陶彩分析》,《中国博物馆馆刊》1995年第1期。

比在距今 7000 多年是 60%左右,在距今 5000 多年是 80%,而梅花鹿及鹿科在全部动物中所占比例则由距今 7000 多年的 40%减少到距今 5000 多年的不足 10%。这种随着时间的推移,以猪为主的家畜动物数量增多而狩猎动物的比例减少,反映了这里的先民越来越重视养猪等家畜活动,肉食来源趋向稳定的过程。①

第五节　交流与中外合作

考古资料的分析与解读任务艰巨,考古学者之间以及不同学科学者之间的交流与合作有助于获得深入解读考古资料的线索和依据。世界各地考古遗存分析与解读方法一定程度上是共通的,国内外考古界同行的交流与合作对提高考古研究的水平而言非常重要。对中国学者而言,对外交流与合作能够起到"他山之石,可以攻玉"、集思广益的作用,对外国学者而言是了解中国考古和提高研究水平的有效途径。

一、来访与出访

随着我国改革开放政策的落实与推进,中国考古界与外国学术界的交往频繁,外国学者为了解决他们在研究中遇到的问题而主动来华。来华访问的既有个人又有团队,我们出访的也是既有个人也有团队。这个阶段考古界的出访者不再限于知名学者和部门领导,还有不少考古新发现的发掘项目主持人和高校青年教师。

下面以《中国考古学年鉴 1991》《中国考古学年鉴 2001》《中国考古学年鉴 2018》"对外学术交流"收录的资料为例,说明考古界与国外考古学界的交流情况。

———————————

① 袁靖:《研究动物考古学的目标、理论和方法》,《中国历史博物馆馆刊》1995 年第 3 期。

1. 1990 年

(1) 外国学者来访

来访参观最多的是日本学者,共有七批学者来访。例如 1990 年 9 月 5 日～12 月 1 日,日本山口大学近藤乔一教授应邀在山东大学考古教研室作为期 3 个月的访问研究。其间,他到长江流域了解青铜器的出土情况并参观了山东各地的古代遗址,还就日本的中国考古研究动态等给考古专业师生做了讲演。①

其次是美国学者,一共有六批学者来访。比如,丹佛美术馆的埃玛·邦克博士应中国社会科学院之邀访华,与考古研究所专家座谈,参观了考古研究所标本室和故宫博物院的中国文物精华展,还到内蒙古等西北、东北等地参观。②

此外,还有蒙古、巴基斯坦、埃及、伊朗、意大利和保加利亚等国家和地区的学者来访。比如巴基斯坦中亚研究中心的穆罕默德·哈桑·丹尼 3 月 10 日访问社会科学院考古研究所,就开展丝绸之路沙漠路线考察及举行国际学术讨论会的有关问题进行了讨论,并参观了考古研究所收藏的部分青铜器。③

(2) 中国学者出访

1990 年,出访国以日本最多,有八批。比如,应日本东亚文化交流史研究会和佐贺电视台的邀请,浙江省文物考古研究所刘军和中国社会科学院考古研究所安家瑶到日本进行学术访问。他们在佐贺市举办的玻璃和稻作来源讨论会上分别就《中国出土的古代玻璃与吉野里的玻璃管饰》和稻作问题做了演讲,在此前后他们还访问了福冈、京都

① 蔡凤书:《日本学者近藤乔一来华作访问研究》,载《中国考古学年鉴 1991》,文物出版社,1992。

②《美国学者埃玛·邦克来华访问》,载《中国考古学年鉴 1991》,文物出版社,1992。

③《巴基斯坦中亚研究中心穆罕默德·哈桑·丹尼访问中国社会科学院考古研究所》,《中国考古学年鉴 1990》,载文物出版社,1992。

等地的博物馆、考古遗址和考古研究机构。① 上海大学文学院教师许宛音应邀到美国纽约大学讲授《中国佛教和佛教艺术考古》。② 有五批学者出访美国。熊传新和高至喜应英国伦敦大学邀请赴英国讲学并出席亚洲艺术和考古研讨会第 15 次年会和第 10 次早期中国青铜器装饰图案讨论会，他们先后做了《长沙马王堆汉墓帛书与世界古代科学技术之最》《楚文化的发现与研究》等专题演讲。③

此外，各一批中国学者到阿富汗、伊拉克、叙利亚、蒙古、澳大利亚、瑞士、德国、苏联、保加利亚、伊朗和意大利等国访问。

2. 2000 年

(1) 外国学者来访

三批日本来华。比如 9 月 14～16 日奈良国立文化财研究所泽田正沼等一行 8 人访问陕西历史博物馆，就唐墓壁画修复和保护继续与该馆继续合作研究，该项目已经进行了 5 年。④

两批德国学者来访。比如德国联邦科技教育部约布斯特博士一行应邀到四川大学访问，并就开展树轮学分析技术合作研究草签了协议。⑤

两批美国人来华。比如纽约大都会博物馆梶谷宣子等来访，到杭州参加杭州中国丝绸博物馆、中国丝织物保护中心挂牌及学术交流。⑥

此外，以色列耶路撒冷希伯来大学的耶尔勒·胡佛（Erella

---

① 《刘军、安家瑶到日本进行学术访问》，载《中国考古学年鉴 1990》，文物出版社，1992。

② 袁俊卿：《许宛音到美国讲学》，载《中国考古学年鉴 1990》，文物出版社，1992。

③ 陈长松：《熊传新、高至喜赴英国讲学并出席亚洲艺术和考古研讨会第 15 次年会和第 10 次早期中国青铜器装饰图案讨论会》，载《中国考古学年鉴 1990》，文物出版社，1992。

④ 申秦雁：《中日合作研究唐墓壁画的修复和保护》，载《中国考古学年鉴 2001》，文物出版社，2002。

⑤ 李永宪：《德国学者来华访问》，载《中国考古学年鉴 2001》，文物出版社，2002。

⑥ 陈国安：《美国学者来湖南省博物馆考察》，载《中国考古学年鉴 2001》，文物出版社，2002。

Hovers)博士等9月应邀到陕西省考古研究所访问,并做了题为《古代近东农业起源》的演讲。① 瑞典学会地区合作司托马斯·卢敦(Thomas Lunden)为团长的瑞典学会文化遗产保护考察团来华访问,先后访问了国家文物局、中国社会科学院考古研究所、故宫博物院和中国历史博物馆。② 韩国湖严美术馆辛勇旻应邀到北京大学讲学,演进的题目有《韩国三国时代墓葬的发掘和特征》等。③ 6月22日,首都师范大学历史系和中国敦煌吐鲁番学会联合在北京主办了纪念敦煌藏经洞发现100周年国际学术研讨会。来自日本、英国、法国、新加坡、吉尔吉斯斯坦、美国、德国和丹麦等外国学者和国内的70余位学者参加了会议。④

(2)中国学者出访

2000年,有六批学者到美国访问。比如中国社会科学院考古研究所仇士华应哈佛大学邀请前往美国参加哈佛大学东亚考古研究会,做了题为《夏商周断代工程中碳-14系列样品测定建立年代框架》的学术报告,并顺访了亚利桑那大学加速器质谱仪实验室和高精度常规碳-14实验室。⑤

有四批学者到韩国访问和参加学术会议。比如6月14日～24日应韩国通度寺圣宝博物馆邀请,考古研究所杨泓参加了"佛舍利信仰国际学术研讨会",并在会上做了《中国隋唐时期的舍利容器》的学术

① 秦所:《以色列学者来华访问》,载《中国考古学年鉴2001》,文物出版社,2002。

②《瑞典学会文化遗产保护考察团来华访问》,载《中国考古学年鉴2001》,文物出版社,2002年。

③ 北考:《韩国学者辛勇旻来北京大学讲学》,载《中国考古学年鉴2001》,文物出版社,2002。

④《纪年敦煌藏经洞发现一百年国际学术讨论会在北京召开》,载《中国考古学年鉴2001》,文物出版社,2002。

⑤《中国社会科学院考古研究所仇士华等前往美国访问》,载《中国考古学年鉴2001》,文物出版社,2002。

报告,还在弘益大学做了题为《关于南北韩晚期佛教石造像》的学术报告。①

两批学者到德国访问。中国科学技术大学王昌燧等四位学者2000年9月应邀参加在德国米切尔斯坦因修道院召开的第十届国际音乐考古学讨论会,张居中在会上做了《中国舞阳贾湖骨笛的发现与研究》等演讲。②

两批到日本访问或讲学。比如湖北省博物馆许道胜2000年2月28日~3月28日应日本国东京国立博物馆邀请到日本考察该馆文物陈列、藏品管理等,还参观了国立历史民俗博物馆等,并在驹泽大学做了题为《湖北出土楚系兵器研究——以戈、剑为中心》的演讲。③

还有学者分别到英国、澳大利亚、以色列访问或参加会议。比如陈星灿到英国参加"东亚考古学会第二次国际会议"。

3. 2017 年

(1) 外国学者来访

2017年来访最多的是美国学者,共25批。哥伦比亚大学李峰教授应吉林大学邀请,6~7月在吉林大学做了7场讲座,比如《金文名原则和西周的宗族婚姻制度》等讲座。

有14批日本学者来访。比如10月,岩手大学薮敏裕教授一行4人到洛阳市文物考古研究进行学术交流,双方围绕岩手平泉寺的考古和历史、隋唐史前洛阳的园林遗址等展开深入探讨。④

11批英国学者来访。比如英国埃克塞特大学安东尼·哈丁教授

① 《中国社会科学院考古研究所杨泓前往韩国参加佛舍利信仰国际学术研讨会》,载《中国考古学年鉴2001》,文物出版社,2002。

② 张居中:《中国科学技术大学王昌燧等人赴德国参加第十届音乐考古学术讨论会》,载《中国考古学年鉴2001》,文物出版社,2002。

③ 通史:《湖北省博物馆许道胜赴日本访问》,载《中国考古学年鉴2001》,文物出版社,2002。

④ 赵晓军:《洛阳市文物考古研究院》,载《中国考古学年鉴2018》,文物出版社,2019。

应邀到中央民族大学访问,先后做了5场演讲,题目有《青铜时代的生活:人、物、地方与社会》等。

6批韩国学者来访,比如韩国文化财国立中原文化财研究所金容民等到河南省文物考古研究院,并签订了为期5年的"中韩古代文化形成和发展过程的合作研究"协议书。

5批法国学者来访。比如法国人类古生物研究所代表团访问北京联合大学。

3批俄罗斯学者来访。比如俄罗斯科学院的涅斯捷罗夫·杰尼斯·巴佛洛维奇研究员到黑龙江大学讲学,题目是《黑龙江流域中世纪城址研究》。①

各有两批越南、瑞典、澳大利亚学者访华;还有意大利、孟加拉国、埃及、洪都拉斯、哈萨克斯坦、乌兹别克斯坦、波兰、挪威、荷兰和以色列等国的学者来访或演讲。

(2)中国学者出访

出访国最多的是韩国,共有12批学者出访韩国。比如北京大学王幼平应亚洲第四纪科学研究会第三届国际会议组委会邀请出访韩国,参加会议。

9批学者出访美国。比如中国社会科学院考古研究所陈星灿应美国哥伦比亚大学和哈佛大学邀请,对美国进行了学术访问。

9批学者出访日本。南京博物院林留根应邀到东京大学参加"长江流域文明的形成"研讨会,做了报告《跨长江的良渚文明——中国江苏兴化东台蒋庄遗址考古发现与研究》。

5批学者出访加拿大。中国社会科学院考古研究所李裕群到加拿大参加"亚洲研究协会2017年年会",并做了题为《新疆佛教寺院遗址的新发现》的演讲。

---

① 《黑龙江大学》,载《中国考古学年鉴2018》,文物出版社,2019。

4 批学者出访英国。北京大学陈建立应英国伦敦大学邀请出访英国,开展合作研究。

3 批学者出访俄罗斯。北京大学李崇峰应乌拉尔联邦大学邀请出访俄罗斯,参加国际会议并发言。①

3 批学者出访洪都拉斯。湖南省所、甘肃省文物考古研究所、北京大学李水城到洪都拉斯访问。

各有两批学者分别学者出访德国、以色列、意大利、法国访问。另外还有学者到巴西、瑞士、伊朗、加拿大、埃塞俄比亚、蒙古、朝鲜、斯里兰卡、越南和印度访问。

4. 中外合作发掘

中外合作发掘最早是仰韶村的发掘,1949 年以后在中国的中外合作发掘暂停,直到 1990 年重启。中国学者到国外参加正式发掘也是始于 1990 年。中外合作开展专题考古研究的项目不断增加。

(1) 合作研究

1990 年 2 月,中日联合南海沉船调查学术委员会在北京成立,委员会由中日两国 9 位考古界知名学者组成,中方苏秉琦任学术委员会主任,日方江上波夫任副主任。中方俞伟超介绍了近年来中国开展水下考古筹备工作和中日两国合作的情况,日方田道诏之汇报了 1989 年 11 月调查南海古代沉船的工作情况。日方江上波夫和坪井清足以及长谷部乐尔分别做了学术报告。②

1990 年 7 月 20 日,由联合国教科文组织发起的"丝绸之路综合研究"沙漠路线第一阶段(中国)国际学术考察活动在西安开幕,21 日在乌鲁木齐结束。考察队由来自巴基斯坦、印度、泰国、伊朗、伊拉克、土耳其、蒙古、日本、韩国、埃及、墨西哥、美国、苏联、民主德国、联邦德

---

① 《北京大学》,载《中国考古学年鉴 2018》,文物出版社,2019。

② 《中日联合成立南海沉船调查学术委员会》,《中国文物报》1990 年 3 月 8 日。

国、法国、英国、荷兰、丹麦、中国等 20 个国家和地区的 33 位专家组成,其中包括考古学、历史学、古文字、地质学、艺术史等领域专家。联合国教科文组织等工作人员共约 100 人参加了历时一个多月的考察活动,经过陕西、甘肃和新疆等地,对丝绸之路沿线的古代遗址、墓葬、城址和寺庙等进行了考察。[①]

2000 年,陕西历史博物馆派遣文物保护人员赴丹麦参加本岛教堂壁画现场保护和修复项目;中日合作研究唐墓壁画修复和保护。

2018 年,赵志军到美国访问,到洪都拉斯访问并进行植物考古工作。美国威斯康星大学人类学系和中国科学院古脊椎动物与古人类研究所合作,共同进行泥河湾许家窑遗址出土动物骨骼材料的考古学研究工作。

(2)在国内的发掘

中国考古学诞生之日就是中外合作考古发掘,但从 1949 年直到 20 世纪 80 年代一直没有中外合作考古发掘。80 年代末期,中国考古机构又开始与外国考古机构在中国合作发掘。多数合作发掘实际上不是合作发掘,而是各自在同一个遗址的不同探方各挖各的,互不干扰。这是源于对考古发掘理念不同并且具体发掘方式也有很大差异的缘故。尽管如此,中外合作发掘一定程度上也推动了中国考古研究水平的提高。

当然也有少数良好合作事例。泥河湾中美联合考古队在东谷坨遗址的发掘是改革开放以来经国务院批准的第一个中外考古合作项目。该项目于 1991—1992 年实施,合作单位有中方的中国科学院古脊椎动物与古人类研究所和河北省文物研究所,美方是加州大学和印第安纳大学等。美方把当时国际上公认的科学发掘方法首次全面系

---

① 张子明:《丝绸之路沙漠路线考察国际学术讨论会在我国举行》,载《中国考古学年鉴 1991》,文物出版社,1992。

统地介绍到中国。这次联合发掘,中美学者通过工作中的接触,在学术思想和研究方法上有了广泛的交流,对外界认识泥河湾旧石器考古成果的宣传起到了很好的作用。中国学者系统地掌握了他们的田野发掘技术和实验分析方法。中国一批年轻学者在实践中得到严格训练,田野和室内研究的基本功得到加强。①

1991年,中国社会科学院考古研究所与日本奈良国立文化财研究所签署了以中日都城考古学研究为主要课题的友好合作协议。在此基础上,两所于1997年就合作调查发掘汉长安城遗址提出专项申请。根据报请国务院特别许可,国家文物局批准了中日合作考古调查发掘汉长安城遗址协议书,双方将对长安城内的桂宫遗址进行勘探、发掘,对出土资料进行全面整理,共同研究汉长安城的布局结构、建筑材料,并探讨它对西汉以后中日两国古代都城建设的影响。1997年11月下旬开始,双方对桂宫2号建筑遗址做了勘探和发掘,初步清理出一座大型宫殿建筑遗址。1998年3月18日,双方在北京联合举行中日合作发掘西汉长安城遗址新闻发布会,报告了合作研究成果。这一合作标志着中外合作考古发掘进入一个新的重要领域,双方互相学习,提高了遗址发掘、资料整理和综合研究水平,加深了都市考古学研究。②

1994—1995年,北京大学考古学系、浙江省考古研究所和日本上智大学组成中日联合考古队,得到中国政府批准、国家文物局以及日本文部省经费支持,调查发掘浙江桐乡普安桥新石器时代遗址。③ 这次发掘,中日考古人员围绕如何清理发掘摸索出双方都能够接受的方法,发掘简报的线图是日本式实测图。这样的合作调查发掘有利于增

---

① 吕遵谔:《泥河湾简介》,载《河北省泥河湾文化研究会成立大会纪念专集》,2003。

② 本刊记者:《中国社会科学院考古研究所与日本奈良国立文化财研究所联合举行中日合作发掘西汉长安城遗址新闻发布会》,《考古》1998年第5期。

③ 北京大学考古学系、浙江省文物考古研究所、日本上智大学联合考古队:《浙江桐乡普安桥遗址发掘简报》,《文物》1998年第4期。

进相互了解,促进田野考古水平的提高。

(3) 在国外的发掘

从 1990 年开始,我国少数考古研究机构和高校与国外考古机构合作,到国外进行考古调查和发掘。

1990 年 1 月,根据云南省博物馆、云南省文物考古研究所与意大利泰国联合考古队签订的协议,云南博物馆副研究员张曾祺、云南省文物考古研究所馆员张新宁前往泰国华富里参加意泰联合考古队的考古发掘工作。这次发掘的是泰国青铜时代和铁器时代遗址。

2011 年 9 月,吉林省文物考古研究所与俄罗斯科学院远东分院远东民族历史·考古·民族研究所合作,对克拉斯基诺城址进行了为期 20 天的考古勘探。勘探结果表明,该城内地层堆积比较厚,包括风蚀、水蚀形成的自然堆积,也有人类活动形成的文化堆积,城内主体建筑位于城内中部偏北区域。[1]

2012 年,中国社会科学院考古研究所与乌兹别克斯坦科学院考古研究所组成联合考古队,在乌兹别克斯坦的安集延州马哈马特县,对明铁佩城址进行考古勘探和发掘。经过连续 5 年的工作,考古人员发现该城有内外城。内城有防御设施和高等级大型建筑基址和主干道,其年代相当于中国西汉至魏晋时期;外城对内城形成有效的拱卫,城墙最迟在相当于中国三国时期。内城与外城曾共存,该城是当时王城等级的城市。[2]

2017—2019 年,河南省文物考古研究院、洛阳市文物考古研究院与蒙古国乌兰巴托大学考古学系联合开展"古代北方游牧民族文化研究"中蒙联合考古项目——蒙古国后杭爱省高勒毛都 2 号墓地考古发

---

[1] 梁会丽、解峰:《2011 年俄罗斯滨海边疆克拉斯基诺城址考古勘探报告》,《北方考古》2016 年第 2 期。

[2] 朱岩石等:《乌兹别克斯坦安集延州明铁佩城址考古勘探与发掘》,《考古》2017 年第 9 期。

掘。联合考古队在 2 号墓地发现 571 座墓葬,并发掘了其中两座墓。这两座墓是匈奴贵族墓,随葬品呈现多种文化特征,如陶器、铜鍑和独角兽上的马饰都是草原文化因素,而漆木器和玉器是中原文化因素,镶嵌绿松石的金银饰品则明显具有西亚风格。这些情况说明,匈奴在丝绸之路及欧亚大陆文化交流中扮演着重要角色。①

　　中国社会科学院考古研究所李新伟在所内会议上汇报了考古研究所在洪都拉斯科潘遗址进行的考古工作进展。考古研究所梁中合到科潘遗址参加考古发掘。首都师范大学到洪都拉斯参加发掘工作。李新伟到洪都拉斯参加发掘工作。朱岩石到乌兹别克斯坦参加发掘工作。中山大学师生到越南参加发掘工作。北京联合大学研究所到法国进行调查实习。中国人民大学研究生到西班牙、意大利参加发掘工作。②

　　5. 中外合作办学

　　(1) 中美旧石器考古培训班

　　1992 年 4～6 月,中国科学院古脊椎动物与古人类研究所筹办了"考古埋藏学"和"石器分析"两个短训班,在美国露西基金会的资助下,美国加州大学的冈萨雷斯博士和印第安纳州大学的托斯夫妇在周口店北京猿人遗址举办了这两个短训班,来自全国各地的青年考古工作者 60 人次参加了培训。两个培训班对我国考古工作者了解国外研究动态和新技术应用很有裨益。③

　　(2) 中美石器微痕培训班

　　2004 年 7 月,中国科学院古脊椎动物与古人类研究所在北京举办

① 周立刚等:《蒙古国后杭爱省高勒毛都 2 号墓地 2017～2019 年考古发掘简报》,《华夏考古》2021 年第 6 期。

② 《张增祺等赴泰国参加考古发掘》,载《中国考古学年鉴 1991》,文物出版社,1992。

③ 张翼:《周口店北京猿人遗址举办培训班》,载《中国考古学年鉴 1992》,文物出版社,1994。

"石器微痕分析培训研讨班"。培训班邀请美国塔尔萨大学人类学系专家奥戴尔和加拿大多伦多大学、加拿大皇家安大略博物馆的沈辰授课,邀请社会科学院考古研究所王小庆、北京大学考古文博学院王幼平、吉林大学文博学院陈全家,以及中国科学院古脊椎动物与古人类研究所侯亚梅担任指导教师。20 名来自全国高校考古专业与考古研究机构的研究生与青年科研人员参加培训。培训班分理论与实践两个部分:理论部分包括国际旧石器研究动态、微痕分析概念方法等,实践部分有石器制作和使用以及微痕观察等。① 培训班的举办为年轻学子开阔了眼界,并让他们重视石器微痕观察与分析。

(3)中澳水下考古培训班

1990 年,中国历史博物馆和澳大利亚亚德莱德大学东南亚陶瓷研究中心联合举办水下考古专业人员培训班,来自北京、广东等省市文物部门选派的 10 余名学员参加了学习。1989 年下半年,他们在山东省青岛市进行了为期 4 个月的潜水训练和课堂学习,获得国际二星级潜水员证书。1990 年上半年,完成了在福建省连江县定海村附近的海域水下考古实习任务。1990 年 7 月 27 日,在中国历史博物馆举行结业典礼,11 名学员经过考核获得中澳双方共同签发的结业证书。这标志着我国已经培养出第一支水下考古专业队伍,为中国水下考古学的发展打下了基础。②

6. 世界考古论坛·上海

(1)缘起

中国社会科学院院长王伟光于 2012 年春率领中国社会科学院学部委员考察团赴上海考察,他向时任上海市长韩正建议上海建立一个

---

① 陈福友:《中国科学院古脊椎动物与古人类研究所举办石器微痕分析研讨班》,载《中国考古学年鉴 2004》,文物出版社,2005。

② 蒋迎春:《中澳合作水下考古培训班结业》,《中国文物报》1990 年 8 月 9 日。

世界性的考古论坛,定期开展国际性学术活动。韩正市长积极响应和完全赞同,提出上海市将提供包括经费在内的全方位支持。

(2)世界考古论坛

经过认真筹备,2013 年 8 月 23 日,在中华艺术宫举办了首届世界考古论坛。王伟光和上海市长杨雄出席开幕式并致辞。在为期三天的论坛上,入选重大田野考古发现和研究成果的项目负责人分别介绍了各自的成果。科学出版社出版了中国社会科学院考古研究所、上海市文物局编著的《上海 2013 首届世界考古论坛会志》。① 论坛公布了10 项世界重大田野考古发现,其中有美国哈佛大学主持的危地马拉塞哇遗址的早期祭祀以及玛雅文明起源、中国公元前两千纪中国北方石城石峁。论坛还公布了中国西南晚更新世全新世过渡时期古老型人类的发现等 9 项世界重大考古研究成果。②

2015 年,第二届世界考古论坛在上海举行。论坛的主题是"文化交流与文化多样性的考古学探索"。英国剑桥大学教授伦福儒被授予"世界考古论坛终身成就奖"。托马斯·艾默生的"揭秘北美印第安人建立的最早城市——卡霍基亚遗址东圣路易斯区的再发现和大规模发掘",周必素等人的"中国西南土司遗址考古调查和发掘——帝国扩张及其边疆的动态关系",臧振华等人的"抢救考古揭示台湾 5000 年的历史"等 10 个项目获颁"田野考古发掘奖";赵志军等人的"黍和粟的起源与传播"等 11 个项目获颁"考古研究成果奖"。③

2017 年,第三届世界考古论坛在上海大学召开。"婆罗洲岛尼亚洞穴 5 万年的历史""石家河聚落考古新发现"等 10 个项目获颁"重大田野

---

① 中国社会科学院考古研究所、上海市文物局编著:《上海 2013 首届世界考古论坛会志》,科学出版社,2015。

②《"世界考古·上海论坛"公布 19 项大奖》,《中国文物报》2013 年 8 月 30 日。

③ 中国社会科学院考古研究所等:《第二届世界考古论坛会志》第二辑,中国社会科学出版社,2017。

考古发现奖";"战争、干旱与农业:应对冲突和食物短缺""中国考古学:从第一个村落到第一个国家"等 9 个项目获颁"考古研究成果奖"。①

2019 年,第四届世界考古论坛在上海大学召开,论坛的主题是"城市化与全球化的考古学视野:人类的共同未来"。论坛开幕式上,美国亚利桑那大学教授白简恩被授予"世界考古论坛终身成就奖"。菲律宾卡劳洞穴和吕宋人,以及中国西汉海昏侯墓等 10 个考古项目被授予"重大田野考古发现奖";"东南亚青铜技术起源与金属贸易"等 9 个考古研究项目被授予"重要考古研究成果奖"。②

二、成果刊布

为了推动学术研究和传播考古新发现,为在普通老百姓中传播考古新发现,这个阶段创办了两个地区性考古期刊。

1. 创办期刊

(1)《田野考古》

它是台湾地区第一本专业性的考古学期刊,半年刊,1990 年由一群自谦为"考古学见习生"的年轻考古工作者创办,印刷费用依靠各界人士捐款。刊物主要发表"篇幅较为短小的田野调查、发掘及实验报告"等。杂志的栏目有论文、报告、考古界消息及书摘、资料等。

如第一卷第一期,论文只有一篇,是陈玉美的《研究者与其研究对象的关系——以考古学为例》;报告有六篇,分别是:臧振华的《记台北盆地中一处已经湮灭的史前遗址》,臧振华等人的《台湾北海岸新发现的万里加投遗址——兼述邻近的龟子山遗址》,刘益昌的《花莲县秀林乡崇德遗址》,邱敏勇的《花莲县寿丰乡岭顶、大坑、盐寮史前遗址调查

---

① 李玉等:《第三届"世界考古论坛·上海"召开》,《中国社会科学网—中国社会科学报》,2017 年 12 月 14 日。

② 贾昌明:《第四届"世界考古论坛"在上海召开》,《大众考古》2019 年第 12 期。

简报》,刘平妹等的《曲冰遗址的孢粉分析》,陈光祖的《台东县东河村附近遗址出土陶片之分析》。考古界消息及书摘、资料栏目只有一篇,是朱正宜的《台湾碳-14年代数据辑》。

文章作者除了来自岛内的学者,还有大陆和外国的学者,如第五卷第一期发表了祁国琴和袁靖的论文《动物考古学:形成、发展与问题研究》,同期发表了越南学者武贵原的论文(何世坤翻译)《从更新世转变到全新世的步骤里若干西北砾石文化之特点》。

(2)《大众考古》

《大众考古》月刊是面向社会大众的以考古、文物兼及文化遗产、博物馆、文物收藏、文化历史等内容为主题的大众文化期刊。期刊坚持科学性、思想性、知识性、艺术性、趣味性作为办刊和用稿原则,以小学高年级以上文化水平的读者为主要对象。它是中国第一本面向社会大众兼具专业权威的科学普及性考古学杂志,2013年7月1日正式在国内外出版并公开发行。由江苏人民出版社主办,南京大学文化与自然遗产研究所具体承办。

《大众考古》设有"考古人语""重大发现""万物求源""考古人传奇""考古科技""发现之旅""业余考古家"等20多个栏目,不间断向大众展示国内外考古学、文物学、文化遗产学、古人类学、古建筑学、博物馆等领域专家的最新成果,用最通俗的语言阐释考古学等科研工作的知识创新价值,用最美丽的画面揭示古典文明的精彩辉煌,用最便捷的桥梁连接古今,填补考古学家与大众之间的"鸿沟"。

(3)《考古学年鉴》栏目调整

"考古学研究"栏目一直保留着原有的五个专题,只是"魏晋南北朝至明清时期考古"专题多次更名。比如1991年,它被改名为"三国至明清时期考古",1996年改为"魏晋南北朝至宋辽金元考古",1997年改名为"魏晋南北朝至明清考古",2011年改名为"三国至明清时期考古",2013年又改名为"三国至明清时期考古"。2016年,该专题一分为三,它们分别是"三国魏晋南北朝时期考古""隋唐五代时期考古""辽宋金元明清时期考古"。2017年,它被合并为两个专题"三国至五代十国时期考古"和"宋辽金元明清时期考古";2018年,又改名为"三国至隋唐五代时期考古"。该专题多次改名说明,每个年度的考古发现与研究成果和侧重点都有所不同,以及学者们对时间跨度长达1700年的历史时期考古是否需要细分和如何细分的认识不完全一致。

从2014年开始,栏目调整。一是增加大量彩色图版。"全国十大考古发现"专文约稿增加文字篇幅并配彩色图片;二是进入十大考古发现初评的近50个考古项目正文配插图;三是新增动物考古、植物考古学科综述;四是新增全国考古学会团体会员单位组织机构、人员构成;五是新增大事记。

2. 研究成果

随着大型考古报告大量出版,《中国文物报》曾发起讨论什么才是理想的考古报告,虽然对此问题见仁见智,但是对考古报告要尽量详细全面地报道出土资料、读者能够从报告中提取更多的信息的看法是一致的。

(1)考古学论著丛刊甲种

研究性著作共有9部。其中7部署名中国社会科学院考古研究所,它们是《中国考古学论丛(中国社会科学院考古研究所建所40年纪念)》(1993)、《殷墟的发现与研究》(1994)、《中国商文化国际学术讨论会论文集》(1998)、《考古求知集(考古研究所中青年学术讨论会文集)》(1997)、《21世纪中国考古学与世界考古学(纪念中国社会科学院考古研究所成立50周年大会暨21世纪中国考古学与世界考古学国际学术研讨会论文集)》(2002)、《中国考古学(夏商卷)》(2003)、《中国考古学(两周卷)》(2004)。另有2部是个人署名的,它们是夏鼐的《夏鼐文集》(2000)和陈梦家的《西周铜器断代》(2004)。

（2）考古学论著丛刊乙种

资料性著作共 14 部，它们都是集团署名的。其中中国社会科学院考古研究所署名有 11 部，它们是《北庭高昌回鹘佛寺壁画》（1990）、《中国考古学中碳-14 年代资料集（1965—1991）》（1992）、《考古精华》（中英文版）（1993）、《二里头陶器集粹》（1995）、《杏园东汉墓壁画》（1995）、《中国社会科学院考古研究所考古博物馆洛阳分馆》（1998）、《20 世纪中国考古大发现》（2000）、《殷墟花园庄东地甲骨》（六册）（2003）、《藏王陵》（2006）、《考古中华》（2010）、《古都遗珍——长安城出土的北周佛教造像》（2010）。

考古杂志社署名的报告有 2 部，分别是《考古研究所编辑出版书刊目录索引及概要》（2001）、《二十世纪中国百项考古大发现》（2002）。

中国社会科学院考古研究所与中国社会科学院古代文明研究中心联合署名的报告是《中国文明起源研究要览》（2003）。

（3）考古学论著丛刊丙种

通论性著作仅一部，是叶昌炽著，柯昌泗评，陈公柔、张明善点校的《语石　语石异同评》（1994）。

（4）考古学论著丛刊丁种

田野考古报告 44 部。其中 36 部是中国社会科学院考古研究所编写的，它们是《北庭高昌回鹘佛寺遗址》（1991）、《青龙泉与大寺》（1991）、《汉杜陵陵园遗址》（1993）、《陕县东周秦汉墓》（1994）、《临潼白家村》（1994）、《山东王因新石器时代遗址发掘报告》（2000）、《宁夏灵武窑发掘报告》（1995）、《大甸子夏家店下层文化遗址与墓地发掘报告》（1996）、《双砣子与岗上辽东史前文化的发现和研究》（1996）《汉长安城未央宫 1980—1989 年考古发掘报告》（二册）（1996）、《北魏洛阳永宁寺 1979—1994 年考古发掘报告》（1996）、《敖汉赵宝沟新石器时代聚落》（1997）、《师赵村与西山坪》（1999）、《六顶山与渤海镇唐代渤海国的贵族墓地与都城遗址》（1997）、《张家坡西周墓地》（1999）、《临猗程村墓地》(2003)、《偃师二里头 1959 年—1978 年考古发掘报告》(1999)、《安阳殷墟郭家庄商代墓葬 1982 年—1992 年考古发掘报告》(1998)、《胶东半岛贝丘遗址环境考古》(1999)、《偃师杏园唐墓》(2001)、《蒙城尉迟寺(皖北新石器时代聚落遗存的发掘与研究)》(2001)、《汉长安城武库》(2005)、《桂林甑皮岩》(2003)、《西汉礼制建筑遗址》(2003)、《滕州前掌大墓地》(2005)、《枣阳雕龙碑》(2005)、《徐家碾寺洼文化墓地——1980 年甘肃庄浪徐家碾考古发掘报告》(2006)、《汉长安城桂宫 1996—2001 年考古发掘报告》(2006)、《汉魏洛阳故城南郊东汉刑徒墓地》(2007)、《安阳殷墟花园庄东地商代墓葬》(2007)、《隋仁寿宫唐九成宫》(2008)、《黄梅塞墩》(2010)、《扬州城(1987—1998 年考古发掘报告)》(2010)、《哈克遗址(2003—2008 年考古发掘报告)》(2010)、《汉魏洛阳故城南郊礼制建筑遗址(1962—1992 年考古发掘报告)》(2010)、《安阳殷墟小屯建筑遗存》(2010)。

以下报告是中国社会科学院考古研究所与其他单位联合署名的：与定陵博物馆等两家单位联合署名的《定陵》(二册)(1990)，与浙江省文物考古研究所等两家单位联合署名的《南宋官窑》(1996)，与西藏自治区文物局联合署名的《拉萨曲贡》(1999)，与河北省文物研究所联合署名的《磁县湾漳北朝壁画墓》(2003)，与北京大学考古学系联合署名的《华县泉护村》(2003)，与安徽省蒙城县文化局联合署名的《蒙城尉迟寺(第二部)》(2007)，与云南省文物考古研究所等四家单位联合署名的《耿马石佛洞》(2010)。

其他单位编写的报告仅 2 部，分别是广州市文物管理委员会的《西汉南越王墓》(二册)(1991)，南京大学历史系考古专业、湖北省文物考古研究所、鄂州市博物馆合作的《鄂城六朝墓》(2007)。

(5) 其他报告

一些文博单位开始清理由于"文革"被迫中断的发掘报告的整理

出版。《北阴阳营》是全面报道江苏南京北阴阳营遗址发掘成果的报告。[①] 该遗址是 1955—1958 年发掘的,1958 年曾发表过第一、第二次发掘的部分资料,1962 年开始整理全部发掘资料,编写正式发掘报告,1965 年拿出初稿,拟在征求有关方面意见并修改报告之后,送交出版社。但是由于"文革"而被迫搁置,经过努力,《北阴阳营——新石器时代及商周遗址发掘报告》终于在 1993 年出版。该报告报道了主要发掘资料,有学者提出将它命名为北阴阳营文化。尽管"根据各探方发现墓葬的海拔高度和相对深度将墓葬划分为四个墓层"的做法不值得提倡,但是基本资料的公布为研究宁镇地区新石器时代文化提供了重要资料。

《潜山薛家岗》是克服了重重困难把当年幸存下来的田野考古资料整理而成的发掘报告。[②] 该遗址是 1977—1982 年先后五次发掘,1982 年曾报道过前三次发掘成果。1991 年开始整理发掘资料,2000 年做了第六次发掘,2004 年完成报告编写。该报告由前五次发掘主持人与第六次发掘主持人两位隔代考古人联合编写。这部发掘报告书最值得称道的,一是在把自己从资料研究者转换为资料报道者的基础上,想方设法地提供原始资料,二是两代发掘主持人精诚合作。

1949 年以来,省区市考古机构花费大量人力和物力发掘的遗址不少,数十年过去了,部分遗址至今没有出版正式发掘报告,有的甚至没有发表过简报,着实令人遗憾。

《桂林甑皮岩》是中国社会科学院考古研究所、广西壮族自治区文物工作队、桂林甑皮岩遗址博物馆、桂林市文物工作队合著的发掘报告。[③]该报告汇集了 1973—2001 年考古发掘的全部资料,系多学科合

① 南京博物院:《北阴阳营——新石器时代及商周时期遗址发掘报告》,文物出版社,1993。
② 安徽省文物考古研究所:《潜山薛家岗》,文物出版社,2004。
③ 中国社会科学院考古研究所等:《桂林甑皮岩》,文物出版社,2003。

作的结晶。该书的出版对研究稻作的起源、新石器时代手工艺、原始畜牧业等均有重大意义。该报告荣获第四届中国社会科学院考古研究所夏鼐考古学研究成果奖金二等奖。

《苏秉琦文集》收入苏秉琦自 1936 年至 1997 年所写论著共 136 种。其中包括考古发掘报告、专著、论文、讲稿与讲授提纲,讲话与谈话记录和题词。文集共分为三卷,除将《斗鸡台沟东区墓葬》和未正式发行的《斗鸡台沟东区墓葬图说》《斗鸡台沟东区墓葬编后记》三种合一单独成第一卷之外,第二、第三两卷按发表的时间编排,基本上反映了苏秉琦学术思想的发展过程。该文集是苏秉琦把马克思主义原理运用到中国考古学研究的成果,具体表现为具体问题具体分析、运用辩证法开展考古学研究,表现在他结合中国古代社会的特点,陆续提出"古文化—古城—古国"文明起源三历程、"古国—方国—帝国"国家形态发展三部曲,以及"北方原生型—中原次生型—北方草原续生型"的国家形成三模式的理论。[1]

（6）纪念文集

陈星灿和邓聪发起组织一批年轻人,把一些不成熟的文章汇聚集结成《桃李成溪集》出版,编辑文集的目的不仅在彰显安志敏的学术贡献,更有待后来者薪火相传之意。文集收录了中国、日本、韩国、澳大利亚、俄罗斯和欧美等国学者撰写的 37 篇文章和安志敏年谱以及著作目录。2004 年由香港中文大学中国考古艺术研究中心出版。2004 年 4 月 5 日是安志敏八十寿辰,他在 60 多的年岁月中笔耕不辍,一直活跃在国际学术舞台,淡泊名利,不尚空言,务实求真。[2]

---

[1] 郭大顺:《苏秉琦与中国考古学学科理论建设》,《中国历史文物》2010 年第 2 期;孙庆伟:《苏秉琦:"为历史而考古"的学科缔造人》,《读书》2019 年第 4 期。

[2] 邓聪、陈星灿主编:《桃李成溪集　庆祝安志敏先生八十寿辰》,香港中文大学中国考古艺术研究中心,2004。

中国社会科学院考古研究所为纪念建所40年编辑出版了《中国考古学论丛 中国社会科学院考古研究所建所40年纪念》。[①] 书中共收录了47篇论文,这些论文都是以考古发掘资料为基础的。比如中国史前时期考古学文化研究有吴家安的《渭河流域前仰韶文化与仰韶文化半坡类型的关系》;文明起源研究有苏秉琦的《关于重建中国史前史的思考》;商周考古研究有杨锡璋的《关于藁城台西商代遗址的分期问题》;金文研究有刘雨的《西周金文中的大封小封和赐田里》;汉代考古研究有刘庆柱和李毓芳的《汉宣帝杜陵陵寝建筑制度研究》;南北朝考古研究有杨泓的《南北朝墓的壁画和拼镶砖画》等。

(7) 参考书

考古研究越来越多地借鉴运用自然科学手段,考古资料解读的科学性不断增强,被冠名为科技考古的研究有力地促进了学科发展,古遗址动辄出土数以十万计的陶片,以往是拣选其中器类和器形清楚的极少量陶片作标本,其他的则统计总数。面对大量蕴含过去社会信息却被放弃的情况,北京大学从事科技考古的陈铁梅和陈建立教授为考古界提供了一部期盼已久的《简明考古统计学》。[②] 该书从介绍统计学与考古学的关系入手,结合具体实例介绍了考古观测数据的基本处理——现象的描述性统计方法。

3. 公共考古

(1) 学科建设

公共考古学大致是21世纪初从西方引进的。西方考古界在20世纪70年代考虑如何在考古过程中有效地整合和利用社会资源,为公众保护考古资源域文化遗产,从而提出了 public archaeology。中国学者有

① 中国社会科学院考古研究所编著:《中国考古学论丛 中国社会科学院考古研究所建所40年纪念》,科学出版社,1995。

② 陈铁梅、陈建立:《简明考古统计学》,科学出版社,2013。

的把它译为"公共考古学"，有的把它译为"公众考古学"。无论哪种译法都是强调普及考古成果并引导公众合理地利用考古资源，提高考古资源的利用率。[①] 同时学界对公共考古学科建设以及公共考古学展开讨论，无论是政府管理部门还是考古学者和公众，齐心协力做好考古学大众化，促使考古学成为人民的事业，应该是公共考古学的终极目标。有些在校研究生以公共考古为课题写作硕士和博士论文，他们回顾了公共考古学科发展历史、现今公共考古实践的得与失，以及今后发展方向。

当前公共考古形式多样，比如撰写科普读物、创办网站、面向社会的考古讲座、举办学生考古夏令营、考古进校园，"文化和自然遗产日"在考古遗址举办参观活动等。

（2）科普读物

在正式提倡开展公共考古之前，有些学者就已经开始通过给一些读者面很广的杂志撰写文章宣传考古知识，也有专家给读者撰写专著来传播考古知识。

陈星灿用通俗易懂的笔调给一般读者介绍了什么是考古学，考古学把古代社会分成哪几个阶段开展研究，考古学者用什么方法研究出土遗物，当然也谈到考古学科的局限性等问题。[②]

《爷爷的爷爷哪里来的》[③]以图文并茂的形式向广大青少年介绍人类起源学的基础知识，这部作品分为《爷爷的爷爷哪里来》和《悠长的岁月》两个部分。前者侧重于阐述古人类研究学的发展历程及成果，后者则重点讲述了作者自身的成长历程。该书作者虽是学界泰斗，但语言亲切幽默、平白朴实，把枯燥单调的学术语言转换为浅显易

① 魏峭巍等：《公共性与社会化：公共考古与公众考古学之思辨》，《考古》2018年第8期。

② 陈星灿：《公众需要什么样的考古学》，《读书》1996年第12期。

③ 贾兰坡：《爷爷的爷爷哪里来的》，湖北少年儿童出版社，2009。

懂的语言,将晦涩难懂的人类起源的研究历程向读者娓娓道来,带读者一同探寻古人类起源和生存的证据,也使读者切实感受到科研工作者们对待科学的求真精神。

《考古学——追寻人类遗失的过去》①是为非考古专业人员写的一本通俗读本。它用浅显的语言介绍了普通读者关心的几个问题,在介绍了考古学与人类过去社会的关系之后,就考古学的作用,指导考古研究的理论和研究考古资料的具体方法,其中包括当代科技促进考古学科发展的贡献,以及考古研究的几个热点问题,展望了考古发展。

(3)网站与传媒

考古网创建于 2011 年,是中国社会科学院考古研究所的官网,2018 年 7 月 1 日起启用新的域名 http://kaogu.cssn.cn/。网站内容涵盖考古、文物保护、博物馆、文化遗产等领域,现有考古传真、学术动态、学术会议、中外交流、走出国门、考古人物、新书推荐和考古学报等栏目。考古网的创建便于考古和文物研究专业人员及时了解学界的新发现和研究动态,也是考古文博爱好者的学习园地。

"考古资讯小站"创办于 2012 年 3 月 12 日,起初是在人人网,后来发展至微博、微信、豆瓣、新浪博客等多个平台。创办至今已翻译发布上千万字的外国考古资讯,涉及英语、法语、德语、意大利语、西班牙语、俄语、日语、韩语、越南语、阿拉伯语、希伯来语等多语种。"考古资讯小站"为非营利性的志愿组织,分成不同语种的小组,由成员自行负责编译、校对、发布等工作,成员多来自高校学生、考古文博专业、外语专业及其他文博爱好者等。2013 年,"考古资讯小站"获得数十位专家推荐,获得第二届"发现中国李济考古学奖学金"公众组。2017 年 10 月,"考古资讯小站"获得了由欧盟委员会资助下的 NEARCH 项目官方授权,该组织把欧洲人对考古文化遗产的公众考古调查报告译成中

---

① 曹兵武:《考古学——追寻人类遗失的过去》,学苑出版社,2004。

文《欧洲人看考古》。关于"考古资讯小站"及其成员的介绍则发表在《光明日报》《中国文物报》《大众考古》等刊物,在业界具有一定知名度。"考古资讯小站"的宗旨在于"怀着对全人类的关怀进行考古学研究",一只眼看中国,一只眼看世界。

（4）讲座与夏令营

很多博物馆和图书馆利用其场馆优势,邀请考古专家举办面向普通市民的考古讲座,为普及考古知识起到一定的推动作用。2012年,上海博物馆考古专家何继英在上海博物馆观众活动中心为广大市民做了题为《上海考古——城镇很复杂的见证》的讲座。

还有的考古研究机构通过举办学生夏令营的方式开展公共考古活动。2016年7月12日～17日,南京博物院举办了"探索汉帝国东部的诸侯王陵——南京博物院第三届中学生考古夏令营",来自江苏、江西、河南和上海等地的27名中学生参加了此次活动。营员们在考古工作人员带领下到考古发掘工地学习,并实践考古勘探与记录、遗迹清理与绘图、土样浮选、文物绘图、器物拓片、人骨鉴定等考古工作流程,体验了考古工作。①

（5）考古进校园

要使考古学成为人民的事业,也需要从小培养考古意识。不少高校考古专业师生和省区市考古研究机构的考古工作者走进中小学校,运用多种形式向同学们灌输考古知识。

南京大学历史学院考古专业硕士研究生吴伟组织研究生们2010年12月17日到南京市力学小学,给三年级8个班级的学生开展了一堂以考古文物为主题的兴趣活动课。他们利用多媒体手段,通过看图、实物讲解、游戏竞赛、动手画画等多种生动有趣的教学形式,深入浅出,学生们积极参与、踊跃发言,气氛热烈。小学生们学到了很多考

---

① 张毅等:《南京博物院第三届中学生考古夏令营顺利结营》,《东南文化》2016年第4期。

古文物方面的知识。后来其他研究生再次应邀前往开展考古文物知识宣传活动。这次活动取得良好反响,吴伟因此荣获第一届(2011)"发现中国李济考古学奖学金"公众组获得者,还获得"发现中国李济考古学奖学金十周年(2021)"特别奖。

(6)发掘现场会

不少人对考古工地充满了好奇心,为了满足人们想对考古这个颇具神秘色彩的学科一探究竟的愿望,很多省区市考古研究机构开展了体验考古魅力的考古工地参观活动。2018 年 6 月 9 日,西咸新区秦汉新城在西部芳香园内的秦咸阳城遗址考古基地举行 2018 年文化和自然遗产日主场活动。活动以"走进秦汉新城,感受考古魅力"为主题,参与者通过参观考古成果和考古基地,亲身体验考古工作,增强文化遗产保护意识,积极营造"文化遗产人人保护,保护成果人人共享"的氛围。全体活动人员参观秦汉新城近年考古成果展和考古基地,并亲身体验秦咸阳城遗址考古,跟着专家体验现场清理和文物清洗工作,感受考古魅力。体验过程中,来自秦汉新城的一名学生代表发了一条这样的朋友圈:"来秦汉新城,熏陶心灵,体味现代人生;在遗址现场,感悟文化精髓。文化遗产,影响世界。"他表示,作为一名学生,考古体验能将历史书上学到的内容变得更加生动有趣,受益匪浅。①

三、学会与研讨会

1. 中国考古学会

中国考古学会分别在 1991 年召开了第八次年会、1993 年召开了第九次年会,时隔 6 年后于 1999 年召开了第十次年会,此后又隔了 9 年于 2008 年召开第十一次年会,此后每年都召开年会直至 2013 年第

---

①《2018 文化和自然遗产日文博爱好者走进秦汉新城体验考古魅力》,https://bbs.hsw.cn/read-htm-tid-19910194-page-e.html.

十六次年会。中国考古学年会为国内省区市考古工作者发布考古新发现、交流研究成果、明确研究方向和工作任务提供了平台。

（1）中国考古学会年会

1991年9月，中国考古学会在呼和浩特召开了第八次年会，来自全国考古、文物、博物馆等部门和单位，以及高等学校等会员代表、特邀代表96人、列席代表31参加了会议。会议的中心议题是中国北方考古问题。年会收到论文69篇，北方考古学方面的占一半以上。学会副理事长宿白致开幕词。他指出，中国考古学会成立3年以来，在史前考古学研究、中国文明起源的研究、中国古代城市的考古学研究、考古科研人才的培养、考古学与其他学科的合作和对外学术交流等方面取得了显著的成绩。学会理事长苏秉琦在闭幕式上做了重要讲话。他指出，召开第八次年会时，考古工作又迈出了新的一步，在区系观点的共识上，着重进行了社会发展阶段的分析、历史唯物主义的分析，如关于文明起源问题的研究等。会议进行了分组讨论和大会发言。与会代表交流了近年来特别是北方地区考古工作的最新成果，探讨了一些共同关心的课题。①

1993年11月，中国考古学会在济南召开了第九次年会，来自全国省级以上考古文物单位和有关大学的学会理事、会员代表以及特邀代表，共计90人出席了会议，山东各地考古文物单位的30多位同志列席会议。这次会议的中心议题是"黄河中下游和东南沿海的考古问题"。学会理事长苏秉琦在闭幕式上做了题为《迎接中国考古学的新世纪》的讲话，谈到考古学科发展方向要面向国史、面向世界。会议收到论文66篇，会上采取分组讨论和大会发言相结合的形式，展开热烈而深入的讨论。讨论的主要议题分别有：山东发现的后李二期文化、大汶口文化及其与崧泽、良渚文化的关系，良渚文化的年代与分期，龙

①《中国考古学会第八次年会在呼和浩特召开》，《考古》1991年第12期。

山文化城址,淮河流域新发现的侯家寨文化,江汉地区的石家河文化,山东地区的商文化、岳石文化等。有的专家介绍了水下考古、环境考古和制陶工艺实验成果等。会议期间和会后,与会代表参观了城子崖等遗址。①

　　1999 年 11 月,中国考古学会在成都召开了第十次年会,来自全国各省市自治区的 170 余位代表出席了会议。年会的中心议题是"西南地区和三峡地区的考古学问题",会议收到论文 80 多篇,内容涉及近年巴蜀地区考古发掘成果、三峡库区先秦考古学文化、三峡考古与巴蜀文化、三星堆考古发现与巴蜀文明进程等。代表们就西南考古和三峡考古的热点问题做了讨论。会议选举了新一届理事和常务理事、名誉理事长和理事长等。徐苹芳代表新一届理事会在闭幕会上发言。他说,考古界应进一步端正学风,坚持严谨、求实的治学态度和实事求是的学风,加强和提高田野水平,加强基础性课题和考古学理论的研究,中国考古学一定要坚持自己的学术传统和特色,始终把研究中国古代历史作为考古学研究的最终目标。国家文物局领导在会上做了发言并要求,坚持"双百"方针、发扬学术民主,积极开展学术活动,坚持团结友谊,讲大局、讲奉献,特别要求不准文物博物馆工作人员买卖收藏文物。②

　　2009 年 8 月,中国考古学会在哈尔滨召开了第十二次年会,年会的中心议题是"东北地区考古"和"考古学文化区系类型的理论与实践"。会议收到论文或论文提要 80 多篇,分为三组进行学术交流,有 6 位代表在大会上演讲。这次大会除了学术交流外,还对我国文化遗存保护方面存在的问题表示了极大的关注和忧虑。会上讨论产生了《关于加大对盗掘古墓等犯罪活动打击力度的呼吁书》《关于加大对行政违法、破

---

① 《中国考古学会第九次年会在济南召开》,载《中国考古学年鉴 1994》,文物出版社,1997。

② 张文彬:《在中国考古学会第十次年会上的讲话》,《四川文物》2000 年第 1 期。

坏文物案件查处力度的呼吁书》。

会上通过两个呼吁书充分展示了考古学者社会服务意识强,这是以往考古学会年会所看不到的。①

(2) 专业委员会

2014 年开始,中国考古学会下设专业委员会,截至 2016 年 3 月共设立了 13 个专业委员会,它们是旧石器考古、新石器考古、夏商考古、两周考古、秦汉考古、三国至隋唐考古、宋辽金元明清考古、动物考古、植物考古、人类骨骼考古、公共考古、新兴技术考古和文化遗产保护专业委员会。各个专业委员会与省区市考古机构合作,就区域考古新发现召开学术研讨会,为区域考古工作者公布考古新发现提供平台,也为以往几乎无缘参加中国考古学会的地市年轻考古骨干提供了学习、交流、提高的机会。

同时,许多省市考古学会也定期召开考古学会大会,各地一线考古工作者在会上交流各地重要发现及研究成果。总体上讲,无论哪个层面上的考古学会和学术研讨会都很重视公布考古新发现,交流研究成果的不多,基本上不讨论考古学理论方法。

2. 中国考古学大会

(1) 第一届年会

2016 年,首届中国考古学大会在郑州举行。这次会议是中国考古学成立以来首次举办的多学科、开放式、国际化考古学大会。中国社会科学院院长、国家文物局长、河南省和郑州市领导出席会议并讲话。来自国内 49 个考古研究院所和高等学校、75 个省区市考古文博机构,以及英、德、俄、日、韩、埃及、洪都拉斯、乌兹别克斯坦等国家和地区的 700 余位考古学者参加了会议,会上围绕"面向未来的中国考古学、面

---

① 《中国考古学会举行第十二次年会》,载《中国考古学年鉴 2010》,文物出版社,2011,第 477—484 页。

向世界的中国考古学"召开交流和讨论,还举办 100 多场专题报告、16
场面向公众的讲座,中国考古学会 13 个专业委员会分组进行学术讨
论会,比如"走向未来的中国考古学"青年学者圆桌会议,"走向世界的
中国考古学"国外专家座谈会。中国考古学会授予北京大学宿白教授
中国考古学首个终身成就奖,会上颁发了 11 项研究成果奖(金鼎奖)、
11 项青年学者奖(金爵奖)、21 个田野考古奖、14 个考古资产保护奖
(金尊奖)、17 个公共考古奖(金镈奖)、旧石器考古成果奖(裴文中奖)、
旧石器考古人才奖(贾兰坡奖)等。大会还发布了《郑州共识》,提出强
化考古工作者责任感和使命感,正确地把握考古学发展方向,加强中
国考古学科体系建设,加强国际合作与交流,大力实施"走出去"考古
战略等。①

(2) 第二届年会

2018 年 10 月,由中国考古学会、中国社会科学院考古研究所主
办,四川省文物考古研究院、成都文物考古研究院和四川大学历史文
化学院承办的第二届中国考古学会大会在成都召开。来自国内高等
院校、科研院所,以及美、英、日、韩、捷克、蒙古、俄罗斯、巴基斯坦、乌
兹别克斯坦、洪都拉斯、越南、柬埔寨等国家的 400 位中外考古学者,
围绕"古代文化交流的考古学研究"展开了交流和讨论。

为了表彰中国考古学家的相关研究项目和创新性成果,中国考古
学会评选出了中国考古学终身成就奖 1 位,田野考古奖一等奖 4 项、
二等奖 5 项和三等奖 9 项,研究成果奖(金鼎奖)10 项,青年学者奖 10
项。石兴邦获得终身成就奖,宁夏青铜峡鸽子山遗址获得田野考古一
等奖,浙江宁波大榭史前制盐遗址获得田野考古二等奖。李峰等以
《晚更新世晚期中国北方石叶技术所反映的技术扩散与人群迁移》等

---

① 信应君:《走向世界　走向未来》,《华夏文明》2016 年第 6 期。

获得研究成果奖,周振宇等获得青年学者奖。①

3. 地方考古学会

很多省区市定期召开考古学年会,在年会这个平台上交流考古调查发掘项目进展和发掘成果。各地从事考古调查发掘的一线工作人员特别是县一级的基础考古人员获得了交流和学习机会。

(1) 湖南省考古学会

2006 年 12 月,湖南省考古学会主办、长沙市博物馆、长沙简牍博物馆协办的"湖南省考古学会第十次年会"在长沙召开。来自省内各地文物考古部门的 88 位学者参加会议,40 多位文博工作者列席旁听。会议围绕"城市考古"与"简牍研究"展开交流讨论。湖南省考古学会每二至三年举办一次。②

(2) 江苏省考古学会

2014 年 11 月,江苏省考古学会第六届会员代表大会在南京召开,来自省内考古文博机构和高校等团体会员的 70 多位代表参加大会,会员代表听取并审议通过第五届理事会工作报告。会议选举产生第六届理事会理事、常务理事和理事长。年会以"考古学研究与地域文明探索"为议题,就文明起源、史前考古学文化、聚落考古、汉代陵墓考古等进行了交流与研讨。③

4. 专题研讨会

从中央到地方各级考古科研机构,都重视召开专题学术研讨会,有条件的会组织国际学术研讨会。各类研讨会的召开为区域考古研究和相关研究提供了平台,有效地促进了区域考古的深入展开。不

---

① 《第二届中国考古学大会·成都》,《大众考古》2018 年第 11 期。

② 赵晓华:《湖南省考古学会第十次年会在长沙召开》,载《中国考古学年鉴 2006》,文物出版社,2007。

③ 顾篯:《"江苏省考古学会第六届会员代表大会暨 2014 年年会"在南京召开》,载《中国考古学年鉴 2015》,中国社会科学出版社,2016。

过,出席研讨会的主要是各科研单位的领导和资深考古专家,在一线从事调查发掘的年轻人参加高层次研讨会的机会不是很多。

(1) 太湖流域

1984 年 9 月,常州博物馆、无锡市博物馆、嘉兴博物馆和上海自然博物馆的几位专家经过协商,提出太湖周围六市的博物馆——上海自然博物馆和嘉兴、湖州、苏州、常州、无锡博物馆联合举办史前出土文化展览。在各博物馆特别是嘉兴博物馆领导的大力支持下,在嘉兴举办了六市收藏的动物骨骼、陶器、玉器和石器联合展览"太湖流域古动物、古人类、古文化联合展览"①。展览开幕当天举办了座谈会,中国社会科学院考古研究所、《考古》杂志编辑部、中国历史博物馆、苏浙省市县有关博物馆共 24 个单位的 32 位代表参加了会议。浙江省文化厅副厅长毛昭晰致辞,他指出,打破省市的行政界限,开展横向(共同的文化联系)和纵向(共同的文化序列)的联系,对史前文化的研究将起到很大的促进作用。陈晶代表主办单位介绍了展览筹办过程,并回顾了太湖流域半个世纪的考古研究历程。②苏秉琦首先肯定了这种跨自然科学与社会科学的座谈会是一个创举,然后从考古区系谈太湖流域的考古,最后提出考古研究应重新即从微观和宏观的结合上加以发展,没有微观研究,就没有牢固的基础,发现不了具有普遍意义的规律;没有宏观研究,就不能掌握方向,高屋建瓴,抓住核心。③

---

① 笔者记得,当初为了吸引观众拟把展览定名"古动物、古人类和古尸",后经过慎重考虑,把"古尸"改为"古文化"。

② 汪玉:《太湖流域考古座谈会纪要》,《东南文化》1985 年第 6 期;苏秉琦:《太湖流域考古问题——1984 年 11 月 17 日在太湖流域古动物古人类古文化学术座谈会上的讲话》,《东南文化》1987 年第 3 期。

③ 苏秉琦:《苏秉琦文集》(二),文物出版社,2009,第 349～355 页。

（2）史前城址和聚落

我国史前城址和聚落考古新发现、研究成果不断面世。《文物》月刊编辑部于 1996 年 8 月在辽宁省绥中县上旬发起组织了"史前城址与聚落考古学术研讨会"。来自辽宁、山东、河南、湖北、湖南、四川、江西、江苏、浙江等省和中国社会科学院考古研究所、北京大学考古学系的有关学者 30 余人，以及《文物》月刊编辑部的部分人员参加了研讨会。会上，大家围绕聚落考古的性质、内容、中国聚落考古实践的历史回顾、史前城址的类型、内涵及其对文明起源研究的重要意义，以及如何在我国考古学研究中拓宽视野、运用新技术新手段等问题发表了见解，并进行了广泛深入的研讨。

从研讨会的内容看，这个时期考古学家已经开始认真思索有关聚落考古的概念、研究课题和研究方法。就史前聚落的定义达成共识，史前聚落是人类社会发展到一定历史阶段的产物，是人类居住和进行各种活动的场所，也是人类生产劳动的场所。考古学文化遗址中只有同一层面的遗存才可能构成聚落，延续时间较长的遗址，有可能存在几个不同时期的聚落，城址是聚落的一种。聚落考古主要研究：聚落形态和内部结构的研究；聚落之间关系的研究即聚落形态历史演变的研究；聚落与生态环境关系的研究。同时，对今后如何开展聚落考古研究也有一定的设想。第一，在聚落考古研究中，应首先搞清聚落与遗址的关系，解决好分期问题。第二，处理好宏观与微观的关系，把区域性调查和重点解剖一两个遗址结合起来，争取在全面认识和把握全局的前提下，集中发现、解决更高层次上有突破性的中心问题。第三，开阔视野、拓宽思路，随时注意和吸收国内外最新的学术动态和成果，参考一些民族学、文化人类学、历史地理和环境地理学，运用数学手段对有关资料进行量化研究。第四，改进技术装备、提高工作效率。考古工作也应实现现代化，在可能的条件下吸收借鉴国际上的一切先进技术。

　　张忠培指出,聚落考古的基本内容有五个方面。一是单一聚落形态、布局及结构的个案研究;二是同一考古学文化同时期聚落的分布及其相互关系的探讨;三是同一考古学文化不同时期或同一谱系不同时代的诸考古学文化的聚落形态、布局、结构和聚落分布的分析;四是不同谱系同时期诸考古学文化的聚落的相互关系,以及这类聚落形态、布局、结构和它们的异、同的探索;五是聚落与生态环境的关系。他还特别指出,聚落考古研究要解决以下问题:如何或者以什么办法确认聚落之间的共时性? 怎样确认同一文化不同聚落之间的关系,又如何识别这类关系的性质? 怎样识别不同文化的聚落间存在的关系的性质? 何时在什么条件下,出现了聚落分化? 以哪些标准识别中心聚落和一般聚落,怎样识别与中心聚落相关联的聚落组成的聚落群? 聚落分化与城乡分野存在什么样的联系?[1]

　　当聚落考古成为热门话题时,内蒙古的考古工作者开始把聚落考古研究地区域调查和发掘研究的范围定在岱海地区。在发掘老虎山遗址以后,他们对岱海周围的新石器时代遗址的文化特征、文化发展系列及其与周边文化的关系进行了探讨,在聚落形态的演变和人与自然的关系,以及人类的生产方式和迁徙等方面取得了重要成果,为其他地区的聚落考古提供了借鉴和参考。[2]

　　在聚落考古研究中,最为关键的是如何确定“同时”,张光直对此有绝妙的说明:“考古工作者所调查的生活活动遗迹和场所,代表好几百个日子,几千个日子,甚至于几万个日子。一个社群的组成,他们的活动,他们对生活场所的使用。”[3]张忠培指出,要确认“聚落的共时

---

[1] 张忠培:《聚落考古初论》,载《中国考古学:走近历史真实之道》,科学出版社,1999。

[2] 内蒙古文物考古研究所编:《岱海考古(一)——老虎山文化遗址发掘报告集》,科学出版社,2000。

[3] 张光直:《考古学专题六讲》,文物出版社,1988,第88页。

性"需要解决一些问题,而目前不仅无法回答这些,甚至如何提出问题都需要今后的努力。①

此外,对国外学者提出的"聚落形态与文化的伴存形式"了解不够,也没有结合考古发掘成果探讨"微观聚落形态模式",与国外学者重视借鉴民族志相比还很不够。这些都是有待今后解决的难题。

(3)良渚文化

自从1986年反山等良渚文化大型墓地发掘之后,良渚文化研究成为中国史前考古学文化研究的重要课题之一。浙江省文物考古管理部门和研究机构多次召开有关良渚文化的研讨会,不断总结良渚文化研究取得的成果并对今后良渚文化研究进行交流。

1996年11月2～4日,浙江省文物局等单位在杭州举办了"纪念良渚文化发现六十周年国际学术讨论会"。来自美国、法国、日本、韩国、新加坡,以及我国台湾地区和大陆的学者,就良渚文化玉石器、陶器、农业、聚落形态、良渚文化的社会性质、良渚文化与周边文化的关系等问题进行了探讨。②

2006年11月,浙江省文物考古研究所在杭州召开"纪念良渚遗址发现七十周年学术研讨会"。来自美国、日本以及港台地区和内地的学者60余人参加了会议,会议专题是"中国东南地区史前考古学研究"。与会者就该地区史前考古学文化的区系类型、文化面貌、文化交流和文化性质等进行了交流,并就良渚文化晚期阶段的文化面貌和社会性质以及良渚文化玉石器进行了探讨。③

---

① 张忠培:《聚落考古初论》,载《中国考古学:走近历史真实之道》,科学出版社,1999。

② 方向明:《纪念良渚文化发现六十周年国际学术讨论会纪要》,《考古》1997年第3期;浙江省文物考古研究所编:《良渚文化研究:纪念良渚文化发现六十周年学术讨论会文集》,科学出版社,1999。

③ 方向明:《纪念良渚遗址发现七十周年学术研讨会》,载《中国考古学年鉴2007》,文物出版社,2008;浙江省文物考古研究所编《浙江省文物考古研究所学刊第八辑　纪念良渚遗址发掘七十周年学术研讨会文集》,科学出版社,2006。

2016年11月25日，浙江省文物局等单位在杭州主办了"良渚遗址考古发现八十周年学术研讨会"。会上，与会专家学者对良渚文化的发现与研究历程、良渚遗址与中华文明起源的研究、良渚文化玉器礼制、良渚考古成果的展示利用，以及如何传承良渚文化等问题进行了交流。

（4）西南考古

1998年5月，在成都召开"西南片区考古工作协作会"，来自云南、贵州、四川、西藏自治区、重庆和广西壮族自治区六地的考古和文博机构，以及高校代表、中国社会科学院考古研究所、中国科学院古脊椎动物与古人类研究所、中国历史博物馆、北京大学考古系、文物出版社等单位的专家学者共50余人出席会议。2015年，四川大学历史文化学院、北京大学考古文博学院主办的西南考古协作会预备会在成都举行。来自云南、贵州、广西、重庆、四川、成都、西藏等地的文物考古研究机构，以及中国社会科学院考古研究所、北京大学考古文博学院、四川大学历史文化学院共10家单位负责人和业务骨干出席会议，会议代表围绕"重启西南考古协作会的重要性和必要性、西南考古协作会发展方向、西南考古协作会发展规划"等主题展开交流和讨论。代表们就重启西南考古协作会的意义取得共识，并同意将西南考古协作会秘书处设在四川大学历史文化学院。

2016年1月，由四川大学历史文化学院、贵州省文物考古研究所主办的"2016西南考古协作会"即第二届西南考古协作会在习水县召开，对西南考古协作共同议题、推动跨区域跨领域考古工作、重启西南考古协作机制等问题进行了研讨。2016年7月在重庆召开的"手工业考古·重庆论坛——中国西南地区冶金与盐业考古学术研讨会"是第三届协作会；2017年5月在桂林召开的"西南考古协作会暨西南地区聚落与城址学术研讨会"是第四届协作会；2018年在剑川召开的"2018年度西南考古协作会暨中国西南与东南亚、南亚考古发现及研究学术研讨会"是第五届协作会;2019 年 5 月在拉萨召开了"西南考古协作会暨西南地区早期交通与股大肆文明学术研讨会"。① 这个跨区域的考古协作会不断寻找新主题展开合作研究。

(5) 玉魂国魂

费孝通在 2000 年参加炎黄文化研究会上提到了中国古玉与传统文化的关系问题,2001 年连续发表了两篇讨论中国古代玉器和传统文化的文章②。他从宏观上把古玉与传统文化的关系分成三个阶段:第一个阶段是玉器的初期阶段,它主要是作为萨满同天沟通的法器;第二个阶段是在文明社会中作为表现礼的等级制度的佩饰而出现;第三个阶段是把玉器作为装饰品来佩用的,视玉器为人民道德品行的象征。在他的提议下,2001 年 5 月,国家文物局、中国考古学会、辽宁省考古学会在沈阳主办了中国古代玉器和传统文化学术讨论会,来自美国、瑞典以及我国港台地区和大陆的专家学者 50 余位出席会议。会上,费孝通发表了"中国古玉和传统文化"的主题演讲,与会代表就中国古玉和传统文化展开热烈讨论。会后出版了由费孝通主编的《玉魂国魂:中国古代玉器与传统文化学术讨论会文集》。③ 2003 年,费孝通又发文,从古玉与中华民族多元一体格局的角度提出玉器是中国传统文化中的瑰宝。④

至 2006 年,分别在沈阳、杭州和成都召开了三次中国古代玉器和传统文化学术讨论会。浙江省杭州市余杭区 2008 年成立了中华玉文

---

① 陈剑:《西南考古协作会的前世今生》,《中国文物报》2021 年 11 月 19 日。

② 费孝通:《中国古代玉器和传统文化》,《群言》2001 年第 8 期;《再谈中国古代玉器和传统文化》,《群言》2001 年第 10 期。

③ 费孝通主编:《玉魂国魂:中国古代玉器与传统文化学术讨论会文集》,北京燕山出版社,2002;肃仁:《〈玉魂国魂:中国古代玉器与传统文化学术讨论会文集〉简介》,《考古》2002 年第 4 期。

④ 费孝通:《中国古代玉器与中华民族多元一体格局》,《思想战线》2003 年第 6 期。

华中心，中国考古学会理事长张忠培任中心主任，余杭作为中华玉文化中心永久性驻地。在大家共同努力下，中华玉文化中心成为中国玉器研究的中心和品牌。它每年都要办出"四个一"，即每年办一个展览、出版一个图录、开一个学术讨论会，百年出一个论文集。在余杭区的大力支持下，每年都办的"四个一"，极大地推动了中国古代玉器研究。

2009年12月，在余杭召开了中国古代玉器与传统文化学术讨论会暨良渚论坛·中华玉文化中心第二届年会。来自美国、我国港台地区及大陆的百余位学者参加了会议，举办了"红山文化玉器精品展"。2011年12月，良渚论坛·中华玉文化中心第三届年会在余杭召开，同时开幕的还有"玉魂国魄——凌家滩文化玉器精品展"。2013年12月，中华玉文化中心第四届年会暨第六届中国古代玉器与传统文化学术研讨会在余杭举行，并举办"玉器·玉文化·夏代中国文明"玉器精品展。2015年12月，中华玉文化中心第五届年会暨第七届中国古代玉器与传统文化学术讨论会在余杭举行，"玉魂国魄——湖北枣阳九连墩楚墓玉器特展"在良渚博物院开幕。2018年，中华玉文化中心第六届年会暨第八届中国古代玉器与传统文化学术讨论会在余杭举行，"玉魂国魄——荆州楚国陵园和贵族墓出土玉器展"在杭州西湖博物馆开幕。

（6）西部考古

2003年12月，甘肃省文物考古研究所在兰州召开第一届西部考古协作会，来自北京大学、国家博物馆、西北大学、陕西省考古研究所、青海省文物考古研究所、甘肃省文物局、甘肃省文物考古研究所、新疆维吾尔自治区文物考古研究所、宁夏回族自治区文物考古研究所、成都文物考古研究所等单位领导和业务人员出席会议，与会人员就西部地区考古协作规划及具体课题进行了探讨，并确定早期秦文化调查发掘与研究等课题。2005年，在成都召开青藏高原东麓史前考古学术研讨会暨第二届西部考古协作会,与会代表们就青藏高原底部边缘与云贵高原新石器时代即青铜时代考古学文化,以及西部考古加强协作的基本原则、方式方法和相关选题进行了讨论。2006 年,在贵阳召开第三届西部考古协作会暨云贵高原史前文化研讨会;2007 年 11 月,在南宁召开第四届西部考古协作会暨中国西南及相关地区史前文化研讨会;2008 年 11 月,在昆明召开第五届西部考古协作会暨史前时代的中国西部——以云贵高原为中心的国际学术研讨会,会后还出版了《第五届西部考古协作会暨"史前时代的中国西部——以云贵高原为中心"国际学术研讨会论文集》。2010 年,在重庆召开第六届西部考古协作会,围绕"早期中国的文化交流和互动——以三峡地区为中心"进行研讨,会后出版了《"早期中国的文化交流与互动:以长江三峡库区为中心"学术探讨会论文集》。①

(7) 考古学理念与实践

"从考古学理念到实践——田野考古的教学、培训与实践国际学术讨论会"是 2006 年 4 月由中国文化遗产保护与考古学研究国际中心、北京大学考古文博学院以及北京大学中国考古学研究中心联合在北京大学主办的。伦敦大学斯蒂芬·申南做了《从理念到实践》的主题演讲,北京大学赵辉做了《北京大学的田野考古教学实习——历史与现状》的主题演讲。来自北京大学、中国社会科学院考古研究所等,以及来自美国等国外考古研究机构的代表约 60 人参加会议,就"科学技术在田野考古学教学中的位置与应用""田野考古评选中的重要综合问题"等议题进行演讲和讨论。这是国内首次就田野考古教学和评选召开的国际学术研讨会。②

---

① 陈剑:《西南考古协作会的前世今生》,《中国文物报》2021 年 11 月 19 日。

② 张弛:《从考古学理念到实践——田野考古的教学、培训与实践国际学术讨论会在北京大学召开》,载《中国考古学年鉴 2007》,文物出版社,2008。

（8）黄淮七省考古

2011 年 10 月 18 日，由河南省文物局主办、河南省文物考古研究所承办的首届"黄淮七省考古论坛"在郑州召开。来自国家文物局、中国社会科学院考古研究所、北京大学，以及陕西、山西、河北、安徽、江苏、湖北、河南等七省文物局、考古研究院所的领导和学者 70 余人参会。黄淮地区地处中原腹地，是中华文明形成和发展的核心地区，近代中国考古学在此发端，基础扎实，力量雄厚。七省在考古学文化方面的相互交融为区域考古工作交流合作奠定了基础。举办黄淮区域考古论坛探讨彼此在课题、项目等方面的协作，论坛采取大会报告和主题发言的形式，七省考古研究所所长分别对本年度各省的发掘科研等工作做了汇报。本次论坛的主题是"黄淮地区史前考古学文化"。大会共收到论文 30 余篇，有 20 位学者进行了主题发言。研讨内容涉及中原地区旧、新石器时代过渡、"中华文明探源工程"涉及的区域考古课题、仰韶文化的类型分期、聚落考古、史前环境与文化等。论坛对深入认识黄淮区域史前文化的演进，以及文明化和早期国家的发展历程等相关问题起到了积极的推动作用。

此后论坛在不同省份举办。第四届于 2014 年 12 月在江苏南京举行，第五届于 2015 年 11 月在河北石家庄举行，第六届于 2016 年 10 月在陕西西安举行，第七届于 2017 年 10 月在山西太原举行，第八届于 2018 年 11 月在河南鹤壁举行，第九届于 2019 年在山东青岛举办，第十届于 2020 年 10 月在安徽合肥举行。

黄淮七省考古论坛通过会议交流了成果，论坛也为各省开展考古工作起到一定的推动作用，并结出了硕果，他们把 2011—2017 年间的考古发现和进展等研究成果集结成册公开出版。①

----

① 河南省文物考古研究院等编《黄淮七省考古新发现(2011—2017 年)》(上)(下)，大象出版社，2019。

(9) 汉代铜镜铸造业

汉代是中国古代铜镜制作、使用的高峰之一,也是铜镜外传时期,直接影响到日韩古代铜镜的制作和使用。鉴于山东临淄齐国故城不断出土汉代铜镜铸范,2004—2006 年中国社会科学院考古研究所与日本奈良县立橿原考古学研究所合作开展"临淄齐国故城出土镜范的考古学研究"。2007 年 1 月出版了研究报告《山东省临淄齐国故城汉代镜范的考古学研究》。2007 年 2 月,山东省文物考古研究所、淄博市文物事业管理局和临淄区人民政府联合举办"齐国临淄与汉代铜镜铸造业国际学术研讨会",来自日韩和国内的学者近 70 人参加了会议。与会学者对临淄齐国故城内铸镜遗存的年代和制作镜范技术等进行探讨,认为临淄是汉代重要的铜镜生产基地和汉代铜镜制作中心之一。与会者还就草叶纹铜镜和其他地区出土的汉代铜镜分布展开探讨。[1]

5. 奖项与荣誉

(1) 十大考古新发现

自 1949 年以来,无论是配合基本建设的抢救性考古发掘,还是为了解决学术问题的主动考古发掘,每年都会有前所未有的新发现,为新闻和学术界所关注。虽然发掘成果与价值多种多样,可是媒体的选材和评介随意褒贬,自行其是,对重要发现的炒作现象十分严重。同时当时社会上评选十佳、十大、十优等人物、事件、商品之风日渐盛行,影响甚为广泛。有鉴于此,1990 年《中国文物报》报社社长、总编辑彭卿云突发"赶时髦"之想,利用《中国文物报》这个全国文物界权威媒体之便,提出每年开展"十大考古新发现"评选活动的构想,1991 年 2 月与 10 多位顶级专家就评选问题进行了讨论,最终达成了"试行"的共识,并制定了评选标准和防止弊端、偏颇的措施。当时宣传上保持低调,暂不提国家文物局委托,仅由《中国文物报》评选公布,1991 年末第

---

[1] 徐龙国:《齐都临淄与汉代铜镜铸造业国际学术探讨会纪要》,《考古》2007 年第 10 期。

一个"十大"终于揭晓。首次评选获得成功,境内外媒体反响强烈,中央电视台、《人民日报》、《光明日报》以及港台媒体都做了报道,日美等国外媒体也做了报道。从此,国内外同行和文物考古爱好者了解中国文物考古和历史文化有了新途径,使中国文物的选材普及工作进入了新的阶段。"十大"评选结果,对其出土所在地区的效益更具有多方面的综合性质。这项活动一直持续到今天。其中有的考古新发现成为教育基地,或开辟为旅游景点,或建成遗址博物馆,或成为名牌商品依托等,成为当地的瑰宝和福地。①

（2）100 项考古大发现

20 世纪是中国考古学从发生、发展到走向辉煌的世纪,在这 100 年间,中国考古学取得了令世人瞩目的成就。当我们迈进新世纪的时候,回顾 20 世纪中国考古学发展的历程,总结 20 世纪的考古事业,展示中国考古学的辉煌成就,对于弘扬中华民族的悠久历史和灿烂的文化,增强民族自尊心和自豪感,推进社会主义精神文明建设,实现中华民族的伟大复兴,都具有重要的意义。同时,它能够使我们更加清醒地面对新世纪的中国考古,推动和促进 21 世纪中国考古学的进一步发展与繁荣。为此,在中国社会科学院考古研究所的领导下,《考古》杂志于 2001 年 1 月～3 月组织举办了"中国 20 世纪 100 项考古大发现"评选活动。② 2000 年,国家文物局、中国考古学会和中国文物报社署名、李文儒主编了 1990—1999 年 10 年间的百大考古新发现的成果——《中国十年百大考古新发现》③。

---

① 彭卿云:《好事堪回首——关于"全国十大考古新发现"评选的片段记忆》,《中国文物学会通讯》2001 年、2002 年合订本。

②《"中国 20 世纪 100 项考古大发现"评选活动纪实》,《考古》2001 年第 4 期。

③ 国家文物局、中国考古学会、中国文物报社、李文儒主编:《中国十年百大考古新发现》,文物出版社,2000。

（3）六大考古新发现

2002 年 1 月 7 日,《考古》杂志社主办中国考古新发现学术报告会,国家文物局和中国社会科学院科研局,以及在京科研单位和陕西、上海、济南等 12 家单位的代表 150 余人参加讨论会。会议报告了青海民和喇家史前遗址、河南偃师商城商代早期王室祭祀遗址、成都金沙遗址、西安秦始皇陵园、贵州赫章可乐夜郎墓葬和杭州雷峰塔地宫 6 项考古发掘的新收获。① 这个活动后来以中国社会科学院考古学论坛的形式固定了下来,该论坛每年评选 6 个项目,它们被考古界简称为"中国六大考古新发现"。这个活动由被称为"全国考古界的国家队"的中国社会科学院考古研究所创办,是有别于"全国十大考古新发现"的中国最新考古信息的交流平台、中国重大考古发现的展示舞台、中国最新考古进展的学术讲台。与"全国十大考古新发现"相比,它更注重每个新发现的学术意义。每年"中国六大考古新发现"里的项目绝大多数都会入选当年"全国十大考古新发现"。在论坛的影响下,无论是主动发掘还是抢救性发掘,抑或是保护性发掘,都有明确的学术目的,区域调查和聚落考古的理念和方法都运用到各类考古活动当作,多学科合作和文化遗产保护的意识和做法贯穿于田野考古工作全过程。②

（4）荣誉称号

中国考古研究机构对在发掘和研究中取得重要成果的学者颁发奖金,比如夏鼐考古学研究成果奖;也会对外国知名考古学家颁发荣誉称号,比如 2003 年 11 月,中国社会科学院授予日本奈良独立行政

① 《中国考古新发现学术报告会 2001 在北京举行》,载《中国考古学年鉴 2003》,文物出版社,2004 年,第 372 页;曹兵武:《正视发现——中国的考古新发现与全国十大考古新发现评选活动》,《文物天地》2002 年第 5 期。

② 杨阳:《"中国六大考古新发现"10 年风雨兼程——访中国社会科学院考古研究所副所长白云翔》,《中国社会科学报》2011 年 5 月 19 日。

法人研究所所长町田章荣誉教授称号,他是第一位被授予中国社会科学院荣誉教授称号的外国考古学者。①

　　中国学者的外国考古研究取得成果,也会获得奖金。比如 1996年 7 月,中国社会科学院考古研究所王仲殊获得日本福冈市设立的第七届福冈亚洲文化奖。福冈亚洲文化奖创设于 1990 年,授予为亚洲地区的学术研究、培养和发展亚洲地区的艺术与文化而做出显著成就的个人和团体。该奖共设大奖、学术研究奖(国际部门、国内部门)和艺术文化奖,每年评奖一次,每个奖项获奖者一名。王仲殊在古代日中交流史的研究上取得了显著的业绩,对亚洲的国际学术交流产生了很大的影响。②

第六节　人才培养

一、高校人才培养

1. 学科建设

(1)考古学一级学科

考古学是以物质遗存为研究材料的学科,其探究方法和技术手段多来自自然科学,从而发展出诸如动物考古、植物考古、水下考古、分子生物学考古、计量考古等新的分支。同时随着社会经济发展和人民群众日益增长的精神文化需求,催生了公共考古、文化遗产等新的分支,国外考古研究中迅速引进自然科学研究手段,快速推动学科发展。

①《中国社会科学院授予日本学者町田章荣誉教授称号》,载《中国考古学年鉴 2004》,文物出版社,2005。

②本刊记者:《中国社会科学院与日本福冈市联合举行新闻发布会宣布:王仲殊荣获第七届福冈亚洲文化奖大奖》,《考古》1996 年第 9 期。

国外高校考古学教育也随之拓展研究领域,运用新技术加速人才培养速度,在具体研究和考古学理论方面取得很多重要成果。我国考古学从改革开放之后快速发展,不断把自然科学研究手段引进考古研究,开拓了很多新的研究领域,也取得了丰硕成果。

不过,作为历史学科下的二级学科的考古学的发展遇到了瓶颈。为此很多学者呼吁提升考古学的学科地位,为考古学发展提供更广阔的平台。[1] 经过多方努力,2011 年,国务院学位委员会对我国的学科体系进行调整,将历史学一分为三,把原来作为历史学一级学科之下的二级学科的考古学和世界史提升为一级学科。[2] 2011 年,国务院学位委员会和教育部批准印发的《学位授予和人才培养学科目录》中,考古学属于历史学门类的一级学科(0601),二级学科有考古学史和考古学理论、史前考古、夏商周考古、秦汉魏晋南北朝考古、唐宋元明清考古、科技考古、文化遗产与博物馆、代文字与铭刻、专门考古。不过,国家社会科学基金二级学科代码表中的考古学二级学科与它不同,包括考古理论、考古学史、考古技术、中国考古、外国考古、专门考古和考古学其他学科。

(2) 设置专业学位

国务院学位委员会 2010 年 9 月 18 日印发了《硕士、博士专业学位研究生教育发展总体方案》《硕士、博士专业学位设置与授权审核办法》的通知。通知提出,为了贯彻落实《国家中长期教育改革和发展规划纲要(2010—2020 年)》,要积极促进学位与研究生教育结构的调整和优化,大力培养适应社会主义现代化需要的高层次应用型专门人才。其中设置了文物与博物馆硕士专业学位(065100),其人才培养的

---

① 张弛:《关于在教育部学科分类中增设"考古学"为一级学科的建议》,《南方文物》2009 年第 2 期。

② 王巍:《考古学成为一级学科的前前后后》,《中国文物报》2012 年 6 月 15 日。

目标是，为各级文物管理机构及各类博物馆、研究机构、出版机构、社团组织、文物商店、拍卖行等，培养具备良好的政治思想素质和职业道德素养，具有现代文博事业理念，较好掌握文物与博物馆及相关领域的知识和技能，能胜任较高水平业务或管理工作的高层次、应用型文物与博物馆专门人才。截至2022年，全国共有34所高等院校招收文物与博物馆硕士专业研究生并授予该学位。

（3）课程设置

各个高校要求四年制本科生准予毕业必须修满的总学分不一致，一般要求必须获得140学分以上才可以毕业。北京大学考古学专业要求修满150学分方可毕业，其中全校公共选修课41学分、专业必修课70学分、限制性选修课20学分、任意选修课13学分，生产劳动虽然没有学分但是属于必修课，时间一周。

尽管课程名称不完全一样，所有高校考古专业的课程都由四个部分构成：全校性公共选修课如"大学英语"等，专业必修课如"世界上古史"，指定选修课如"中国古代建筑"，以及任意选修课。各个高校考古学系或专业，一般都能够开设若干门断代考古学作为必修课，而选修课是根据师资力量和科研重点的具体情况，开设各具特色的考古课程。有些高校规定任意选修课必须包含外系的课程，如北京大学考古学专业要求选修理科课程4学分、艺术类课程2学分。一般高校规定在三年级结束时，需要提交一篇学年论文，毕业时需要提交一篇毕业论文或者实习报告。这里列举四所高校开设的考古专业必修和指定选修课，从中可以看出考古学教育的基本面貌。

北京大学考古学专业在1992—1993年度开设的专业指定选修和任意选修课如表6-1所示，凸显其师资队伍整齐和庞大，远非其他高校考古专业所能比拟的。

表 6-1 北京大学考古学专业课程名称和课时

课程名称	学时	课程名称	学时
考古学导论	54	科技考古	36
中国考古学(上)	72	现代科技与考古	36
中国考古学(下)	80	原始社会与民族志	36
旧石器时代考古	36	中国佛教建筑	36
新石器时代考古	54	中国古代建筑	36
夏商周考古	60	文物保护技术	40
战国秦汉考古	60	环境考古	100
魏晋南北朝考古	30	印度与中亚佛教	40
中国考古学史	36	中国古代青铜器	40
宋元考古	40	博物馆学概论	80
动物考古	40		

其他新设置考古专业的高校都借鉴北京大学考古专业的办学经验和做法,结合本专业师资力量和本地区的特色,开设考古专业的专业课程。四川大学历史系考古专业是 1972 年创办的新专业,截至1984 年有教师 11 人,其中副教授 3 人,讲师 5 人。1992—1993 年度开设的专业课有 9 门(表 6-2)。

表 6-2 四川大学历史系考古专业课程名称和课时

课程名称	学时	课程名称	学时
旧石器时代考古	60	田野考古概论	36
新石器时代考古	70	简牍研究概论	36
商周考古	72	古钱市研究	36
魏晋至宋元考古	76	考古文献目录	36
博物馆概论	54		

（4）教学实习

1990 年,武汉大学历史系考古教研室与湖北省宜城市博物馆合作发掘郭家岗遗址,揭露 400 平方米,发现从周代至六朝的文化层。其中的楚文化遗存内涵丰富,他们根据地层叠压和打破关系以及大量陶器组合对楚文化遗存做了比较细致的划分,把该遗址楚文化遗存分为七期,为楚文化研究提供了分期依据。[①]

1995 年,香港中文大学中国考古学艺术研究中心与澳门大学在澳门基金会的支持下,合作发掘了澳门黑沙遗址,发掘 32 平方米,发现了新石器时代两个不同时期的文化层,在距今 4000 年前文化层中发现了一处红烧土与砾石遗迹,其中有一些与水晶于是饰物相关的工具和制作饰物的素材。考古报告《澳门黑沙》更是获得普遍赞誉,该报告不仅详细地公布了发掘出土地遗迹、遗物,最大限度地提供全面完整的材料,而且尽可能运用多学科特别是现代自然科学手段,从多角度、多方位对该遗址和出土物进行了检测和分析,让读者对该遗址有了更全面、更系统的认识。[②]

2. 科研合作

（1）浙江嘉兴普安桥遗址发掘

北京大学考古学系与日本上智大学、浙江省文物考古研究所合作调查良渚文化遗址,发掘桐乡普安桥遗址。[③] 该遗址主要堆积包括崧泽文化、良渚文化和商周时期的遗存,发现的遗存有墓葬、房屋和水井等。参与发掘的日方队员中很多是专门从事中国考古学研究的,有的曾在中国留学。发掘中遇到意见不同时,通过现场讨论,彼此达成谅解,最

---

① 武汉大学历史系考古教研室、湖北省宜城市博物馆:《湖北宜城郭家岗遗址发掘》,《考古学报》1997 年第 4 期。

② 邓聪、郑炜明:《澳门黑沙》,(香港)中文大学出版社,1996。

③ 北京大学考古学系、浙江省文物考古研究所、日本上智大学联合考古队:《浙江桐乡普安桥遗址发掘简报》,《文物》1998 年第 4 期。

终比较圆满地完成了发掘任务。合作各方都从这次合作发掘中学到对方的长处,增进了彼此的了解,合作撰写的发掘简报也颇具特色。

(2)肯尼亚出土明清瓷器研究

在中国商务部的资助下,北京大学承担了"中国和肯尼亚合作实施拉穆群岛地区考古项目"(课题研究部分)。2010—2013年,北京大学考古文博学院师生、浙江省文物考古研究所、福建省考古研究所和山西省考古研究所有关人员共同参与了项目研究,肯尼亚国立博物馆的学者协助工作。他们先后调研了37处经过正式考古调查发掘的古遗址出土的中国瓷器,对格迪古城遗址出土的中国明代后期瓷器和蒙巴萨沉船中出水的中国瓷器的研究取得重要成果。

这里以格迪古城遗址出土的中国瓷器为例进行说明。1257件标本中,景德镇的469件、龙泉窑的737件、附件诸窑口的30件、广东诸窑口的14件、磁州窑的1件、窑口不详的瓷器6件。在可断代的瓷器标本中,2件为南宋景德镇的青白瓷;元代瓷器标本289件,其中景德镇的26件、福建诸窑口的4件、龙泉窑的256件、广东诸窑口的2件、磁州窑的1件;明代早期标本292件,其中景德镇的2件、龙泉窑明代早期的290件;明代中期的100件,其中景德镇的青花90件、龙泉窑的4件、广东诸窑口的6件;明后期的351件,其中景德镇的345件、广东诸窑口的6件。由此可见,元代明代初期,这里出土的瓷器以龙泉窑为主,明代中晚期以景德镇特别是青花为主。①

3. 学术会议

(1)迎接21世纪的中国考古学

1993年5月,北京大学考古系、美国赛克勒艺术、科技和人文基金会在北京大学联合召开了"迎接二十一世纪的中国考古学"国际学术

---

① 秦大树:《肯尼亚格迪古城和蒙巴萨沉船出土明清瓷器及相关问题讨论》,《考古学研究》十一,2020年。

讨论会。除国内学者外,还邀请了美国、日本、韩国和越南等国家的知名学者参加了会议,提交论文90多篇。学者们围绕着21世纪的中国考古学如何走向世界、成为世界性的中国考古学这一主题展开讨论,对人才培养和学科发展提出了重要建议。① 外国学者针对中国学者讨论"考古学文化""中国文明起源"等问题,提出要注意脱离实践的纯理论探讨将收效甚微,而脱离了审慎的理论思考的实践也将一事无成。②

（2）考古学国际会议

香港中文大学中国考古艺术研究中心1990—1998年先后组织了三次大型考古学国际学术研讨会。1998年召开的第三届国际学术研讨会主旨有三。一是,本着田野考古学是玉器研究的出发点,遗址是一切考古研究的核心,要理解玉器,必须理解出土玉器遗址的全貌,而遗址本身是玉器研究最重要的根据,因此研讨会首先由考古学者报告当年出土的玉器。二是,深入研究玉器必须牵涉多种学科的相互渗透。来自考古学、文献历史学、古文字学等学科的学者聚首一堂,互相切磋。三是,现代国家与政治的状况有时给古文化研究带来种种不便,而玉器文化在国家出现之前业已出现,来自亚洲、美洲和欧洲学者汇集一堂,共商玉文化。来自中国、日本、美国、英国、俄罗斯、菲律宾、泰国等国家和地区的近100位学者参加了研讨会,他们从考古学、文献历史学、古文字学、矿物学、美术史和鉴定学等角度,对玉器尤其是东亚地区的玉器展开了讨论。研讨会召开之前,与会者提交的论文便汇集成三大册出版,探讨会召开之际,与会者人手一册,便于交流和讨论。这种形式的研讨会的顺

---

① 北京大学考古学系编:《"迎接二十一世纪的中国考古学"国际学术讨论会论文集》,科学出版社,1998。
② 杜朴:《中国考古学:现状与未来》,载《"迎接二十一世纪的中国考古学"国际学术讨论会》,科学出版社,1998。

利召开，为今后实现跨地区、多学科研究开了一个好头。①

二、地方人才培训

由于高校培养的考古人才逐年进入各级考古研究结构和管理部门，考古人才匮乏的局面有了很大改善，无须地方培训速成考古人才，只有少数专题单位需要短期培训现有考古人员，使他们尽快按照新的要求完成工作。

"石窟考古报告培训班"就是为了编写好龙门窟龛档案而举办的培训班。② 宿白应邀给培训班学员讲课。他首先谈到石窟研究的意义，并回顾了龙门石窟的研究历程，然后提出，给石窟建档需要做好以下几项工作：第一项，仔细观察所要做的窟龛，第二项，做好文字记录，第三项，做好测图记录，第四项，做好拍照记录，第五项是拓片。这几项要求看似简单但是不可或缺，否则建档中就会出现疏漏。

---

① 邓聪编：《东亚玉器》，香港中文大学中国考古艺术研究中心，1998 年。
② 宿白：《编写龙门窟龛档案和考古报告应予关注的几个问题》，《石窟寺研究》2010 年第 11 期。

结　语

　　回顾中国考古学百年发展历程，可以清楚地看到，它从无到有，历尽艰辛，不断发展，成为世界考古学的重要组成部分。中国考古不仅向世人展示了先民创造的物质文化成就和精神文化成就，还将展示从中提炼出的一般社会法则。

　　中国考古学形成阶段，中外考古学者发掘了仰韶、周口店、龙山镇等少数遗址，丰硕的发掘资料打破了"中国文化西来说"，同时也为构筑中国史前文化和历史文化的时空框架奠定了基础。日本侵华战争导致刚刚起步的考古活动几乎中断，少数学者坚持在西南和西北地区从事调查和发掘，他们的工作丰富了我国考古文化的内涵，同时为中国考古事业培养了领军人才。

　　中国考古发展阶段，中国考古学为配合丹江水库、治理淮河等重点水利工程，以及各地城市建设和农田基本建设，奋战在抢救性考古工地，高校培养的考古人才和社会培养的速成考古人员投身到考古一线，他们不畏艰难、克服种种困难。考古新发现展示了中华五千年多姿多彩的远古文化和古代文明。

　　一度陷于困境的中国考古依然浴火重生，配合基本建设中开展的抢救性考古工作不断出现震惊世界的重要发现，考古类型学概念的提出是中国考古学理论建设的突破。"文革"期间出土的文物在法国、日本等国的展览让外国友人亲眼看到中国悠久的历史和灿烂的文化，"文物外交"为世界认识中国打开了新的窗口。

随着改革开放的进行，对欧美考古新方法和理念的借鉴促进中国考古发掘和研究水平不断提高，不仅考古新发现令世人瞩目，稻作农业起源等研究成果也受到国外学术界关注。区系类型学说的提出为各地建立古代文化序列提供了理论指导，关于中国文明起源的研究方法再次提出，配合基本建设的抢救性考古被纳入考古研究课题，考古学在重建史前史、推动历史研究方面发挥着不可替代的作用。

走向黄金时代的中国考古学，每年评选出的十大考古新发现再次用实物展现出中国辉煌的历史文化内涵，各地基本完成了构筑考古学文化时空框架的工作，各项专题研究成果丰硕，考古学理论研究取得新成果，比如中国文明起源的"古文化—古城—古国"文明起源三历程、"古国—方国—帝国"国家形态发展三部曲、"北方原生型—中原次生型—北方草原续生型"国家形成三模式等。

今天，党和国家领导人高度重视考古工作和考古学科建设，并提出努力建设中国特色、中国风格和中国气派的考古学，更好认识源远流长、博大精深的中华文明，为弘扬中华优秀传统文化、增强文化自信提供坚强支撑。中国考古工作者将围绕中国特色考古学的建设和发展加倍努力，奋勇向前。

后　记

值此新版《百年中国考古》付印之际，交待一下写作缘由。读博期间按照导师们要求认真梳理过良渚文化研究史，由此对中国考古学科发展历程有了初步认识。2000年9月回国入职母校南京大学考古专业，承蒙时任历史系主任崔之清教授厚爱，被推荐为某出版社写一本反映中国考古学科发展史的读物。为着教学便利和给普通读者提供反映中国考古学科发展历程线索，着手收集资料并写成初稿，初稿因故未出版。2013年把初稿改写为《百年中国考古》，由江苏人民出版社出版。该书被一些高校作为考古史教材，有一定影响。当时校稿仓促，书中有些瑕疵。当该书脱销出版社拟再版之际，便以2013年版的《百年中国考古》为基础作了大幅度修订，由江苏人民出版社重新出版。

本书得以面世，首先要感谢惠予原稿执笔机会的恩师崔之清老师，其次要感谢为改写书稿提出良策的魏良弢教授，还要感谢指出书中瑕疵的师友，感谢江苏人民出版社出版本书，感谢为完善书稿尽心尽力的编辑们。

谨以此书献给参与中国考古事业的所有人。